吉尔·莫拉雷斯（Gil Morales） 克瑞斯·卡彻（Chris Kacher） 著
罗熙昶 罗灿 译

像欧奈尔信徒一样交易

我们如何在股市赚得18000%的利润

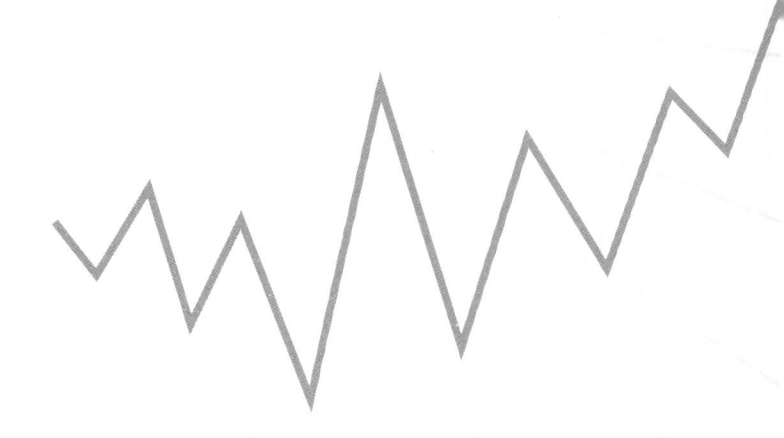

Trade Like an O'Neil Disciple

How We Made over 18000% in the Stock Market

上海财经大学出版社
SHANGHAI UNIVERSITY OF FINANCE & ECONOMICS PRESS

图书在版编目（CIP）数据

像欧奈尔信徒一样交易：我们如何在股市赚得18000％的利润/（美）吉尔·莫拉雷斯（Gil Morales），（美）克瑞斯·卡彻（Chris Kacher）著；罗熙昶，罗灿译．—上海：上海财经大学出版社，2024.4

书名原文：Trade Like an O'Neil Disciple：How We Made over 18000％ in the Stock Market

ISBN 978-7-5642-4298-5/F·4298

Ⅰ.①像… Ⅱ.①吉… ②克… ③罗… ④罗… Ⅲ.①股票投资—基本知识 Ⅳ.①F830.91

中国国家版本馆 CIP 数据核字（2023）第 229146 号

□责任编辑　李成军
□封面设计　贺加贝

像欧奈尔信徒一样交易
——我们如何在股市赚得18000％的利润

吉尔·莫拉雷斯
（Gil Morales）
　　　　　　　　著
克瑞斯·卡彻
（Chris Kacher）

罗熙昶　罗灿　译

上海财经大学出版社出版发行
（上海市中山北一路369号　邮编200083）
网　　址：http://www.sufep.com
电子邮箱：webmaster@sufep.com
全国新华书店经销
上海华业装潢印刷厂有限公司印刷装订
2024年4月第1版　2024年4月第1次印刷

710mm×1000mm　1/16　21印张（插页:2）　308千字
印数：0 001—4 000　定价：88.00元

图字:09-2010-709 号

Trade Like an O'Neil Disciple: How We Made over 18000% in the Stock Market
Gil Morales and Chris Kacher

Copyright © 2010 by Gil Morales and Chris Kacher.
All Rights Reserved. This translation published under license.

No part of this publication may be reproduced, stored in a retrieval system or transmitted in any form or by any means, electronic, mechanical, photocopying, recording, scanning or otherwise, except as permitted under Sections 107 or 108 of the 1976 United States Copyright Act, without the prior written permission of the Publisher.

CHINESE SIMPLIFIED language edition published by SHANGHAI UNIVERSITY OF FINANCE AND ECONOMICS PRESS, Copyright © 2024.

2024年中文版专有出版权属上海财经大学出版社
版权所有　翻版必究

序 言

比尔·欧奈尔(Bill O'Neil)是一名对股市极富激情的学生,也是现代最成功的证券交易者之一。从南卫理公会大学(SMU)读书开始,及至后来在阿拉斯加生活期间,比尔就一直刻苦钻研股票走势图表,练就了对市场的深刻理解能力。比尔研究了19世纪以来的股票市场,基于丰富的史料研究,他一直致力于帮助投资者提高成功率。

为了实现把投资知识带给广大普通投资者和/或专业投资团体的承诺,欧奈尔投资了《投资者商报》(*Investor's Business Daily*)以及其他项目,业已花费了数百万美元。

认识比尔已近60年,这使我备感荣幸。尽管我的投资风格与欧奈尔风格并不完全一致,但都是构建在相同的基础之上。1962年6月,当我第一次踏入华尔街时[在此之前,我认识威廉·J.欧奈尔(William J. O'Neil)已近10年了],威廉·T.戈尔登[William T. Golden,康奈尔林德公司(Cornell, Linder&Co.)合伙人,纽约证券交易所会员]告诉我:"通常,我们会投资于销量和收益都在不断上升的股票和可转债产品,从市场中发现它们,并有效地控制损失,一切就是那么简单。"

极其幸运的是,过去50年间,这句至理名言成为我投资风格的坚实根基。剥离外表,可以看出,其核心价值观在本质上就是欧奈尔的"CAN SLIM"原则。人们经常指责欧奈尔仅仅是一位技术派人士,但事实并非如此。他的投资风格牢固地建立在基本面分析、图表分析、市场趋势分析、板块轮动分析和经济实力分析基础之上。欧奈尔并非现代投资组合理论的"狂热追逐者",他经常会把投资组合集中到少数几只股票上。欧奈尔长期成功的关键在于集中投资,而非分散投资。曾经有几次，欧奈尔投资组合是100%的现金，或者是所有资金集中买入一两只股票。

  吉尔·莫拉雷斯和克瑞斯·卡彻在威廉·J.欧奈尔公司（William J. O'Neil-Co.，Inc）担任投资组合经理期间，曾向欧奈尔学习投资。本书中，他们帮助投资者理解 CAN SLIM 投资系统是如何运作的，同时也涉及对欧奈尔交易策略做出的某些改进。

  显而易见，他们两人都极大地受惠于欧奈尔的投资哲学及交易原理。然而，和所有不断寻求优势的交易者一样，他们也制定了一些独有的指标和规则。这些指标和规则将在本书中予以披露。

  受股市环境的支配，无论是欧奈尔公司，还是之后他们自己经营的公司，盈利和损失同时存在。此外，欧奈尔系统也发生了相应的变化。这些恰恰证明了，华尔街像一个大赌场，即使是最周详的计划，也会被一些突发状况打乱。

  很显然，克瑞斯博士和吉尔从欧奈尔和 CAN SLIM 投资系统学到了很多有用的知识，如同其他众多的信徒一样，极大地受惠于威廉·欧奈尔，因为后者所提供的各种工具，大大提高了他们的投资成功率。

  最重要的是，他们也证实，在股市上完全像欧奈尔那样交易是不可能的，这是因为，你根本不可能具有像他那样独特的市场感觉。然而，一旦理解了欧奈尔交易规则，投资者就能够提高自己的成功率。

  《像欧奈尔信徒一样交易》强烈地吸引着我，我会一遍又一遍地拜读本书，用以提升投资回报！

弗雷德·理查德
(Fred Richards)
www.adrich.com
www.stratinv.net

前　言

作为一名成功的投资者，威廉·J.欧奈尔在全球范围内教授投资者如何在股市赚钱，这改变了很多个人投资者和机构投资者的生活。尽管我们无法确切地知道这些人的具体数量，但是保守估计，也可能会有几十万人。他和他的公司为个人投资者和机构投资者制定出的投资交易方法及工具，大大增强了他们在生活中追求财务自由的信心。我们就是其中的两位，我们可以证明，比尔·欧奈尔业已帮助尘世间的很多人成为百万富翁。作为威廉·欧奈尔公司前内部投资组合经理，我们遇到过很多受益于欧奈尔交易策略和专业技能的个人和机构投资者，我们之所以知道这些，都是因为自己的亲身经历。由于学习和实践欧奈尔的方法，我们也在股市上赚了大钱。

因为我们曾与比尔·欧奈尔一起在市场中交易，我们试图用本书清晰地表述我们从比尔·欧奈尔那里学得的知识，这些知识均来自实时市场交易，但是，首先我要声明一下：本书并不是在比尔·欧奈尔本人或威廉·欧奈尔公司的认可和授意下完成的。我们的诠释或观点，可能并不与比尔本人或其公司的诠释及观点完全一致。本书所阐明的是，我们在威廉·欧奈尔公司做自营交易时，如何根据所学得的经验开展交易。同样，本书也不是描述 CAN SLIM 方法论。我们鼓励读者阅读比尔那些具有开创性的著作《笑傲股市》(*How to Make Money in Stocks*)和其他所有的著作，并参考《投资者商报》和网站 investors.com。在比尔的优秀著作、报纸报道和网站中，有大量详细描述欧奈尔交易方法的教程和教材。我们希望您能充分利用这些书籍和工具。

《像欧奈尔信徒一样交易》是我们从欧奈尔身上——我觉得他可能是世界上最伟大的投资者——获得的最为独特的经验。本书中，我们将带您洞悉欧奈尔那非凡的投资天赋。从交易日志中,我们摘取了20世纪90年代后期到21世纪初期的实时交易记录,足以见证欧奈尔那令人不可思议的投资天赋。实时交易中,欧奈尔充分体现了拉丁文术语"speculari"的内涵,意思是"暗中侦查或调查",他可以在潜移默化中觉察到市场的微妙变化。本书中,我们使用实时的市场案例,希望让读者洞察到一些我们平时所领悟到的欧奈尔思维过程。欧奈尔投资方法主要代表了一种股市动态分析法,既然股市自身就是一只动态的"野兽",因此,这种动态论是安全、正确和恰当的。2000—2002年和2008年,残酷的熊市已经证明:"静态的"买入并持有策略并不靠谱,会令投资者损失惨重。市场是动态的,欧奈尔投资方法同样是动态的,然而,我们依然是有各种弱点和"怪癖"的普通人。欧奈尔建议投资者,要仔细观察自己的交易过程,认清自身存在的"小毛病",然后,根据自己的交易习惯制定"小规则"。这些小规则可以是一个子系统,或者是为容纳缺点而设定系统的规则,抑或是充分扬长避短、发挥优势的规则。多年以来,作为长期践行欧奈尔方法论的专业人士,我们收获颇丰。这既不是我们对该系统的完全颠覆,也不是根据我们自己的精挑细选而零敲碎打地应用。相反,我们过去的所作所为,恰恰是把市场当作一套有效的反馈系统。谈及自己的交易,我们提出了一些小规则和子系统,目的是把我们的投资方法提升到接近欧奈尔的水平。我们的"怪癖"之一是,喜欢提前在底部区域买入股票,而不是等到股票实现底部突破,明显创出新高时才买入。另一个"怪癖"是,我们喜欢购买跳空高开的股票,尤其是那些正在突破到"最小阻力线"上方,并有可能启动大幅飙升的强势龙头股。在本书中,我们与您分享那些效果良好的交易规则,以及我们如何用改进后的"子方法"做多或做空股票,这些方法已通过数据统计和操作实践的检验,并被证实极为有效地提高了我们的投资效益。

  我们也曾犯过很多错误,在本书中,我们会仔细分析、讨论这些错误,旨在避免让您重蹈覆辙,衷心希望能够节省您的时间和金钱,减少投资过程中所遭受的苦痛。

  对我们而言,交易既是一个投资过程,也是一个精神过程,在这一过程中,我们看到了自身生活的缩影。从1996年1月到2002年12月,18 241.2%的回报率相当于过去7年期间年复利(以上一年度为基础)110.5%。而且这还是曾经历了几次大幅缩水后的结果,其中包括1999年第二季度和第三季度缩水将近 50%。同时，我们还要指出，在第二章和第三章所讨论的收益是个人账户所得，并不是我们为威廉·欧奈尔公司工作期间的公司账户收益。

虽然交易账户上的现金和回报，是我们衡量自己成功与回报的一种方法，但交易的最终目的，不仅仅是为了赚钱，而是在于深刻领会什么是埃克哈特·托利（Eckhard Tolle）所称的"当下的力量"。对处于正常生活状态的人们而言，运动员和寻求刺激者所参与的、看起来极度危险的活动，是他们无法想象的，与此类似，我们参与到实时股票交易时，作为交易者，我们寻求的"快感"，不是来自成功的交易，而是来自全身心投入当下交易的经历，在这一时刻，我们的交易操作步入佳境，动静结合。冲浪者会有这样的体验，充满力量的波浪会让他们纯粹为了生存而专注于当下。专注于手头的事情，会令人全身心地投入当前的操作——此时此刻，无需为昨日之事而忧心忡忡，也不必为明天的挑战而担惊受怕，这里只有"当下"。如果你无法理解，为何有人会在海洋中设法挑战 50 英尺高的"死亡之墙"，那么你很有可能今生今世都不会去冲浪。在高高的海浪上驰骋，是一种激情——我们所说的"已经进入了状态"，如同许多人飞蛾扑火般迷恋冲浪、滑翔、攀岩或其他危险却令人兴奋的极限运动一样，这种状态也存在于股市交易之中。作为交易者，我们两人共同分享着这种精神状态，即简单地从精神上融入当下这一刻，仅此而已。这就是成功交易的本质。

吉尔·莫拉雷斯
克瑞斯·卡彻
2010 年 6 月 2 日

致　谢

　　向那些协助编写书籍的人们致谢非常重要,而我们觉得有一件事情也同样重要,那就是,本书在编写和编撰过程中,绝对没有来自威廉·J.欧奈尔或任何欧奈尔机构的协助、资助和合作,这是独立的著作,我们为此感到欣慰。然而,在某些方面,还是有许多人对您现在手中的这本书或多或少有一些帮助。在这些人中,我们感谢迈克·斯科特(Mike Scott),他为本书的图表创作提供了宝贵的技术支持;感谢 eSignal 公司,让我们使用其丰富的图表和数据;感谢雷切尔·海恩(Rachel Hain),在本书写作过程中,她提供了多个方面的帮助;最后还要感谢凯文·马德(Kevin Marder)。

目　录

第一章　卓越进化——欧奈尔交易方法/1
　　准备、研究与实践/2
　　买入高价股而不是低价股/4
　　摊低股价/5
　　快速止损/5
　　别太快兑现利润——让盈利股持续下去/6
　　股票头寸集中/7
　　交易优质股票和机构认同的股票/8
　　图表形态/9
　　关键点和口袋支点/11
　　确定股市时机：何时入局，何时出局/12
　　情绪和预测/13
　　倾听观点、消息和内幕/14
　　过度交易/15
　　欧奈尔方法：技术—基本面分析/16
　　结论/17

第二章　克瑞斯·卡彻如何在股市赚取 180 多倍利润/18
　　在商业领域站稳脚跟/19
　　1996 年——"千年虫"股票让我拔得头筹/21
　　1997 年——在亚洲金融危机中获利/25

1998年——市场上涨之前情绪低迷/27
1999年——泡沫膨胀/30
2000年——泡沫破裂/33
2001年——做空的教训/35
2002年至今——震荡、横盘及口袋支点的诞生/37

第三章　吉尔·莫拉雷斯如何在股市赚取110多倍利润/40
点石成金/41
坐上火箭飙升/43
加入1 000％俱乐部/46
甲骨文公司的崛起/47
耐心和警觉/50
为起飞扫清障碍/51
威瑞信："汤里的调味品"/53
静坐下来无需思考/56
在顶点抛出/58
成功的主题/60
秘密的构成/62

第四章　转败为胜/63
成功在于克服自我心理/64
从错误中吸取教训/68
问题、情景与解决方案/100
结论/117

第五章　交易诀窍/118
卡彻博士实验室：口袋支点优势/119
口袋支点的特征/122
口袋支点买入点定义/122
口袋支点和标准突破买入点/124

"在袋中"买入/126
　　利用口袋支点抄底/139
　　连续口袋支点：使用10日移动均线/142
　　不合适或"不要买"的口袋支点/146
　　把移动均线作为卖出参考/152
　　卡彻博士实验室：买入跳空高走龙头股/153
　　运用10日及50日移动均线的卖出技巧/161
　　综合运用各种技巧/164
　　结论/171

第六章　驾驭熊市波动——及时卖空工具/173
　　卖空的黄金法则/174
　　卖空形态/178
　　做空火箭飙升股/204
　　结论/207

第七章　市场导向模型/209
　　选择市场时机/209
　　图表实例/216
　　窃取模型的秘密/224
　　择时模型常见问题/225
　　结论/238

第八章　比尔十戒/239
　　误解/239
　　通过控制自我，求得生存/241
　　第一戒律/243
　　第二戒律/244
　　第三戒律/245
　　第四戒律/246

第五戒律/246

第六戒律/246

第七戒律/247

第八戒律/247

第九戒律/247

第十戒律/248

结论/249

第九章　与欧奈尔并肩战斗/250

1997—1998年变盘期/251

1999—2000年挑战期/263

2001—2002年大熊市/283

2003—2005年牛市/292

结论/303

第十章　交易和人生/305

艾德·塞柯塔：教你一种让全世界交易者都获益良多的技巧/306

埃克哈特·托利：帮助人们获得内心的平和、更大的满足，是优化交易和生活的先决条件/308

埃斯特·希克斯：教授你"吸引力法则"/314

杰克·坎菲尔德：关于个人优化的全新探索/315

心理清单：该问自己的问题/316

美丽的相似/318

总结/319

第一章

卓越进化
——欧奈尔交易方法

作为曾经为威廉·J.欧奈尔运营资金的投资组合经理,我们注意到,欧奈尔"思想主体"的一个重要部分汲取自先辈们的思想和见解,尤其是理查德·威科夫(Richard Wyckoff)和杰西·利维摩尔(Jesse Livermore)。谈及市场思想,你只有读过并理解了上述两位绅士的著作后,才能完全理解比尔·欧奈尔的思想。显而易见,杰出的证券交易者杰西·利维摩尔的操作技巧和投资思想,很大程度上影响了比尔·欧奈尔以及其他稳健的投资组合经理的交易方法,这些技巧和思想主要体现在埃德文·拉斐尔(Edwin Lefèvre)的经典著作《股票作手回忆录》(*Reminiscences of a Stock Operator*)及杰西·利维摩尔本人的著作《股票操作方法》(*How to Trade in Stocks*)之中。作为最初记述杰西·利维摩尔的人物之一,理查德·威科夫在其初期著作《杰西·利维摩尔的股票交易方法》(*Jesse Livermore's Methods of Trading Stocks*)一书中,阐述了杰西·利维摩尔的股票交易方法。杰西·利维摩尔所支持的很多常识性投资思想与格言如今也出现在威廉·J.欧奈尔的著作和投资思想之中。尼古拉斯·达瓦斯(Nicolas Darvas)甚至在其名著《我如何在股市赚了200万》(*How I Made ＄2 Million in the Stock Market*,1998)中,用自己的"箱体"理论为欧奈尔的"图形分析"奠定了基础。他把"箱体"描述成一个正常股价波动通道，在此范围内可以判断一只股票的波动是否出现异常。

威科夫、利维摩尔、达瓦斯等人的主要思想组成了"欧奈尔风格"投资方法的基本架构。这些方法利用了欧奈尔先辈们的著作成果，在欧奈尔进行的大量股票典范研究过程中，他煞费苦心地识别、分析、归类和核实，挑选出那些能够经受住时间考验的优质股票，之后把自己的投资方法充分应用在这些股票上，本书作者也有幸创造和促成了其中的某些方法。在每一种及每一类股市周期中，欧奈尔都会筛选出表现优异、制度完善的龙头股，据此，他确认了这些龙头股最关键的共有特质。欧奈尔独特的选股模式，即为广大投资者所熟知的CAN SLIM，恰是源于这些最基本的特质。

欧奈尔从利维摩尔、威科夫和其他人思想中受益颇多，欧奈尔投资方法就根源于这些前辈的思想。然而，作为曾在威廉·欧奈尔公司就职的投资组合经理，我们保证，这些"根源"并不是指，欧奈尔只是简单地复制了前辈的思想。如果这样想，那就把问题过度简单化了。事实上，在股市中，欧奈尔制定了一种具体的、简明扼要的、切合实际的赚钱方法，把以往那些优秀股市投资者的思想提升到了一个新高度，从而使得整个投资流程更加清晰。

欧奈尔和先辈们的相似之处在于，他们为某些基本原理或个人信仰的形成提供了重要背景，如果你愿意面对市场，就会发现，市场并不仅是利维摩尔或威科夫的，甚至也不仅是欧奈尔的。欧奈尔过去常对我们说："这并不是'我'的系统，而是市场的，因为它根源于市场的真实运行。"欧奈尔通过对常识性规则的观察和应用，去伪存真，去粗取精，不断加深对股市的理解，即使这样，他也只是认为自己的工作推动了基本进程。理解构成股市的每一个细小的事实，正是我们应该做的。回顾欧奈尔如何汲取和扩充前辈的工作成果是一项有益的训练，也为我们多年的研究做了背景铺垫，我们一直努力研究股市，旨在把自己的投资方法提高到欧奈尔/利维摩尔/威科夫的水平，这是本书的主旨之一。

准备、研究与实践

不要急于投资股票。深入股市，做一些研究和甄别工作。

——威廉·J. 欧奈尔，《笑傲股市》，1995：34

欧奈尔投资方法的必要前提是：股市没有包赚不赔的灵丹妙药，没有任何方法、图形或形态能保证投资者赚钱。人是一种极其复杂的动物，代表了各种投资方法实施过程中最大的不确定因素，不论是"欧奈尔派"的方法，还是其他的方法，均是如此。这也解释了，为何欧奈尔坚持认为，想要成为一名成功的股市投资者，必须投入时间、精力，做必要的功课："人就是这样，股市上90%的人，无论是专业的，还是非专业的，从不会做足功课。"

欧奈尔叹息道，很多投资者都在试图寻找一些神奇的法则，使他们在股市上不费吹灰之力，抑或是只需花费少量的力气，就可获得丰厚收益。在《股票买卖原则》(The Successful Investor)一书中，他为1999年网络(dot-com)泡沫市场中"个人投资者的兴起"而深感遗憾。"大多数投资者和投资顾问，在2000—2002年大熊市中，都苦不堪言。造成这样的原因，是他们从不会抽出时间来学习明智的投资方法和审慎的投资原则。20世纪90年代，他们自以为找到了一条投资股票赚钱的捷径，开始把应该做准备工作的时间，都用在了购买各种情报和内幕消息上，希望以此获利。"(威廉·J.欧奈尔，《股票买卖原则》，2004：xii)

当大多数投资者毫不犹豫地投身股市之时，他们却很少涉足医疗或法务领域，甚至连职业棒球也从不接触。然而，欧奈尔提醒我们："相对于优秀的医生、律师或棒球手而言，出色的证券经纪业或咨询服务，更是难得一见。"(威廉·欧奈尔，《笑傲股市》，1995：256)这与理查德·威科夫的尖锐评论极为类似："一个人之所以能够在某个领域拥有出色的能力，大多数情况下，在于他曾经历了长时间的实践和准备。以内科医生为例，他要上大学，出诊，参与救护工作，在医院工作，还要经过几年的预备工作，才能够正式挂牌营业。与此相反，在华尔街，这个医学博士往往先挂牌，后实践。"[理查德·威科夫，《我如何投资股票和债券》(How I Trade and Invest in Stocks & Bonds)，1924：159—160]

投资是一项繁重的工作，任何投资者都需要大量的准备工作和专业技能，这并不亚于其他精英专业人士的工作，无论是法律、医药、软件设计、影视制作，还是其他。当杰西·利维摩尔的亲朋好友们蜂拥而至，问他如何才能从股市上赚钱之时，他感到极其恼火。当利维摩尔对这些人忍无可忍时，他紧闭双唇，最终随便丢给他们一句话，"我不知道"。"首先，对于一位对投资和投机事业进行了科学研究的人来说，这种问询并非赞美之辞。这如同一个门外汉在问律师或外科医生：'我怎样用法律或外科手术发一笔横财？'"(杰西·利维摩尔，《股票

操作方法》,1991:15)

虽然欧奈尔一再提醒广大投资者,成功只来自勤奋和坚持,但作为一名毫无保留的乐观主义者,他明确指出,任何愿意付出努力的人,最终都会获得成功。在《笑傲股市》(2009:9)一书中,他敦促我们要实现自给自足的理想,"如果你拥有强大的内驱力和欲望,并且下定决心永不放弃,你就一定能够实现美国梦"。欧奈尔从一开始就坚持认为,正如威科夫写道:"无论是谁认为捷径背后无需付出辛苦的劳作,都是大错特错的。"(《我如何投资股票和债券》,1924:93)

买入高价股而不是低价股

和利维摩尔一样,欧奈尔十分鄙视那些市场上的"懒方法",因为它会诱使投资者试图采用那些被视为通往股市财富的所谓捷径。最明显的就是,购买"便宜"股票的思想。大多数投资新手进入市场时,都不可避免地带有难以纠正的、根深蒂固的消费者心态,即把任何较昨天以更低价格出售的商品视为"廉价商品",因此,很容易陷入这个由来已久的陷阱。这很可能是因为个人投资者把自己看作最终消费者,然而,事实上,投资者更应该像一名商人,他们采购原材料或成品,然后以更高的价格交易和销售。欧奈尔曾讲述过一个红衣服和黄衣服的故事,店主把滞销的黄衣服做出标记,清除出自己的"组合",否则,它们就会成为店里的存货,这时店主可以采购更多热销的红衣服,并且能够以更高的价格销售出去。

欧奈尔主张购买长期以来都处于高价状态的"热门"股。这样做的理由很简单:"……即将大幅拉升并创出历史新高的那些真正龙头股的启动,既不会在接近新低的时候,也不会是在放量创出新高的时候"(《笑傲股市》,2009:426)。从逆向投资的角度看,这也解释了,为什么购买屡创新高股票的投资方法是十分有效的。但这对投资大众的效果并不是很明显,因为他们害怕购买那些价格看起来高高在上的股票,正如欧奈尔所指出的,"对大多数人而言,那些看起来价格很高、风险很大的股票,最终会创出新高,而那些看起来价格低廉的股票,通常会创出新低"(2009:174)。大多数时间内,股市会不停地愚弄多数投资者,因此,如果投资者由于股价创出新高而不敢购买特定股票时,这反而可能是你买入股票的正确时机。

同欧奈尔一样,相对于"廉价股"来说,杰西·利维摩尔更加关注高价股,他建议:"投资者绝不应该因为股票看起来价格过高而抛售它……相反,也绝不要,因为从前期高点大幅回落而购买股票。这一轮大幅下跌很有可能有自己充分的理由。相对于股票价值而言,也许该股票当前正处在极端的高位——即使它的当前价位看上去似乎比较低。"(杰西·利维摩尔,《股票操作方法》,1991:25)

摊低股价

倾向于购买低价股,是股市新手和懒惰投资者常犯的错误之一。懒惰投资者常犯的另一个错误就是持有"摊低股价"(Averaging Down)观念,这也是欧奈尔及其前辈们所极力避免的错误。理查德·威科夫说:"养成摊低股价习惯的投资者,在市场上损失或被套牢了大量资金。他们的理论就是,如果花100美元购买了一只股票,当它变成90美元的时候,就非常便宜了,并且股票价格越低,就越便宜。"

当散户股票经纪人因荐股不当,需要推卸责任时,他们通常会使用"摊低股价"来佐证自己在高价推荐买入股票初始决策的合理性。在投资共同基金时,在很大程度上买入共同基金的必然结果就是成本均摊。对欧奈尔来讲,这是一种耻辱:"更为糟糕的是,经纪人建议客户'摊低股价',从而摆脱困境。要是经纪人这样给我提供建议,我就会注销账户,去找一位更精明的经纪人。"(《笑傲股市》,2009:247)

杰西·利维摩尔对摊低股价技术的评价同样严厉,他说,"如果你的第一笔交易已经处于亏损状态,就绝不要继续跟进,否则,你就太执迷不悟了。记住,绝不要摊低亏损的头寸,一定要把这个想法,牢牢地记在你的脑海中"(《股票操作方法》,1991:26)。理查德·威科夫对这个概念,又做了一点改进,"向上均摊股价比向下均摊股价更好"(《股市交易技术No1》,1933:50)。我们知道,欧奈尔提倡在盈利股票上"向上增持",而坚决反对向下增持。

快速止损

杰西·利维摩尔曾写道:"如果市场运行方向和你的初衷背离,你就应该设定一个非常清晰的抛售目标价,并且必须严格遵守你的规则！绝不要让损失超过你资本金的10%,因为损失要靠两倍的代价才能够弥补回来,所以交易前,我总会设定一个止损价。"(《股票操作方法》,1991:171)欧奈尔建议,在所有股票交易中,都设定7%~8%的自动止损策略,这样做的主要原因是让投资者置身于危险之外,最大限度地减少在股市遭受巨大亏损的可能性。无论是自己设定的6%~7%止损门槛,还是利维摩尔的10%,欧奈尔把一项严格的止损策略看作股市生存之道的必要条件。利维摩尔认为:"最初接受一个小的损失,是明智的……利润总是能够自己照顾自己,而亏损则永远不会自动了结。"(1991:7)

理查德·威科夫在《股市交易技术 No1》中建议:"当你在股市交易时,应该立即设定止损位,作为第一道防线。假如一开始未能及时控制风险,你就要养成每天或每周两次仔细检查股票市值的习惯,并且在市场上及时抛售所有出现亏损的股票。这有助于你在账户到期之前保持财产清晰,并使盈利交易顺利运转。"(1933:96)把止损作为"防线"的观点,与欧奈尔的思想极为相似,即"几乎所有投资者所犯的最严重错误,就是对损失不管不顾,任其发展"(《笑傲股市》,1995:93),最为简单的理由就是"在股票被套时,不及时抛售止损,你会很容易丧失自信心,这对你未来的股票买卖决策极为不利"(1995:252)。及时止损不仅有助于投资者把握和利用市场的潜在机会,还有助于增强投资者的心智,提升自信心。

对欧奈尔、利维摩尔和威科夫而言,亏损是投资过程的有机组成部分,而且长痛不如短痛。正如欧奈尔所述,"股市上获取丰厚利润的全部秘密并不在于你任何时间都操作无误,而是当你犯错的时候,尽可能使损失最小化"(1995:240)。

别太快兑现利润——让盈利股持续下去

欧奈尔交易方法在本质上是一套趋势跟踪系统——当趋势有利时,你就在股市中交易,抓住主要趋势,尽可能驾驭它。对欧奈尔来说,买到一只盈利股仅是问题的一半,因为问题的关键在于,如果你买入有潜力的、成功的、利润丰厚的股票,那么,你该如何处理股票价格的大幅波动。利维摩尔说,能够"坐得稳,坐得准"的人一定非同寻常,欧奈尔稳定地持有并正确地操作这些利润丰厚的优质股票,通过巨幅的价格波动获利,这也是他在股市上赚取巨额回报的主要原因之一。想要做到这一点，就要坚持利维摩尔所规定的一些基本原则，他说，"只要这只股票表现正常，市场运行稳定，就无须急于兑现利润"(《股票大作手操盘术》,1991:21)。要想通过股票交易赚到大钱，你必须给这些股票提供一个为你赚大钱的机会。

欧奈尔建议"止损要快而兑现利润要慢慢来"，因为"当你选择了正确的股票时，你的目标并不仅仅是选择正确，而是要赚取丰厚回报"(《笑傲股市》,2009:247—272)。在股市上追求短线收益，需要投资者不断地操作，并思考接下来的交易。这样的股市交易异常忙碌，并且它也与欧奈尔风格投资所追求的理想状态大相径庭。以我们的经验而论，一旦买入一只表现优秀的股票，在股市上赚到大钱就轻而易举，因为，此时你所做的就是稳坐钓鱼台。当你的股票呈现出完美的向上趋势时，你就全仓，从实践的角度看，这时你并不需要做太多的事情，只要看着自己盈利的股票自我运转就好了。这正是我们所说的"进入状态"。这种心智状态源自利维摩尔交易原则，即"赚大钱要靠'等待'，而不是靠想象"(《股票作手回忆录》,1994:68)。

在如何快速止损，并继续持仓盈利股这一问题上，理查德·威科夫有自己的独特视角，他在《股市交易技术 No1》中写道，"你正在让财富缩水吗？你是否从投机交易中追逐两个点的利润，且任由自己的损失扩大。为什么不颠覆这些规则？把风险锁定在一个点、两个点或者是三个点，而让你的盈利股自由发展"(1933:52)。

股票头寸集中

投资者正确操作盈利股，很大程度上在于恰当地控制股票头寸规模。要是仅想获取市场平均回报率，那么把每只股票的头寸减少到非常小的规模，投资组合就会最大限度地接近股票指数。持有太多股票头寸，只不过类似于主动"管理型指数投资"(Closet Indexing)。大多数共同基金经理的自有资金只占其投资组合头寸的1%～2%，甚至更少，但他们可以持有100～200只股票，甚至更多。对欧奈尔来讲，这是一个诅咒。如果想获得丰厚回报，那么必须把资金集中买入强势股，直言不讳地说，欧奈尔认为，如果投资者仅把自己总投资组合资产的1%～2%买入强势股，这是胆小鬼的行为。牛市期间，欧奈尔主张用金字塔式交易方法大规模建仓,在剔除表现不佳股票的同时,集中资金买入表现优异的股票。有时,我们也会把自己全部资金或者200%的保证金集中买入两只股票,以至于每只股票头寸都相当于100%的账户总额。这就是能合理操作股票以取得最大收益的根源,也是在股市上挣大钱的原因。

正是由于这些原因,欧奈尔回避"分散投资",他引用杰拉尔德·M. 勒伯(Gerald M. Loeb)的名言,其宣称分散投资是"无知的保护伞"。在任何一个牛市上升阶段,对于投资者应该购买什么样的股票这一问题,欧奈尔有着自己独到的方法。他建议,"投资越分散,对股票所处行业的了解就越少。许多投资者过度分散投资。投资者只有通过集中投资,才能取得最佳效果:把所有鸡蛋放到少数几个你了解最多的篮子中,并且始终小心谨慎地照看这些篮子"(《笑傲股市》,2009:274)。

从欧奈尔的视角看,股票头寸集中的目的具有双重性。一方面,它可以使投资者充分利用优质股的价格波动;另一方面,它使得投资者重点关注他或她的"几个鸡蛋"。与试图同时跟踪太多股票头寸相比,欧奈尔认为,这样更加安全合理。甚至利维摩尔自己也认为,"在股市上遍地撒网,是非常危险的。以我的意思,不要同时对太多股票产生兴趣。相对管理太多股票而言,管理少数几只股票更加容易"(《股票大作手操盘术》,1991:33)。

对欧奈尔来讲,没有必要在股市上持有每一只股票,按他的话说就是,不必去"亲吻每一个孩子"。他把这些浓缩成了一个基本观点,"优秀投资者的目标应该是持有一只或两只利润丰厚的股票,而不是持有几十只仅会获得蝇头小利的股票"(《笑傲股市》,2009:274)。

交易优质股票和机构认同的股票

在股市上,买入回报最大的优质股,往往意味着买到了机构大规模建仓的股票,欧奈尔把现代共同基金、对冲基金、养老基金,以及其他各种"机构投资者团体",看作类似杰西·利维摩尔和理查德·威科夫时代的"共同资金"和"信托基金"。用欧奈尔方法找到并取得成功的股票,其股价的大幅上扬是由大型机构投资者推动的。应该去跟踪精明机构投资者的脚步,诸如那些具备良好研究能力和股票筛选技术的机构。欧奈尔宣称:"推升股价需要极大的市场需求,迄今为止,股票最大的需求来源是机构投资者,比如,共同基金、养老基金、对冲基金和保险公司等。一只向上攀升的股票,并不需要大量机构持股,但至少也应该有几个机构持股才行。"欧奈尔接着说,"[勤勉的投资者]会寻找那些至少由一个或两个较为明智的投资组合经理所持有的股票,这些投资组合经理在过去拥有最佳的业绩表现"(《笑傲股市》,2009:193—194)。

欧奈尔方法的核心在于,洞悉精明机构投资者的资金动向,并了解介入某只股票的机构投资者特质,这和理查德·威科夫的建议异曲同工,他写道,"对某只股票或某类特定股票来讲,了解到主导股票的力量,是大型运营商、内部自营、资金池,还是投资大众,这一点非常重要"。威科夫解释说,"它如此重要的理由如下:除非银行家联盟在不久的将来能明确预期到市场环境的明显变化,否则他们不会在股市上做长线交易。因此,其交易可以作为市场可能转好的一个指标。当共同基金决定买入某只股票时,通常该股票很可能会出现对上市公司产生积极影响的一个或几个重大事项,并且该事项仅由少数人知晓,而大多数人并未听闻"(《我如何投资股票和债券》,1924:183)。

过去,欧奈尔一直为全球最大的及最成功的机构投资者提供咨询业务,基于此,他对机构投资者有着独特的深刻了解,同时,他也对机构投资者认同的股票了如指掌。正是这种对机构投资者的非凡理解,进而创造了我们所谓的"龙头股规则"(The Big Stock Principle),在每一个股票周期中,它都不断向前推进欧奈尔的思想。我们知道哪些股票代表了推动特定经济发展的最前沿,以及市场和周期趋势,意味着知道,机构投资者的投资组合"必须"买入哪些股票。当机构投资者开始大量买入他们"必须"购买的股票时,就会推动其价格大幅上涨,进而使它们成为"龙头股"(Big Stocks)。这是欧奈尔风格投资的核心信条之一。

图表形态

闻名于世的舞者尼古拉斯·达瓦斯在其著作《我如何在股市赚了200万》中,涉及了欧奈尔提出的"基部"(Bases)理论,他称之为"箱体"。然而,欧奈尔在色彩和图形组合的描述性分类上,对这一概念做了很多改进,称之为"上升形态""杯柄形态""双底形态""长箱体形态""平底形态",以及"高紧旗形态"等。

据欧奈尔观察，当股票价格开始大幅拉升时，成功的股票组合形态就产生了。同时，这些图形代表了"延续性"，图形充分表现了股票上涨过程的形式。在整个图形发展过程中，股票也有其自然的、正常的盘整，以便消化获利盘，但长线股价必会创出新高。

和欧奈尔的基部理论一样，达瓦斯的"箱体理论"也源自，他对股票图表的直接观察和研究："我开始意识到，股价走势并非完全杂乱无章的。股价并不是像气球一样在空中任意飞舞，而好像是受到磁石的引力一样，总是有一个明确的上涨或下跌趋势，而这个趋势一旦确立，就会在较长时间内持续下去。股价总是沿着这一趋势展开一系列波动，我把这一波动区间称为箱体。股价会在低点和高点之间持续震荡。围绕这一涨跌波动区间画出的区域，就代表一个箱体，我非常清楚地意识到这些箱体的存在。"（《我如何在股市赚了200万》，1998：51）

欧奈尔对这些"箱体"和"基部"的确切结构有着自己的独到理解，他详细地研究这些不同股价组合结构的精确形态、持续时间及其重要性。但是，他和达瓦斯一样，认识到，"价格形态就是股价在上升到一定程度后自我修正和整理的价格区间。当前股价组合结构分析的挑战在于，能否判断股价和成交量的走势是否正常，换言之，是否发出了明显的转弱信号，形态是否分散"（《笑傲股市》，2009：161）。

另外，投资者也要知道，达瓦斯的"箱体理论"只不过是欧奈尔图形分析库中最基本的、最初级的版本。达瓦斯从未统计过"箱体"的最短持续期，也并不能确定，较长持续期是否优于较短持续期。同时，他也没有统计这些箱体的量值及波动范围，因此，无法确定任何有价值的特质。正如他写道，"我发现，有时候一只股票会在箱体中运行数周，但我并不关心它在箱体中停留多久，只要股价不跌破箱体的下轨即可"（《我如何在股市赚了200万》，1998：52）。

在欧奈尔著作中，他承认应用历史先例的重要性，因此，他超越了简单化的"箱体理论"。欧奈尔观察到，龙头股在一个股市周期中所形成的图表形态，在随后周期中的龙头股身上，也经常会重复出现。例如，欧奈尔曾公开讨论过，为何1998年美国在线（AOL）大幅回调到50日均线，会使他想起了在1965年操作过的一只成功获利的股票兴泰克斯公司（Syntex Corp.）。就此而言，兴泰克斯是1998年美国在线的"历史先例"，在帮助欧奈尔操作股票获取巨大收益方面，起到了非常宝贵的指导作用。我们很清楚这一事实，因为当时我们就在现场。

当然，研究历史先例的观点，也汲取自杰西·利维摩尔，他在《股票大作手操盘术》中宣称，"我绝对相信，股价走势是不断重复的，尽管不同股票的具体情况稍有差异，但它们的一般价格形态是完全一致的。究其原因，是因为股票是由人来推动的——人类的天性从未改变"（1991：96）。同时，正如欧奈尔所言，"历史在一遍又一遍地重演，人类本性继续大行其道"（《股票买卖原则》，2004：84）。理查德·威科夫观察到，"在某种意义上，阅读图表就像欣赏音乐，都需要我们努力地正确理解作者的思想及其艺术表达。市场平均指数或一幅个股走势图，既能够反映出股市大众心里的想法、希望、雄心和目标，也能够反映出某只个股庄家相关的心理活动"（《股市交易技术 No2》，1993：136）。

欧奈尔经常被人不屑地贬称为"图表分析师"，好像这是他理应被看成某类投资贱民的证据。但我们不应该忘记，欧奈尔本人是弄清如何自动化生产印刷股票图表的先驱，却并不是首先认识到图表可以有效地预测股票走势的人。在《股市交易技术 No1》一书中，理查德·威科夫用简短的一章回答了为什么应该选择图表，并总结了他对分析股价走势图实用性的评价，"股票报价机所产生的长长纸带，记录了股市历史。图表也记录了同样的历史，只不过转换成了另外一种形式，让我们研究过去的股市表现，变得更加方便、更有价值，这对股市预测来讲，应该说是无价之宝"（1933：66）。

对欧奈尔来说，技术分析和使用图表，全是为了追踪机构投资者着手系统地买入股票时的行为。在使用图表时，欧奈尔并不是机械地、不加任何判断地使用，而是把它们作为判定大操盘手和机构投资者当下所作所为的一种工具。在这方面，他和威科夫极为相似，威科夫建议投资者学习图表的目标，应该是发现"市场行为背后的动机，来解释股票行为"[《股市图表——威科夫的方法》（*Charting the Stock Market*, *The Wyckoff Method*），1948：13，16]。

关键点和口袋支点

在极为精确的买入点购买股票，是欧奈尔方法中关键的技巧。欧奈尔的"口袋支点"（Pivot Point），汲取自利维摩尔的"关键点"一词，利维摩尔曾提出了"反转点"和"持续点"的概念。通常情况下，欧奈尔的支点，被定义为创出股价新高的点位，我们可以考虑在该点买入更多股票，虽然和利维摩尔的"持续点"概念相比，欧奈尔要略高一筹，然而他的"追盘日"（Follow-through Day）观点，又和利维摩尔的"反转点"非常相似，可以用来确定股市在经过前期熊市调整后的反转趋势，它表明市场正处于由熊转牛的过程中。在杰西·利维摩尔的著作《股票操作方法》及威廉·J.欧奈尔的著作《笑傲股市》中，两者分别把"关键点"或"口袋支点"看作确切的买入点位，一旦股价触及这一重要的口袋支点/关键点，就是买入股票的大好时机。这种风险/回报方法最受投资者青睐。

等待关键点的出现需要耐心，除非市场发出了明确的关键点信号，否则利维摩尔会尽力避免采取行动，因为只有这样，才可以确保其取得成功。正如他所描述的，"不论何时，只要耐心等待股市到达我所说的'关键点'后才动手，我总能从交易中获利丰厚。为什么？因为在这种情况下，我选的正是标志着行情即将启动的心理时机"（《股票操作方法》，1991:43）。欧奈尔说，"成功的个人投资者能够经受住等待的煎熬，他们只在这些精确的口袋支点出现时，才购买股票，这里，真正的股价启动才正式开始，并且之后会有靓丽的表现"（《笑傲股市》，1995:164）。恰当的买入点，就在被欧奈尔和利维摩尔视为"最小阻力线"的位置，股票在这个位置"畅行无阻"，能够轻易地把价格拉升到一个新高点。

恰当的买入点，就是股票真正启动的那个点位。如果当前股价是50美元，而精确的支点是55美元，那么，投资者仍须等到股票在更高的价格上交易时，才可以介入，以便确定该点就是最小阻力线的位置。在这方面，当股票触及55美元的关键点时，欧奈尔和利维摩尔，不是关注50～55美元涨幅带来的盈利，而是关注从55美元涨到100美元的"大幅飙升"。正如欧奈尔在《笑傲股市》第二版中所言，"你的目标绝不是在最低价格或接近底部时买入股票，而应该是在非常正确的时点开始买入。这意味着，你必须学会等待一只股票攀升，在做出初步确认的买入点，开始交易"（《笑傲股市》，1995:165）。在第六章，我们会对口袋支点和关键点做进一步的阐释。

确定股市时机：何时入局，何时出局

从欧奈尔/利维摩尔的视角看，等待股市"关键点"出现，或者等待进入股市的最佳时机，意味着只有当股票赚钱的时机成熟时，才入市交易。投资者要等

待股市趋势形成,然后充分利用和驾驭该趋势。我们大家非常熟悉的一条线,也来自杰西·利维摩尔在《股票操作方法》中所写的一些内容,"成功的交易者总是跟随最小阻力线操作,紧跟趋势,它是你的朋友"(1991:69)。

尽管广受认可的投资智慧指出,投资者不能准确地选择股市交易时机,应该全身心投入股市,以免错失了牛市行情,抑或是未能跟上股票指数的涨幅,但欧奈尔和利维摩尔都坚持认为,客观上存在入市的时机,同时,也存在离开股市的时机。欧奈尔极力反对这些盲目的死板观念,他写道:"永远不要让任何人告诉你,你无法找到恰当的时间点进出股市。这主要是华尔街、媒体以及那些不能做到这一点的人普遍持有的错误观点,正因为他们做不到,他们才认为那是不可能的。"按照欧奈尔的说法,"很多人错误地认为,投资者不能确切掌握进出股市的时机——这简直是不可能的,没有人能做到这一点——在一些共同基金经理失败后,让这一观点持续了40多年。他们依靠个人判断和感觉确定现实中的股市何时触底和反转。然而,在市场底部,所有消息全是负面的。因此,从人性的角度看,这些基金经理迟迟不敢贸然采取行动"(《笑傲股市》,2009:200)。

事实上,当谈及择股或择时问题时,观点无关紧要,我们已设法客观地实施投资方法。在第七章将详细讨论的"卡彻博士市场导向模型",是一个描述纳斯达克指数和标准普尔500指数量价行为格式化统计数据模型。1991年以来,从早期的时序模型,到今天演进成最完善的择时模型,一直指导我们在投资交易中成功获利。这一模型的形成,受到了欧奈尔"CAN SLIM"模型中"M"的启发。在网址 www.virtueofselfishinvesting.com,可以找到许多关于卡彻博士市场导向模型和当前股市择时信号的资料,同时,在 www.gilmoreport.com 可以找到吉尔·莫拉雷斯关于市场趋势时机的著作。

情绪和预测

股票交易是一种类似"禅"的活动,你仅停留在当下,既不为未来市场的运行而忧心,也不为过去所犯的错误而苦恼。投资者应该把精力集中在当下,及时了解股市所不断呈现出来的新情况。没有任何人的预测能够和市场真实的运行方向完全一致,而且,这对成为一名成功的投资者来讲,是完全不必要的。

成功的投资者关注并研究每日股市情况,根据股市运行有针对性地操作。事实上,试图预测股市,经常会导致过度理性,这往往成了投资者亏损的原因。当股市和你自己理性的"结论"背道而驰的时候,你不太可能转变自己的立场,甚至面临着实际量价运行已经表明你是错误的时候,仍会如此。尽量少关注那些你认为市场中应该发生的事情,更多地关注市场真实的运行情况。利维摩尔写道,"不要试图了解或期望股市下一步会发生什么——只要按照市场给你的指示走下去"[理查德·斯密腾(Richard Smitten),《像杰西·利维摩尔一样交易》(*Trade Like Jesse Livermore*),2005:13]。

和利维摩尔一样,欧奈尔告诫说,投资者不必知道市场未来的发展趋势,只要知道市场现在的表现就可以了。欧奈尔在《笑傲股市》第三版中写道,"在股市长期获得丰厚回报的关键,不在于股市预测,而在于知道市场正在做什么。要清楚地知道并理解过去几周股市的真实情况,以及当前市场正在发生的事态"(2002:75)。甚至当威科夫评估实时市场的新证据时,他也坚持,投资者要时刻关注当前股市的观点。他宣称,"很多人都根据股市未来进程形成见解,然后用市场来证实他们的预测,我并不是这样的人……只要知道市场提示我今天及不远的将来可能会发生什么事情就足够了。我不期待提前很长时间知道股市的发展,因为市场经常会发生变化,而我必须有针对性地调整头寸"(《股市交易技术 No1》,1933:53)。

这一系列思想的核心在于,如何在投资过程中剔除情绪因素。利维摩尔认为,深受情绪影响的大多数投资者,在股市交易中的失败都源于恐惧与希望这两大祸端。这与其说是投资者的恐惧导致了失败,倒不如说他们的希望造成了失败。投资者往往不在正确的时间产生恐惧或抱有希望,正如利维摩尔所言,"当你在向投机生意中投入希望和恐惧时……也容易陷入混乱,并且经常处于自我矛盾的境地"(《股票操作方法》,1991:20)。另外,在说到毫无恐惧的操作,在股市上遭受损失,还能够克制自己情绪的时候,欧奈尔借鉴了理查德·威科夫的一些建议,提议投资者"在低迷点抛售股票"。

倾听观点、消息和内幕

当有人询问内幕消息时,最好告诉他们:"不要相信内幕消息。"那些听从内幕消息的投资者,会遭受巨大损失。那些提供内幕消息的人可能有潜在动机,或者尽管他认为自己掌握了所有事实,但事实并非如此。就像杰西·利维摩尔在《股票操作方法》中所说的,"市场从来不会错——观点却经常犯错"(1991:18)。

在任何时点上,市场都是所有已知信息的最终裁判。至少,那是一个被称之为股市的大拍卖场。它根据同行业的评价给股票定价,因此,投资者最好相信市场的估值。

在《笑傲股市》第四版中,欧奈尔写道,"很多人特别喜欢根据别人的建议拿自己辛苦挣来的钱冒险,而不是花时间研究、学习、弄清楚自己在做什么。他们冒了损失大笔钱财的风险,因为你所听到的消息和内幕消息,有很多是不正确的"(2009:305)。很多专家的意见也是如此,欧奈尔接着说,"也许这可以解释,在2000年9月之后,在高科技股失去80%~90%市值时,为什么几乎所有美国全国广播公司财经频道分析师仍继续推荐买入"。用利维摩尔的话来解释,观点经常会出错,而市场从来不会。

然而,投资大众更喜欢懒惰的方法。威科夫写道,"依赖他人建议,是广大公众的嗜好"(被威廉·欧奈尔引用在《笑傲股市》第三版,2002:253)。许多人喜欢别人提供的现成答案。多年来,我们听到最多的问题就是:"你在买什么股票?"问这个问题的人,通常对股市一窍不通,或者是对他/她自己的判断缺乏信心,其主要原因还是,他/她从没有做好必要的准备工作。勤奋研究是一个有效的矫正方法。威科夫写道,"当你理解了股市的专门技术,你就不再关注早报上那些重要事态的进展,因为新闻信息不再是影响你操作股票的因素了。有经验的股市判断,会关注股市所记录的整体情况,好像它是某种思想的表达;更确切地说,是所有交易者、投资者、银行家、资金池、机构和其他交易者的综合思想"(《股市交易技术No2》,1993:139)。

过度交易

哪怕投资者变得成熟老练,并且制定了一套执行多年的成功盈利策略,仍然避免不了过度交易。过度交易不但困扰着新手,同样也困扰着专业人士。一方面,当投资者本应该手持现金空仓时,却进行了交易;另一方面,投资者太快地抛售自己的头寸,仅在几天后,又把股票购回,之后就是不断重复着买入和卖出操作。

杰西·利维摩尔描述了一名深居山区的投资者,他收到的报价都是三天前的报价,一年中,该投资者仅让经纪人进行几次交易。这个人远离市场,当人们得知,他在股市上取得了巨大的长线成功时,都觉得非常吃惊。当被问及成功原因时,他回答道,"噢,我把投资当作自己的事业。市场总是千头万绪。如果我把自己陷在一团乱麻中,就会一败涂地。因此,我对次要的市场变化视而不见。我喜欢离股市远一点儿,静心思考。真正的行情不会在一天之内就从开始走至结束。货真价实的行情总是要花上一段时间才能完成。我住在远离市场的山里,就能给这些行情留下需要的充分时间"(《股票操作方法》,1991:32)。

威科夫也回应过这种观点,他写道:"对市场存在疑问时,不要盲目交易。不要在半信半疑之际进入市场;要等到你完全确信市场趋势的时候,才入市交易。"他接着说,"因此,不管是在我们的判断上,还是在我们所持有的头寸上,每当我们感觉到这些不确定因素时,就清空仓位,成为市场观察者,正如著名的交易员狄克森·G. 瓦特斯(Dickson G. Watts)所描述的,'思路清晰,判断可靠'"(《股市交易技术 No1》,1933:51,108)。

欧奈尔承认,此时此刻,最好的做法就是什么也不做,并且他非常关注具体的市场形态:"它不是底部或突破形态时,我的方法也不再起作用;此时股市的时机并不对头,所有股票表现都是不正常的。量价形态是虚假、错误和不健康的。股市总体上转向消极……这时,投资者要耐心,继续研究,做好100%的准备。"(《笑傲股市》,2009:151)事实上,在市场状况不佳之时,明智地停留在股市之外,可以为投资者节省大笔金钱。

欧奈尔方法:技术—基本面分析

欧奈尔经常被指责是一位"技术派",而任何一个真正理解欧奈尔方法的人都知道,该方法是一种"技术—基本面分析"方法。它结合技术分析确定在图表中什么时候股票被持续买入,以及股票精确恰当的买入点在什么价位,所有这些都是基于历史上那些优秀的、盈利丰厚股票的最根本特质。尼古拉斯·达瓦斯创造了术语"技术—基本面分析",用来描述其投资股票系统,该系统依靠监测股票价格行为,来确定它们是否在"箱体"中正常运行,以及当股票随着收益增加而脱离"箱体"上轨时,如何确定买入点。正如达瓦斯所描述的,"我明白了,股价受制于股票的盈利能力,确实如此。于是我认定,不管股价走势背后的原因有多少,我都只看其中一种原因,即不断提高的企业盈利能力,或预期将会不断提高的盈利能力。为了做到这一点,我把技术分析和基本面分析结合起来。根据股票在市场上的技术表现选择目标个股,但只有当基本面分析证实,该股票盈利能力正在不断提高时,我才买进"(《我如何在股市赚了200万》,1998:79)。

欧奈尔不会仅仅因为股票具有漂亮的图形而买入——它必须在整个发展历程中展现出盈利股票最为本质的特质,并符合欧奈尔本人对历史典型股票所归纳的研究结论。

结 论

深入研究100多年的众多市场周期后,很显然,欧奈尔仍继续着杰西·利维摩尔、理查德·威科夫和尼古拉斯·达瓦斯开启的谈论话题,并对这些话题内容加以精炼提升。人性没有改变,因此,我们继续探讨这个话题,说出我们的成功、失败和发现——所有这些增强了我们在分析层面和心理层面的理解能力。这并非火箭技术,几乎所有人都可以用这些方法取得成功,不过,掌握这种技术,确实需要长久的关注和刻苦的学习。然而,我们不必假装和这些绅士们的水平相当,我们的确相信,作为使用欧奈尔方法的前欧奈尔投资组合经理,以及在自我投资方面取得成功的投资者,我们也为这些探讨做出了某些有价值的贡献。当然,正如市场在不断演进,欧奈尔方法的某些技巧和应用同样在演进,它将给像我们这样的交易者留下逐步发展和提高的空间。但是,最核心的哲学基础、欧奈尔方法论的"精神特质",仍将一直存在。

第二章

克瑞斯·卡彻如何在股市赚取 180 多倍利润

　　学会使用一种投资系统可以让你在股市获得合理收益,有时它还能让你获得高达三位数的年收益。抱着这样想法了解一种投资系统,似乎很简单,但想要研究它究竟是如何运作的,则是另外一码事了。同样,我们对于那些在股市赚了大钱的人,例如,那些在一年之中,获得了前所未闻的 10 倍收益,或者在 7 年之内,让其投资不可思议地翻了 180 倍的人,总是表现出极大的兴趣。实际上,大多数投资者没有亲身经历过这一过程,因此,当他们听说某人在股市中取得如此好的业绩时,总是禁不住问:"他们究竟是如何做到的?"在本章及下一章里,我们会带你更深入地了解如何在股市中获得高收益,这些内容包括,在实时情况下,分析购买的股票、购买该股票时的市场形势、买卖某只股票的思想形成过程,以及如何做出操作决策。

　　随同我们从头至尾了解了获得高收益的过程后,你会发现,它可能并非想象中那样困难。归根结底,你应该力求选择在正确时机,例如当一只龙头股刚刚开始大幅上扬时,做出正确的投资。这其中包含着技术成分,也有碰运气的成分。当然,能让自己在正确时间做出正确投资,本身就是一种运气。若你的投资组合中,龙头股占很大比例,整个投资过程就显得更加简单了。你不用费劲思考,只需静待机会,发现波段,抓住波段,在尽量长时间内把握波段。在这种方式下,投资就像冲浪,如果决策正确,投资就会显得非常刺激。

本章剩余部分及下一章将向读者介绍，我们各个时期获得巨额收益的独立交易，并通过图表阐述当时的思考过程及投资经过。在真正的大牛市时期，投资机会不断涌现，我们从市场中获得了巨额收益，也由此获得了财务自由，所有这一切，都会尽量让读者在阅读中深刻体会。

在商业领域站稳脚跟

千里之行，始于足下。

——老子，中国古代哲学家

在长期投资中，威廉·欧奈尔和他最为欣赏的伙伴大卫·瑞恩（David Ryan）多次不可思议地取得优于市场表现的成绩，得知此事后，我一直非常想为他们工作。1989 年，我阅读了威廉·欧奈尔的《笑傲股市》，让我对市场问题的思考产生了颠覆性的变化。欧奈尔采用基本面分析、技术分析，以及 CAN SLIM 投资法则，多位一体的综合分析法让我印象深刻。

就这样，1989 年以来，我花费了大量时间分析市场。最初几年，我构建了基于多重经济指标的各种计量经济择时模型，这些经济指标似乎能预测价值变化。然而，我随后发现，这些指标中的大多数有效期不超过 15 年。因此，一旦市场发生变化，这些指标就会丧失预测能力。同时，我意识到，研究 15 年的数据还远远不够。这并不让人感到吃惊，随后几年，我的市场导向模型所遵循的依据回归到主要指标的量价走势上。随着图表分析能力不断提高，我发现，量价走势是衡量市场中投资时机最为重要的变量。为了确切了解这些变量和投资环境是如何推动股价上涨的，我又投入大量时间研究个股和股票市场的数据。

所有这些研究，使我的交易步入了正轨。多年以后，当我受雇于威廉·欧奈尔公司时，欧奈尔本人发现了我在股市知识方面的广泛性和专业性，因此，在欧奈尔公司的 6 年里，他授权我随时使用公司资源开展研究。在个别情况下，我直接与欧奈尔一同工作，并接手他自己的一些研究项目，其中包括《1998 典范手册》（1998 Model Book）项目。作为他在股市中的得力助手，我很自然地与他分享自己的研究发现。有时候，我会在深夜给他打电话。他说，不管多晚，只要我有重大发现，都可以给他打电话。这些都使我意识到，他正是那个可以与我在股市中共享激情的人，我还意识到，自己从核物理专业转行到投资行业，这个决定是多么正确。我总是说，一个人在生命中发现了自己真正的激情，并付诸行动实现梦想时，老天也会帮助他。

在《1998 典范手册》项目中，我们考查了 1992—1998 年表现最好的股票，以及自 20 世纪 20 年代以来的近 20 个市场周期，旨在研究每个周期中可以获得较大利润的股票。为了确定哪些基本面变量或技术分析变量最有可能成功预测市场，并获取巨额收益，我认真研究了每一只股票，最终确定了获利股票具备的一系列共有变量。

我构建并完善了市场导向模型（在第七章详述），这使得我，无论在上涨行情，还是在下跌行情中，都能做出正确选择。该模型从来没有错过任何一轮牛市或熊市。自 1991 年起，即我首次利用该模型成功预测市场趋势的那一年，我开始将它用于实战。事实上，自 1974 年开始回溯测试，该模型取得以比市场平均回报率高出 33.1 个百分点的成绩，表现不凡。之后，为了确保该模型的稳健性，我把它置于 20 世纪 20 年代及 30 年代的市场环境下测试，结果它轻松地超越了市场平均回报水平。该模型中的系统部分是，在计算主要指标时，对量价走势进行正规化统计，而择时部分则研究其他因素（诸如龙头股的表现、情绪或心理指标），还包括基于交易信号强度选择交易所交易基金、头寸规模及财务杠杆。

在我制定出模型几年后，一位自 20 世纪 60 年代就为威廉·欧奈尔公司工作的退休销售人员来到我的办公室。他带来了 1968—1999 年公司市场信息。我把这些信息逐个仔细研究了一遍，并用图表分析了威廉·欧奈尔买卖股票的信号。我发现，欧奈尔也成功利用了每一个牛市，避开了每一个熊市。这使我进一步确信，欧奈尔用量价走势预测市场的方法是行之有效的。我对主要指数进行正规化统计的重要性，也再次得到了证明。

谨慎的市场时机选择，通过在弱势市场中观望，在上涨行情中买入领涨行业中的龙头股，获得 18 241.2% 的收益率，即 1996 年 1 月—2002 年 12 月的 7 年年化收益率为 110.5%。我创造的规则，既不是我自己的规则，也不是华尔街的规则，而是基于市场实际规律及优质股票实际表现的规则。接下来，让我们通过检验每一年的表现，获得更为深刻的理解。

1996年——"千年虫"股票让我拔得头筹

1996年第一季度,我用个人账户投资,获得了小小的成功,当时,市场似乎出现了我们所谓的"盘整"行情,基本无趋势可言。这些年来,我发现那些走势不明、变动频繁、价格横向盘整的市场,是最具挑战性的,因为它迫使你进进出出,并一点点吞噬你的资金。随着时间的推移,这些微小的损失越积越大。因此,当本金被一点点吞噬时,你必须避免自己的投资在市场中全军覆没。

1996年3月中旬,我注意到一小部分优质股,如艾美加公司(Iomega Corp.,IOM),出现了突破(如图2.1所示)。艾美加公司在可移动存储设备领域拥有自然垄断地位,是最早成功营销可移动存储硬盘的公司,当时,鲜有公司与之竞争,因此他们享有先发优势。当艾美加公司股票出现突破时,它在最近一个季度的销售额增长了287%,收入增加了700%,每股收益增加了16美分。而就在1995年第四季度,每股收益只有3美分。因此,16美分的增长意味着该公司收益水平迅速提高。此外,该公司销售额在前六个季度迅速增长,增幅分别为2%、2%、16%、60%、138%和287%。

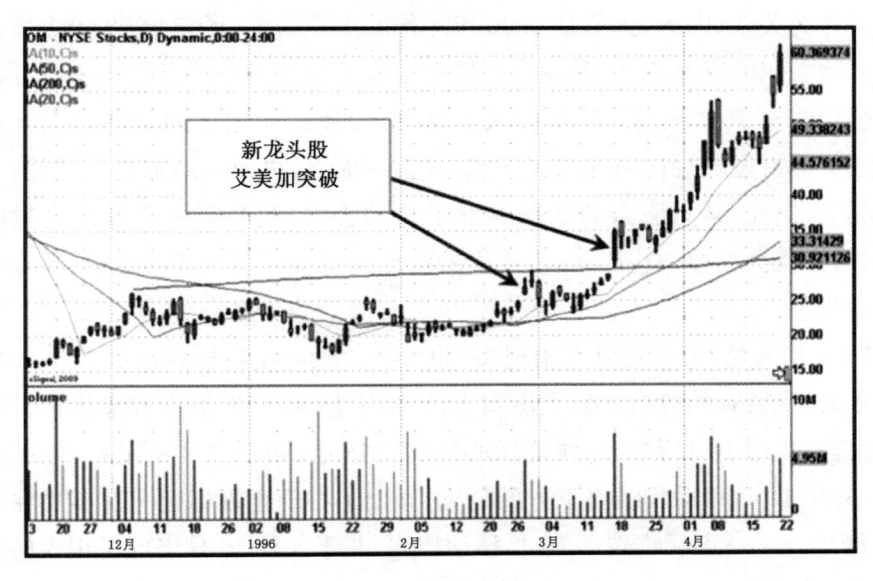

eSignal公司供图,版权2010。

图2.1 艾美加公司(IOM)日线——1996年的突破

艾美加股票低位盘整，为后期上涨提供了一个很好的平台。3月18日，我用交易账户上25%的资金购买了艾美加。尽管受到大盘横向盘整因素的影响，只有极少数股票价格处于稳定状态，而这只股票在基部却跳空高开，创出了历史新高。

当你购买一只刚从基部突破的股票时，你总希望基部的基础足够坚固有力，保证股票有成功突破的机会。过去，我常常随身携带着威廉·欧奈尔公司股票日线备份，方便随时在上面标注，认清哪些基部有促使股票上涨的潜力，而哪些则恰恰相反。我常常建议那些想提高图表阅读能力的人试试我这种"老掉牙"的方法。大盘趋势是一个重要变量。例如，在一个疲软的、出现下降趋势的市场中，最好的股票往往会形成图2.1左侧的情况，即最终会产生一个有益于突破的杯状或双底基部。它们像弹簧一样，将来自市场的压力弹开，从业已经过市场矫正的良好基部突破，冲到更高点。

4月，当越来越多的龙头股从基部突破时，我开始加仓。很快我就发现，股票利润在4月中旬达到了顶峰，我享受着自己所持有的12～18只优选股，它们在3—6月的反转期内给我带来丰厚回报。不经意间，我察觉到，自己的交易风格，在持仓调整、持仓数量、择股风险级别方面，这些年从未改变过。这与账户资金量并无关系，因为，无论是1996年运作的小额资金，还是1999年之后操作比尔·欧奈尔的巨额资产，我一直保持在上升趋势市场中持有12～18只股票，通常会用账户15%～25%的资金买入个股，假使最初选中的股票在上升过程中形成了具有逻辑规律可循的买入点，我会一而再、再而三地加仓。当然，在其他情况下，例如，某只股票的状况触发了我的警觉，我会至少卖掉持仓量的一半。有时，我会卖掉一些股票，用挪出的资金购买有可能从基部突破、具有上升潜力的股票。

1996年6月，市场在夏季出现头部时，我的账户收益最高达到72%。接下来的几天，我持有的股票先后发出卖出信号，于是，我把它们全部卖出了。就艾美加而言，我用10日移动均线确认心理卖出信号（如图2.2所示）。依照我的推断，又在10日移动均线略下方的位置，做出了心理止损标记。艾美加在5月22日涨到一个高点后跌破了10日移动均线，并于5月28日出现了很大的成交量。我在那个交易日低点的1/16处设置了心理止损位，也就是每股36.31美元。当股票在第二天下滑到卖出警戒线时，我把持有的股票全卖出了。这种情况说明，股票到达高峰，在超过三天出现连续高成交量时会产生最高点的说法，是值得商榷的。回想 1996 年的经历，我觉得，当时我并不是十分理解如何在最高点卖出，而是更愿意低卖而不是高卖，这样更符合我的交易特点。

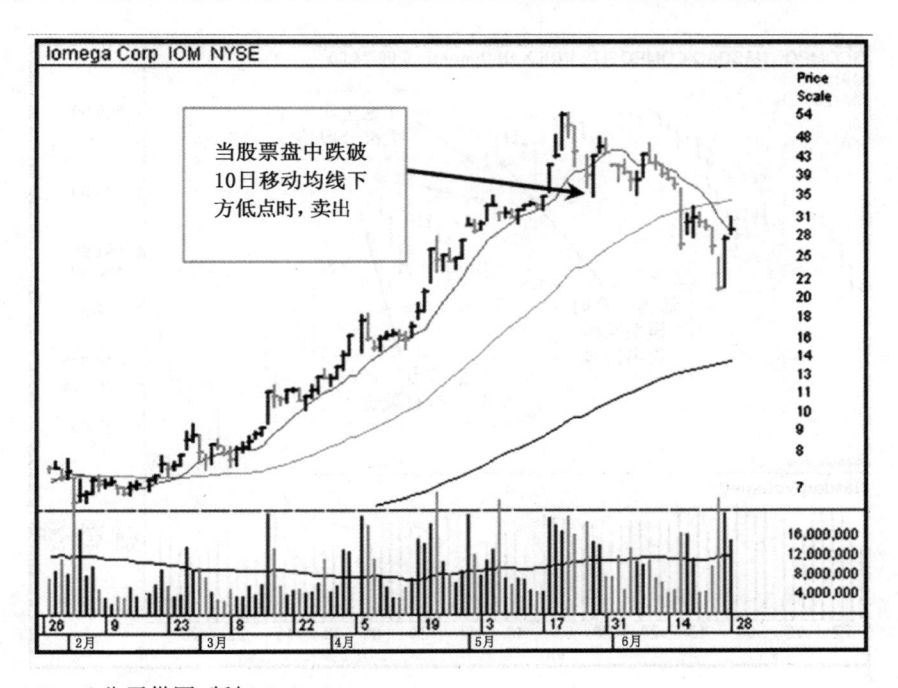

eSignal 公司供图，版权 2010。

图 2.2　艾美加公司（IOM）日线——1996 年顶部

顺便提一句，我使用 10 日移动均线作为参考基准，出售那些涨速较快的股票，原因是，这些股票上涨时，更容易在 10 天左右的时间内获得支撑。对于涨速较慢，或是在交易中波动性较高的股票，我采用 50 日移动均线，来决定何时卖出。一旦股票跌穿 50 日移动均线，我就将它列入待出售对象，进一步观望究竟是卖出还是继续持有。有关卖出技巧将在第六章详细阐述。

6 月中旬，我的股票已全部卖出。当时，我无法判断，市场是否会出现一个小的崩盘行情，但还是决定坚持自己的原则。有一条法则明显能确保你不会因为喜爱一只股票而头脑发热，以至于错失在黄金时段出售它的良机。那就是：买，基于股票的前期状况及技术参数；卖，仅仅参照技术参数，因为后者才是最终决定何时卖出股票的依据。

纳斯达克指数持续下跌，从 6 月 6 日最高点下跌了 19.6%（如图 2.3 所示）。由于我曾买入的很多高涨幅股票波动性较高，纷纷从高点大幅回调。我避免了损失，因为所有股票都早已卖出了。

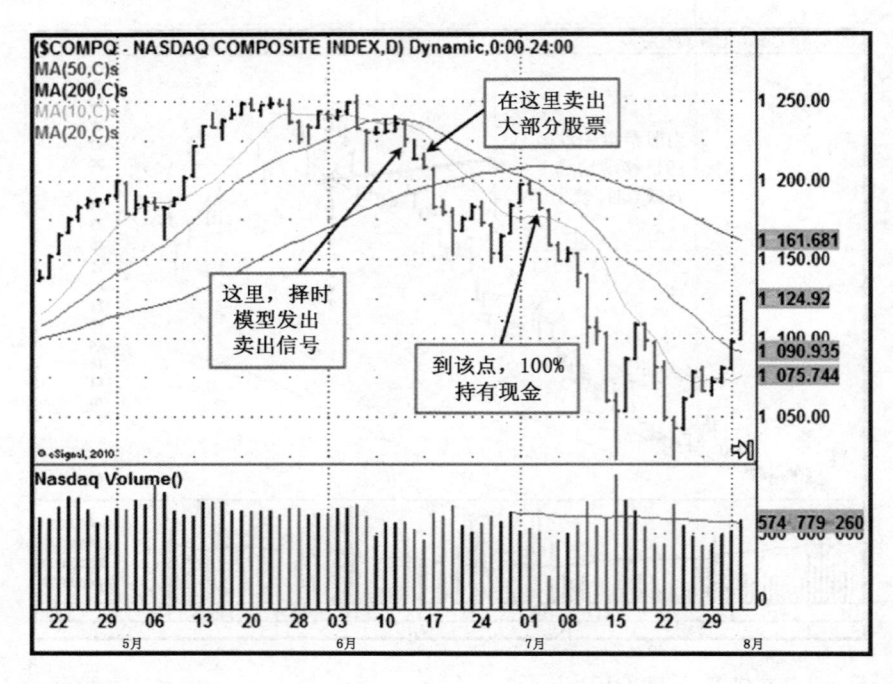

eSignal 公司供图，版权 2010。
注：1996 年 7 月找到底部之前，纳斯达克指数下跌并逐步走低。

图 2.3　1996 年纳斯达克指数日线（1）

股市持续回落，终于在 7 月触底。此后不久，即 1996 年 8 月 1 日，择时模型发出买入信号（如图 2.4 所示）。我注意到，一些较为强劲的领涨股正从基部恢复，且有突破之势，有信号显示，一轮新的牛市正蓄势待发。强劲的龙头股通常率先突破，它们同时突破，发出了一个极其有价值的买入信号。我仿佛听到了股票在齐声高喊："买入的时机到了！"于是，我再次满腔热忱地买进了它们。

1996 年 12 月，令整个市场哗然的"2000 年危机"或"千年虫危机"步步逼近。那些有能力帮助电脑系统解决从日期前置"19"改换成"20"的公司，吸引了大量投资，赚了个盆满钵满。当大家都在考虑如何用这个时机赚钱时，真正受"千年虫危机"困扰的公司，如 TSR 公司（TSRI）、Zitel 公司（ZITL）及加速公司（ACLY），却正

eSignal 公司供图，版权 2010。

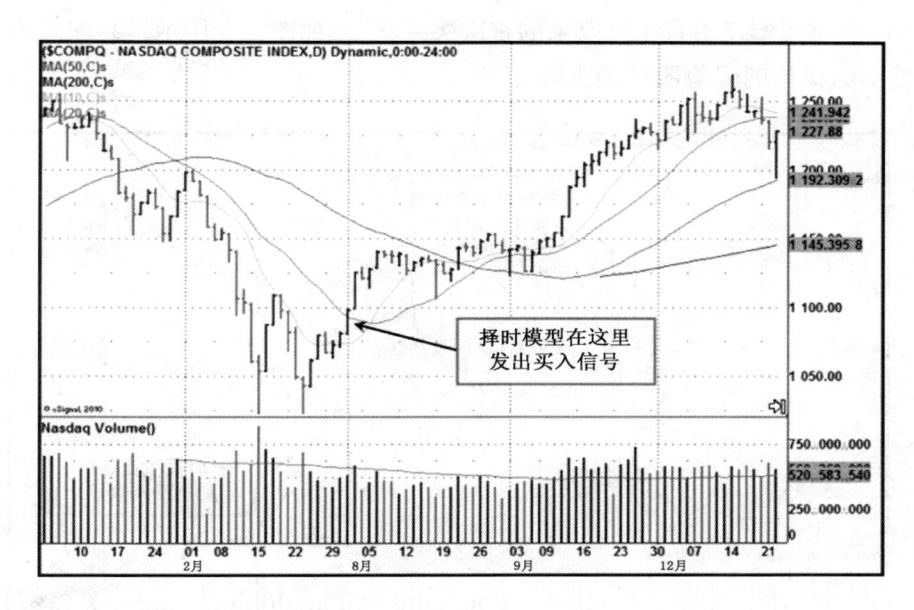

注：1996 年 8 月 1 日，择时模型发出买入信号。

图 2.4　1996 年纳斯达克指数日线（2）

在讨论，当时钟指向 2000 年 1 月 1 日之前，他们还有多长时间可以解决这个难题。我注意到这些因为真正参与其中而一筹莫展的公司的股票，在它们从基部突破的时候，做出了买入决定。它们让我的个人账户资金翻了一番。到年终，我已获得了超过 121.75% 的收益。我们要做的，其实就是用一两只具有高收益的股票弥补以前的小额损失。总的来说，就是遵循以下原则：在关键点买入基本面强劲的股票，在市场出现疲软状况时，把它们卖掉，收回资金。对于小的损失，你不必在意，因为一旦遇到牛市，将会获得 100% 的回报。即使在市场不景气的时候，你也可以通过把握住一两只强势股，挽回往日的损失。

1997 年——在亚洲金融危机中获利

在 1997 年整个一季度，市场都处于下降通道中。到 4 月，由于市场情绪低迷，一些与我交流过的投资经理都准备在该年度做空。由于择时模型发出卖出信号，且没有一只股票值得购买，我在这一时期的绝大部分资产是现金。4 月

22日,择时模型发出自1月以来的首次买入信号(如图2.5所示),我注意到,那些基本面优良的强势股开始突破。

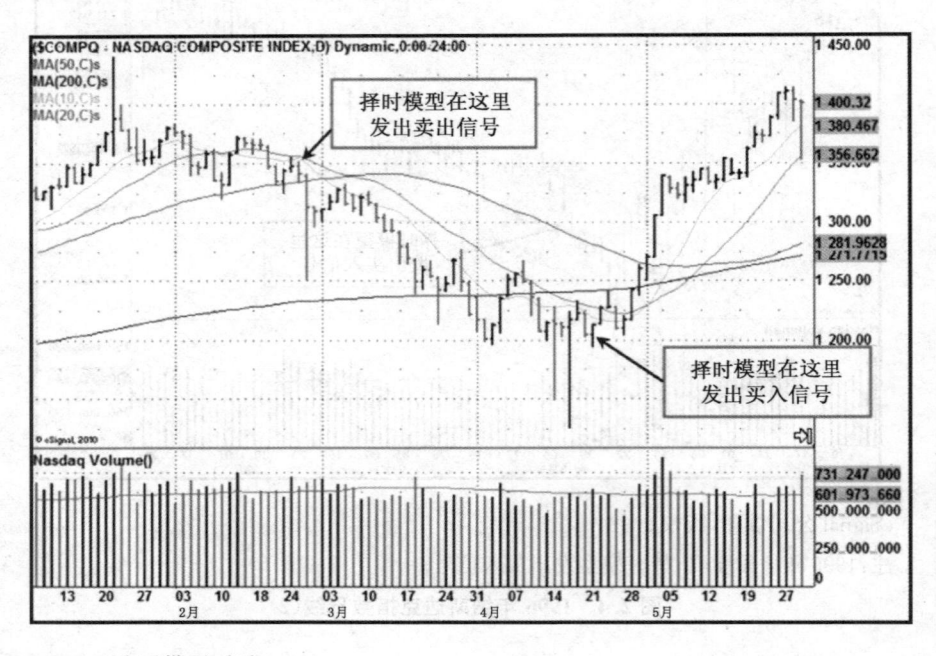

eSignal 公司供图,版权 2010。

图 2.5　1997 年纳斯达克指数日线

　　我买入了一些最强势的股票,在以后的反弹行情中,我可以卖出弱势股票,买入新的强势股。我将所有资产都有效地投入那些最强势的股票。市场持续走高至10月。随后,我惊奇地发现,仅仅在10月17日之前的几天时间,我持有的大部分股票,在市场崩盘的前几天突然触发了卖出警报。亚洲货币危机导致了大规模抛盘(如图2.6所示)。我对这次危机毫无预感,市场卖出情绪非常严重。但是,正如我之前所做的那样,在股票发出卖出信号时清仓。因此,我在市场崩盘几天前全部变现。我卖出时的价格比最高点低了6.5%,当时,纳斯达克指数下跌了16.2%。

　　顺便提一句,1997年是我投资成功率最低的一年,损失与盈利交易比例约为4∶1,即成功率仅为20%。但是,我获得了三位数的收益(我个人计算的收益率为102%,毕马威公布的是98%),如此高的收益仅仅是由于几次决定性投资获得的。我举这个例子就是为了证明,获利交易的次数可能是投资方式中最

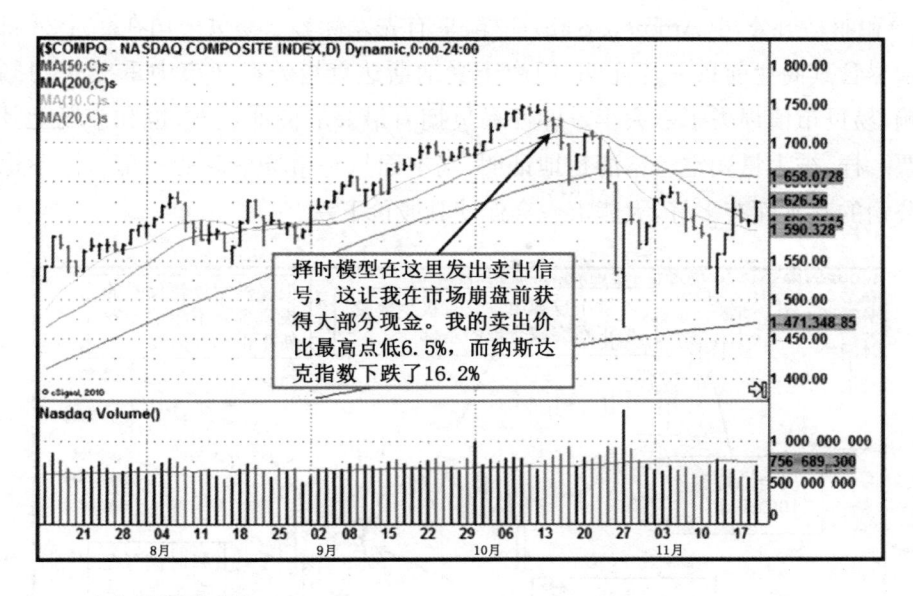

图2.6 纳斯达克指数日线——1997年亚洲金融危机

eSignal公司供图,版权2010。

无关紧要的参数。在一次交易中获得的收益率,才是更为重要的参数。也就是说,在其他牛市年份中,我的成功率接近50%。

1998年——市场上涨之前行情低迷

尽管1998年一季度收益颇丰,但7-10月初的这段时间里却充满挑战。我的股票在7月中旬达到顶点,之后,又在很短的时间内,发出了卖出信号,因此,我在市场上涨至顶点后几天内清仓,保留现金。市场在9月微幅反弹,仅有为数不多的优质股票从基部脱颖而出,因此,当月没有买入股票。我记得,很多投资者在当月买入后迫切希望反弹得以持续。进入10月后,市场卖空严重,很多投资者情绪低落。很多在当时点位买入的投资者,到现在仍是亏损。图2.7显示,10月8日市场大幅反弹,该反弹引发了择时模型在几天后(10月14日)释放出买入信号。同时,我注意到,少量优质股[如易贝有限公司(eBay Inc., EBAY)]在随后的几天里出现突破行情。易贝是一家非常有意思的上市公司。易贝公司拥有最好的商业模式,而且在相关领域,如搜索引擎和网上零售领域,分别与雅虎(Yahoo!

Inc.)和亚马逊公司（Amozon.com）一样，享有先发优势。易贝公司在9月24日上市。尽管其商业前景一片光明，但由于受纳斯达克指数在熊市中重挫33.1%的影响，易贝市值损失了一大半。即便易贝拥有最好的商业模式，也和市场上其他股票一样，被大量卖空。这清楚地证明，基本面只是市场信息的一部分。不论一家公司的基本面有多好，大熊市也会促使其股价下跌。

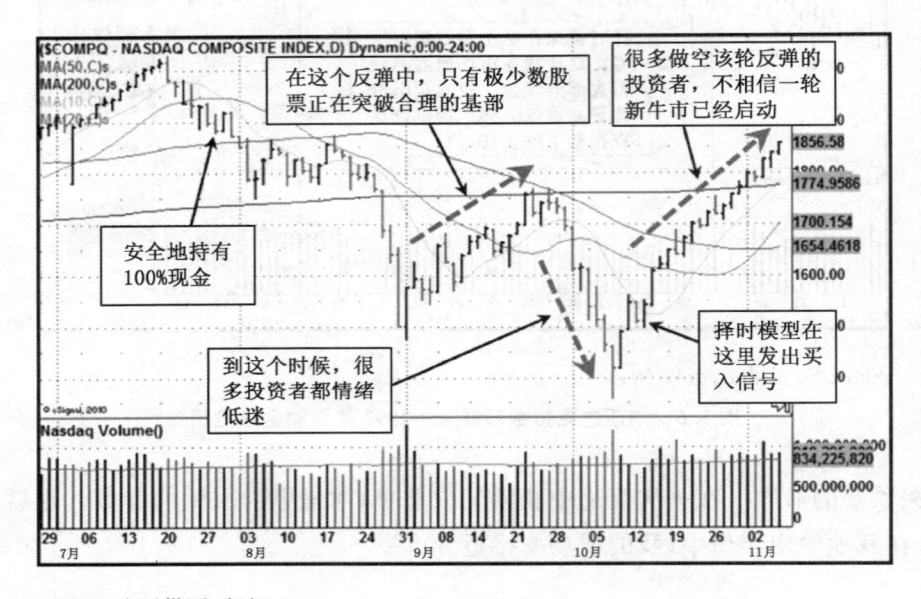

eSignal 公司供图，版权 2010。

图 2.7　纳斯达克指数日线——1998 年低点

当择时模型在市场触底后短时间内发出买入信号时，易贝在几天内也出现了买入信号。10月26日，易贝突破了我所称的 U 形态或吉尔·莫拉雷斯提及的"IPO U 形反转"（如图 2.8 所示）。这些不常见的 U 形态，只在强势股中出现。该类股票非常强势，不会留太多时间让投资者把握，其筑底时间一般为4周或更短。我在易贝公司上涨的高位第一次买入，并在其突破10日移动均线后第二次买入。我由此发现，强势股的交易总是徘徊在其10日移动均线附近，用10日移动均线作为持续上涨之前的短暂盘整支撑线。

与此同时，很多投资者仍因7月开始的大熊市而情绪低迷，因此，市场在10月反弹时，他们都对行情持观望态度。我记得，一些投资者直到11月仍保持空仓，而这一时期正是大涨行情。市场的持续反弹，迫使一些不愿意买入的投资者

eSignal 公司供图，版权 2010。

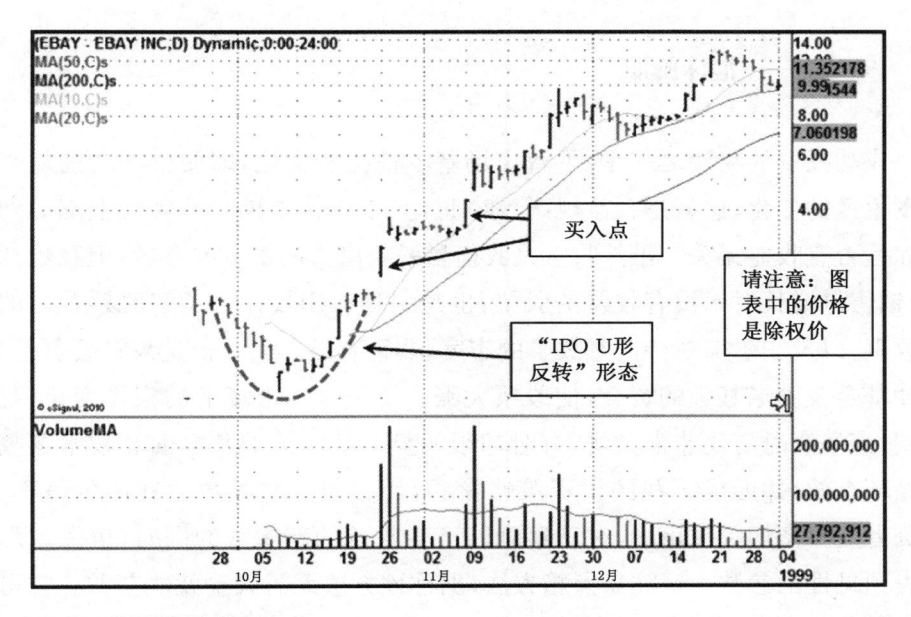

图 2.8　易贝公司（EBAY）日线——1998 年"IPO U 形反转"

要么补仓，要么承认错误开始买入。尽管如此，这些投资者仍错失了良机，错过了最为强劲的上涨。有时候，最好的股票就是那些在上涨行情刚开始就突破的股票，这些股票会给投资者带来最为丰厚的回报。易贝就是一个绝佳的例子。

1998 年四季度，事后证明是一个高收益的季度。正是高科技行业引领上涨，那些在行业中率先启动的股票，往往表现优于业内其他公司，这些股票才是真正的市场领涨者。我搜索了一些基本面优异的股票，包括拥有优秀商业模式的股票，不论这些股票是否有率先启动优势，准备随后买入。通过后续详细研究每只股票，我进一步减少了清单上的股票数量。我对脱颖而出的几只股票设置了买入信号，一旦这些股票发出买入信号，软件就会立即提醒我。

我把 1999 年四季度称为存在巨大问题的季度。很多优质股票大涨，导致买盘迅速衰竭，对我来说，为了在这一时期买入上涨更快的股票，而从 14～17 只股票中判断哪只应该卖出，极具挑战性。我卖出一半或清仓表现最弱的股票，因为它们上涨力度不够或基本面不强劲。然后，我可以在市场上涨的时候，将资金投入走势最强的股票，这给我带来了丰厚收益。由于保证金充足，这种做法保证了我可以在采用某种策略后投入资本的 200%。

1999 年——泡沫膨胀

成功投资的秘诀之一是，了解市场基本情况的变化，即便市场之前从来没有发生过的变化，这就是收益规律。20 世纪 90 年代末期一些大幅上涨的网络股和是否有收益无关。虽然收益是我衡量股票潜力的最重要参数，但我也意识到，销售量增长对于没有收益的股票，也是一种有用规律。了解股票背后的基本故事，以及华尔街对待这些故事的态度，非常有益，因为，正是来自公募基金、对冲基金及养老基金的资金，使股票大涨。由于这一市场上的根本变化，我了解到，市场有时变化非常微弱，有时却很明显。某些关键基本面和技术参数一直循环有效，并形成了我的投资策略核心，而其他一些参数的利用价值不大。投资者需要密切关注市场，在观察到能产生收益的新参数的同时，也发现那些丧失预见性的参数。请注意黑箱方法，据称该方法无需调整就能获益。它可能在一个或多个市场周期中有效，但必须根据市场变化而做出微调。

1999 年一季度，由于网络涉及技术领域的诸多方面，因此大多数发出买入信号的股票，都是技术类股票。我始终按照股票和大盘释放的信号投资，因此，我在 4 月 13 日 CBOE 互联网指数下跌行情（如图 2.9 所示）开始前的上涨行情中清仓。互联网指数是衡量互联网行业的晴雨表。我注意到，很多网络股在大幅上涨之后，已经或正在开始下跌。同样，在前一天，即 4 月 12 日，一些公司公布，他们将在公司名称后加上".com"域名。这一消息公布后，一些公司的股价涨幅超过一倍。网络类股票短期大涨，这种极端的超买现象，让我感到震惊。在 4 月 14 日开盘之前，我注意到，投资组合中的很多股票，都比前一个交易日的收盘价，略有下跌。经过前几分钟交易后，它们仍没有从较低的开盘价反弹回来的迹象。注意到这一变化，并考虑到这些股票之前的表现，我向交易员发出了一份股票"清单"，在开盘后几分钟内将这些清单上的股票卖出。卖出清单列出了我所持有 16 只股票中的 14 只，因此，我成功地将自己的市场风险从 200% 降低到 35%。CBOE 互联网指数在我下达卖出指令后的 20 分钟里继续盘整，并在我完成交易前几分钟开始下跌。当天 CBOE 互联网指数下跌了 9.6%。

当天，一些之前表现优异的股票跌幅是 CBOE 互联网指数的两倍。图 2.10 中迅通网公司（INSP）的走势足以让人明白这些股票下跌速度有多快。在

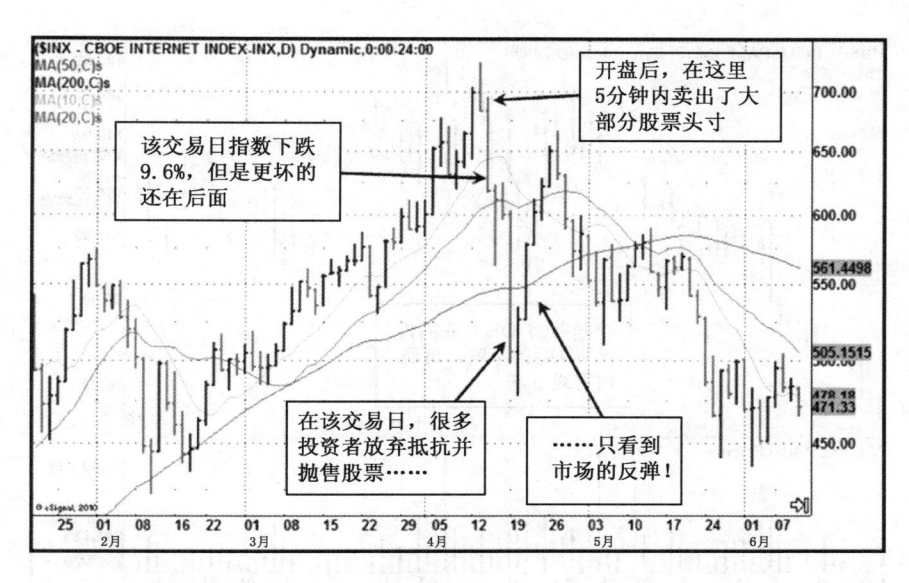

图 2.9　1999 年 CBOE 互联网指数（INX）日线

短短 6 天的时间里，迅通网公司股价下跌了一半。

　　时机就是一切，特别是涉及高风险的投资。如同炸药一样，处理时必须小心谨慎，特别是，你把所有投资组合都集中在一个行业时，更是如此。如果我在看到警报信号后，没有立即行动，我将失去绝大部分在 1999 年一季度所获取的利润。能在 20 分钟内卖掉大多数股票，非常幸运。从那以后，我立下规矩：持有某只股票的数量绝不超过其日均成交量的 10%。今天，择时模型发生了变化，因为现在是 2010 年，我持有某只股票的数量绝不超过其日均成交量的 5%，并且更多关注于不太容易遭受影响的大中型企业。

　　虽然 1999 年一季度非常幸运，但是二、三季度（如图 2.11 所示）是我自 1991 年以来经历过的最艰难时期，1991 年是我第一次跑赢大盘。1999 年，择时模型却使我的股票市值下跌了 15.7%，个人亏损将近 50%。尽管毕马威验资证明，显示亏损是 30%，但我的实际损失接近 50%，因为我特意停止了大部分账户的交易，无需缴纳税费。我所交易的资金，仅是实有资金的一小部分。这导致实际损失比毕马威验资的要多，而实际年收入也比毕马威报告的多。当然，毕马威遵循的是一般会计准则，无法考虑上述因素。

eSignal 公司供图,版权 2010。

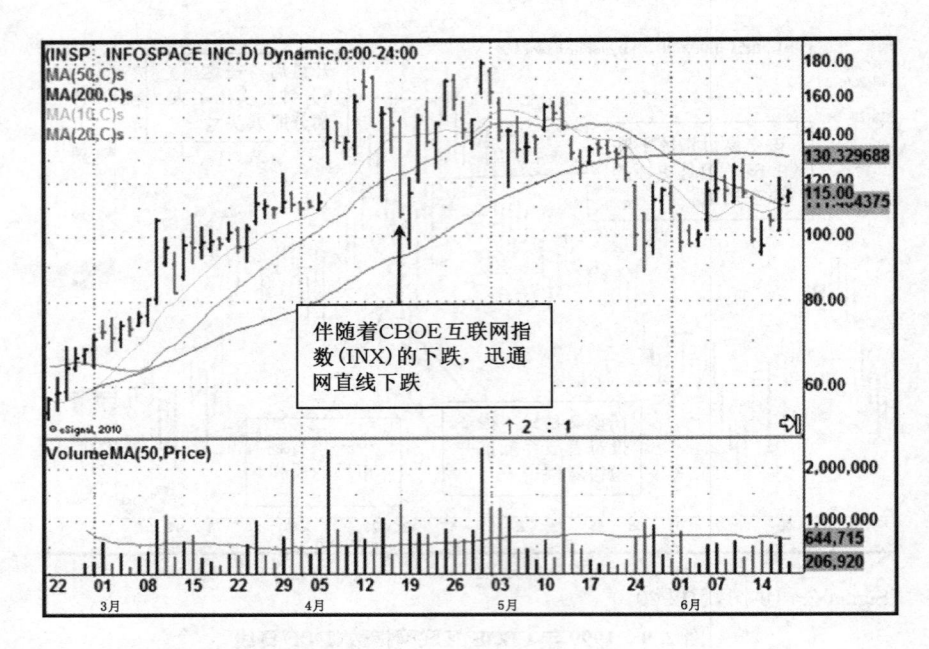

图 2.10　1999 年迅通网(INSP)日线

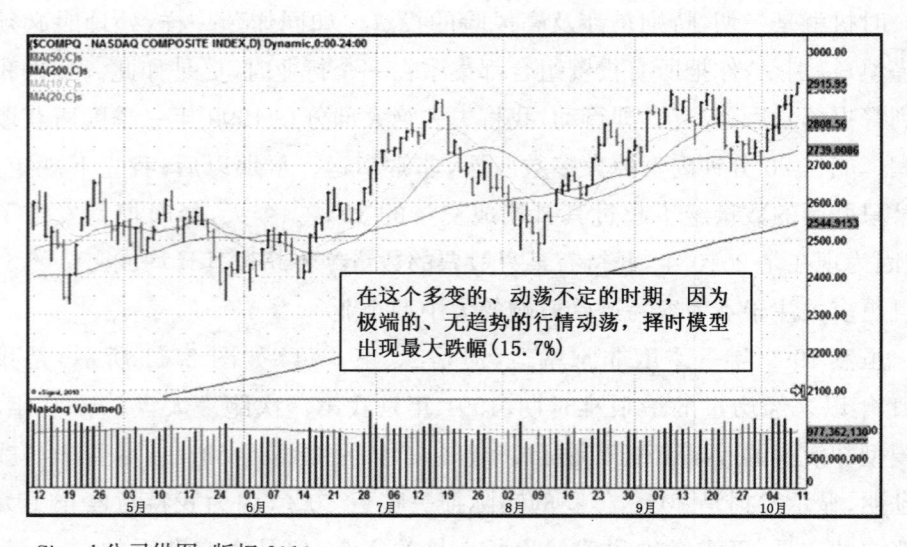

eSignal 公司供图,版权 2010。

图 2.11　1999 年纳斯达克指数走势

无论如何,无趋势市场中的剧烈波动,让许多交易员精疲力竭。直到10月才开始出现真正的上涨行情。我可以很高兴地告诉大家,类似1999年二、三季度的行情实属罕见。

也就是说,不论行情好坏,重要的是要坚持一种成功的策略。我从1991年就坚持自己的策略。我在像1999年二、三季度这样的艰难行情中,仍坚持使用这种策略。在这期间我从未失眠过,没有因为市场而失眠。关键是要始终明白,你赚钱或亏钱的真正原因。

择时模型揭示了许多市场特点。如果说,模型是在努力赚钱,如同1999年二、三季度那样,那么它还帮我认识到,我们处在一个不寻常的市场环境。在这种情况下,市场波动无序,最坏的趋势随后出现。幸运的是,正如迈克尔·卡沃尔(Michael Covel)在《趋势跟踪》(*Trend Following*)一书(我向读者极力推荐)中明确展示的那样,市场在大多数情况下是遵循一定趋势的;因此,那些非常成功的投资组合经理,如比尔·邓恩(Bill Dunn)和约翰·亨利(John Henry),能够在超过25年的投资生涯中,保持成功,一直延续到今天。换句话说,直线下跌时期,是规律周期的一部分。不论行情好坏,都要坚持策略。正如邓恩、亨利、欧奈尔及其他成功的趋势跟随者那样,在行情好的时候获取的收益,要超过在行情不好或波动的时候所遭受的损失。

2000年——泡沫破裂

1999年末,塞雷拉基因公司(Celera Genomics,CRA,如图2.12所示)发出了关于绘制人类基因图谱的重大声明,生物技术类股票闻风大涨。2000年年初,生物技术类股票也出现很大涨幅。市场情绪在生物技术行业发挥了很大作用,如同互联网行业中许多公司没有利润一样,生物技术行业中的许多公司不仅没有盈利,甚至没有营业收入。因此,在传统基础参数无法衡量这些公司的情况下,我把从互联网行业中了解到的市场情绪运用到了生物技术行业。如果机构投资者相信这类公司潜力巨大,那么市场对这类公司的反应就会情绪高涨,这种规律可以在该类股票的量价走势(重要指标)中得到反应,因为机构投资者正在买入。这种信号对于我在2000年取得三位数收益至关重要,然而2000年市场(如纳斯达克指数)下跌了40%。

eSignal 公司供图，版权 2010。

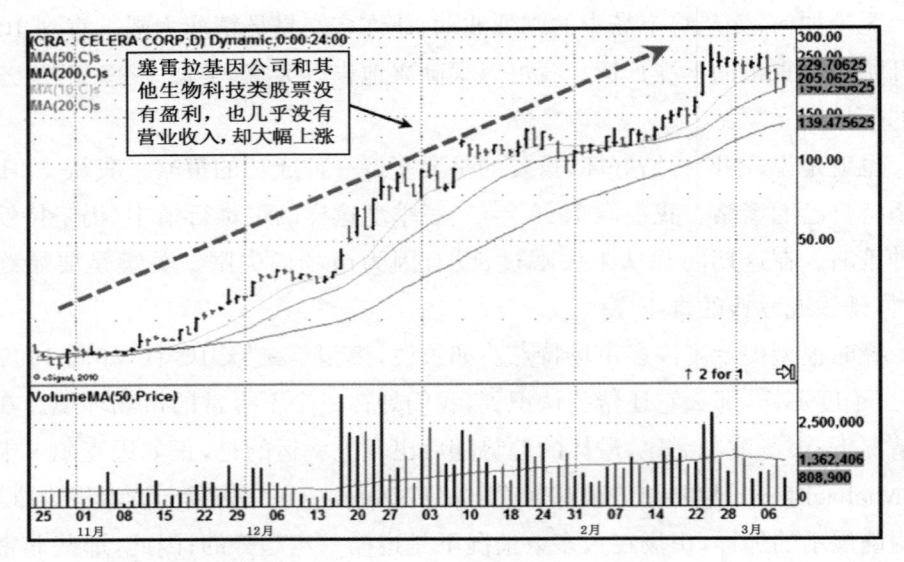

图 2.12　1999－2000 年塞雷拉基因公司（CRA）日线

在大盘到达最高点（如图 2.13 所示，大盘在 3 月 10 日达到最高点）前的很短时间内，生物技术股票在 2 月末达到最高点。随后几天，我的股票都发出了卖出警报，我立即清空了账户，并保留现金。在那一年剩下的时间里，我偶尔做一些小额投资，因此，保住了一季度获取的大部分收益。不进行过度交易很重要，当然，有时候最好不进行任何交易。也就是说，过度交易对于最理性的投资人，也是一个很难克服的问题。投资者会被市场上看上去似乎正确的现象所诱导，进而入市交易。因此，大多数投资者宁可频繁交易，也不愿意观望。但是，在市场行情不好的情况下，什么都不做，才是最好的选择。以我个人的经验，真是说起来容易做起来难。

下面提出另外一个关于市场行情不好时应该按兵不动的理由。如果投资者在一个确定的年份只进行 10 次买入交易，且每次交易的收益率都为 10％，那么在他每次都全额投入的情况下，该年度总收益为 159％。实际操作中，由于风险管理的原因，即便投资者在每次投资时仅投入 25％的资金，每年收益也能达到 40％。当然，你必须要有充足的经验知道，机会就在你身边，且无需任何保证。但是，如果我们拿 2006－2009 年期间作为例子，2006 年年底和 2007 年适合买入，在该投资期内能赚到很多钱。2009 年 9 月初，黄金价格大涨，黄金

eSignal 公司供图，版权 2010。

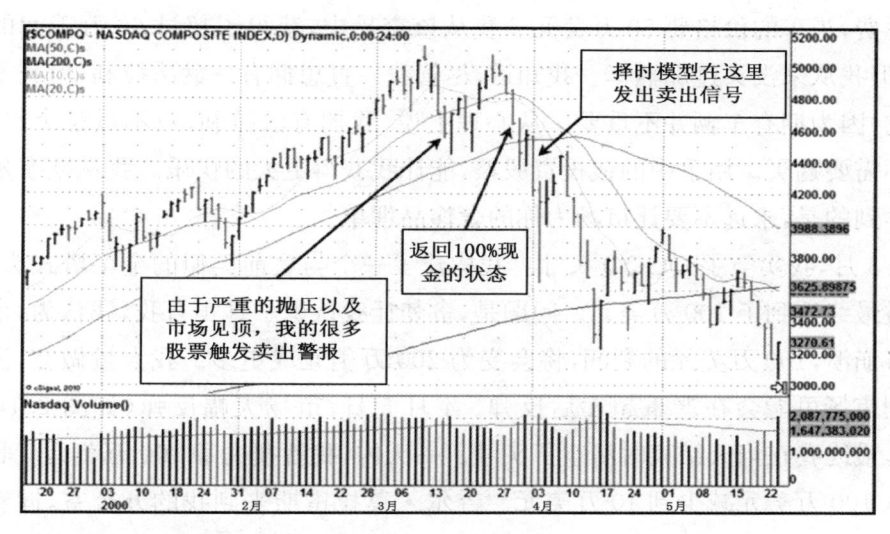

图 2.13　2000 年纳斯达克指数日线

类股票可以购买，因为它们与黄金高度关联。当然，在这一期间，也有其他理想的投资机会，可以让投资者有机会赚更多的钱。我说这些并不是放马后炮，尽管很简要，我说的都以我在这些理想投资中获得的实际收益为依据。在理想投资机会较少的时期，我所犯的错误就是过度投资。

顺便说一句，我注意到，当市场行情不好的时候，欧奈尔几乎不做投资。当投资机会来临的时候，如果你在正确的时间进行正确的投资，就可以赚很多钱。在投资机会来临的时候，市场导向模型总会发出买入信号，即便第一时间没有发出买入信号，模型也会在个股向上突破后的几天内发出买入信号。通过学习卖空技术（第六章详述），你可以进一步提高自己的投资能力。

2001 年——做空的教训

2 月，我跟踪纳斯达克 100 指数的强力股 QQQQ 信托基金（Powershares QQQ Trust），构建了一个金字塔式的空头头寸。我记得，当利润不断增加的时候，我开始将这种方式称为"摩德纳交易"（Modena Trade）。当时，法拉利—摩德纳是最炙手可热的车型，加价后价格高达 25 万美元。加上联邦税、州税及其他税费，买车的价格要 50 万美元。我从该交易中，获得了超过 60 万美元的利润，但我从来没买过那辆车。我知道，尽管我一直想拥有一辆法拉利，但我不会买它，因为拥有车辆并不重要。从心理上说，我拥有法拉利，只不过是个想法，并不需要购买。用手中的钱投资股票，能让我获得更大的快乐。我从欧奈尔身上学到的是，永远不要让市场为你的奢侈品埋单。

3 月，我卖空了 QQQQ 头寸。我构建了一个与之前类似的金字塔式头寸，收益最终达到了 100 万美元。问题是，贪婪让我认识了真实自我，我认为，市场即将崩溃，100 万美元的利润，将会变为 200 万美元或更多。我大量做空，没考虑到市场可能会在严重超卖后反弹。4 月 5 日，市场大幅反弹（如图 2.14 所示），最终我在当天结束时清空了头寸。一天内，我就损失了 100 万美元。收益也从 100 万美元减少到 10 万美元。吉尔·莫拉雷斯来到我的办公室，握着我的手对我说，"那是个地狱式的波浪"，我已经习惯从回顾自己的交易中获得快感。随后，我回顾了杰克·施瓦格（Jack Schwager）《金融怪杰》（*Market Wizards*）中对维克多·斯波朗迪（Victor Sperandeo）的采访。他说，他走进一家酒吧，并告诉酒保："我今天赚了 10 万美元。真的很需要喝一杯。"酒保问道："那你为什么脸色还这么难看？你不是应该庆祝吗？"斯波朗迪说："问题是，今天早些时候，我赚了 80 万美元。"

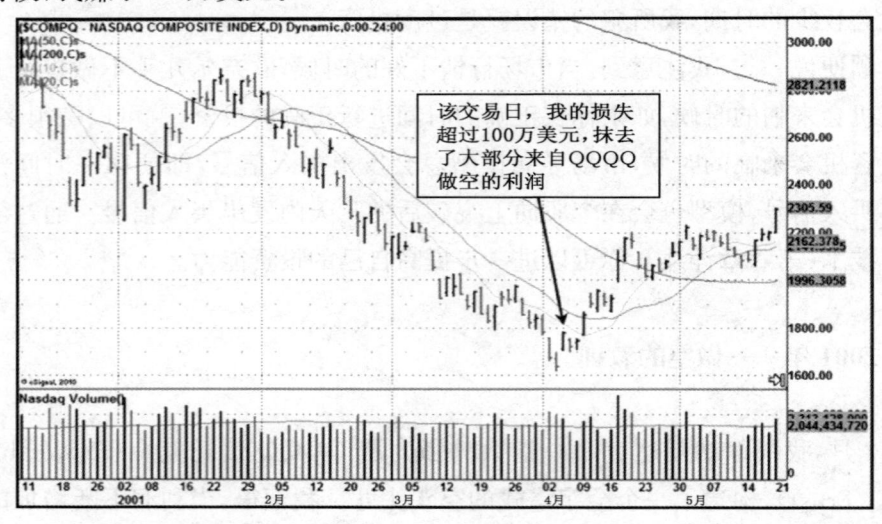

eSignal 公司供图，版权 2010。

图 2.14　2001 年纳斯达克指数日线——"摩德纳交易"出错了

2001年其余时间,交易顺利,只有少数几次亏损。机会窗口显然关闭了,所以我大多停留在场外,择时模型经常发出卖出或中性信号。

2002年至今——震荡、横盘及口袋支点的诞生

2002年,市场行情比较平淡,我保留大部分现金。我记得,很多基金公司都倒闭了。如果说2001年的股票市场是一场屠杀,那么2002年的市场则是异常残酷的。纳斯达克指数下跌超过70%,市场看起来处于超卖状态,因此,从长线考虑,我决定买入一小部分交投活跃的纳斯达克100指数强力股QQQQ信托基金。我的理由是,尽管市场可能还会下跌,但从历史数据看,市场在遭受如此大的超卖后,总会有一波强劲反弹。这一规律在1907年股灾、大萧条时期(市场价值下跌了90%)以及19世纪的大跌中都得到了验证。

2002年,由于这笔投资,我赚了一点钱,弥补了小额损失。我之所以损失较少,是因为我保留了大部分现金。也就是说,如果我按照择时模型发出的卖出信号操作,本来可以获得良好收益,这种方法在其他时间里也非常准确。因此,我这种在熊市中保留现金的投资偏好,在2009年改变为,根据卖空信号卖出主要指数;择时模型(如图2.15所示)在2008年得到了很好的应用,由于市场普遍暴跌,模型提醒我,2008年是卖空主要指数的一年。31.1%的获利已经很不错了,但仍低于模型33.1%的长期年收益率。但是,如果考虑到对追盘日门槛(将在第七章讨论)的优化,2008年的收益会增加到38.8%。我宁愿遵从绝对谨慎的方式,将最差情况下的收益率调整为31.1%。

请注意,择时模型的回测历史平均水平,即1974—2006年33.1%收益率,是通过根据买入信号100%买入纳斯达克指数,根据卖出信号100%卖出纳斯达克指数,在出现中性信号时,保留100%现金实现的。自1991年开始运用模型以来,在模型出现买入信号时买入股票,我个人和机构都取得了可观的投资收益。

2007年是我应用模型最艰难的一年,在运用36年中,模型曾有两次失败,该年就是其中的一次。模型取得-10%收益的原因在于,大量虚假量价信号的出现。2007年,在市场持续走高的同时,抛盘日集中出现,却没有导致市场下跌,这可能是由于许多相反趋势一次性集中出现,包括房地产泡沫破灭、金融业崩溃初期阶段(如XLF的指数显示)和经济衰退。幸运的是,2007年市场表现是极为罕

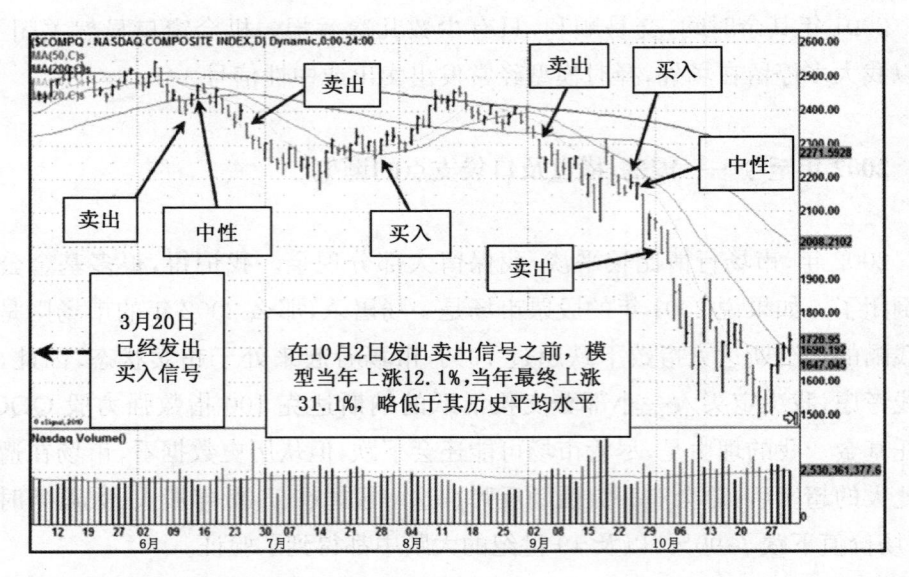

图 2.15 2008 年纳斯达克指数日线——2008 年年底的"缓慢崩溃"

见的。总的来说，择时模型继续使我把握正确的市场周期循环。出于对历史的兴趣，图 2.16 显示了在 1987 年股市崩盘及其余波影响中的择时模型。

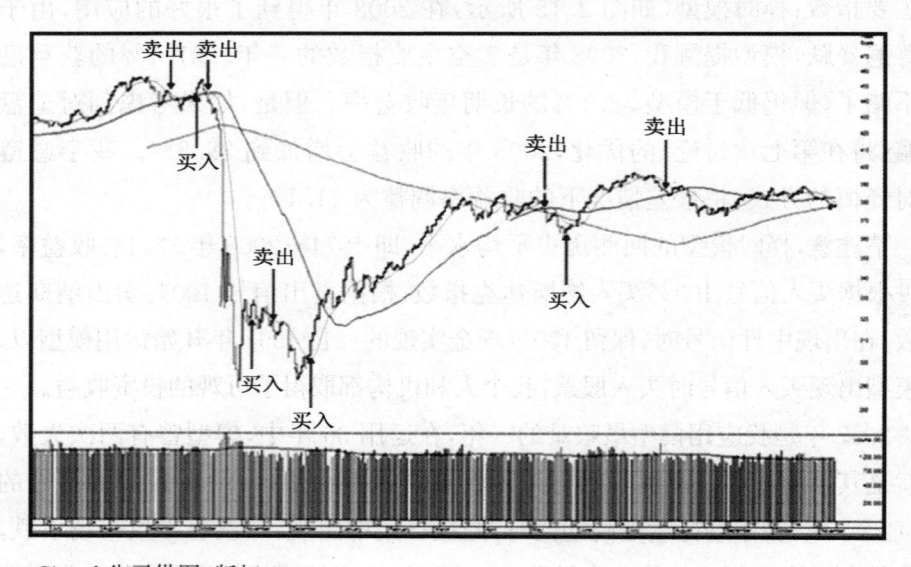

图 2.16 择时模型在 1987 年股市崩盘中明显跑赢大盘

最近 10 年，2004 年 1 月—2006 年 8 月市场的窄幅盘整给交易带来新挑战（如图 2.17 所示），虽然市场导向模型收益高于主要指数的平均值，但仍低于模型 33.1％的长期年收益率。

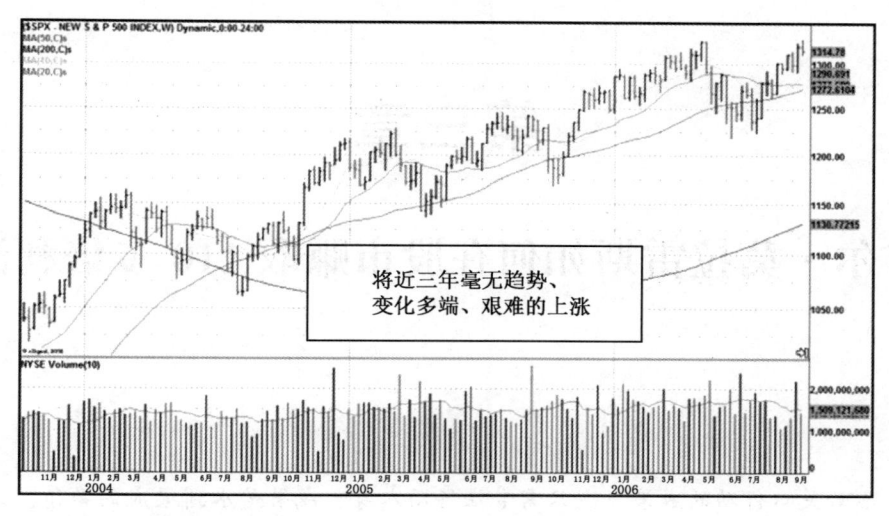

eSignal 公司供图，版权 2010。

图 2.17　标准普尔 500 指数周线——3 年艰难期

那些打不倒你的经历，会让你变得更坚强。2005 年年末，我对自己的策略做了重大优化，开始在股市突破前买入，我把这种方法叫作在"口袋支点"买入（该方法将在第六章详细讨论）。优化后的模型不仅在 20 世纪 70 年代前期、80 年代和 90 年代市场上表现优异，而且在目前市场中也表现出色。订阅过《吉尔摩报告》(*The Gilmo Report*)的读者会注意到，我们在之前的报告中就曾讨论过这些模型（参见 www.gilmoreport.com）。如果碰到单边上扬行情（如 2004—2007 年大部分时间，或 2006 年 9—11 月及 2007 年 9—10 月大涨期间），该模型会提高你的投资业绩。

回顾过去，正如人们常说的那样，如果我能在 20 世纪 90 年代像现在一样了解市场，那么我获得的收益可能会更高。我们都是市场的学生，不断学习、优化，同时希望取得进步。市场始终让这一进程变得活跃和愉快。

第三章

吉尔·莫拉雷斯如何在股市赚取 110 多倍利润

> 不必关心行动的成果——只需专注行动本身。成果是水到渠成的事情。这是一个威力十足的灵修法门。
>
> ——埃克哈特·托利，
> 《修炼当下的力量》(Practicing the Power of Now)

直到 1991 年 6 月，我才投身于投资领域，在美林公司比弗利山庄（Beverly Hills）分公司做财务顾问实习生。当时，月薪 2 000 美元，虽不足以保证我在洛杉矶的生活，却不会冒有被流弹击中的风险。因此，我不得不和父母生活在一起，这让我刚刚开始的经纪人生涯获得了发展动力。最终结果并不是太坏。作为一个年轻人，与父母一起生活和与其他同龄人生活，并无太大差异，之前，在我大学毕业后的一段时期内，也曾多次和父母一起生活，只是这里没有室友们的熬夜聚会，也没有他们催交电话费。

比弗利山庄分公司是一个梦幻般的工作场所。当女演员杰米·李·柯蒂斯（Jamie Lee Curtis）违反交规穿过罗迪欧大道（Rodeo Drive）时，你驾驶 1991 年产道奇柯尔特车（Dodge Colt），就差点撞倒她，在其他地方，你能碰到这种事情吗？更妙的是，同幢大厦内，比弗利山庄分公司办公室位于最高的两层楼，而夏普图像公司就在底楼。一天下午，我下了六层楼，来到最下面的地下三层停车场，发现我的车被很多豪华车团团包围。我走近一辆车门微开的豪华车，询问是否可以移出一个空档,却发现那人是迈克尔·杰克逊(Michael Jackson),他已让随同人员到夏普图像公司买一些物品。他用标志性、柔和、哀怨的语调说:"他不会挪车。"由于车无法开出来,我心怀不满地回到楼上,这时,我的助手问:"我还以为你要离开呢。"

我回答说:"我是想走,但是迈克尔·杰克逊的车挡住了我的车。"一听到这个消息,一大群办公室助手尖叫着跑下楼,去骚扰杰克逊先生,而这却无助于把我的车子弄出停车场。不管怎样,这就是在美林比弗利山庄分公司工作期间的生活,早年的股票经纪人生涯给我增加了很多有趣的经历。经纪人新手试图让新开账户获得更多资金的关注,并在该领域占有一席之地,其难度很高,并且在很长一段时间内生活艰苦,然而,当我发现经纪业务的迷人之处,并对此产生极大的乐趣时,便不再抱怨。大多数实习生都坚持不到两年,幸运的是,我并没有成为他们中的一员。

1991年,我没有钱投资,但我记得几个用欧奈尔方法取得初步成功的案例,1991年,我为客户买入旭电股票(SLR),1993年又买入瀚智公司股票(PYXS)。那时,我刚刚涉足股市,缺乏经验,只记得在为一个客户填写买入200股旭电股票(SLR)的表单时,手都在发抖。1993年,外婆去世,给我留下3 000美元,我终于拥有了一些股票。接下来几年,我的股票有了一些增长,1994年年中,我转职到潘恩韦伯公司,把我做经纪人期间的储蓄及奖金全部买入股票。1995年,我手头已有几千美元可供投资。1994年年底,股市开始反转,尤其是1994年12月14日,股市构筑了教科书式的欧奈尔"追盘日",确认了新一轮市场向上趋势,我开始了自己的投资。

点石成金

尽管这是新一轮股市上升趋势,但我却出师不利,开局令人沮丧。1995年4月,股票账户损失已经超过30%,市场一直处于"确认反弹"阶段,持续了将近5个月!我可以看到河流在面前奔腾,但每次我驾船驶入河流,却每每被急流冲翻在河中,我开始变得越来越沮丧。幸运的是,当我对某种事情不满时,会倾向于更加关注它们,因此,我开始努力工作,用更具洞察力的眼光,浏览每周出版的《每日图表》(*Daily Graphy*)。

直至今日，每个周六早上，我像往常一样径直走到欧奈尔办公室，在玛瑞娜·德尔·瑞（Marina del Rey，就是我 1997 年受聘的地方）那儿拿起刚刚出版的《每日图表》，仍能嗅到这些书上清新的油墨味道。对我而言，这就是一种纯粹的芳香疗法。

不久，不懈努力终于获得了回报，我无意中找到一家正致力于开发数字视频编码、解码及生产解码器的公司，它可以对视频进行压缩，使其能够通过新兴的网络在电脑上观看和传输。当时，这是一项关键性技术，1995 年，生产该产品的公司正是 C-Cube 微系统公司（CUBE）。那时，CUBE 财报显示，盈利增长最快的三个季度，分别增长了 700%、1 100% 和 375%。最近一个季度销售额增长了 101%，季度税后利润率达到了 18.6% 的峰值。CUBE 的股本回报率是健康的，高达 15.7%，其小组排名也是极为强劲的 13 名。从基本面看，这只股票非常符合我一直寻找的特质。

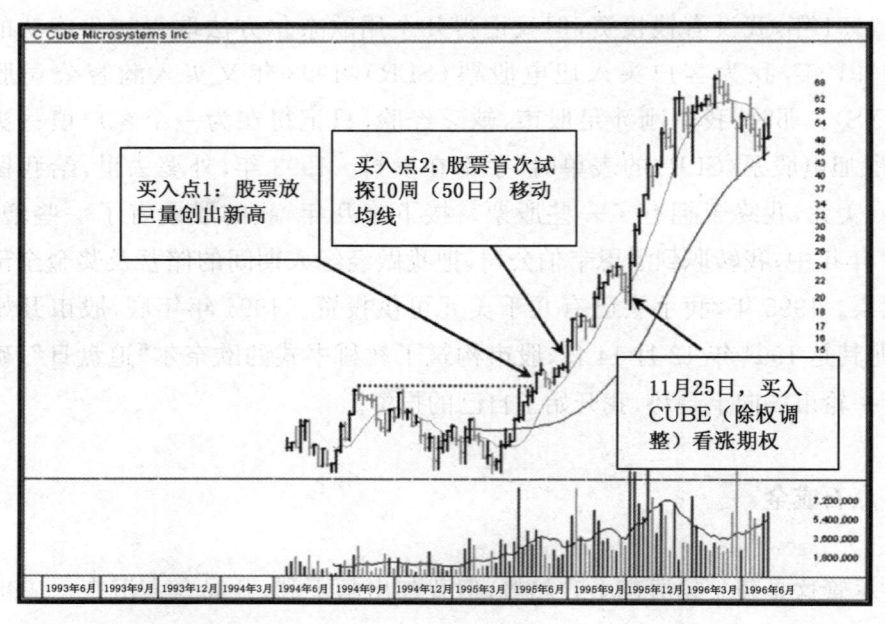

eSignal 公司供图，版权 2010。

图 3.1　C-Cube 微系统公司（CUBE）周线——1995 年除权调整

之前那些日子，我对买入点并不是特别挑剔。如果一只股票突破较长的盘整，创出新高，我就会买入，就像 CUBE 在 1995 年 5 月 16 日创出新高时的操作一样。图 3.1 是 1995—1996 年 CUBE 的周线图，可以看出，在这个特定时间段内,底部形成有一点不甚明朗。在图 3.2 的 CUBE 日线图中,可以画出带柄杯子形态,但这在周线图上并不明显。由于我每周都会使用欧奈尔《每日图表》,当时我只看日线,因此,我买入这只自认为是带柄杯子突破形态的股票。一旦股票突破杯柄高点在 24 美元左右的阻力,我就假定,自己正在一个带柄杯子形态的支点买入股票。

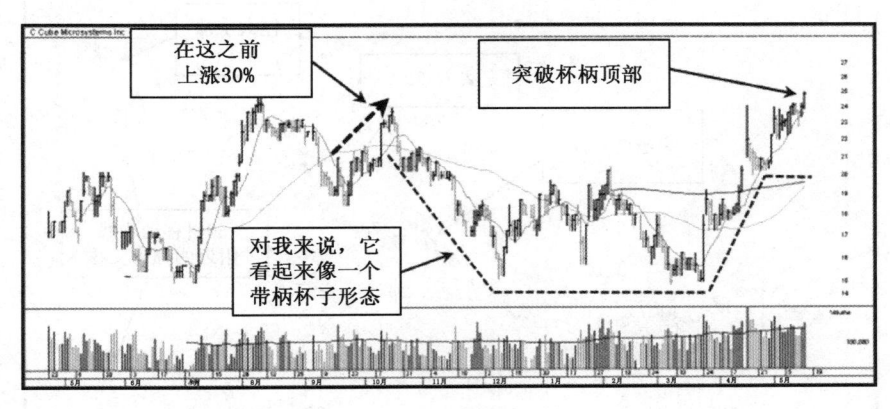

eSignal 公司供图,版权 2010。

图 3.2　C-Cube 微系统公司(CUBE)日线——1999 年带柄杯子形态

坐上火箭飙升

如果你同时参考图 3.2 和图 3.3,就可以在图形中找到买入点。在图 3.3 中,我们可以看到最初突破至新高,我在带柄杯子形态中的支点买入股票。随后,该股用 5 周左右的时间又回调到突破点,在图中第 2 个买入点处,再次迅速拉升之前,只是一个缓慢的微幅上涨。回过头来看,这也就是试探图 3.1 周线图所显示的 10 周均线而已。当时,我并没意识到这些,因为我只看日线图,但对我而言,它看起来像一个微型带柄杯子形态突破,基于此,就认为在这个点位上可以买入,今天我才知道,其实第 2 个买入点,才真正形成了"口袋支点"买入点,我们将在第四章详细讨论。之后,9 月末 10 月初,在 CUBE 股价急速拉回至 50 日移动均线前,其股价梯度上涨到了 49 美元左右(图 3.1 提示,股价按十送十分拆调整,因此股价只是原来的一半)。我记得客户打电话过来,为我没有在 CUBE 接近 49 美元的高位抛售,而感到心烦意乱。但是,根据我的观察,该股最初于 5 月中旬形成突破,在首次回探 50 日移动均线的位置,正是加仓的好时机!我告诉客户,必须买入。这时,我的资金已经重仓 CUBE 股票而所剩无几,因此,我以 1.5 美元的价格,买入了 11 月 50 美元看涨期权,当时股价在 37 美元左右。

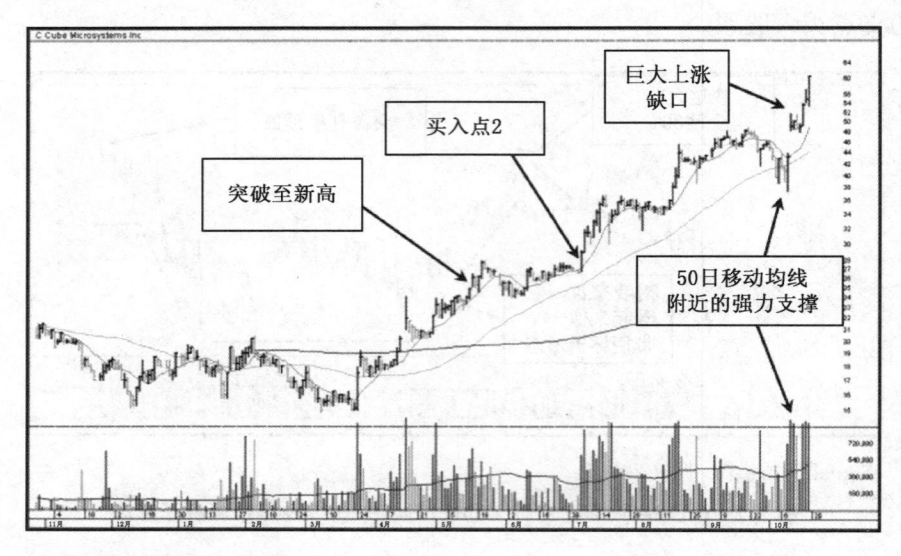

图中标注:突破至新高;买入点2;巨大上涨缺口;50日移动均线附近的强力支撑

eSignal 公司供图,版权 2010。

图 3.3　1995 年 C-Cube 微系统公司(CUBE)日线

如图 3.3 所示,从那点开始,股价以抛物线形态,迅速拉升到新高,11 月,股票复权价格达到 95 美元,看涨期权价达到 45 美元。在拉升过程中,当利润变得越来越让人觉得荒谬时,我抛售了所有看涨期权,因为我并不想过度贪婪。当时,我的个人账户盈利已经超过了 500%。年底,我赚取的不是几万美元,而是几十万美元,并且仅仅通过一只股票,我就成功地使曾经亏损超过 30% 的账户,实现了盈利超过 500%。

从 CUBE 中获利并不太困难,最初其走势非常不稳定,一直持续到了年底,尽管我没能精确地卖到最高点,但也比较接近,这足以保证我在股市上获取丰厚回报了。最终,CUBE 触及我在图 3.4 中所画的颈线,走出了典型的头肩顶形态,1996 年夏,它跌破颈线后,一直下跌,有关这一主题,我们会在第四章详细讨论。回顾这次初涉股市的经历,我怀疑,今天自己是否也能做得如此出色。那时,我已经非常透彻地了解了股市图表形态,看到 CUBE 呈现出带柄杯子形态时,我就"认为"至少应该在该股突破的时候买入。在股票从 49 美元高点恐慌性下跌到 37 美元,并恰好处于 50 日移动均线下方的时候,我遵循着一些简单的交易规则,保持头脑冷静,开始加码重仓 CUBE 股票和看涨期权。从某种意义上说,恰恰是由于我相对缺乏经验,无知者无畏,才使我充分地利用了 CUBE 的巨大涨幅。同时,我开始熟悉该股的一些商业信息,相信 CUBE 拥有关键技术,可以用于在个人电脑上传输和观看视频,另外,互联网概念也是我买入的一个重要理由。从 CUBE 操作中所获得的经验之一是,1999 年个人电脑和网络是一个经历着迅速成长的领域,公司在某些领域拥有非常关键的核心技术,通常是刺激股价大幅上升的关键因素。

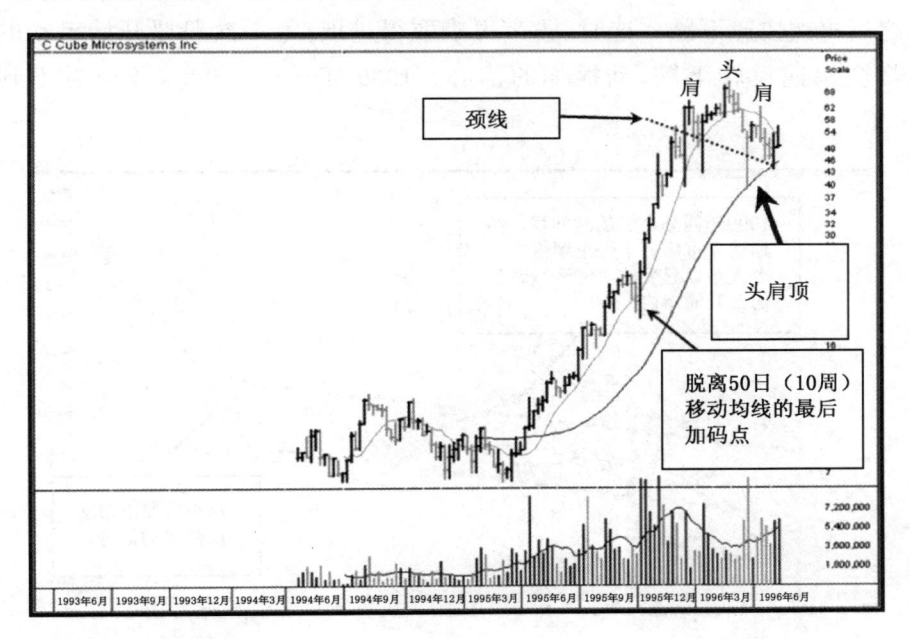

eSignal 公司供图,版权 2010。

图 3.4 1995—1996 年 C-Cube 微系统公司(CUBE)周线

另一个重要经验就是——这些事情对我来讲,具有重要意义——不抛弃,不放弃,甚至 1995 年我的损失超过了 30%,也在所不惜,最终,到年底实现了超过 500% 的股市盈利。从那时起,我开始知道,自己有能力从短线挫折中恢复元气,并一直做得很好,这给了我很强的信心。任何一个交易者都会时不时地经历寒流,这时,他们觉得好像自己什么事情都做不好,比尔·欧奈尔曾告诉我,让交易者变得更伟大的,不是他所获得的积极成果,而是一个长期以来都"做得不错"的交易者,在困难时刻能够重获动力的能力。

加入 1 000%俱乐部

当听到关于 1999 年"股市网络泡沫"时,如果你认为,对投资者来说,这是一场巨大的、长达一年的股市盛宴,那就离题千里,大错特错了。如图 3.5 所示,1999 年前 9 个月,纳斯达克指数一路缓慢、费力地、步履蹒跚地创出高点,10 月初,把股市推向新高。1999 年那些艰难的月份,纳斯达克指数不断创出新高,之后再次快速下跌。这时,股市很难取得进展,每一次股票开始启动的时候,都会快速反转下跌,动摇你的信心。1999 年 10 月中旬,股市看不到任何希望。

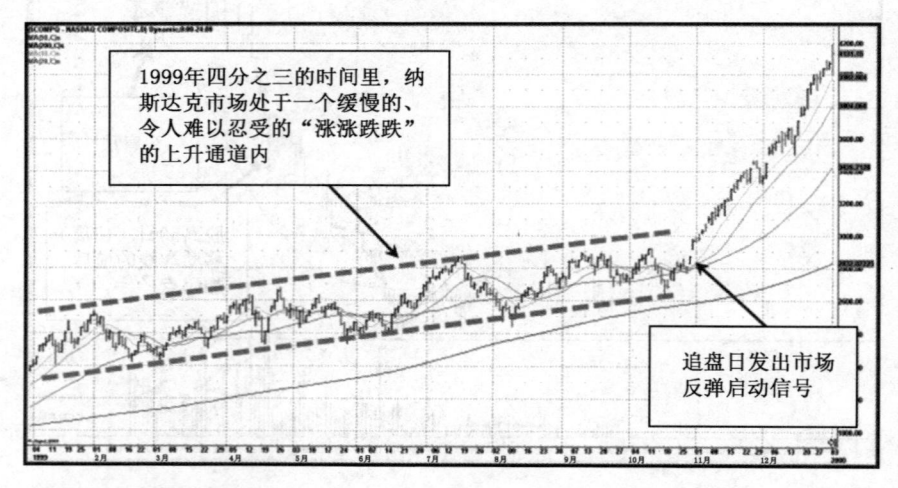

eSignal 公司供图,版权 2010。

图 3.5 1999 年纳斯达克指数日线

如图 3.6 所示,纳斯达克以一种时断时续的梯度方向一路走高时,1999 年 9 月,道琼斯工业指数却不断创出新低,1999 年 10 月,它们都在努力地维持 200 日移动均线。我和克瑞斯·卡彻一起面临双重不利环境,保守地说,当时我们对股市感到极其恼火。正因如此,我们倾向于认为,股市更可能创下新低。考虑到我们所经历的挫折程度,在我们遭受双重损失,并即将破产的时候,这种令人气馁的观点，并不难接受。然而，如果你把纳斯达克指数走势（如图 3.5 所示）与道琼斯工业平均指数走势（如图 3.6 所示）做一个比较，你会注意到二者之间有趣的差异。正如在图 3.5 中所描绘的缓慢上升通道，纳斯达克指数稳步上升，是一个重要分歧及关键线索，即小型技术类股票——纳斯达克指数的主要成分股票——将会引领未来股市上涨。1999 年，纳斯达克震荡上扬只不过是即将被释放的网络泡沫在股市艰难运行的表面下，被缓慢而稳定地加热到沸腾。

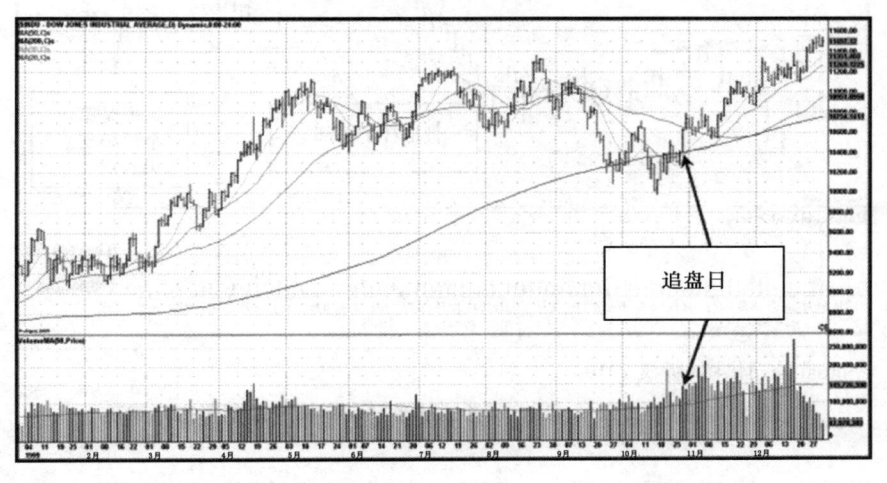

eSignal 公司供图，版权 2010。

图 3.6　1999 年道琼斯工业指数日线

甲骨文公司的崛起

当然，这已经足够，我们曾认为，大盘股即将被抛弃，股市会随之大幅下挫，仅仅就在 7 天之后，即 10 月 28 日，一个巨幅追盘日出现了，这表明股市正在开启新一轮上升趋势。那一刻，我们把之前所谓的市场正确判断都抛到了九霄云外，马上转入买入模式。这里并没有什么"如果""和"以及"但是"，股市已经确定了持续上涨的时间点，股市反转的时候，我们跟随它操作。当然，我们并没有意识到，在自己职业生涯中即将遇到一轮巨幅的牛市上涨行情，在股市所有上涨行情中，简直就是火箭发射行情，正如图 3.5 所显示的那样。我对所选择的股票，已经反复观察了几个星期,现在是准备采取行动的时刻了。甲骨文公司(ORCL)是我一直关注的股票,1999年9月,它有效突破了带柄杯子形态,如图3.7所示,10月底,在整体股市蓄势待发之前,该股运行良好。请注意,在这些图中,甲骨文股价是除权价,因此,我所使用的10美元,就是1999年除权前的40美元。

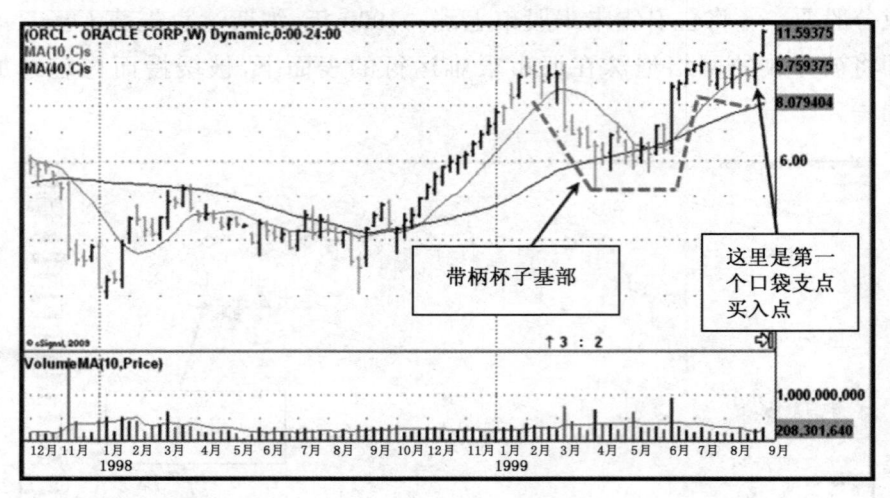

eSignal公司供图,版权2010。

图3.7 甲骨文公司(ORCL)尝试从最初带柄杯子基部形态中突破

甲骨文公司日线图(如图3.8所示)更详细地描绘了该股的早期基部突破,对所有操盘者来说,这是一个发出买入信号的、明确的、教科书式的"关键点",因为它迅速突破了6周基部的上轨,事实上,这也是整个带柄杯子形态的杯柄。成交量高于日均量,并趋于活跃,这正是你想看到的突破类型。当我看到甲骨文公司突破时,并没有马上采取行动,是因为受到甲骨文负面信息的影响,即它的季度盈利数字表明,其实际收入增长开始减速。之前三个季度的实际收入增长依次为58%、43%和33%,最近一个季度实际收入增长23%,而销售额仅增长13%。通常情况下,对符合"CAN SLIM"原则的传统类股票来讲,投资者希望看到20%以上的销售额增长。基于这些原因,以及看到股市仍处于调整之中,并没有发出持续上涨的追盘日信号,因此,最初我忽视了甲骨文的突破,眼睁睁地看着它发生了天翻地覆的变化。

拉里·艾里森(Larry Ellison),甲骨文的首席执行官,先是在1995年提出了"网络计算"的想法,于1997年创建了全资子公司网络计算机公司(Net-

eSignal 公司供图，版权 2010。

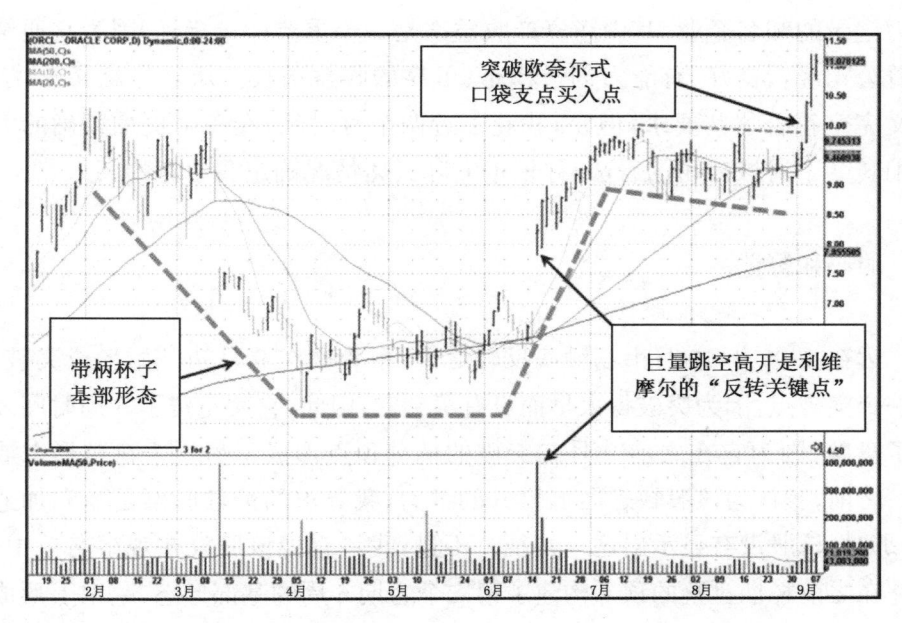

图 3.8 1999 年 9 月，甲骨文公司（ORCL）从带柄杯子基部中突破，带来强势的兆头

work Computer, Inc.）。艾里森积极倡导使用网络应用软件，用户通过中央网络服务器进入应用软件，不必在个人电脑上安装和配置应用软件。艾里森和甲骨文所做的，正是一个早期"信息家电"的想法。尽管这个想法在当时非常激进，但迅速发展的互联网技术使得这个想法变得越来越切实可行。今天，我们可以在很多产品上看到众多甲骨文原始概念的衍生品，如"云计算"，以及便携式"网络设备"，如苹果公司的 iPhone，还有移动研究公司（RIM）的黑莓产品。从定义上讲，甲骨文是基于互联网基础应用软件开发的领导者。1999 年的牛市是一个由高度流动性推动的市场，主要是因为美联储制定的宽松货币政策，用以解决 1998 年长期资本危机，以及即将到来的"千年虫危机"，据称在新千年开始，世界各地的人们打开电脑系统时面临的一个重大问题是，年份的起始数字是"20"，而不是最初设置的"19"。机构拥有充裕的流动资金，这些钱必须投入运营。流动资金通常会寻找流动性较强的产品，因此，大量流动资金投入被视为互联网迅速增长的巨大潜在受益者，且现金流充裕、品质高的大盘股。甲骨文公司就是其中之一，尽管盈利增长正在减速，但公司仍然非常有利可图，展示出高达 38.8% 的股本回报率。机构投资者青睐拥有长期强劲盈利

能力记录的知名企业,其中净资产收益率是一个重要衡量指标,因为它通常标志着公司经营良好,有能力创造稳定、可靠的收益增长。从这个意义上说,甲骨文完全符合这些要求,但是,我花了近两个月时间,在一个更加精确的大格局中转变了对该公司的看法,并根据实际具体情况确定我中意的买入点。

耐心和警觉

远在1999年10月市场触底反转之前,甲骨文在9月初开始形成突破,在第一个突破点,因为突破得太早而没有买到它,因此,它又花费了6周时间才结束了盘整,因为它在之前9月初突破的柄部顶点形成了另一个盘整形态或基部。之前,我认为该股缺乏向上攀升的推力,我寻求的最佳股票是盈利加速上涨,那时,该股没有显示出这一特征。不过,我一直把该股放在观察名单中,因为它在之前杯柄盘整的顶部构建了第二个为期6周的基部形态,基本上形成了一个极为强势的步步为营形态(Base-on-base Formation)。

步步为营形态通常是一个很强有力的形态,很明确地告诉你,股票业已突破,并且确实有希望向更高的价位攀升,但是,因为大盘环境还没有准备好,例如,它没有处于一个上升的牛市阶段,股票只能着手在前一个突破点的上方,构建另一个盘整形态或基部,正如在图3.9中所看到的,一旦大盘重心上移,它就将如雨后春笋般"螺旋上升"到新高。甲骨文于9月初突破第一个基部后,就急速下跌,在第二个基部,也闪现了成交量线索。正如我在图3.9中所标示的,你可以看到,这次大幅下挫与股市暴跌极为类似,随着股票在上一个基部的顶点迅速反弹,并且在每日交易波动区间上半部收盘,成交量也急剧回升,这极为清楚地表明,该股即将拉升。

这是一个很重要的线索,机构投资者把回调作为大规模购入甲骨文股票的重要机会。之后,甲骨文在接下来的6周时间内多半在横盘,甚至企图跌破之前的12美元,这导致股票再次下跌,再次考验50日移动均线。甲骨文最初突破尝试失败并没有什么问题——只是说明市场还没有准备好。这阐释了利维摩尔的重要观念,人们必须等待股价突破"最小阻力线",以甲骨文为例,它意味着,不仅本身必须给股票设置合理的参数来确定是否突破,而且由于大盘行情的启动,甲骨文必须"为起飞扫清障碍"。

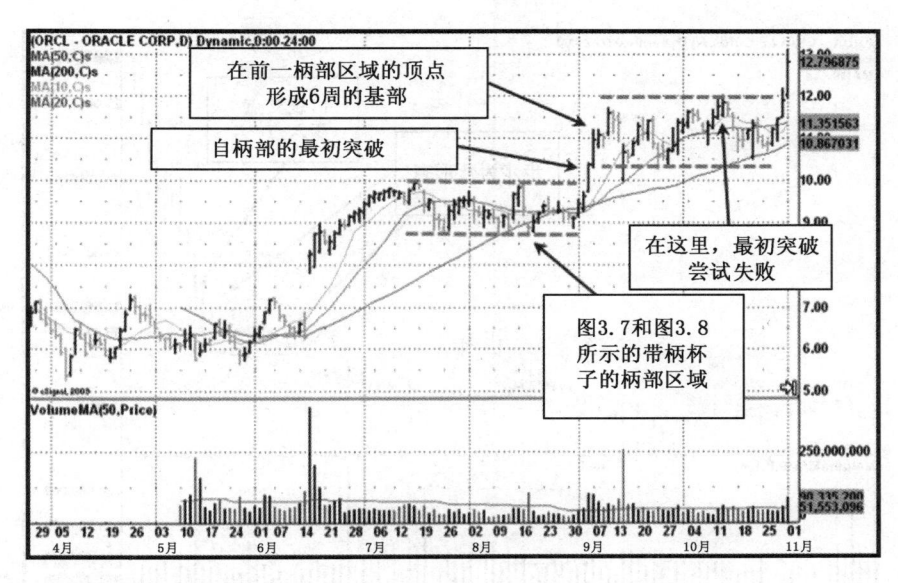

eSignal 公司供图，版权 2010。

注：该股从带柄杯子基部形态突破停止，用 6 周时间构建基部，最后形成了步步为营形态，因为它要等待大盘转牛。

图 3.9　甲骨文公司（ORCL）走势

为起飞扫清障碍

如图 3.10 所示，10 月底，大盘开始持续上涨，甲骨文突破了第二个基部，这是进行股票交易的正确时间点。万事俱备，股价穿越"最小阻力线"，开始轻松地上涨。

如我在图 3.10 所做的标注，甲骨文周线图显示，在步步为营形态的第二个基部，第一周的量能支撑有所衰减。这种量能支撑迹象可以在周线和日线图上显示出来，我们应该保持密切关注。正如我所看到的，这种迹象配合完美"契合"10 周或 50 日移动均线的强势步步为营形态，是一种非常积极的形势，于是，在第二个基部的第六周，我开始逐步建仓。在股市中顺势向上，甲骨文突破第二个基部的头部，股价在该轮上涨中拔得头筹。

截止到 1999 年 11 月中旬，甲骨文股价刚好翻倍，那段时间，我抓住了一波令人满意的主升浪。图 3.11 中的日线显示了 11 月股价走势。图 3.11 中用小

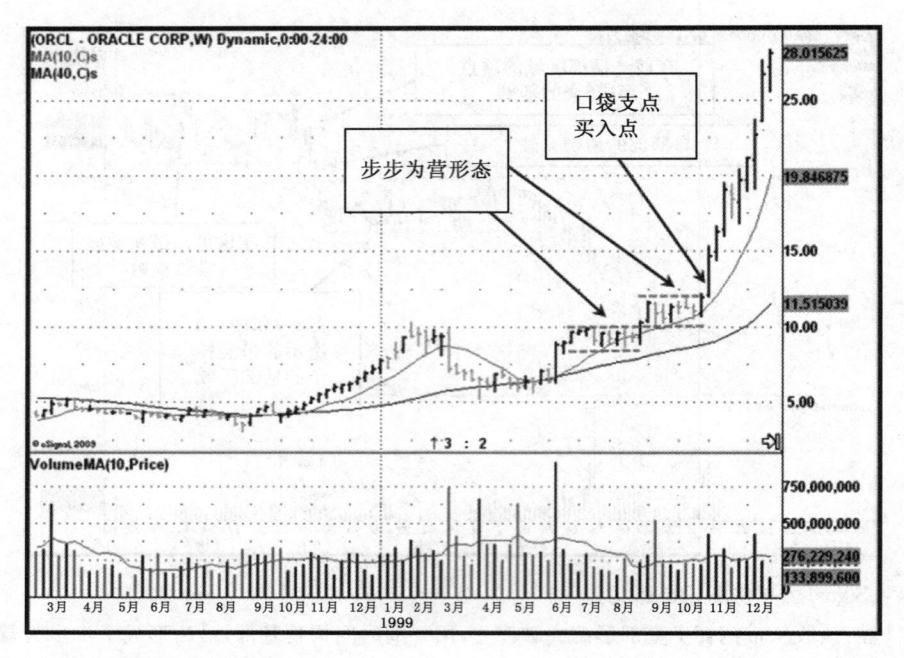

图 3.10　甲骨文公司(ORCL)从步步为营形态中突破,一路飙升至1999年年底

黑三角表示的交易日中,表明在15天中连续12天上涨,你会注意到,甲骨文在开始首次回调和盘整之前,这个指标已经连续12天上涨了。这里的关键是,15天内保持了12天上涨,甚至表现更好的时候,它显示出强大的上升推动力,一旦突破正确基部,就开始对前期急速上升行情进行调整,我们必须寻找它创出新高的另一个启动点和"突破点",在这个点位,投资者可以积极建仓。除了在10月底突破最初上升阶段的15天中有12天甚至更长的时间内上涨以外,股票要在跌破10日移动均线后,在20日移动均线上找到支撑。甲骨文突破为期3周的短暂盘整,迅速出现了第二个重要买入点,在这个点位上,可以积极建仓,这使我准确把握了从12月到年底的头部上涨行情。

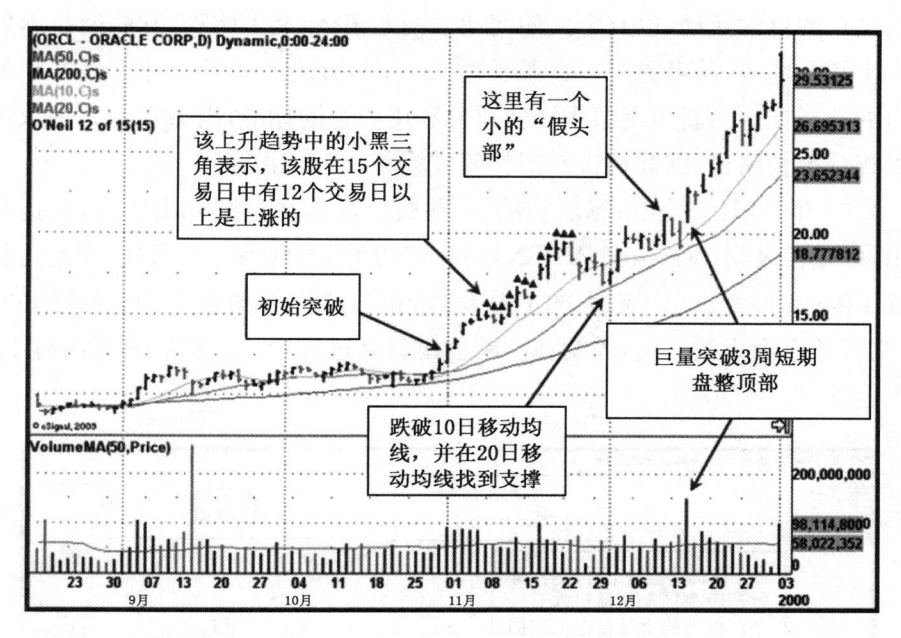

图 3.11　1999 年年末甲骨文公司（ORCL）烛状日线图发出买入信号

威瑞信："汤里的调味品"

在甲骨文这个案例中，我们了解到，市场一旦真正启动一轮新升势，在大盘完成调整并掉头上涨之前就试图突破的股票，通常会成为最佳购买目标。考虑到已持有优质大盘股甲骨文，我希望用更热门的、更新的股票平衡自己的投资组合，我觉得那些股票拥有更大的潜力，因为它们与迅速成长的互联网紧密相关。

1999 年，我和克瑞斯·卡彻偶然碰到一件事情，最新发行的互联网股票中，收益对股价波动的影响力日趋减弱，很多几乎不盈利的股票在整个年度内的表现都极为强势。我们发现，大多数较为可靠的案例中，关键指标不是盈利增长，而是销售额增长。从某种意义上说，这似乎更加合乎逻辑，因为互联网是一个迅速崛起的现象，市场准确地觉察到，这有可能改变大盘范式，商业如何运作，社会巨型图书馆和数据与信息源如何变得更加方便，从此以后，将迅速融入普通民众的日常活动,以及个人如何通过网上银行、网上购物、互联网技术处理私人生活及商务,甚至更多。在某种意义上,市场试图寻找一种衡量这些最具潜力的公司在这一新生现象中如何充分利用资金的标准,因为它们大多数无法提供收益增长路径,因此销售额增长就成为其"默认"指标。

  1999年10月底,在市场反转前,一些股票总是在试图创出新高,在这些股票中,威瑞信公司(Verisign,VRSN)是我密切关注的股票。8月底,当它为新高清除了障碍时,就显示了强大的上升动力,正如我们在图3.12中所看到的,随后,它开始显示小黑三角,表明在不断创出新高过程中,股票在15天内有12天以上上涨。

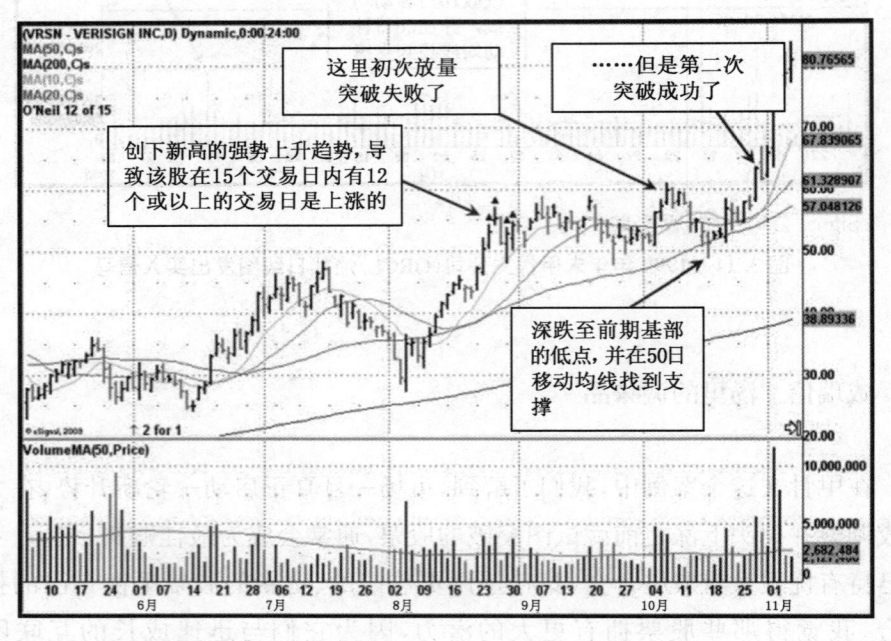

eSignal 公司供图,版权 2010。

注:当该股在1999年8月下旬创出新高时,小黑三角表明,该股在15个交易日内有12个或以上的交易日是上涨的,这是一个初始买入和趋势强度的象征。

图 3.12　1999 年威瑞信公司(VRSN)日线

  威瑞信致力于制造电子认证和网络安全产品,使得网络更加安全、网络交易更为可靠,这是一只非常引人注目的互联网概念股。这种基础技术为即将上市的电子商务股票奠定了新一轮上涨浪潮的基础,像亚马逊(AMZN)和价值在线（PCLN）之类的"大盘股"领头羊成为幸存者和电子商务行业的龙头股。威瑞信几乎是不盈利的，直到1999年9月，才公布自公司成立以来首度扭亏为盈，实现了每股2美分的利润，尽管如此，其记录表明，它实现了连续11个季度、高达三位数的销售额增长。这里，我们发现，销售额增长指标比盈利指标发挥着更大的作用。毫无疑问，威瑞信是一只"狂热的网络泡沫"股，但是，机构投资者的资金不断涌入类似威瑞信这样的股票，在我们看来，它或许会在全新的、迅速成长的在线电子商务安全领域成为龙头股。威瑞信2000年年度预算要求实现每股25美分的盈利，给予该股大约240倍的预期市盈率，2000年3月，预期市盈率达到了顶点，超过了2000年预算的963倍。对比2000年25美分的年度盈利预算，这看起来异常荒谬，但在2000年年底，经过核算，威瑞信在2000年获得了每股72美分的收益，比1999年分析师们精心计算的数值，几乎多了两倍。

如图3.12所示，威瑞信初次突破的确切时间是1999年10月初，股票被快速抛售，股价下跌到50日移动均线，并在此获得有效支撑。显然，如果在第一个突破点买入，你就会很快离场观望，但是，这里的关键点在于，图中的首次突破出现太早，大盘还没有产生追盘日，也没有启动技术性上涨以及新一轮上涨趋势。

第二个突破是投资者买入点，产生在10月28日，与图3.13中所示大盘追盘日同步，因为这里的利维摩尔"最小阻力线"终被击穿，不仅仅威瑞信再次突破了60美元，而且成交量再度放大，大盘也进入"反弹确认"，伴随着威瑞信的上涨，新一轮股市主升浪开始了。我们再次认识到，最小阻力线不一定是僵化的技术概念，也未必意味着，股票将突破至新高，而是当所有条件都具备时提升成功概率的要件之一。我们认为，等待一切条件成熟是最为重要的，大盘反转是当时有利于威瑞信的条件之一。

同甲骨文相似，威瑞信快速拉升，自10月底突破以来，前两周就上涨超过20%。这使事情变得更加简单，由于我们根据欧奈尔教授的基本原则来操作，即如果在股票支点突破时买入，股价在3周内上涨20%，那么除非离场，否则必须持有8周时间。从本质上说，这意味着，我要在当年余下的时间内一直持有威瑞信。我可以放松下来，因为唯有在威瑞信股价彻底跌破最初的买入点（即60美元）才会抛售。那时，除了坐下来放松外，什么事情都不需要做，我试着遵照利维摩尔的观点，即"杰出的人"可以"坐得稳，坐得准"。

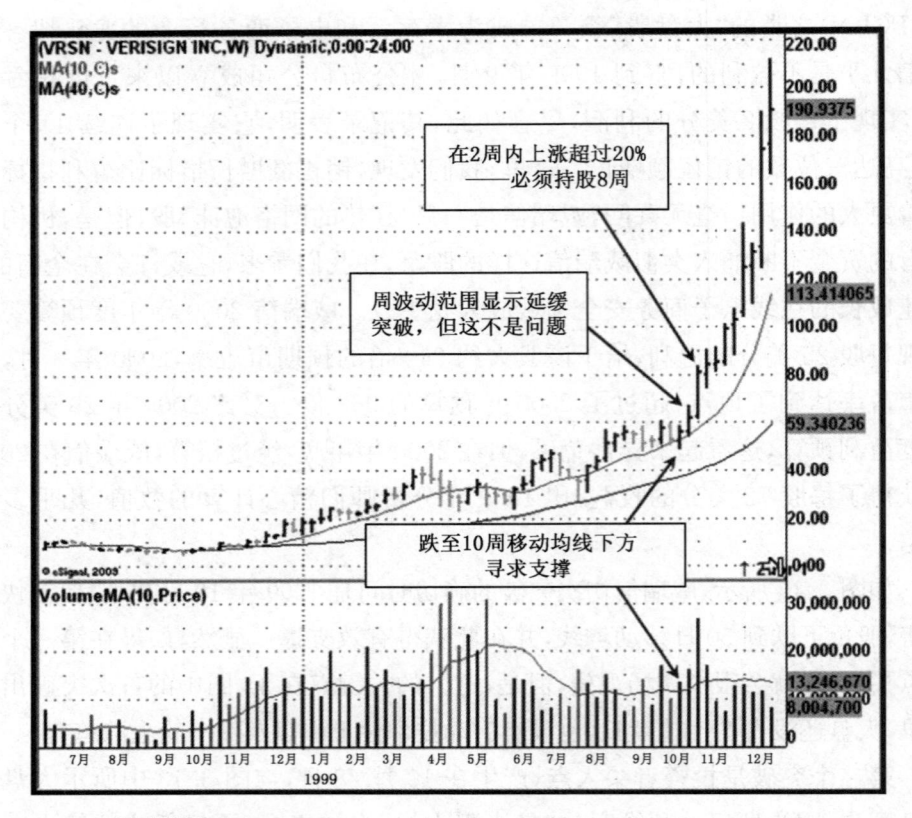

图 3.13 威瑞信公司（VRSN）周线——1999 年前 2 周上涨 20%

静坐下来无需思考

此时此刻，我或多或少地让市场趋势按常规发展，如图 3.14 所示，威瑞信向更高点攀升，沿着 10 日移动均线向上，一直大幅涨到 140 美元，威瑞信日线图显示出了非理性上涨，在两个月内，从最初突破时的 60 美元除权价格，上涨到超过 200 美元！尽管威瑞信在整个上涨过程中都维持在 10 日移动均线上方，但并不像一些强势上涨的股票，在沿 10 日移动均线上升时可能会一直加仓，它确实存在短线"回落"，之后在 5 天内，股价快速从不到 100 美元上涨到 140 美元，涨幅超过 40%。请注意，在 140 美元反转向下时的成交量小于平均

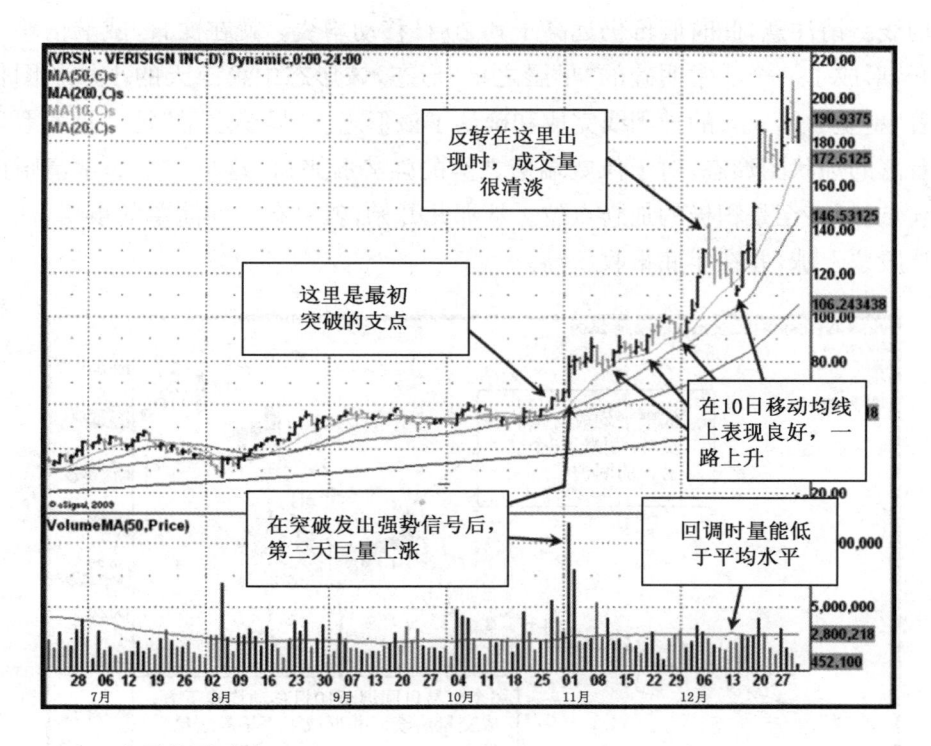

图 3.14 1999 年威瑞信公司（VRSN）日线

eSignal 公司供图，版权 2010。

周成交量。正是由于威瑞信公司在 60 美元启动上涨，这类行情中的暴跌是短线高点导致的结果，至少是利维摩尔所说的"正常回调"和回落。也许大部分投资者认为，从 60 美元上升至 140 美元，对他们来说已经"足够"，因此，他们兑现了自己手头股票的收益，并没有赚取更多利润的想法。这里，情况并不在于威瑞信已经有了"足够"的涨幅，而是在于它仅仅在约 5 周的时间就达到了这样的涨幅，我仍然持有股票，依据的原则就是，如果股票在 3 周之内向上突破 20%，就要持股 8 周！我的规则是，至少在年底以前都必须持有该股，没有一个更好的术语来描述它，简单来说就是"装聋作哑，漫长等待"。

长期以来，我是烛状图的粉丝，因为它代表着另一种获取关键线索的工具。如图 3.15 所示，威瑞信在 1999 年 12 月上半月出现回落，我们可以看到，该股从 140 美元的高点反转下跌，在接下来的 4 天内继续回落。在下跌的第 5 个交易日，股市跳空低开，自 10 月底突破 60 美元以后，该股首次向下跌穿 10 日移动均线。请注意，此时股价仍远高于其 20 日移动均线。就在次日，威瑞信跳空高开，形成了一个非常明确的"早晨之星"形态，该形态中第 5 天的小烛状图代表着"星星"，第 6 天的长阳线完成和确认了该形态。"早晨之星"是一只股票乐观看涨的烛状图形态，对于像威瑞信之类的强势股来讲，这是一个非常清晰的加仓点位，甚至是积极的加仓点位。从那儿开始，就只有一件简单的事情，那就是让股票上涨，并在年底报收新高。

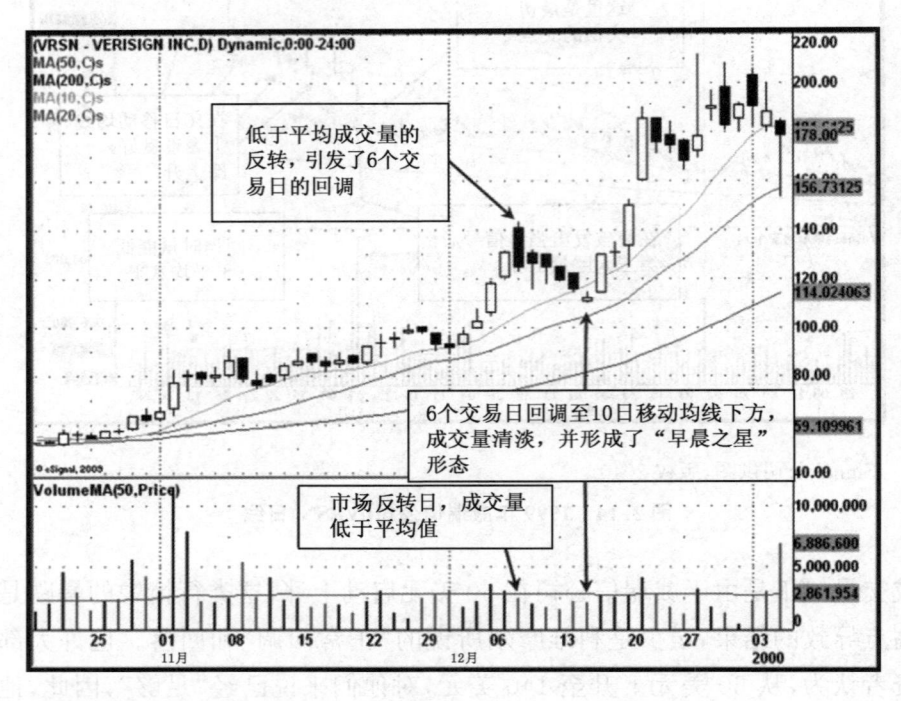

eSignal 公司供图，版权 2010。

图 3.15　1999 年威瑞信公司（VRSN）日线——"早晨之星"买入信号

在顶点抛出

2000 年一季度，威瑞信和甲骨文持续创出新高，但是，越来越多的警示性征兆显示，卖出股票的时机可能已经来临，尤其是进入 2000 年 3 月，很多大市值龙头股股价拉升呈现出典型的"放量触顶"喷发式上涨态势。如图 3.16 所示，2000 年 1 月，甲骨文构建了短线步步为营形态，在形态的第二个低点试探

50日移动均线,事实上,这也是它自1999年10月下旬突破并启动上涨行情以来首次回探关键移动均线。这是一个教科书式的二次买入点,股票随后攀升脱离移动均线,并于2000年2月创出新高。3月,股票开始不正常波动,3月下旬,下跌超过30%,之后,反弹拉升,波动性过高,超出了正常范围。

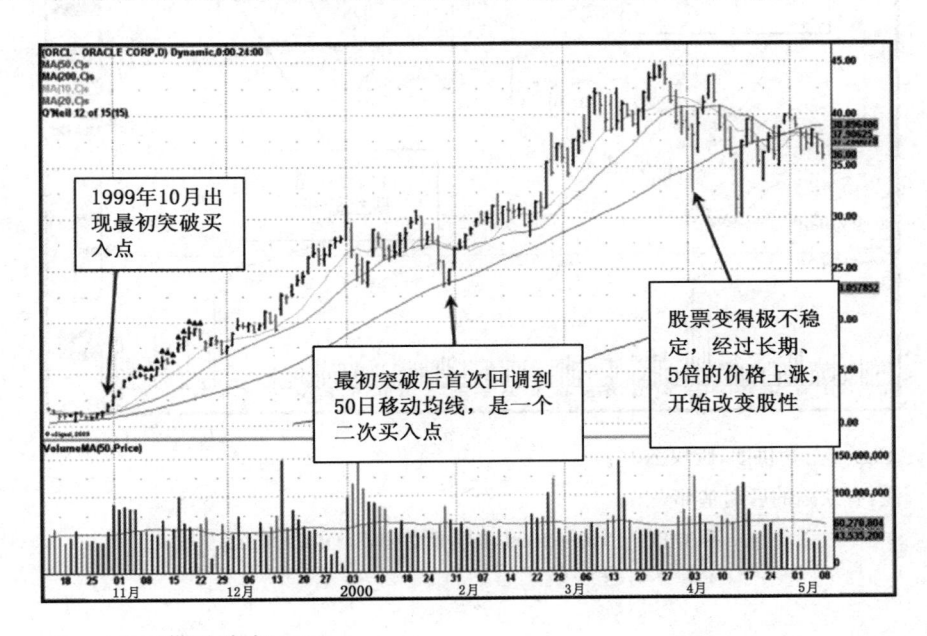

eSignal 公司供图,版权 2010。

注:该股在 2000 年 3 月最后加速冲顶。

图 3.16　1999—2000 年甲骨文公司(ORCL)日线

与此同时,如图 3.17 所示,威瑞信形成了一个不标准的步步为营形态,即构成步步为营"W"的中间点,高于基部左侧的顶点。在正常的步步为营形态中,中间点低于左侧高点,这通常是一个缺陷,尤其是在重要的前期价格上移后所形成的基部中,这可能会导致形态失败。在威瑞信这只个股中,我们看到,突破这个不标准的步步为营形态后,在达到永久性高点并下跌之前,该股又上涨了25%。对大多数股票而言,3月上旬带有巨量的高点跳空下跌,足以告诉我们:上涨行情可能已经结束了。

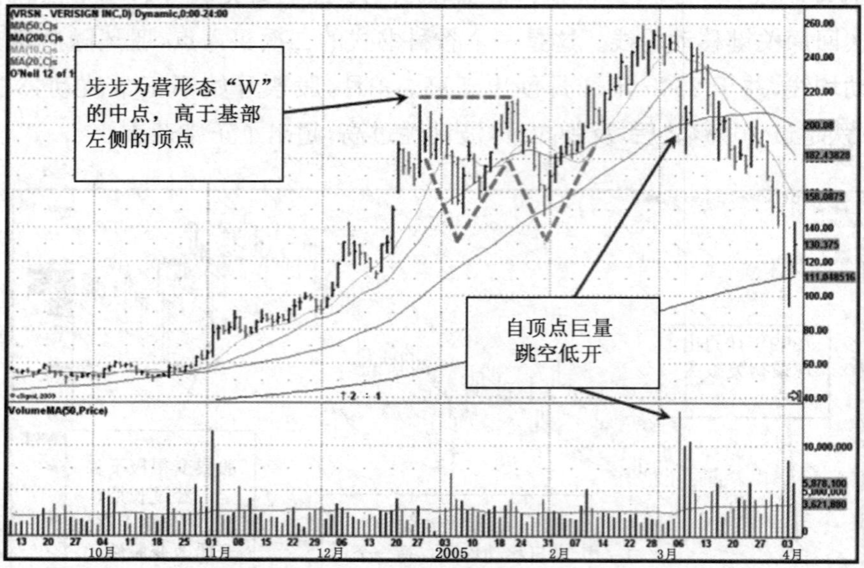
VRSN - VERISIGN INC,D) Dynamic,0:00-24:00
步步为营形态“W”
的中点，高于基部
左侧的顶点
自顶点巨量
跳空低开
VolumeMA(50,Price)
10月
11月
12月
2005
2月
3月
4月

eSignal 公司供图，版权 2010。

注：有缺陷的后期基部失败。

图 3.17 1999—2000 年甲骨文公司(ORCL)日线

成功的主题

1999 年，在赚得超过 1 000%利润的过程中，一些很明确的主题是显而易见的。我认为第一个主题是，大多数投资者最重要的是要知道：我的想法和赚取这么多的金钱没有必然关系。非常坦率地说，这源于我所抓住的主升浪规模，1999 年 10 月—2000 年 3 月网络泡沫牛市是一个很大幅度的主升浪。就在这次大主升浪出现之前，你可以看到，无论是我还是比尔·欧奈尔，抑或是市场上的任何人，都对我们即将经历的事情一无所知。当市场反转的时候，尽管我们在 1999 年 10 月中旬非常沮丧，并对股市感到万分厌倦，但是我们还是绝对地遵循自己的规则，转变操作方向，买入那些我们认为具备吸引机构投资者特质的股票。我取得 1 009%(这是确切的数字)收益，并非因为自己是某种天才。我仅仅是看到即将到来的主升浪，至于该主升浪持续多长时间，或者上升多大幅度，我毫不知情。一些简单的规则，诸如假使股票在最初突破后的 3 周内上升超过20％,那么就至少持有8周时间,提供了一个简单的"箍",迫使自己持有仓位。在某种意义上,这些规则被证明是相当有效的。

就像冲浪者一样,他仅是跳到浪头上随波逐流,直至浪头消失或者迫使他或她退出,你仅仅需要运用基本规则和技巧甄别、监测龙头股,然后在它突破"最小阻力线"的时候买入,这时,所有条件都会井然有序。我觉得,只要在正确的点位和正确的时间,你在很大程度上也可以取得和我一样的1 009％优异表现:在史上最大的泡沫牛市期间,抓住两只热门、快速上涨的股票就可以了。当然,正如比尔·欧奈尔曾告诉我的,这里肯定有运气成分,因为你要依赖牛市规模和持续时间,来保证你的股票越走越高,你必须在正确的时间内全身心地投入股票。从本质上说,你必须努力创造自己的运气!

另外,取得1 009％收益不需要在多只股票中分散投资。我只需甲骨文和威瑞信两只股票,在任何一轮真正的牛市行情中,真理永远是不变的。找到一只或两只大盈利股,如果能正确地操作,那么在任何牛市都会赚到大钱。甲骨文和威瑞信并没有展现出优异的基本面,但是,关键在于,要知道它们在互联网迅速增长中有各自的独特作用,你就会懂得,它们会成为"成功股";换言之,机构投资者们一定会买它们。这才是至关重要的,和利维摩尔的思想相似,建议投资者在最强势的股票池中坚持持有表现最强的个股。

另外,对于威瑞信这样的股票,我们必须理解其业绩表现,1999年9月,威瑞信第三季度每股仅取得了2美分的收益,对于该股的衡量和估值,并不能基于标准的"CAN SLIM"基本模板。为了从威瑞信中获利,我必须弄清楚,它的驱动不在于盈利增长,而在于销售额增长。这对于确定威瑞信潜力是具有决定性意义的。此外,威瑞信是一个突出的案例,说明对于潜在价格表现而言,为什么市盈率只是一个非常简单的"非决定性因素"。市盈率并不重要,因为事实证明了这一点。

在1999年最后两个月启动的网络泡沫行情中,作为一个投资者,我认为,从该次经历中所获得的最大经验教训就是,绝对没有人能够看到这次即将到来的行情:1999年行情证明,大牛市通常会出现在无人期待的时候,千万不要仅仅因为自己认为市场没有出现在正确的特殊点位,就完全忽视市场。股市瞬息万变,为了充分利用那些可以变成人生机会的时机,必须绝对保持细心和灵活。

最后一个教训是,只要愿意花时间和精力来学习,任何投资者都很容易掌握我在 1995 和 1999 年运用的基本原则。这并没有什么真正的神奇之处，对我而言，成功的投资仅仅是，找到一条通往市场领先"盈利股"的途径，然后，尽我最大的可能持有它。我的观点是，如果我能够做到，任何人都能够做到。1999年，我并未着手准备好赚取 1 009% 的利润。只是充分抓住了自己职业生涯中的最大牛市，那一刻，最终结果并不清楚，并且非常不确定，但是推升穿越"最小阻力线"的所有条件都已成熟。这里，只有一件简单的事情：在这条线被穿越时，让市场趋势在余下的时间里自主运行。

秘密的构成

前两章给您提供了关于如何在股市上赚取丰厚回报的第一手观点。您可能已经惊奇地发现，这并不是火箭科学。最为重要的因素是，一个传统的牛市趋势和健全的买卖规则。不必在股市"买卖中占得上风"，也不必保持在所有股指波动中领先。这种让投资者持有正确仓位的情况比比皆是。最好是弄明白，你在哪里是正确的，然后持股不动。一旦锁定了一只盈利龙头股，当谈及在股市上赚大钱时，"做得多和想得少"就是两个最关键的因素。

如果顺利，你已经获取了一些洞察力，知道应该把注意力重点放在什么地方。如果你使用欧奈尔的工具，在股市上筛选股票，那么在一个真正的牛市中，大多数盈利龙头股都会"异常耀眼"。这并非说，强势的龙头股在牛市中很难发现。在大多数情况下，找到合适的、低风险切入点，当你构建并集中股票头寸时，密切关注并寻找合适的第二买入点和加仓点，之后，让股票自主运行。具有讽刺意味的是，我们发现，当我们大赚特赚之时，随着交易"步入佳境"，我们的决策制定也极为顺利，变得轻松自如。关键是如何做到这一点，这正是本书接下来要讲述的内容。

第四章

转败为胜

> 曾经有很多时候,我也像其他许多投机者一样,没有足够的耐心等待这种百发百中的时机。我想每时每刻都持有市场头寸。你或许会问:"你有那么丰富的经验,怎么还让自己干这种蠢事呢?"答案很简单,我是人,也有人性的弱点。
>
> ——杰西·利维摩尔,《股票操作方法》

投资过程只要涉及人为因素,失误就不可避免地充斥于各个环节。为什么会搞砸?因为我们是人——这是对该复杂问题的最简洁回答,这也可能是处理投资最为艰难的一个方面。单个失误,甚至是一连串的失误,无论大小,都可能导致投资失败,通常会呈现出滚雪球效应,引发一个决定性的、痛苦的后果。失败开始之时,就可以评估所遭受损失的总体程度,这是一件令人痛苦万分的事情。最终,它可以被看成一个极富建设性的净化过程。只有了解了我们失误的根源,才能着手纠正它们。

本章,我们探析一些最严重的失误,逐步对它们进行分析,这些都是在我们遇到困难期间的实时想法和对决策的探讨。更重要的是,我们展示了如何通过把失误当作有效的市场反馈,来获取知识,之后,这些失误也发挥了有益作用,迫使我们制定解决方案,改进我们的投资方法,以确保不再发生类似错误。通常情况下,失误会导致全新的交易方法或技术,例如,"口袋支点",或者说一个更广为人知的概念,即我们所谓的"龙头股规则"。这样,我们可以证实,为何错误的根源不在于交易者,而在于交易方式,市场让交易者知道,如何以及在何点位必须调整、修正和适应。通过把错误看成更大的市场反馈系统,我们可以利用这些错误构建更长期的优势,而不是自我毁灭。

作为一名交易者和投资者,你会犯错——关于投资,这或许是我们唯一可以打包票的事情。在市场上,你或许会赚钱,甚至可以在市场上拥有大量财富,更有甚者,你可能发现,投资回报高得令人难以置信,但是,在这一过程中,你必定会犯错。错误可能是孤立的,也可能是随着你进入"交易低迷"期所积累下来的。交易低迷的特征主要是,在这一时期,你可能开始真正相信,你不知道自己在做什么。什么都不对劲,你所做的每一笔交易,都像一只回旋镖,它快速回旋,重重地击打到你的头部,抑或是你身体上更为脆弱的部位。这种情况发生时,感觉非常像比尔·欧奈尔过去对我们描述的,"在真正的好股周围被踢来踢去"。

我们都经历过这样的时期,也深信,伟大交易者与平庸交易者之间最大区别在于一种能力,即从单一错误或熟练交易者的低迷状态中恢复和强势反弹的能力。市场交易需要勇气、承受力和坚持不懈,在交易者或投资者步入那些混乱的、不确定的市场时,这些特质会让他们表现得更好。不管我们是否被当作"专家级"投资者,我们都做到了这些,正如利维摩尔所言,最终我们都依然保留着人类天性。作为一名交易者和投资者,把自己同"人性"绝缘开来,这有可能是你在整个交易生涯或业余爱好中所面临的最大挑战。

成功在于克服自我心理

具有讽刺意味的是,失败的最大原因之一可能就是成功本身。听起来可能有些奇怪,但是,在股市上最初的巨大成功,例如实现了100%的丰厚回报,很容易使人产生,一种无所不知、无所不能的投资错觉。然而,这是一种植根于自我的、极具破坏性的幻觉。作为一名交易者,自我始终是你的敌人,正如埃克哈特·托利所写的:"自我总是在守护某种已觉察到的缺点……它更加专注于自我保护,而不是事实真相。"在我们写交易日志时,比尔·欧奈尔告诫我们,我们"绝对不能让真理成为自己的敌人",那些在自我王国操作的交易者,恰恰把真理当成自己的敌人。

20世纪90年代后期网络泡沫期间,这种战无不胜、全知全觉、言过其实的情绪，在众多投资者中泛滥，最终导致很多同仁离开市场。泡沫市场期间，他们积累了大量金钱，在靠近顶部位置，合理地抛售了所有股票。然而，一些人开始相信，这完全归功于自己的"卓越才华"，他们能够用一批新发现的神奇投资魔棒令奇迹再现，并认为这种"点石成金"术会永远持续。很多人为其投资天赋买入"古董"，如跑车、二手房以及奈特捷公司（NetJets）会员服务。随后，一切被自己的预测再次强化，他们用当前的投资回报率（ROI）预测5年、10年、15年后的价值。1999年和2000年间，在我们供职的威廉·欧奈尔公司中，一些人离开了，开办了自己的公司，或者出任独立投资组合经理。这些交易者的跳槽，基于一个假设前提，那就是他们已经完全弄清楚了市场——事实上，他们甚至仅仅在一个短暂的市场周期内进行过交易，更遑论有没有至少10年以上的市场交易经验。

在某种程度上，市场上的巨大成功变得像经典电影《魔法师学徒》中米老鼠的魔法扫帚一样。在这个经典迪士尼寓言中，米奇能够利用其基本的魔法技巧，诱使扫帚为其工作，但很快发现，他并不能完全控制扫帚，最初，他认为成功来自给扫帚施加了初级咒语，然而这与他最初的想法并不一致。最终，由于米奇缺乏驾驭扫帚的知识，给自己造成了很大伤害。同理，股市上的小小成功，也可能是一件极为危险的事情。正如比尔·欧奈尔曾经告诉我们："你在市场上开始赚大钱，认为你知道一些事情——你什么都不知道！这是市场知道的事情，不是你！"这才是投资的基本真理。这是市场知道的事情，不是你；你的工作就是学习如何解读市场，并按照市场趋势操作。

问题是，你一旦在市场上开始赚大钱，就开始认为自己已经通晓市场，并且认为是你知道了事情真相，而不是市场所知道的。于是，你开始告诉市场如何做，你会认为，市场应该向什么方向运行，所有这一切只会让你偏离每天观测市场正确的、纯粹的方法，即只有尽力聆听市场正在告知你的，才是唯一正确的事。最终，你为自己做的所有安排，都将是一个被市场给予严重教训的机会，这将更明确地告诉你，谁才是老大。这个世界上，从来没有人可以准确地预测市场未来走势。例如，1997年，艾伦·格林斯潘（Alan Greenspan）著名的"非理性繁荣"演讲，距网络泡沫的真正破裂只有3年时间。很多人损失惨重，往往源于他们基于个人的想法，花费大量机会成本试图预测市场顶部的来临，然而，市场的反弹趋势毫无道理可言，它建立在"非理性繁荣"之上。作为交易者，你越是成功，随着时间的推移，就会越倾向于把自己的所思所想强加给市场。

与市场上挣大钱相关的另一个问题是，我们生活的社会，通过物质获取来衡量成功。在市场上经历过一段时间的巨大成功之后，你会成为自我的奴仆。如果我们现代的、唯物质主义的文化鼓励这种行为，那么交易者就很容易落入这个陷阱。读过《交易者杂志》(Trader Magazine)的人，都会看到一些有关肤浅炫耀性消费和物质主义的封面观点，依其申述，这会控制交易者的情绪。在交易者心目中，大房子、跑车、私人飞机、高级红酒、昂贵腕表等被视作成功的标志，成功的交易者自然应该拥有它们。对此，我们不敢苟同。我们认为，物质上的自我满足绝不应该成为一个人的交易动机。优秀的交易者通常会发现，他们最大的满足感发生在其简洁交易正在"进入状态"的时候，这是他们最平静的时刻。从这个意义上说，成功的交易者只是通过让自己的技术更加熟练，来寻求一种完美的愉悦感。追根究底，这与金钱无关，尽管成功交易者能够赚取财富是一个事实，但这如同在其他各行各业赚取财富一样。然而，我们竭力主张，交易者和投资者应该关注，实践自己技术所带来的愉悦，把追求过程作为成就感。在市场上取得成功和赚取丰厚回报，产生于那些道德规范。当你确实赚到大钱时，尽可能用财富简化生活，而不是追求多余的物质，来阻碍自己，让生活变得更加复杂。在我们看来，亨利·大卫·梭罗(Henry David Thoreau)展示了终极真理，他写道："一个人如果很富有，那么他一定拥有其中的孤独。"[《瓦尔登湖》(Walden Life in the Woods)，1854]

当你意识到，作为一名成功的交易者，注定要在市场上赚取数以百万计的金钱，你不禁会扪心自问，是否值得花费自己的财富，来获取这么多的东西，到头来，这些东西最终会成为你的羁绊。通过坚持"欧奈尔风格"投资规则，你会为长期成功交易奠定坚实基础，不会导致最终一败涂地，你要避免物质主义的自我陷阱，它不仅会吞噬交易者，还会吞噬社会上各行各业的人。

全神贯注于交易和投资，却把它作为满足自我情绪的一种方式，这可能会造成灾难性的后果。追求物质享受的道德标准，源于缺乏对投资本质的最基本理解。如同驾驭巨大海浪的冲浪者一样，我们必须意识到，我们不是波浪——只是站在波浪上，我们的技术在于评估波浪规模大小及其持续时间，目的是最大限度地利用波浪，这才是自己能够操控的唯一因素。追根溯源，还是波浪决定了其大小及延续时间。世界上最优秀的冲浪运动员，尽管经验丰富，却心怀谦卑之情,他们对海洋力量,以及推动它运行的大自然的巨大力量,满怀敬意,并对此有着深刻的理解。同理,作为交易者,我们必须对市场力量及其推动它们的巨大自然力有敬畏之心。市场仅仅是威科夫的"大众心理",通过理解市场运行方向信息,我们能最大限度地"驾驭"它。相反,在强调为自我服务时,就会像冲浪者误判或失去这些力量一样,使得交易者被这些力量冲走,或者是被错误的、自我的投资决策之石,击得粉身碎骨。作为交易者,我们必须时刻铭记这些力量,在这些力量面前,必须拥有强烈的谦卑之心。比尔·欧奈尔曾经告诉我们,没有什么会比迅速膨胀的自我更快地毁掉一名交易者。通过观察比尔,我们注意到,他从来不让自己的盈利或损失影响判断,他赚到大钱时,从来不会极度兴奋。即使在股市大幅攀升期间,你业已兴奋不已之时,例如,在1998年年末,我们持有股市中一些盈利丰厚的股票,所有人像疯了一样跑来跑去,他对这一切仍然无动于衷。向他表达自己的激动情绪,告诉他这些股票上涨得多么迅速,并且我们正在赚取多少金钱,安静地听完这些消息之后,他发出一声长长的叹息(以下简称"无奈的叹息"),在电话快速挂断之前,回复一句简短的话语,"不要谈你的股票"。这是他以自己的方式来评论戈登·盖高(Gordon Gekko),影片《华尔街》(*Wall Street*)中的主角,他说:"投资的首要法则就是,永远不要对股票激动兴奋;不要失去了判断力!"

  为了消除自我,你必须跳出自己的思想范畴,观察那些影响你心里的感觉和情绪。你的呼吸是舒缓还是急促,你的心跳是否在加快,你的手心是否在出汗,你是否觉得充满力量,你是否感到沮丧,你是否觉得兴高采烈,你是否觉得满怀希望,抑或你是否觉得有种恐惧感?坚持了解这些情绪因素,会让你远离它们的纠缠。在埃克哈特·托利的众多著作中,以《修炼当下的力量》为开端,用很大的篇幅论述了此类话题,我们在第十章将进行更充分的讨论。他认为,情绪状态只不过是我们任由自己思想掉进一个陷阱。专注于当下,清楚地知晓,我们何时落入某种情绪陷阱,不管是沮丧的负面情绪,还是兴奋的正面情绪,我们要摆脱自我思想的束缚,只是在当下交易。

  消除自我意味着,你业已理解了交易和投资的动机。如果你把交易看作一种单纯获取物质利益的手段,就会更倾向于表现自我。当然,享受自己劳动成果并无过错,但是你有必要正确地对待这一切。比尔·欧奈尔用了一句简洁的话语来形容:"请不要现在就得意忘形!"

最后，始终对市场保持谦逊与尊重。它们根据更大规模、更加强大的力量来运转，我们唯一的任务就是，设法使自己的投资决策与这些巨大力量的运行方向相一致，从而巧妙地获利。我们自身并没有这些力量，同样，也无法控制它们，正如海中的鱼儿一样，我们只能和它们一起游弋，避免阻力所带来的破坏。

从错误中吸取教训

到目前为止，我们两人投资股市大约已有19个年头，其间记录了相当多的错误，其中一些错误比其他人的错误更为严重。有些错误与交易的宏观观点有关，有些则涉及具体交易机制。在某些情况下，错误促使我们对交易方法做出新的重大改进。在本节，我们将仔细检验19年股市投资生涯中所犯下的较大的错误，从这些经历中吸取教训并找到解决方案。

过度自信的案例研究：吉尔·莫拉雷斯

正如我在第三章详细讨论的一样，1995年，我获取丰厚利润，开始心满意足。我一生中第一次在自己名下有了巨额资金，高达六位数，引用影片《华尔街》戈登·盖高的话来说，"那时好像遍地黄金"。

单就资金来说，足以让我及时获利离场，但是，另一种力量总是在努力地让自我膨胀。作为潘恩韦伯公司（现在是瑞银金融服务公司分部）的股票经纪人，随着在市场上取得的成功，我的业务也开始起飞了。作为一名崭露头角的"新星"，公司为我提供了一间又大又新的办公室，位于世纪城双子塔的30楼，有着巨大的落地窗，这是一个名义上的城市，本质上是一个加利福尼亚州比弗利山庄和圣莫尼卡之间的豪华高层建筑群。在很多方面，世纪城拥有时尚的城市环境，远离尘嚣，位于洛杉矶市区东8英里，一座小山把西洛杉矶从圣费尔南多的"硅谷"中分离出来，这里坐落着众多财务、法律以及猎头公司，服务于山上娱乐业的财富。有人可能会说，它是"首选地点"。

若说有一个行业的自私和自我放纵是可以接受的，甚至其特点还得以美化的话，那就是股票零售经纪业务。还有什么行业能见到两个经纪人激烈争执谁"真正"拥有奔驰车呢？当然，这就是我所戏称的"孔雀综合征"（Peacock Syndrome），或者说股票零售经纪人身着定制的服装招徕生意的现象。许多经纪人衣着严谨，甚至可能过于严谨，他们得意于自己的西装、衬衫、领带和皮鞋。

如何折叠手绢，如何把它放在西装上衣胸前口袋中，领带打的是单结还是双结，袖扣是不是纯银，以及其他毫无意义的时尚细节，他们都给予特别重视。你或许经常在办公室里，看到三四个经纪人小团体，相互赞赏对方定制的西装。他们蔑视那些不符合着装规则的人。我想起一名经纪人，他曾幻想自己是一名"明星经纪人"，还取笑我的眼镜。这让我感到非常古怪，因为，那时我对眼镜的要求是够用就行，并不知道眼镜会成为判断我"时尚价值"的标准，及其对社会价值的判断，至少按股票零售经纪人的标准，就是如此！

金融领域，就是这样的"顾问式"销售文化。当我还是业务新手时，一名销售经理向我承认，他想找新的"FCs"（财务顾问）购买大房子和豪华车，并愿意为此承担沉重的债务。这样，他会更加积极地努力工作，为了满足自己的生活方式，必须销售、销售、再销售。对物质以及更多物质的追求，产生了必要的巴甫洛夫刺激，激发经纪人推动"销售流程"的进展。看起来，这些基本假设前提为当时我所处的股票零售经纪人文化奠定了基础。让经纪人追求盲目的物质主义，并以拥有物质的多寡作为自身成功的标准，进而不得不靠更多的销售满足这种需求，这是管理者的愿望。如果不让经纪人及其"销售团队"建立无法言明的目标，他们就不会沉溺于这样的物质需求，陷入这种销售文化而难以自拔了。

所有这些因素混杂成毒性混合物，造成自我变异、自我膨胀。现在，我把自己幻想成一名具备"利维摩尔派"水平的"专家级"投资者，开始相信，自己能凭借"直觉"超越投资系统。事实上，证明自己投资技巧的前一年，我在 C-Cube 微系统公司（CUBE）这只股票上，盈利超过 500％，难道不是这样吗？读过欧奈尔《笑傲股市》这本著作，读者会发现，书中提到一些赚取 100％ 或 200％ 的投资者，但是我从来没有听说过，谁能在一年中盈利超过 500％，因此，我更加肯定，自己异于常人。遗憾的是，我忘记了向市场通知自己的"特殊性"，它正准备让我因自我膨胀而付出惨痛代价。

路米西斯的教训

1995 年 11 月，一家名为路米西斯（Lumisys, Inc., LUMI）的新公司上市了，当时，其业务给我留下了极为深刻的印象，其中包括用于医疗行业的数字化图像技术。我把它看作类似于 C-Cube 微系统的革命性技术，而且 C-Cube 微系统的技术可以通过互联网和个人电脑传输压缩图像。对我来说，路米西斯代表了另一家利用图像相关技术创造出革命性新产品的公司,开创了一条更为有效的方式——医生和医务人员可以使用 X 射线等医疗图像。它必将成为一名优胜者,我对此深信不疑。

1995 年 11 月,路米西斯上市,我仍忙于操盘 C-Cube 微系统公司,因此,可以轻松地遵守纪律,等待路米西斯形成第一个基部。1996 年 4 月,这种情况并没有出现,那时我已经抛出 C-Cube 微系统公司有几个月时间了,零星地买入了一些新股,总体操作并不尽如人意。1996 年,我一直主要靠《每日图表》获取股票走势图,把大部分注意力放到日线图上。图 4.1 显示了 1996 年 4 月路米西斯的日线走势,那时,它突然上涨,在我看来,它冲出了一个似乎是 5 周基部的区域,由于我钟情于该公司的产品,在出现完美的巨量突破之时,我没有经过太多的验证过程就买入了该股。然而,它的表现根本没有我想象的那么完美!

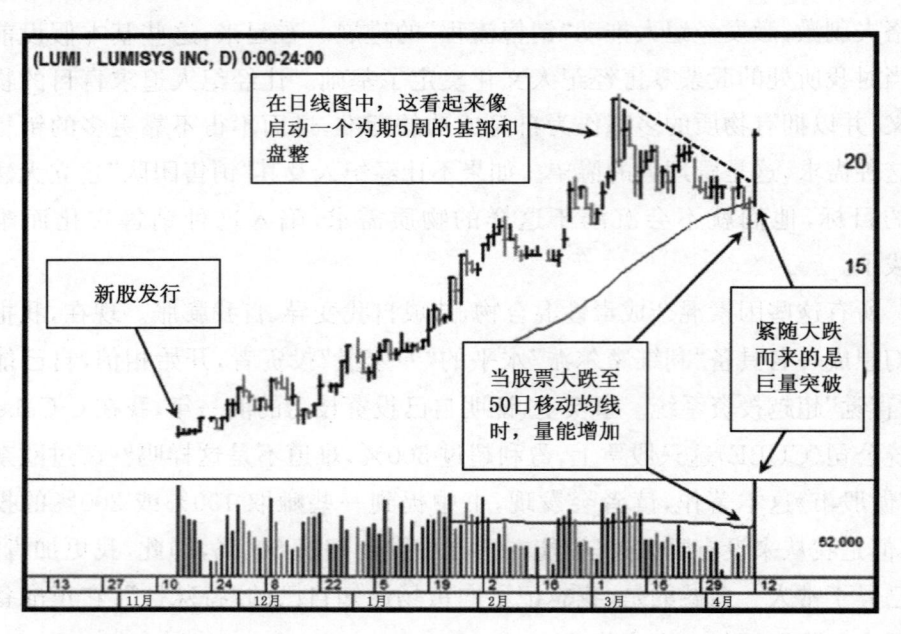

eSignal 公司供图,版权 2010。

图 4.1　1996 年 4 月路米西斯公司(LUMI)日线

图 4.1 中,路米西斯日线自 1996 年 4 月开始,其趋势线的突破看起来相当可观,回溯至 11 月首次公开上市,突破日当天的成交量史无前例,远高于平均成交量。另外,该突破发生在 50 日移动均线下方,且日成交量逐步递增,我把

这看作"洗盘加三"(Shakeout-plus-three)类型的买入信号,这里,股票跌破前期基部低点,跌至 18 美元左右,之后反转向上。这构成了"洗盘"行为,在 18 美元低位增加 3 美元,提供一个 21 美元的买入点,因此,当股票突破 21 美元时,就产生了一个买入信号。就路米西斯而言,我当时既看到了它突破趋势线,也看到了"洗盘加三"买入信号。在我看来,这甚至会是一个更为强势的突破。既然心怀偏见,而且事先已经对该公司的产品深深着迷,我在过度自信的情况下,迅速大量建仓。

一个错误酿成更多的错误

我犯的第一个错误在于事先存有偏见,既然这些技术看起来落实到位,我便深信,公司的产品会确保让它处于双赢的位置。尽管你可以因自己对公司业务及产品线的知识确信它是潜在的赢家,但是这样的信念,决不能凌驾于最基本的股票选择与管理系统之上。你买入股票的理由应该是它很好地符合操盘股票标准,这一切均建立在个人的独特投资基础之上。学到的公司知识,应该有助于你建立必要的信念,充分利用潜在的盈利龙头股。然而,在你独自运作的投资方法中,这些知识不应介入其间。不应该做逆向工作——不要对公司业务痴迷,除非你的投资系统正在告诉你买入该股的正当理由。我从一开始就痴迷于路米西斯,之前,买入过一部分该公司股票。这是一个本末倒置的典型案例。

我所认为的两个买入信号——突破趋势线和洗盘加三,以某种方式给股票巨量冲击新高,注入了额外的动能,进一步加剧了自己的过度自信。基于以上原因,我积极买入该股,在回顾这些行为时,我对自己的幼稚感到吃惊不已,研究路米西斯以往的图形走势,会让这一事实变得更加清晰。一个人在回顾过去错误时,最痛苦的事情或许就是,看到自己到底有多大能力,来做出这些令人难以置信的愚蠢投资决策。

图 4.2 是另一幅路米西斯突破的日线图,显示出了股票图形的一些缺陷,那时我对此并不认可。首先,它的基部很深,并且股票迅速从基部底部直接攀升,在它拉升穿过 50 日移动均线,并且面临新高时,没有时间消化一些短期快速获利盘。其次,自己变得雄心勃勃,也就是说,在一只日均成交量仅 12 万股的股票上大规模建仓。跟随突破的价格波动做短线交易,是非常适合操作的,实际上,如果你承认了突破中的缺陷,就应该抛售并兑现利润。相反,我确信,

自己手上持有了另一家 C-Cube 微系统公司。正是因为我坚信这一点,现在唯一能做的就是长线持有,等待最终出现巨大的涨幅。

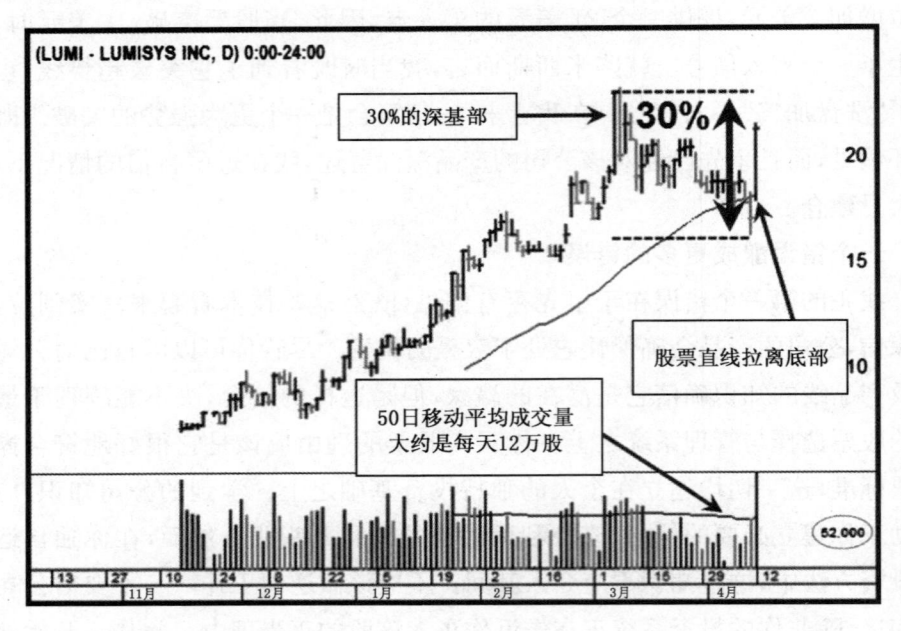

eSignal 公司供图,版权 2010。

图 4.2　1996 年路米西斯公司(LUMI)日线——直线拉离底部

除此之外,路米西斯周线图(如图 4.3 所示)显示,我之前在日线图所确认的 5 周基部,仅仅是一个 3 周基部。正如我所看到的,股票在底部的前两周,在我看来,实际上是不断上升的时期,也正是股票价格开始走低的第一周,我们开始计算,股票在底部保持几周才会开始上涨。还要注意,这两周有着极大的周波动范围,并且收盘于中间点位。对于自 1995 年 11 月上市至 1996 年 4 月的股价上升幅度而言,基部自身的长度不足以对此进行合理的调整。涨幅高过三倍,该股本应该构筑一个更长期、更具有建设性的、至少为期 6 周的基部,来适当地消化前期股价上涨。最重要的是,尽管路米西斯的基部已经长达 5 周,但这对第一阶段的基部而言,仍显太短。大多数情况下,第二阶段基部的突破,需要至少为期 5 周的时间,但是第一阶段本应花费更长的时间,形成一个宽幅的中间价格波动范围,尤其是,如果股票在构筑第一个基部之前已经大幅上涨,则更是如此。

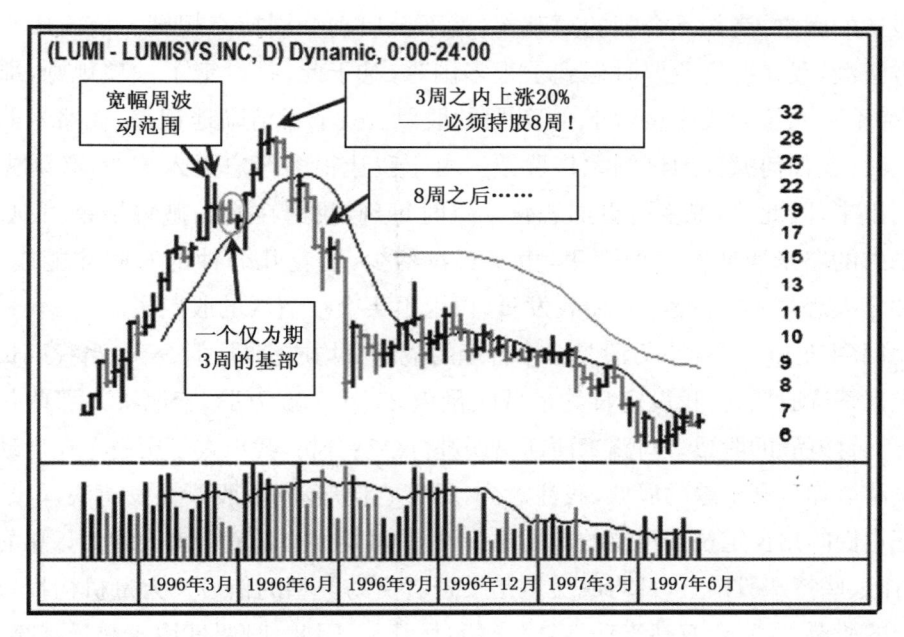

图4.3 1996—1997年路米西斯公司（LUMI）周线

之前，路米西斯突破时，仅在3周内就迅速上涨了20%以上，因此，这使我启动"8周规则"，即一只股票能够突破，并且很快上涨20%以上，就必须持有至少8周时间。正如在图4.3中所看到的，持股8周的结果是，我的股票一败涂地，它跌穿了初始突破点，并且跌回到最初的IPO价格。

路米西斯加深了我对欧奈尔方法的理解

尽管路米西斯是一个惨痛教训，但它确实帮助我进一步完善了投资技巧。我做的第一件事情是，在股票自动出现在雷达搜索界面之前，我不再迷恋和试图估算那些伟大的公司概念。除非这些股票出现在我每周浏览的新版杂志《每日图表》中，否则，就不会为它们费心劳神。从那时起，在买入股票时，要是没有查阅周线图，确认该股已经构筑了准确的、至少为期6周的基部，我不会买入任何一只股票。第一阶段的基部，必须有至少6周的长度。第二阶段可以接受持续期为6周的稍短基部，但对于第一阶段基部而言，应该从一个更长的股票盘整中产生，并且时间绝对不能少于6周。

并不是说，8周持有规则给我带来了这些问题，因为我相信，如果自己注意了最初的因素，诸如不合理的短基部，就不会启动 8 周持有规则。该股成交量非常清淡，我在抛售股票时遇到了很多困难，基于此，我设定了一项规则，那就是，绝不买入每天成交量少于 30 万股的股票。我非常清晰地记得，在路米西斯下跌时，我如何疯狂地试图抛售股票。由于我让很多客户买入该股，必须先让他们出来，因此，情况变得更加恶化。每时每刻，我都在输入抛售指令，我必须到场外的路米西斯做市商那里，由于买盘稀少，要花几分钟的时间才能成交。这种令人恐慌不安的经历，使我发誓，再也不买交投清淡的股票了。

回溯到 1996 年，30 万股是一个合理的最低日均成交量，但今天，当我以长线眼光来筛选股票时，我设定日均最低限量为 35 万～50 万股，宁愿买入那些每天成交上百万股的股票。对路米西斯错误进行事后分析，我审查了历史上在启动时交投清淡却盈利丰厚的股票，我注意到，尽管它们启动时，股票交投清淡，但是一旦把它们的角色定位于重要的市场龙头股，其日均成交量就会大大增加。总的来说，在某些特殊股票上，日均成交量是投资者交易类型的信号。大量机构投资者参与的股票，通常会有高流动性，成交相对活跃。因此，股票日均成交量越高，它越可能拥有实力雄厚的机构和大户。另外，我做出决定，在确定一只股票何时接近"大牛股"状态时，一个很好的方法就是，等待 IPO 股票的日均成交量"成熟"，即随着时间的推移，机构投资者对该股的兴趣及参与度大幅增加。例如，追随一家实力雄厚机构投资者的人，可能更愿意接受强劲的上升反转点。该重要发现，源自路米西斯的经历，它最终值得我为此付出的高昂"学费"。

为了证明日均成交量"成熟"的概念，即股票获得龙头地位和大机构追捧，我们可以观察卡洛驰（Crocs, Inc.）2006—2007 年周线图（如图 4.4 所示）。请注意贯穿成交量条的细灰线，10 周移动成交量，在机构投资者争相买入卡洛驰时，该线持续走高。在本例中，2007 年，卡洛驰在牛市中承担起重要市场龙头作用，并开始迅速向上拉升，2007 年 4 月，其成交量明显放大。

大牛股规则的诞生

我最终形成大牛股规则的真正根源在于路米西斯，接下来的两年中，我逐渐理解了欧奈尔方法中基本的、潜在的规则。大牛股规则的本质就是，在任何一个经济和市场周期中，某些公司的出现，代表了经济发展的前沿主导潮流，如新产品、新经济发展，以及在特定时间点，充当经济基础推动力的其他主题等。按照这个逻辑，因为在既定经济周期内，作为关键公司，它们代表着成长的新领域，无论

eSignal 公司供图，版权 2010。

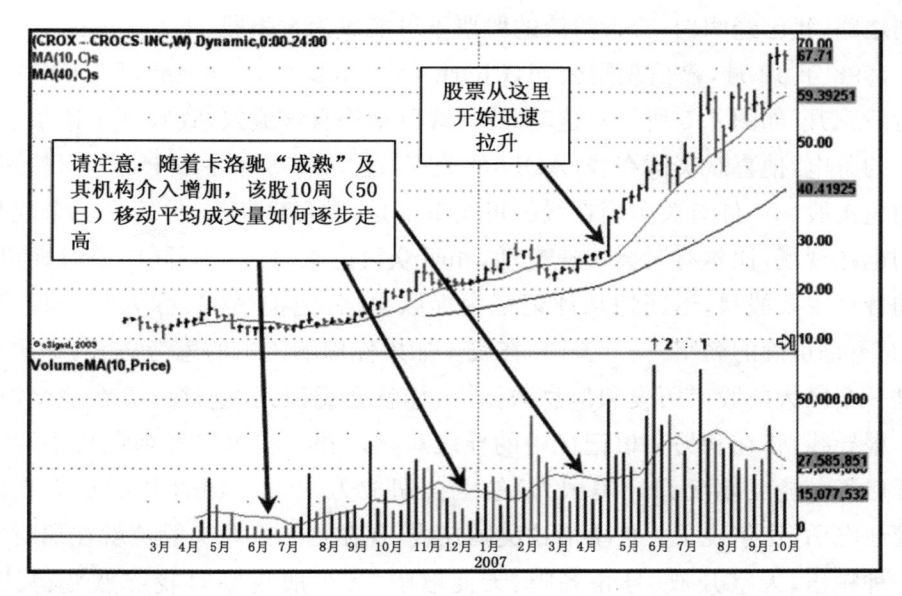

图 4.4　2006—2007 年卡洛驰公司周线

该领域是大还是小，机构只能选择持有这些股票，而且一旦被持有，就倾向于在几个市场周期内，成为机构投资者的重要成分股，甚至当它们还不是良好的、优秀的龙头股时，也是如此。20 世纪 70 年代，它们是买就省(Pic N Save)公司和泰迪公司(Tandy Corp.)；80 年代，是英特尔公司和微软公司(MSFT)；90 年代，是美国在线和思科公司；21 世纪初期，是亚马逊、苹果公司、谷歌公司、百度公司以及动态研究公司(RIMM)，这些只是从许许多多市场周期中选出的几个代表而已。由于这些股票代表了机构现金流入的领域，在这个过程中，会导致股价大幅上涨，因此，在任何一个牛市周期中，它们都值得拥有。同时，由于这些股票存在广泛的、坚定的机构投资者，因此可以采取一种保险的策略，当这些股票在合理的回调中被抛售时，机构自然会进来，维护它们的股票头寸。

"大牛股"关键特征之一就是，它们不会每天仅交易 12 万股，而是会交易几百万股。除非有一个卡特尔同盟，否则它们不是只购买微软和美国电话电报公司这两只股票，而是大规模买入龙头股，推动市场行情的就是机构资金，你需要把自己正确地置身于这条现金流之河。你能做到的唯一方法是，在任何一个市场周期中尽力持有"大牛股"。路米西斯的可怕经历，让我踏上了发现"大牛股"

规则之路，我已经明白，交投清淡的股票不可能成为大牛股。

1998年12月，嘉信理财公司（Charles Schwab & Company，SCHW）火箭发射般飙升（如图4.5所示），这时，我长线巨量持有该股票，我收到了比尔·欧奈尔的急电，他喜欢美国在线（AOL）的表现，这是1998年牛市末另一只快速上涨的龙头股。一件有关美国在线的可笑事情是，讲习班期间，尽管是一个配角，我们也在现场，比尔有时会快速走动，和听众讨论来自多个不同历史时期市场上的各种主要股票，迅速地从他记忆中提取数据，他把AOL称为"美国人"在线，而不是正确的名字——"美国"在线。如果你理解比尔的思考方式，本质上，它是一个巨大的股市历史和信息数据库，你就会意识到，这是由于在他脑海中有一根导线，正在和另一根记忆中的导线对接，当时，在古巴导弹危机中期，市场开启了一轮巨幅反弹，"美国人"航空公司成为1962—1963年的最大赢家。我接通电话，比尔说了一件事情："美国在线，现在是一只龙头股。"就在那时，我有一种顿悟，天空开放、号角齐鸣、天使歌唱，大牛股规则对我突然变得清晰起来。

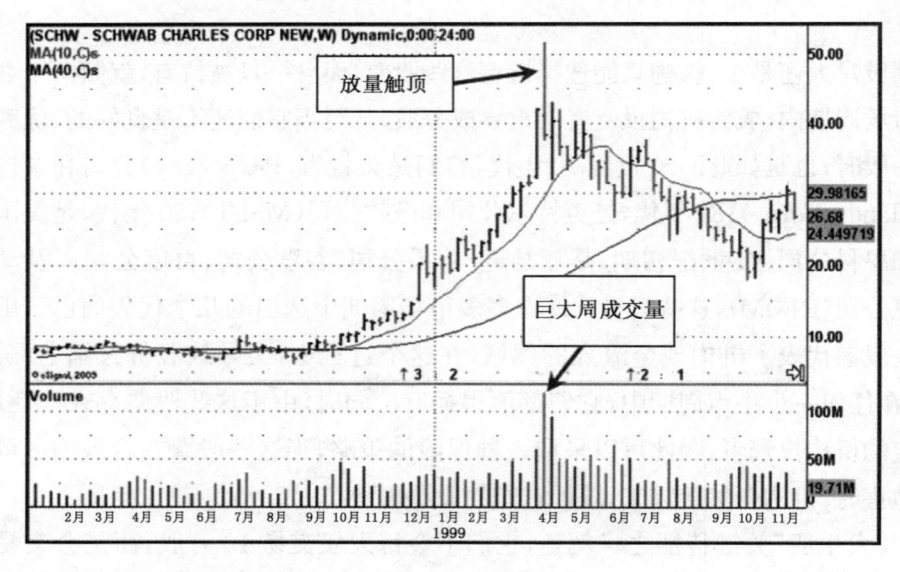

eSignal公司供图，版权2010。

图4.5　1998—1999年嘉信理财公司（SCHW）周线

我还发现，由于在熊市期间最佳的卖空目标恰好是之前牛市阶段的那些大龙头股，因此，大牛股规则也适用于卖空。已经重仓大龙头股的机构，继而会创造一个抛售浪潮，熊市期间，以持续下跌的方式对股票进行洗盘，在第八章，我们会对卖空进行更详细的描述。

错失太阳能股票上涨：吉尔·莫拉雷斯

对于我而言，在公共领域以及资金管理公司，与其他"搭档"管理资金的一个重要缺陷在于，你会受到来自客户和商务伙伴的外部影响，他们有着自己的一套情绪模式和观念。并非说这一定是坏事，而是说你必须把自己与这些影响隔离开来，现实中，这可能非常困难，尤其是这些个人和影响来自学术观点，可以这么说，这与一个人投资方法中的"知识"并不相干。

2007年9—10月，我在精确、完美的买入点，大量买入多只太阳能股。最大头寸之一是第一太阳能（First Solar，FSLR），我准确地把它确认为太阳能"大牛股"之一，就在它启动为期67周、大幅上涨460%之前，正在形成类似于美国在线1998年10月所形成的锯齿带柄杯子形态。图4.6中的第一太阳能周线显示了锯齿带柄杯子形态。突破之前，我已经注意到了这个形态，连续3周恰好收盘于10周（50日）移动均线，这看起来非常具有建设性。1998年年底到1999年年初，我把有关美国在线的观点组合成一个整体，作为"锯齿"V形带柄杯子形态的一个先例，该组合形态运行良好。第一太阳能走势（如图4.6所示）和1998年以来的美国在线走势（如图4.7所示）的相似性，非常引人注目，总体而言，在太阳能板块中，其他几只潜力太阳能龙头股，也开始技术性地建立强势形态。第一太阳能有一项有趣的、较低成本的技术，在其太阳能电池中，没有使用更多普通多晶硅。2007年，多晶硅短缺提供给第一太阳能的非硅、薄膜技术一个优势，借以超越其他依赖多晶硅的竞争对手。

这是太阳能股票中的"大牛股"，我不断地买入，在它开始突破之前，沿着50日移动均线，在100美元左右逐步买入。9月21日早盘，第一太阳能成交量开始回升，由于打算在突破时重仓该股，因此我开始加仓。你不可能找到更好的买入条件，因为不管是第一太阳能股票，还是整个板块，都在突破。显然，一个重要的板块上涨正在发生。自从1999年网络股、互联网概念股上涨之后，作为一个板块，太阳能类股票提供了一个引人注目的、值得购买的板块机会。图4.8所示的尚德电力控股有限公司（Suntech Power Holdings Co.，Ltd，STP），以及图4.9所示的晶澳太阳能（JASO Gorp.，JASO）均出现了带柄杯子形态基部。

eSignal 公司供图,版权 2010。

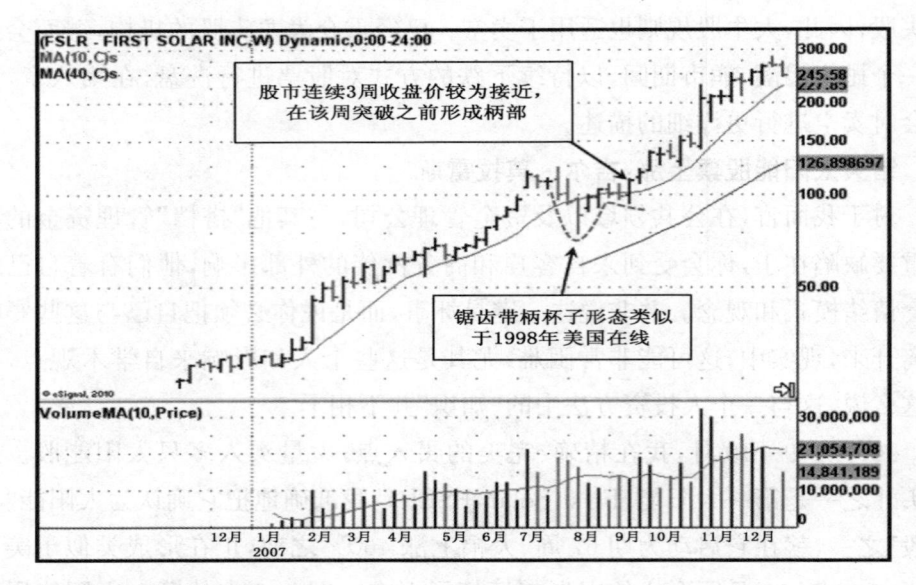

图 4.6　2007 年太阳能板块中的"大牛股"第一太阳能公司(FSLR)周线

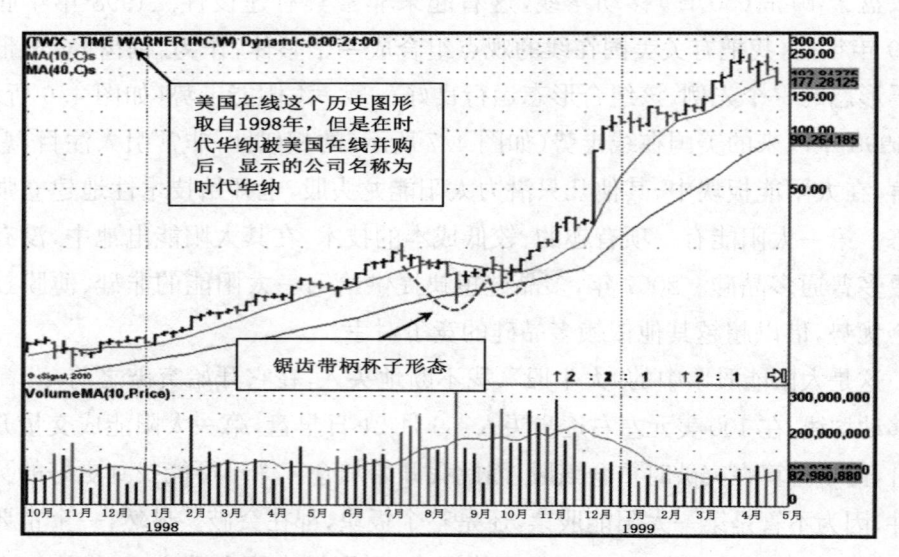

eSignal 公司供图,版权 2010。

注:美国在线 2000 年成为时代华纳公司。

图 4.7　1998 年美国在线(AOL)周线

eSignal 公司供图，版权 2010。

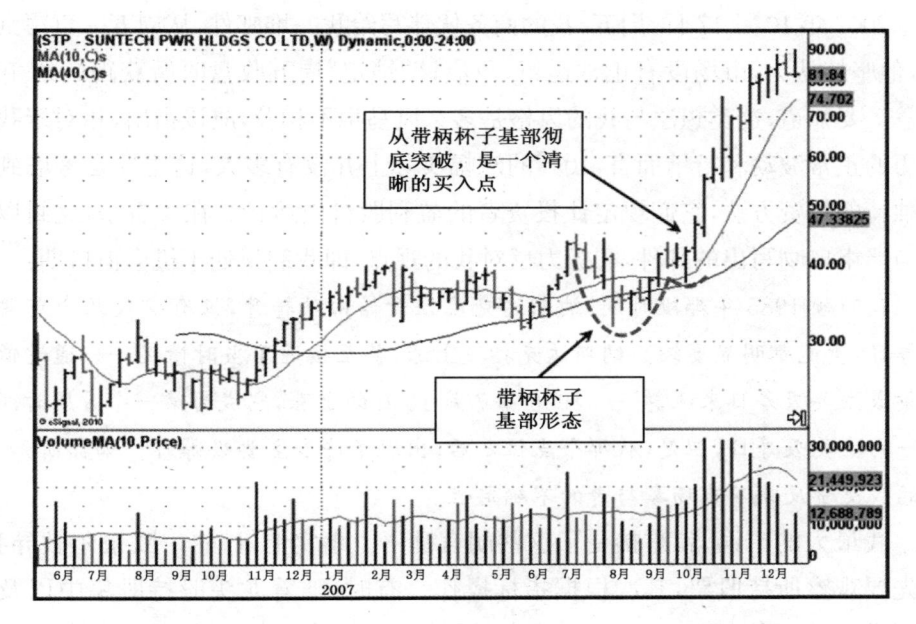

图 4.8　2007—2008 年尚德电力控股公司周线

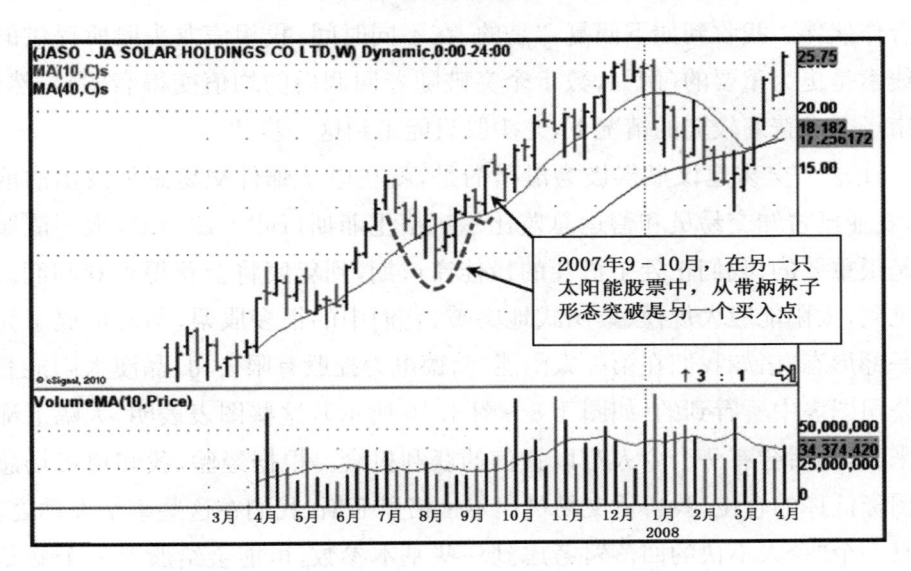

eSignal 公司供图，版权 2010。
注：太阳能板块中的另一个完美带柄杯子形态。

图 4.9　2007 年晶澳太阳能控股有限公司（JASO）周线

2007年10月17日,周五,我的商务伙伴写给我一堆邮件,从周五一直写到周末,他坚持认为,市场没有正常运行,我应该"锁定"周五收盘时所获得的约10%收益。要知道,这类想法与我的风格是多么风马牛不相及,应该指出,相对于我所经历的正常波动和行情而言,10%的涨幅实际上并没有多大,这主要是考虑到自己独特的投资方法,它们规定让投资者的盈利股自由运行。在我看来,这封以傲慢与严肃口吻写出的邮件,在极力反对我的观点,即我们正处于机会窗口期:

我回顾1985年那段时期,纳斯达克已经开始由跌转升,仅有少数几个重要的吸筹日,量能都明显萎缩。纳斯达克指数上涨,甚至接近了当时情况——通过低成交量或主要吸筹日来测算——1996年7月16日的上涨,它成为第一个8周时间内唯一的主要吸筹日,但是,从那个点位之后,出现了许多主要吸筹日。如你所知,清淡的成交量反映了市场参与者的不确定性。

我最大的错误,就是接受了这些胡言乱语。事实上,比尔·欧奈尔教导我,首先要观察所持股票,其次根据指标操作。有时,随着龙头股持股集中以及建立正常基部,而出现7%~12%的中线回调,指标会变弱。考虑到这个基本观点,基于指标的变化抛出所持有的股票非常可笑。我援引这个确切规则,答复了合作伙伴。我收到如下回复:"是的,在不同时间,我相信龙头股所提供的细微线索是更为重要的(例如,数十个突破随着回调后的均值变得衰弱)。然而,在市场需求普遍较弱的情况下,龙头股只能走到这一步。"

让这个交易建议显得极为滑稽的是,就在电子邮件交易意见发出的前一周,我业已告知交易员和营运总监比尔·格里菲斯(Bill Griffith),太阳能股波动是很重要的,我们正处于机会的最佳窗口期,到年底将会获得可观利润。我感觉到,太阳能股大规模、集团式地突破,它们中的很多股票,同时形成了完整的基部形态,诸如我们在第一太阳能、尚德电力控股有限公司、晶澳太阳能和日能公司图表中所看到的(如图4.8~图4.10所示),这些图表表明,大幅上涨即将来临,随后会有一个令人难以置信的获利机会。根据经验,我知道市场总是试图降低你的仓位,我告诉交易员比尔·格里菲斯,我们在这些事情发动之前,会有一个"令人不快的回落",考虑到一些基本参数,可能会给股票一个暴跌空间,因此我们必须尽一切所能,保持太阳能股票的仓位。

该交易周内,我又买入了一只太阳能股票,它已经突破并处于上行趋势之中,如图4.10所示的日能公司(Sunpower Corp., SPWRA)。10月18日,日能公司上演了巨量反转上涨行情。鉴于太阳能板块的启动，我把这次巨量反转看作极为积极的信号，我的一只基金在 95 美元建仓。现在回想起来，我仍对 2007 年 9—10 月的完美条件吃惊不已。

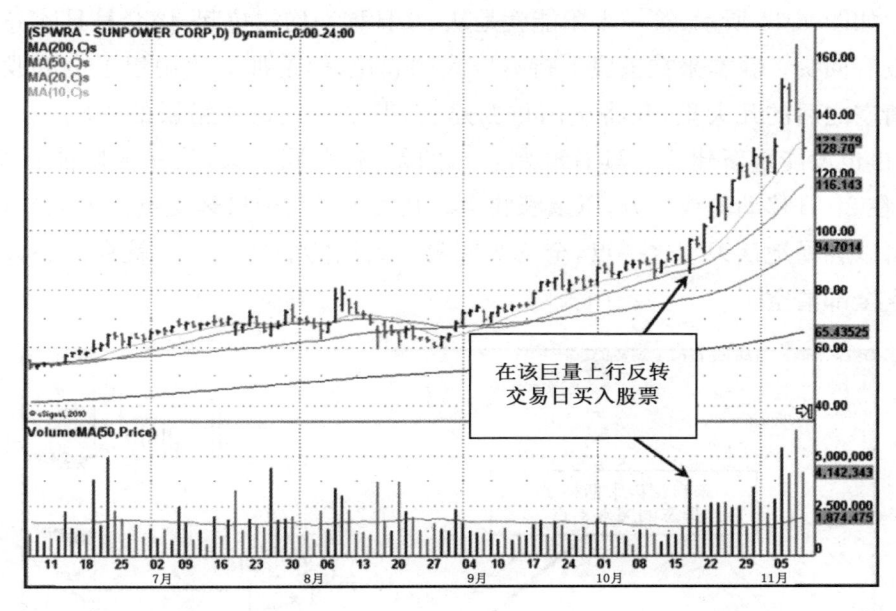

eSignal 公司供图，版权 2010。

图 4.10　2007 年日能公司（SPWRA）日线

遗憾的是，10 月 17—19 日整个周末，我从伙伴那里收到了一连串的利空电子邮件，对"锁定利润"充满担忧，与此同时，在那个特殊的周末，媒体还大量报道了市场与 1987 年 10 月的相似之处，那是一个臭名昭著的黑色星期一大崩盘，这些使我失去了镇定，开始基本偏离了自己的预定轨道。

10 月 22 日，星期一，大洗盘终于如期而至，我之前就告知过交易员，在洗盘行情中，我们必须努力维持太阳能股票仓位。在资金管理公司中，由于我受到利空媒体及业务伙伴的影响，动摇了之前的坚定方向，因此，我改变了计划。我设定了，如何处理严峻市场洗盘的一系列参数，10 月，我一直在期待某个时间出现洗盘，考虑到太阳能板块所有条件都业已具备，以及市场机会窗口正在打开的事实，我完全坚定持有太阳能股票的信心。这里的教训是很明显的，并且我想解释一下，我并不责怪之前的伙伴或媒体。我只是责怪自己，因为我违反了交易的一个简单前提，那就是设定交易计划，并且按计划交易——不受他人情绪和观点的影响！尽管我知道自己在合适的时间内持有了合适的股票，但是，10月22日，星期一，受到外部影响，并最终被恐惧所征服，我清空了第一太阳能和其他太阳能板块股票。

如图4.11所示，第一太阳能就是从20日移动均线拉起，该交易日收高，再也没有回头。我本来在该股上持有巨大的仓位，但是那天我抛售了全部股票。在清空之后的几天里，我将试图重新建仓，但是受到最初错误的影响，身心疲惫，再也没能重新建仓。具有讽刺意味的是，就在同一天，第一太阳能行情反转，在20日移动均线上方，以上涨收盘。其实这是一个口袋支点买入点！我本来可以轻易地认识到这一点，全部买回第一太阳能股票，然而，就在同一天，我把它全部清空了。

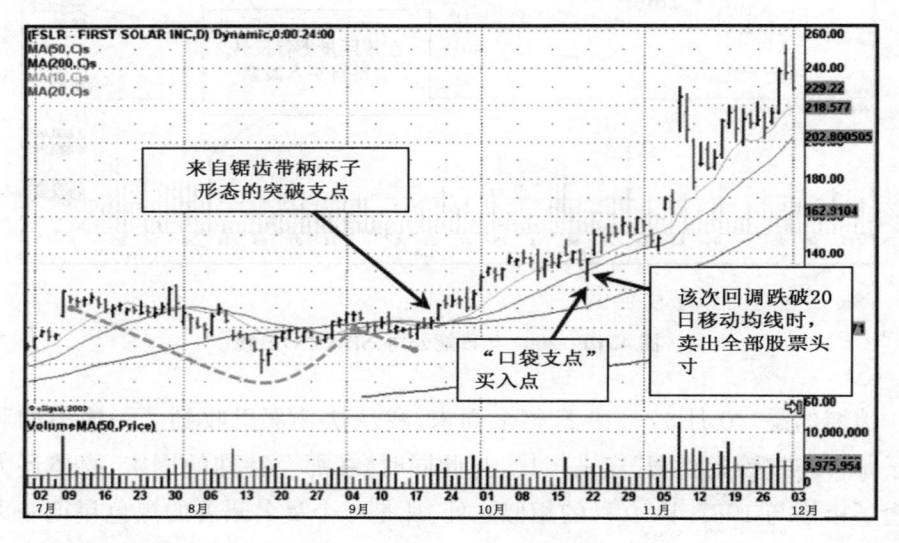

eSignal 公司供图，版权 2010。

图 4.11　2007 年第一太阳能公司（FSLR）日线

2007年，我还没有口袋支点这一武器，今天，除此之外，我还使用另一个规则，即在任何一个跌破20日移动均线抛售之前，必须要等到股票收盘，因为股票行情常常会在盘中反转，收盘于移动均线之上。那时，如果有了该规则，我会在2007年10月22日继续持有第一太阳能。现在，我把移动均线视为"区间"的中位数，而不是用移动均线，如20日或50日线，作为"绝对"屏障，也不观察股价如何"围绕移动均线"运行。股票返回移动均线上方之前，在一个短期、当天,甚至一两天的基部内,经常会有跌到关键移动均线下方的风险。这极可能是因为,太多交易者以此设定抛售条件,一旦违背了设定的"绝对"支撑,例如移动均线的正常条件,就会自动抛售,当产生大量抛盘时,自然会把股票带到移动均线之下,股票跌破均线,暂时会把股价向下打压。这产生了围绕移动均线的量价行为,应该监测移动均线,确保在均线下方的波动,不把自己的仓位震出。今天,我对于移动均线和支撑位的观点包含了一些想法,即它们实际上代表了"区间"的中位或中点,围绕该区间,股票可以找到支撑位或阻力位。此外,一旦股票跌破了关键移动均线,如首次跌破 20 日移动均线,就必定会跌破首次背离 20 日线的盘中低点,以确认移动均线的"背离"。这可以应用到任何移动均线,当且仅当股票下跌到移动均线下方的首日低点,才把这界定为一个明确的"背离",因此,一天的走势并不足以确认该"背离"的有效性。

  首先观察你的股票,其次观察市场指数,2007 年最后一个季度,证明了这一规则,正如图 4.12 所示的纳斯达克指数走势。纳斯达克指数在 11 月初突破时,我关注太阳能股票的走势,曾要求伙伴坚持持有它们,而不是陷入指数的细枝末节之中,果不其然,它们持续创出了新高。

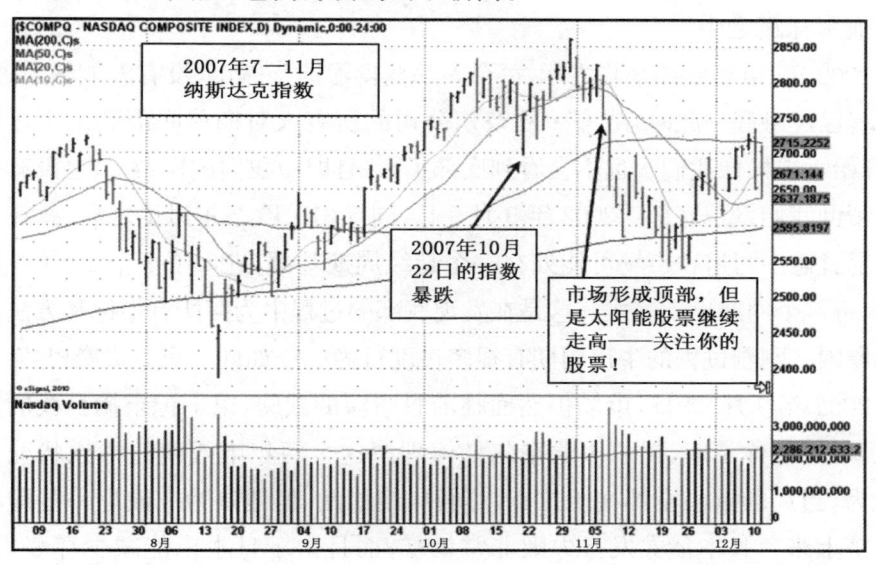

eSignal 公司供图,版权 2010。

注:市场形成顶部,但是太阳能股票继续走高,这证明你必须首先关注你的股票,其次才关注市场指数。

图 4.12　2007 年 7—11 月纳斯达克指数日线

最后，交易者必须坚持独立交易，避免受到外界干扰，无论是来自商务伙伴、媒体，还是来自其他能够使你脱离轨道的外部信息。请牢记这个规则：设定交易计划，按计划交易，在最低限度的外部影响或投入的条件下，做到这一切，更好地遵循利维摩尔派"交易者隔离"思想。

过短与过长：吉尔·莫拉雷斯

我的最大损失总是来自做空市场。由于我认为错误的大小与错误所导致的损失直接相关，因此，这些都是明显的大错误。2002年，我遭受到一些沉重打击，那年10月，市场脱离底部，我的操作要么过短，要么过长。在70年间第二个最为残酷的熊市中，每个人以及每件事情，都是消极和负面的，市场充斥着大量令人信服，并合乎逻辑的原因，觉得形势可能会变得更糟。我记得，在洛杉矶市中心一幢非常漂亮的高大办公大楼内，曾向一群机构投资者做路演。其间，我们让一名热心的机构技术派上台，他给出自己的观点，道琼斯指数和标准普尔500指数为何会进一步下跌，因为在下跌过程中，它们还没有赶上纳斯达克指数。房间里所有人都点头同意，我也是其中的一位。毕竟，一年之前的2001年，我的收益已经超过170％，大部分来自做空交易，我依然陶醉于做空市场的血腥味道之中。

2002年，市场底部来临之际，每个人都变得习惯于熊市，没有人能够看透，市场可能已经触底。此时，威廉·欧奈尔公司的所有人对期待底部到来不再感兴趣，开始觉得好像我们永远不会看到底部了，并且即使我们这样做了，也没有一个指标帮助我们发现底部。2002年9月9日，同比尔·欧奈尔讨论之后，我在自己的交易日志中写道："市场可能处在一个超级周期基部，进入了一个20年一遇的基部，每5个周期出现一次。这是在发现底部的过程中为何所有指标和方法都失效的原因。刚刚过去的牛市周期有很多过度行为——如同一只双头魔兽。"

2002年9月23日，市场仍然面临前景暗淡的威胁，以下记录摘自我的交易日志，可以让你了解，比尔·欧奈尔如何理解这个两年半熊市的糟糕状况："比尔认为，当局的重心全部在伊拉克，尽管应当如此，但他认为应该把一些重心放到经济上来。日本债券发行失败非常糟糕，而且由于日本未能减少坏账，也未能准许他们的系统通过'创造性破坏'清除坏账，本来这是我们系统的标志性程序。日本和欧洲的弱势应该值得注意，[并且]将会影响我们的市场。"9月末，市场正创出新低，在该点位上，我极度看空2002年10月的市场。我能感觉到唾腺在超常工作,以空方身份品尝市场鲜血的期望,再次战胜了自己。

纳斯达克指数在9月末到10月初创下了新低(如图4.13所示)。市场看起来很不乐观。如果你和我一样,业已对市场感觉到郁闷无比,创出新低就是一个信号,那是空方在咄咄逼人。甚至比尔·欧奈尔也在寻找更多市场负面发展的可能性,10月4日前后,他打电话告诉我,自2000年牛市以来,他一直看空大盘科技龙头股!看起来是多么糟糕啊!比尔告诉我,他相信,因为这些特殊的大盘科技公司,出现了一个大问题——他们买入了太多的公司。在生意上,你别想让自己处于必须管理太多生意的境地——如果买入50家公司,那么就要理顺50家公司的管理。这太让人望而生畏了。

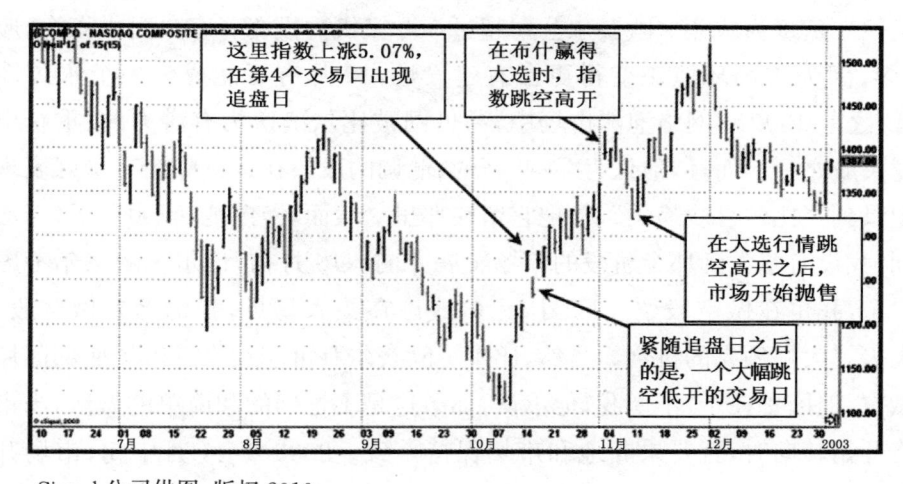

eSignal公司供图,版权2010。
注:2000—2002年熊市的底部终于出现。

图4.13　2002—2003年纳斯达克指数日线

那时,一个很大的惊喜就要出现了,我们对此并不知情。10月10日,市场止跌企稳,开始大幅上涨,纳斯达克指数收盘上涨4.42%,这将成为2000—2002年熊市最终低点。3天后,纳斯达克指数正式进入第四个关键追盘日,跳空高开,当天巨量大幅反弹5.06%。如果你在脱离底部的头四天看空,那么当市场启动,脱离低点时,你会感觉到一些激烈的爆炸热流。由于坚决看空,我成为幸运投资者之一。追盘日重重地回击了我,第二天,市场跳空下跌,成交量低迷,引诱我继续做空,但是在追盘日第二天,又跳空高开,重拾升势,再次跳空上涨之前,市场开始在接下来的12天内慢慢地持续创出高点。经过最初跳空上涨,市场在接下来的几天内艰难拉升,纳斯达克指数从选举后那天所碰到的高点 1 420 点,被拉低到随后 5 天的低点 1 319.06 点。

所有指标走势都飘忽不定,这让我试图做空市场,因为我找不到任何做多的动力。我仍然没有看到,市场存在继续反弹上涨的可能性。之后,11 月 20 日,比尔·欧奈尔打我手机,当时我正在乡村俱乐部第 11 洞开球。到目前为止,我很少打室外高尔夫,之前,比尔从来不会在高尔夫球场上给我打电话,因此,我知道一定出了什么事情。当天,在讨论布什政府早些时候的公告时,他听起来非常兴奋,将会实施广泛的经济刺激措施,在他们悬而未决的经济刺激计划中,还包括减税。那时,比尔告诉我,他认为,当时由我管理的公司机构咨询小组——负责为威廉·欧奈尔公司超过 500 家机构投资者客户提供咨询,应该"看多,因为市场环境正变得更富有建设性,10 月有可能成为一个永久性底部"。之前 1999 年网络泡沫市场中,易贝网被比尔确认为有潜力的、重新出现的龙头股之一。而且,他认为"一些新的、低调的股票在运行中会有良好表现"。我记录到:"比尔喜欢易贝",并把它留在那里。然而,慢慢地,我明白了,与比尔不同,我没有感觉到那个阶段的市场发展方向。10 月初,比尔·欧奈尔考虑做空股票,我也在做空股票。11 月,比尔或许在买入易贝,我仍然在做空股市!我失去了大幅领先的机会。当然,比尔·欧奈尔有可能在靠近市场底部区域考虑做空,但区别在于,不像我,他承认,如果这是不正确的和简单的做法,当市场最终开始转向时,就要果断地和市场保持一致。2002 年 11 月中旬,市场开始转向,他买入易贝,显示出典型的发现牛股的能力。在市场筑底,并启动新一轮牛市之际,我愚蠢且固执地坚持做空市场,紧随其后,看到他的所作所为,对我而言,这是一个巨大的教训。我为自己的消极所蒙蔽,以致在市场转向利多那一刻,我却无法看到任何利多的消息。

12 月,市场行情复苏仍不稳定,再次逆转下跌,这让情况变得更加复杂。甚至连比尔·欧奈尔也感到有点沮丧,尽管持有易贝,且该股依然表现良好,持续着单边走势。正如我在 2002 年 12 月 5 日交易日志中所记录的,"比尔说,坚持这套系统很困难。道琼斯指数可能回撤到 8 200～8 400 点,纳斯达克指数可能回撤到 1 250～1 350 点。市场无法稳定地走出低谷,除非政府做出一些戏剧性的举动"。第二天,来自比尔的一个简短电话,诞生了随后 2002 年 12 月 6 日的简短交易日志:"市场只是在对新闻事件做出反应——没有方向舵。但真正

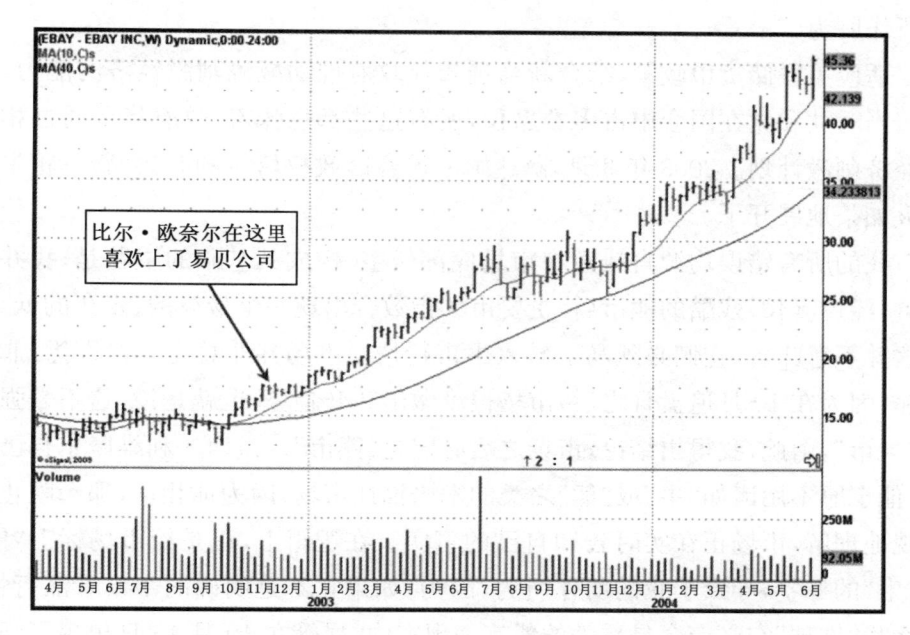

eSignal 公司供图，版权 2010。
注：随着市场在 2002 年年末反转，比尔确认了这只"牛股"。
图 4.14 2002—2003 年易贝公司（EBAY）周线

的问题仍然是后泡沫经济。"

此时，黄金开始新一轮上涨，2002 年 12 月 13 日，比尔·欧奈尔评论道："黄金上涨是相关的。它正在告诉你一些事情！"2002 年 12 月，对我来说，市场的举动足以让我再次消极地看空市场。正如我所看到的，黄金上涨提供另一条警示性线索。2002 年 12 月 20 日，在交易日志中，我记录了来自比尔·欧奈尔的如下评论："黄金是对恐惧的响应，但是，最近黄金上涨有一些基本面的因素。在我们能看清市场运行方向之前，必须度过接下来的两个月。"

这里的关键在于，尽管市场脱离 10 月低点的行情复苏不稳定、不平衡，但这并不一定表明，市场即将进入熊市，也没有表明，市场的一只脚迈进了下跌门槛。

1 月 8 日，布什政府宣布了一项经济刺激计划，其中包括加速降低个人所得税税率，取消个人投资者红利税。1 月 23 日，比尔·欧奈尔转达了一条基本的股市真理，结合我在 2002 年下半年所遭受市场惩罚的最终教训，我把它记录在自己的交易日志中："无论市场遭遇了多么糟糕的事情，也不要低估政府权力的所作所为。"

适应美联储货币政策，结合新当选布什政府推动减税刺激经济的能力，并鉴于当时共和党在国会中占多数席位，所有这些都意味着，政府将要通过相关的经济刺激计划。2003年3月，萨达姆·侯赛因政权垮台的时候，新一轮牛市如火如荼地展开了。

我的所有错误均源自执意在市场底部做空，构成其基础的主题是，我并不理解，经过漫长、残酷的熊市后，主要市场指数会出现一个最终的、永久的低点，但这并不意味着，它们必须马上转入牛市行情。市场并非总是非白即黑，非牛即熊；因为在10月追盘日之后，市场很难做出转升趋势，也就是说，这不是强劲的"牛市"，由此，我得出结论，市场之后必定是"熊市"。杰西·利维摩尔自己说过，他宁愿不用诸如"牛"或"熊"之类的术语描述市场，因为他相信，那会阻止他客观地理解，市场正在实时告知自己的事实。在逻辑上，正是给市场标上"熊"或"牛"的标签，导致了我的所作所为，因为，如果它不是明确的牛市看涨行情，那么我"推理"它必定会是看跌的熊市。现实中，尽管在10月15日出现了强势追盘日，表明了2000—2002年大熊市的最终低点，但市场仍处于既非牛市也非熊市的阶段，更为准确地说，应该是"恢复"阶段。当时，这是一个有价值的教训，此后很多年，它帮助我避免在空方袭击中受到致命打击。接着，2008—2009年，熊市来临了。

2008—2009年熊市无疑是我所经历的最令人紧张不安的市场。其他熊市对我而言是简单的事件——我或者保留现金，或者卖空。2008年3月，2008—2009年熊市的第一只靴子最终落地，开始并延续着业已产生的恐慌情绪，那时，贝尔斯登(Bear Stearns)实际上在3月15—16日这个周末已经停业。对我来说，它可能会是另一个恐慌性低点，但这次是全然不同的，因为我现在也卷入了金融危机。无论是我当时运营的私募基金，还是与贝尔斯登同居一处的基金，贝尔斯登都是我主要的股票经纪公司。我关注着基金在贝尔斯登破产中的潜在损失。尽管贝尔斯登代表向我们保证，基金是安全的，但我并不能臆断，我可以足够信任他们，因为，他们仅仅告诉我，是其他更高层人士要求他们把这些信息传达给我。这个周末，整体情况的不确定性令人深感不安。毋庸讳言，对我来说，这不会是一个愉快的周末。当然，我能够处理市场上的损失，但是眼睁睁地看着巨额资金蒸发，只是因为你的首要经纪公司将要倒闭，损失太大，我也难以应付。你发现自己为外部超出自己控制的事件所缠身，这让人感觉非常不舒服。作为一名交易者，我常常想，至少我能够掌控自己的命运。在此情形下，我陷入了这样的境地：既非我所为，也完全超出了自己可控的范围。这是相当可怕的经历，让我有点震惊，并有一种不安和不祥的奇怪感觉。

当 J.P. 摩根介入，并以每股 10 美元的价格收购贝尔斯登时，2008 年 3 月危机才得以避免。J.P. 摩根随之成为我管理的私募基金的主要经纪商，这是极具讽刺意味的事情，当时，摩根财团被认为是最安全的地方，在这里，我们却和贝尔斯登进行主要的沟通斡旋，而它将通过 J.P. 摩根的并购得以保存。在贝尔斯登破产中，虽然可能看到基金蒸发消散，并且我们正在走出困境，但是整个事件让我有一种不信任和猜疑的感觉，这类似于人在第一次地震中的经历。你曾经认为，自己所站立的基础是坚实的，现在却被认为，并不像它之前看起来那么坚固，因此，你的那种安全感就降低了。之后的几个月，我深受一种被称为金融压力紊乱综合征的折磨。

当我恢复到泰然自若时，成功地参与了短线熊市反弹，大约从 2008 年 3 月持续到 6 月初。夏末，熊市的另一只脚正在酝酿，9 月，市场下跌空间全面敞开。我再次参与做空，但是并不如之前那么积极。尽管我确实通过做空 2008 年市场赚到了钱，在弥补了前三个季度的赤字后，最终获得了几个百分点的收益，但是我感觉自己本来能够赚得更多，据事后分析，应该是 50% 或者更多。我太胆小，在整体熊市中，错失了几个本质上的回落"甜蜜点"（Sweet Point），那些形态会导致非常残酷的下跌。不过，我再次让业务合作伙伴的意见不恰当地影响到了自己，他以专业的高傲和权威坚持认为，"没有人能够通过做空赚到钱"。

我意识到，考虑到 2008 年 9—10 月大盘下跌的幅度和速度，做空取得 10%～15% 的回报并不是令人满意的结果。基本上，我已经习惯于受外界因素的影响，这使得我在做空市场时变得过分谨慎和胆小。今年早些时候，通过做空市场赚钱极为困难，我受他人影响，使自己相信，我们的做空技术存在缺陷，做空实在是"太难"，以致无法执行。自那时起，我所学到的是，我与威廉·欧奈尔合著的《如何在卖空中获利》（*How to Make Money Selling Stocks Short*）一书中，所详细描述的方法是非常合理的，但是关键在于，要等待确切的时机到来，如"最小阻力线"被跌破，或者卖空的最佳窗口正在打开。正如在图 4.15 中所看到的，对空头来说，"甜蜜点"本质上是一个急剧加速的 3 周下跌行情。

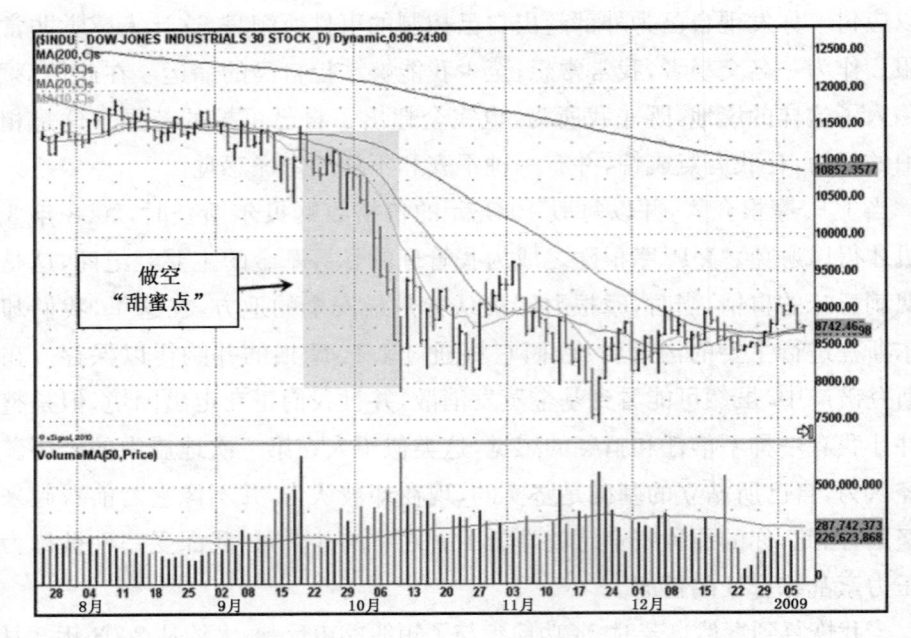

eSignal 公司供图，版权 2010。

注：指数跌穿"最小阻力线"为空头提供了一个做空机遇和"甜蜜点"窗口。

图 4.15　2008 年道琼斯工业指数日线

如果你充耳不闻地呆坐在那里，就会错过甜蜜点。如果抓住了甜蜜点，这正是你所需要的，就可以在 10 月余下的时间一直到 12 月，取得丰厚回报。我的同事克里斯·卡彻证实，在严格意义上的机遇窗口打开时，在《如何在卖空中获利》一书中概述的图表形态和方法，都极度准确，正如我们将在第八章中所看到的，真正熊市来临期间，关键就是充分利用市场向下的突破点。必须等待自己的机会！正如利维摩尔所言，"像许多投机者一样，我有太多次失去耐心，去等待确定的事情"。谈及做空，最佳途径是，通过耐心等待确定的事情来避免风险。2008 年 9—10 月窗口是确定的事情，由于我已被人说服，接受了"没有人能够通过做空赚钱"的想法，我只是少量地参与其中。

没能充分利用 2008 年 9—10 月的大幅向下突破，这让我感到十分沮丧，尽管一年中市场下跌了 50% 以上我仍有盈利，2008 年年底，我对银行业着迷了，它代表着熊市的"新起点"。我已经对混乱有了痛彻心扉的经历，2008 年 3 月，混乱吞噬了贝尔斯登的财务部门，我开始研究当前形势，依我所见，形势显然已经变得非常严峻。我的结论是，在我们至少看到两家或三家主要货币中心银行倒闭之前，如花旗集团（C）、富国银行（WFC）或美国银行（BAC），2008年熊市不会结束。当时，我觉得，但凡一个人能够算出2＋2，就能知道所有大银行都已资不抵债了，最终破产清算只是时间问题，最终都会由政府接管。就在那时，政府的有形之手开始消退，市场和经济再次进入复苏和重建进程。

没有想到的是，过度行为反而被支持，我严重低估了美国政府和美联储的能力，它和全球中央银行及各国元首一起，协调得极为成功。这是一个重大错误，它源自我的信念，即到2009年3月，美联储失去了引导力，而且你可以"进攻美联储"。我曾推测，既然2007年和2008年先发制人的降息，连同至2008年9月末的1.8万亿美元的救市，都丝毫没有阻止2008年9—10月市场快速向下突破，那么，在市场最终跌破到新低时，更多的金融机构会被清洗出局。此外，由于异常依赖财务报表研究，金融股的"基本面"又强化了这种可怕的结论，这时，基本面主导了我对市场的分析。对"基本面"的依赖，恰逢我又看到了，前景暗淡的投资新闻刊物描述的所有细节，好像世上的一切都出了问题。研究金融危机时，我访问了各种各样的网站，网站中充斥着他们就危机如何拖累并摧毁全球金融体系的各种观点。尽管他们的世界末日预言有可能正确，但是这些预言与股市在特定时刻所发生的事情毫不相干。遗憾的是，鉴于我在2008年3月贝尔斯登危机上所遭受到的战斗疲劳综合征记忆，我更容易相信，更糟糕的还在后头。

在我心中，三个主要因素共同创造出一个完美风暴：(1)没有完全利用2008年9—10月卖空机会窗口所遇到的挫折；(2)允许自己被外部因素所影响；以及(3)受2008年3月贝尔斯登事件的影响，基本面分析和恐惧心理凌驾于正常分析所依据的量价行为之上。2009年3月，报纸头条新闻经常出现的词为"萧条"。鉴于我是一名有着19年经验的专业投资者，这是典型的"只见树木，不见森林"。以历史的观点看，当所有人都在谈论"萧条"，并且所有人都看起来很迷惘时，这就是市场的底部时刻！但我没有看到，所以我继续同市场搏斗。

一些金融股在底部反弹时的表现绝对疯狂，如美国国际集团（AIG，如图4.16所示），至少在当时，我是如此认为的。它迅速拉升，根本不顾及"基本面"。2009年3月9日,美国国际集团股价暴跌到了每股6.6美元的低点,8个交易日后,盘中触及每股40美元。正如在图4.16中所看到的,以盘中为基准,其股价仅在一天内就上涨了一倍,第5天上涨脱离了底部区域,快速从低点拉升的第二天,突破到了50日移动均线之上。请注意,长长的"上影线"表明,该股票在50日线遭遇了严重阻力。第二天呈现出小的"吊首线"形态,这是一个快速向上拉升后的警示性标志,因此,我决定在这儿大规模地做空美国国际集团。第二天,该股迅猛拉升近50%。考虑到我所了解的金融股财务状况,我认为这些举动是"十分荒谬的",我肯定,它们马上会改弦易辙,开始下跌,尽管没有绝对的量价证据表明,这种下跌即将来临!就我来看,唯一要做的事情就是,当它高于25美元时做空。当然,从那儿开始,该股跳空高开了10~15个点,"触及"40美元。做空美国国际集团,甚至在该股迅速上升时,坚持做空,让我遭受到了严重打击。

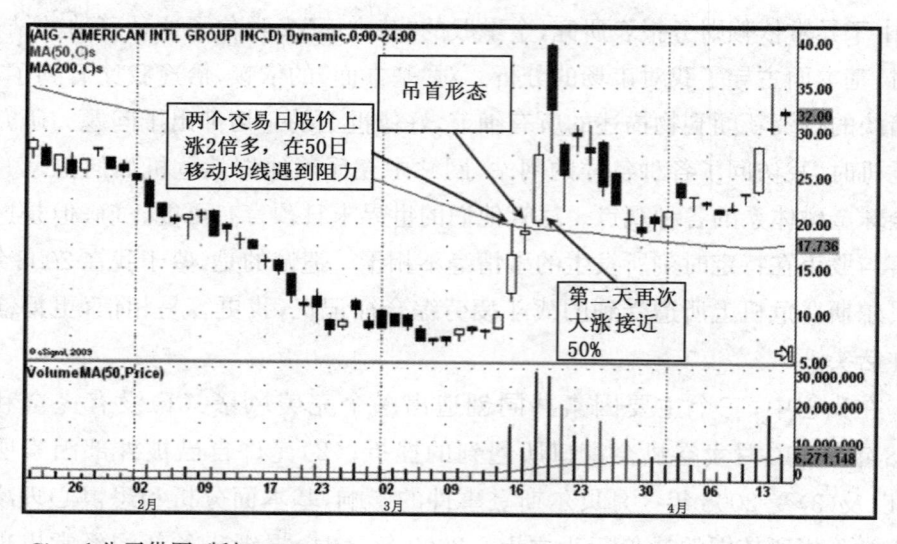

eSignal 公司供图,版权 2010。

图 4.16　2009 年 3 月美国国际集团(AIG)烛状日线

对大多数金融股来说,这类脱离底部的上涨是典型的,如图4.17所示,这是被称为"XLF"的 SPDR 金融指数基金的日线图。对于一位像我这样从不接受"不"回答的卖空者来说,2009年3月下旬,当 XLF 两次巨量跌破50日移动均线时,它在玩弄一些把戏,在再次火箭式上涨之前,第二次跳空下跌。

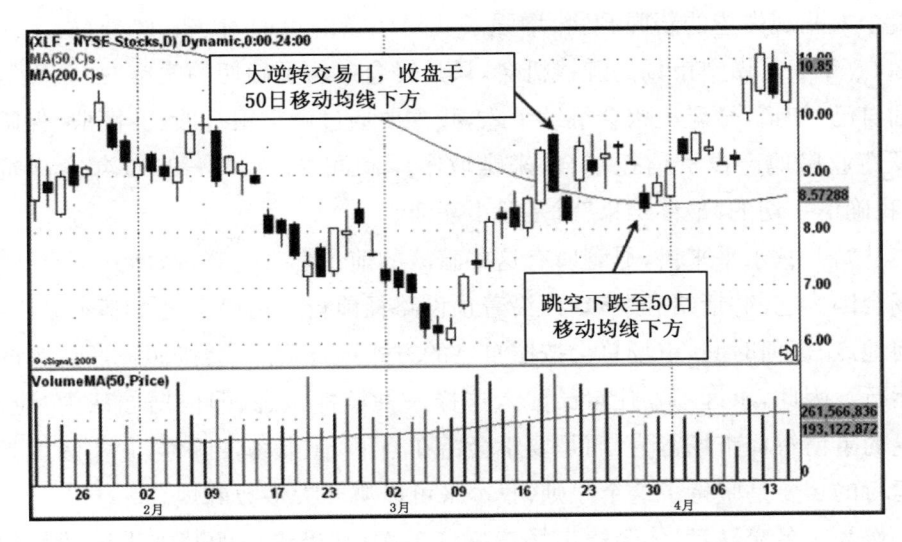

eSignal 公司供图，版权 2010。

图 4.17　2009 年 3 月财经精选板块 SPDR（XLF）日线

有人说，森蜱在树枝之间不眠不休地守候，当动物在下面经过时，动物气味触发森蜱的反应，于是它掉落下来，可能会掉到目标动物身上，之后进入毫无戒备的宿主身体，从宿主身上获得温暖美味的鲜肉。如果碰巧动物在森蜱掉落并到达其身上之前经过，森蜱反而会落在地面，比如说落到了一大块岩石上，它会试图"钻"进岩石，直至自杀身亡，从字面意义上说，它把自己研磨进岩石。现在，我把这称为交易者"森蜱综合征"：当他坚持钻进岩石时，在本质上是继续执行遭受市场惩罚的策略或交易。当心"森蜱综合征"，我把它定义为，你发现自己停止了两次或更多相同交易时所发生的一种情况。2009 年 3 月，我的所作所为完全背离了自己应对市场"波动"的正常方法，其实，我是在和市场"斗争"，这标志着我走错了方向。今天，我不时地问自己一个关键问题：我是顺应市场还是与市场斗争？答案通常会有助于自己回归正确道路。在我的前期分析中，很明显，我所犯的错误主要是源于心理问题，我自认为了解并担忧全球金融系统动荡即将引发危机，而且一系列事件和状况都让我对此产生了心理依赖，2008 年 3 月的事件，使我心理上感到忧虑与不安，刺激了我日益关注金融机构的"诚信"问题，进而使自己深入研究形势"基本面"，此时此刻，只有在一些大型货币中心银行开始倒闭时，我才能确信所有一切都将结束。我开始订阅和阅读大量令人悲观失望的新闻刊物,增强了我对市场的负面看法。此外,由于错失了 2008 年 9 月做空市场的赚钱机会,只是轻仓参与了确切的卖空"甜蜜点",考虑到自己"知道"金融机构会继续下跌,我主要通过做空银行股、券商股、保险股以及商业房地产投资信托基金,来赚取丰厚利润,在 2008—2009 年金融危机中,我确信一切的"最终结果"就是股市崩溃。

从"智力"水平来讲,尽管所有这些暗淡的前景都言之有理,但并不意味着,市场会因为它的"情绪和逻辑"而沿着预设路径前行。请谨记这个基本原则:在任何地点、任何时间,市场总会按照自己的方式运行,并不会按照你所认为的路径运行。因此,永远不要让自己陷入这样一种精神状态,即根据你认为"应该"发生的事情解释市场行为,而是要学会留在当下,让市场告诉你,它实际上是如何运行的。要是坚持了这个原则,我本来可以避开大多数麻烦。

作为一名交易者,你会被市场迷惑许多次;它愚弄你的基本手法就是把你领进一个不熟悉的,或者是充斥着其他外部因素的环境。这种情况发生时,你最容易受到影响,从而背离正常规则,大多投资失误的根源,正是这种简单的、通常是微小的偏差。如果你发现自己身处这种情形,市场对你没有任何帮助,最好的办法就是毫不犹豫地退出,等待市场回归到你能够理解的状态。记得随时问自己一个问题:是市场在让我超出自己正常的方法来操作吗?如果是,这可能是在告诉你,现在是一个退出市场的良机,关于这种做法,利维摩尔自己承认,他有很多次没能做到,坚持"始终对市场保持兴趣"。如果不能果断地退出市场,等待确定趋势形成,那么代价可能会极其昂贵。

对我来说,经历过 2009 年 3 月的大溃败,最大的教训之一就是,和利维摩尔一样,我并不总是身处市场中,也没有保持"任何时候都有兴趣"。但是,我养成了在市场中总要"做些事情"的习惯,2005 年以来,一直在公共场合为私人、高净值投资者运营资金,这与在威廉·欧奈尔公司的"蚕茧"中管理资金有着很大区别,在公司里我做得很好。公共领域,尤其是对冲基金领域,过分强调"每月业绩",令人觉得可笑。在欧奈尔这里,从来不用考虑该因素,大多数情况下,自我封闭起来,独自管理内部账户上那一部分资金,这与利维摩尔派独立交易的思想极为一致。比尔·欧奈尔每年可能会有一两次漫步到你的办公室,通常情况下,只是为了查看失误,尤其是如果你处于交易萧条之际,他对帮助你"走出困境"极有兴趣。然而,在公共领域,一些投资者不断地打电话,一遍又一遍地询问:"我们如何做呢?"就像在荷马车后面的巴特(Bart)与丽莎·辛普森(Lisa Simpson)一样,不停地鹦鹉学舌:"我们到了没?我们到了没?"人们试图不断地监督你,想知道在市场每一个迂回曲折时"我们如何操作",随之,这开始影响我们的心理,人的心理极为脆弱,尤其是对欧奈尔风格投资来讲,更是如此。特别是容易过激的客户,能够影响人的心理,正在阅读本书的专业投资组合经理可能会明白我在说什么。对我来说,这使我在过长时间段内持续交易,一段时期内我本应该无为,而不是为了实现客户不现实的期望而"有所作为",他们过于强调短线、月度业绩表现。今天,我采用艾德·塞柯塔(Ed Seykota)的策略,他只允许其投资者每年给他打一个电话——要是超过一个电话,就把资金返还给投资者。没有什么比激动和情绪化的客户,更能分散或损害人的脆弱心理了——艾德·塞柯塔比任何人都更懂得这一点。因此,不是用舒缓的意见来平复他们的情绪,他只是通过消除客户干扰,来完全摆脱注意力分散。我把这称为塞柯塔准则,现在,我坚持使用它。

2008年9—10月和2009年3月,我所学到的另一个"主要"教训是,2008年9—10月,我错误地对自己的做空投资方法丧失了信心。相反,我没有承认一条重要的做空原则,即在市场下跌到恰当阶段实施时,该做空方法运行极为良好,但是在熊市的特定阶段则会失效。2008年9—10月,我觉得"本可以做空赚到"钱,因此,"森蚺综合征"使我试图在2009年3月通过做空赚钱。遗憾的是,我愚不可及,没有认识到2009年3月并不是2008年9—10月,因为,市场在熊市下降途中,处于大相径庭的阶段,2009年3月,实际上正在接近全面恐慌的低点。

许多学者给出了数百个原因,告诉你为什么不能做,或者为什么某些策略或方法不起作用。如果置身于这些人中间,你甚至永远不再尝试那些唯恐失败的事情。个人观点认为,在谈及自己的投资思想时,最好是限制外来因素的影响,无论是对当前市场的看法,还是感知特定股票的机会,抑或是与自己的投资方法相关,均要尽量避免。如果你选择和其他投资者交流或者保持一致,那么与志同道合的投资者一起时,他们会强化你的投资"认识论",但是,大多数情况下,要尽量独立交易。

杰西·利维摩尔宁愿把自己关在特定的交易办公室,避免出现被打扰的可能性。在威廉·欧奈尔公司,我们经常开玩笑说,我们应该在一个封闭的办公室内进行所有交易,可以把所有外部影响"隔离"开来,仅允许图表书籍从门下塞进来,还有允许一日"三餐"(食物)送进来。我在欧奈尔公司办公室墙上安装一台电视机,每当比尔·欧奈尔走进来,看到我在看一个重要财经频道时,他说的第一件事情就是,"把那东西关掉"。理查德·威科夫写道:"当你理解股市科学时,你不再会关注早报上重要事态的进展。"我相信,这是所有交易者和投资者都应该努力做到的准则,我认为,该准则并没有受到足够重视。要避免受新闻报纸、有线财经电视、专家和评论家的影响,因为它们在追求轰动效应的题材,而有关你所需要知道的一切,市场总会告诉你。许多投资者关注自己在重大新闻公告之前的"仓位",诸如劳工统计局的月度就业报告。在我看来,不必让新闻事件来影响你投资组合的"仓位",因为在这一刻,所有市场信息已经基于市场的真实运转情况,给予了恰当反映,对于那些还没有发生的新闻事件,不要无端猜测市场可能会如何运转,这是毫无意义的。表面上看,这是一种愚蠢的投资方式,但是我在2009年3月的确就是这样做的,我已经明白,受到令人极为反感的因素影响,才导致了这一切的发生。作为一名交易者,我们必须始终客观,关注市场实时向我们反映的情况,其最佳途径是自检,跳出自我,核查所有交易动机。根据自己的方法和系统,在心中给出交易的正当理由,无论是恐惧还是喜悦,而不能根据你认为可能发生的情景或当前的感觉行事。让每一项交易符合投资方法规定的标准,如果不符合,就禁止交易!关注交易标准以及市场形势,在交易中,会减轻压力,压力来自试图预测,而不是跟随市场和个股波动的交易方式。

为准确起见,应该提到,2009年3月,我管理的两只基金中,仅有一只出现了重大损失,另一只进取性较低的基金,并没有受到错误的伤害,在很大程度上,它和第一只更积极管理的基金是隔离的。2008年,市场大幅下跌,这两只基金都是上涨的,这不只是因为在2008年年末即将出现的一些线索,抑或是持续模糊的图表形态。在我职业生涯中,自己积极管理的投资组合曾有几个时期下跌接近50%,但是,根据我的长期追踪记录,这种下跌最终会随着时间的推移被弥补掉,有时快,有时不那么快。

当牛市基部突破失败时,口袋支点出现:克瑞斯·卡彻

2000—2009年,新世纪前十年,交易者和投资者面临诸多新挑战。20世纪80年代和90年代,虽然美国主要股指呈现出偏好急剧上升和迅速下降趋势,但在2003年以后,它们的特点发生了变化。2004年1月至2006年,美国市场在一个平淡、横盘略微向上、变化无常、艰难爬升的市场中运行。图4.18显示了这个勉强算得上牛市的磨人本性。

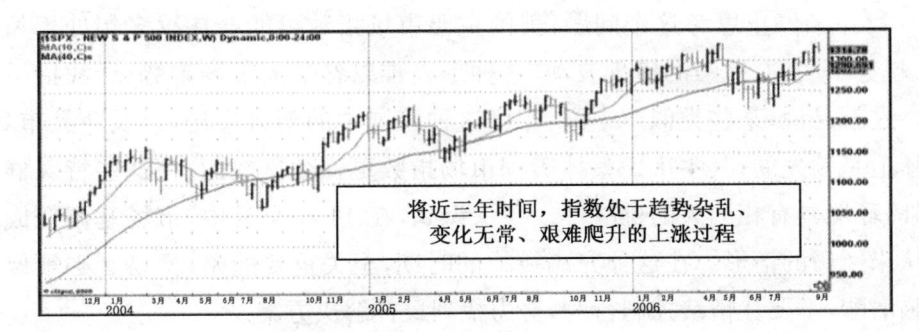

[图表：标普500周线图,图中文字框："将近三年时间,指数处于趋势杂乱、变化无常、艰难爬升的上涨过程"]

eSignal 公司供图,版权 2010。

图 4.18　标准普尔 500 周线——将近三年的艰难岁月

在这样的环境下,通常很难获得长线优势,因此,2005 年,我开始探索其他交易方法。我的研究得出一些有价值的结论,诞生了口袋支点的概念,在本书第五章,我们会更详细地讨论该概念。自 1992 年以来,我避开了每一次大幅下跌,甚至包括 2000—2002 年纳斯达克熊市(如图 4.19 所示),充分利用市场上涨,取得成功交易 14 年后,在潜意识中,我开始认为,无论是上涨还是下跌,市场总是存在趋势。

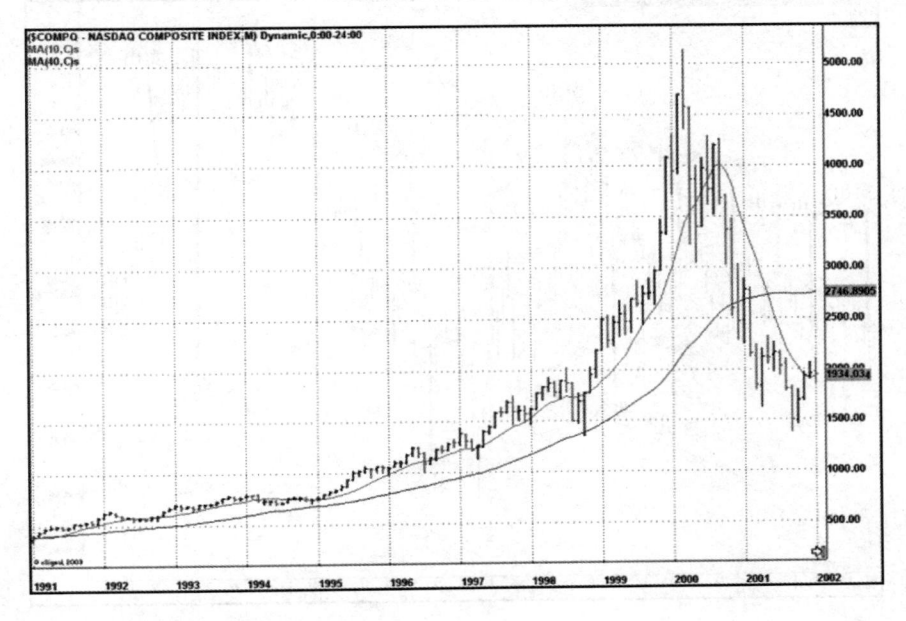

[图表：1991—2002 年纳斯达克指数月线图]

eSignal 公司供图,版权 2010。

注:20 世纪 90 年代的大部分时间,整个市场处于平稳的、抛物线式上行趋势之中。

图 4.19　1991—2002 年纳斯达克指数月线

我并未停止思考这个问题，美国主要市场指数可能会持续多年处于长期的、趋势不明的、勉强的横盘波动，这种令人难以忍受的市场走势，让我措手不及。这就是说，某些类似于中国、印度这种发展中的新兴市场，以及商品市场，总体上是领先的，其牛市比整体美国市场指数更强劲。然而，在这些特殊群体之外，环境具有相当大的挑战性。我认识到，在 14 年交易中，市场基调变成了我从未经历的情形。在这种充满挑战的时期，至关重要的是，交易者必须保持头脑清醒，不要让情绪控制行为，努力找到最佳解决方案。

2005 年年中，我发现的口袋支点买入点，帮我扭转了 2005 年业绩，让我把 2005 年变成了成功的一年。2006 年，配备口袋支点这件武器，我取得三位数的回报，超过 100%。然而，2007 年出现了新挑战。在当年大部分时间内，主要市场指数的量价行为误导了我，这是一种极其罕见的情形。那一年，市场择时模型取得了负回报，这是该模型在 35 年里唯一一次负回报。2007 年，择时模型出现了大量错误信号（如图 4.20 所示）。事实证明，模型产生出这么多错误信号是一个明显的暗示，2007 年的确是极不寻常的一年。

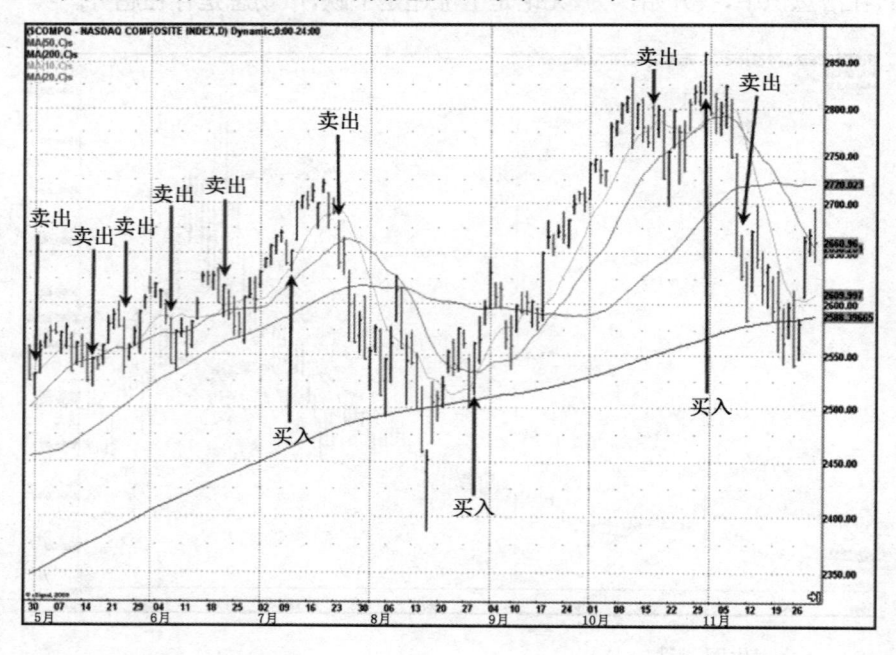

eSignal 公司供图，版权 2010。

注：2007 年择时模型出现的信号中有很多是错误信号。

图 4.20　2007 年 5—11 月纳斯达克指数日线

在35年中,虽然除1993年以外,2007年是择时模型唯一录得负收益的年份,但是该模型的异常行为,有益于照亮这个黑暗危险的交易时期。大量抛盘日(Distribution Day)自然会导致择时模型发出抛售信号。然而,这些抛售信号,不是导致市场下跌,而是导致顽固、持续艰难的市场上涨,回顾过去几十年市场的量价表现,这是第一次保持如此长的时间。抓住2007年年底出现的机会窗口,充分利用口袋支点,到2007年8月,我扭转了交易账户中出现的损失,尽管当年择时模型的准确度下降,但是最终年内收益仍上涨30.6%。

过度交易:克瑞斯·卡彻

在任何环境下,我总是让股票最终决定,到底接受什么程度的市场风险,2007年,我在恰当的口袋支点,买入了最强势的股票,2007年9—10月,短暂的机会窗口明确打开,坚持重仓投资,最终取得了稳定回报。在这段窗口明确打开的时期,择时模型发出了买入信号,与以往相比,强势优质股票更多地触及恰当买入点,要是我仅仅在这一段时期内投资,就会控制市场风险,并保有更多利润。

有人可能会问,如何知道窗口是真正开放,还是仅仅部分开放。答案就是经验。交易者每天看盘操作,会对市场产生一种感觉。经过一段漫长的时间,在优质股开始触及口袋支点时,就会形成一种敏感性,有助于判断其是口袋支点,或是突破点。例如,2006年8月,市场指数反转,开始回升。2006年8月下旬,许多基本面强劲的股票,开始进入买入清单。自2005年10月开始,第一次随处可见具有建设性的口袋支点。我开始买入最好的股票,短短几天时间,我使用了全额保证金。当这种情况发生时,牛市开始启动,其他时间如下,括号中是机会窗口长度:2003年4月(6个月)、2004年10月(3个月)、2005年10月(2个月)、2006年8月(3个月)、2007年9月(2个月)、2008年3月(1个月)(如图4.21所示)。

自2005年起,在每一个机遇窗口,我都能相当迅速地使用保证金,更加充分地利用牛市,具有代表性的牛市会持续3个月或者更短时间,相对于20世纪80年代或90年代,这个周期比较短,其中一个很大的原因在于,这十年是更具挑战性的十年。我相信,对任何交易者来说,无论是新手还是经验丰富的专业人士,过度交易都是一个严峻挑战。这往往太过诱人,以致让先前的市场成功蒙蔽了一个人的判断力。当他们只是对了一半时,在市场上动辄进行交易,就会带来损失,尤其是在21世纪第一个艰难的十年之中,更是如此。

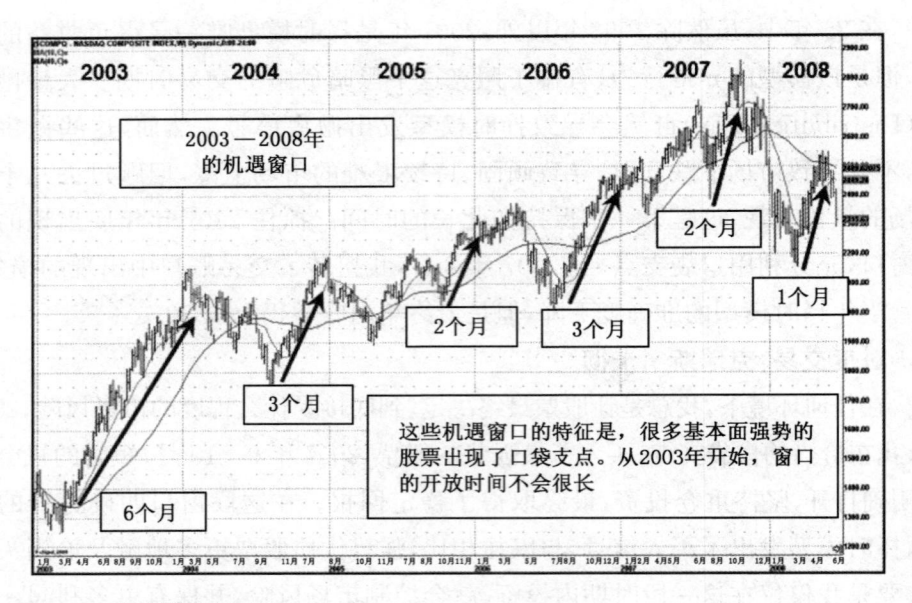

图 4.21 2003—2008 年纳斯达克指数周线

问题、情景与解决方案

过去 20 年,我一直都在交易。尽管交易者都知道,不要犯下跌时逢低摊平的低级错误,但是,为何交易者会偏离轨道,在市场中多年冒险后,我们深入审视了那些常常忽视且意想不到的原因。这些经历不是没有"学费"的,作为学习代价,我们更好地理解了它。我们已经犯下一些错误,市场不断地索取学费,甚至在市场成功交易多年以后,依然难免犯错误,这些错误导致的亏损,可以看作"学位后"学费!

下面内容是一个大杂烩,既有我们的错误,也有我们看到其他交易者所犯的一些错误。我先提出问题,提供一个情景案例,然后讨论解决方案。

交易策略失效

问题:交易策略已经好几个月没有正常发挥作用了,这考验着你的耐心。你开始质疑策略,要么做出一些改变——长远看来,这会对策略造成伤害,要么完全抛弃它。

情景:2004 年与 2005 年,基部突破策略失效了。这是过去一直有效的策略,也就是说,牛市期间,在基部突破时,买入最好的股票,然后在市场调整期间变现,不再和之前一样奏效了。我的业务伙伴是一名拥有多年经验,并在投资领域非常杰出的交易者,他相信,从现在起,基部突破不再起作用,因为市场发生了根本性改变。

解决方案:我只是简单地相信一点,基部突破策略的基础是人性,只要人性没有改变,市场总会表现出相似行为。马克·吐温曾经说过,"历史从来不重复自己,只是看似相同"。因此,知道了这一点,我并不打算放弃自己的策略,而是寻找一种对付市场的方法,这与它们在 20 世纪 90 年代的表现,有着巨大差异。因而,口袋支点诞生了。这就是说,基部突破策略仍然完全有效,但是,相对于 2004—2007 年这个更加"嘈杂"、横盘的市场,在一个具有明确上升趋势的市场中,通常会更加有效。在这段时期内,"口袋支点"买入点,有助于我们早期建仓;反过来,在市场应有的短暂且正常的回调中,这给予我更多缓冲空间。在第六章,将更为详细地讨论口袋支点。

个人挫折影响交易

问题:你所受到的个人挫折与市场无关,尽管你的注意力被挫折暂时转移,但是仍要继续交易。

情景:心爱的人去世或你得到一些可怕的消息。

解决方案:无论是你重要的另一半,还是亲密的家庭成员或朋友死亡或分手,抑或是生活中必然遇到的陷阱、失败或者个人悲剧,作为一名交易者,当这种事情出现时,应该远离交易,以便于保持平稳心态,更好地处理这些事情。在两本撰写关于杰西·利维摩尔的传记中,保罗·萨诺夫(Paul Sarnoff)写的《杰西·利维摩尔投机之王》(*Jesse Livermore Speculator King*)以及理查德·斯密腾写的《杰西·利维摩尔的传奇人生》(*The Amazing Life of Jesse Livermore*),都曾提到那段时期,尽管杰西.利维摩尔不得不与他儿子小杰西的死亡威胁做抗争,还有不幸婚姻带来极为糟糕的余波,他却继续交易。20 世纪 30 年代早期,他做空市场,最终向市场归还了约 1 亿美元,相当于今天的数十亿美元,20 世纪 30 年代后期,变得一贫如洗。在他个人生活一团糟的时候,要是他坚持自己的观点,不去交易,就会保留大部分财富,而不是再次破产(如图 4.22 所示)。

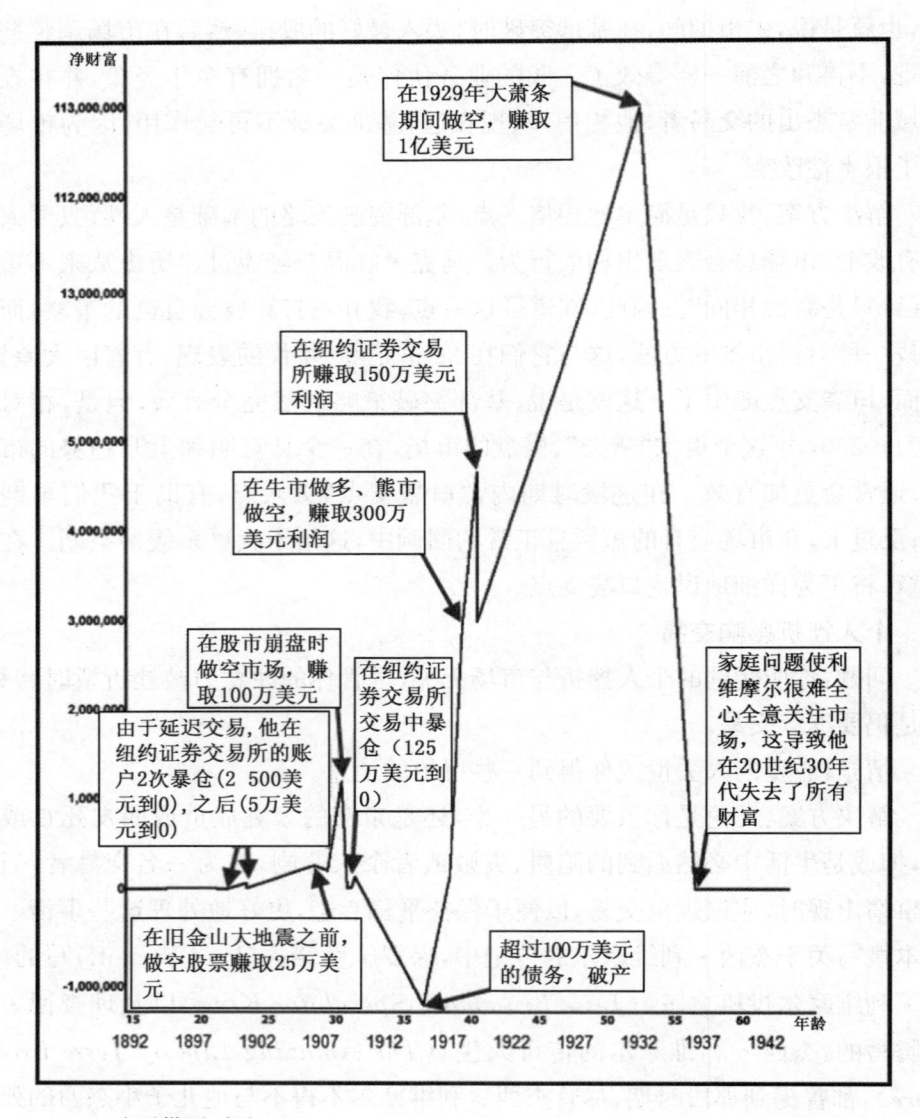

eSignal 公司供图,版权 2010。

图 4.22 利维摩尔在其交易生涯中的"资金曲线"

新交易策略影响交易

问题:新交易策略听起来很诱人,值得尝试,一些著名投资人已经用这种策略取得了成功。如果你决定将这一新发现的知识纳入自己的交易策略,那么你正在冒险:一方面这会削弱你对自己策略的关注,它曾给你带来巨大的成功;另一方面，新修正策略与你交易的特性可能不协调。成功交易者知道，策略必须始终与其交易特性相吻合。例如，策略中的风险/回报特性，必须始终与交易者个人的承受能力保持一致。否则，当它与预想的波动出现背离时，你可能会仓促地抛售仓位，或许更糟的是，如果它突然下挫，远远超出你的心理止损警示点，你可能会在太长时间内持有波动巨大的仓位，因此让你掉入心理陷阱。现在，你处于这样的境地，你希望股票头寸上涨到更高水平，以便在抛售之前能挽回部分损失，这就是一种危险的心理陷阱。

那些特别容易受到这种问题伤害的人，可能经历过一段疲弱期，因为特定市场周期与他们的策略并不能很好匹配，例如，突变的、没有趋势的周期，会把趋势跟踪者搞糊涂。

情景：这是潜在的危险，因为新策略可能仅在短期内有效，也可能并不适合你的交易个性。

解决方案：如果将一项新策略加入了你的已有策略，你应该确保把它放到恰当的情景中。让自己回答如下问题：

（1）因为市场变化只是暂时的，所以这种策略也只是暂时有效吗？

（2）这种策略能不能很好地融入现有策略，使得它仍适合自己的交易个性、心理、风险/回报情况，等等？

（3）如果我把它纳入自己的策略，最终策略在几个月后不能正常发挥作用，问题是由于这种新策略的使用吗？或者是说，问题是市场在一些基本方式上再次发生了变化吗？

曾有几次，市场变化仅仅是暂时的，它持续的时间，也足以让许多投资者调整策略。最好的投资能够把这种变化容纳到自己的策略中，之后，在市场恢复到正常状态时，剔除这种修正因素。遇到麻烦的投资者没有注意到市场已经回归常态，因此，由于他们对自己的策略做了一些改变，当他们的策略逊于大盘时，他们会遭受到许多挫折。一些人最终全盘放弃了自己的策略，认为市场已经永久性地发生了改变。例如，过去30年间，有几个时期，趋势跟随策略被宣布无效了。然而，有着25年以上优良业绩的最佳交易者，如比尔·邓恩和约翰·亨利（参见迈克尔·卡沃尔在《趋势跟踪》中对他们的采访）证明，坚持始终如一的趋势跟随策略，战绩辉煌。这些极少数的交易者持续按自己的策略交易，甚至在市场没有趋势的困难时期，也没有放弃，绝不屈从于"这次有所不同"的观点。

相信这次有所不同的观点也已让交易者付出了大量金钱代价。以趋势跟随策略为例,过去几十年间,许多叫嚣趋势跟随已经失效的声音,让很多人远离了趋势跟随,由于市场总会回归到其趋势本质,因此这种说法严重受挫。虽然2004—2007年相当平淡,缺乏强劲趋势,但在这充满挑战性的几年,当少数几个趋势机会窗口打开时,投资仍可以有利可图。1974年以来,择时模型平均年获利超过33%,由于2004—2007年缺乏强劲趋势,平均获利比之前少了一半。也就是说,在这期间,简单地买空或做空QQQQ,仍然可以赚钱,QQQQ是一种交易所交易基金,代表纳斯达克100指数。依据上一节讨论的过度交易,当市场形成趋势,在机会窗口明确打开时,关注基本面及技术面上强势的股票,就可以获得额外收益。

无论如何,像邓恩和亨利这样的最佳趋势跟随者,在最困难的无趋势时期,可能会损失其账户资金的50%以上,他们的账户审计表明,其降幅超过50%,然而,当市场再次开始形成趋势,他们得到的远比弥补这些损失要多,从而,在任何特定的市场周期内,他们都能很好地跑赢大市。也就是说,难怪多数交易者会放弃趋势跟随策略,承受50%的账户下跌,坚持不放弃或不改变策略,这需要对自己的交易策略有着巨大的耐心和信心。

当然,有些时候,市场在某些特定方面会出现合乎逻辑的改变。投资决策要留意这一点,并做出相应改变,以确保最佳回报。投资者应该至少每周关注市场上的这些变化。例如,20世纪90年代后期,随着互联网革命的开始,强调股票收益、忽视没有收益股票的衡量指标,发生了改变。一些成功的网络股没有盈利,却有着暴涨的销售额。在20世纪90年代末的部分或全部牛市中,这些股票往往有着巨大涨幅,其中包括知名股票,如亚马逊(股票代码:AMZN)和易贝(股票代码:EBAY)。利用这些新改变的投资者,获得丰厚收益。

我记得曾向比尔·欧奈尔提及我的发现,他极为重视。最后,他调整了自己的规则,来匹配那些没有收益的股票,但是,这种调整并不是马上进行的。20世纪60年代以来,他一直把投资限定在收益丰厚的股票上,因为这类股票是他在市场上取得巨大成功的基石。经验甚至会对最好的投资者产生不利影响,欧奈尔值得被高度赞扬的是,他终于调整了自己的策略,允许其内部投资组合经理投资这类没有收益的股票,尽管他自己仍然只投资有盈利的股票。

市场噪声影响交易

问题:你容易陷入噪声干扰。现在,提供给普通投资者的财经信息,比以往任何时候都多。互联网上成千上万的财经网站、财经电视频道(如 CNBC),当然,还有新闻媒体的其他形式,全都充当潜在的扬声器,分散你的注意力。那些有着良好声誉的公认专家,纷纷表达他们的观点,这会把一些人的仓位吓出来。新闻事件的大标题也是不稳定的。

情景:我记得在 1999 年 1 月 13 日,报道称,一夜间,巴西货币突然贬值。这引起业界猜测,南美将会发生货币危机,有可能与 1997 年亚洲货币危机的规模相当,严重打击了美国及全球市场。如图 4.23 所示,1999 年 1 月 13 日,纳斯达克指数低开 115 点,或 5.0%。我利用一切可用资金,投资仓位达 200%,我必须抓住这个始于 1998 年 10 月的上升趋势。

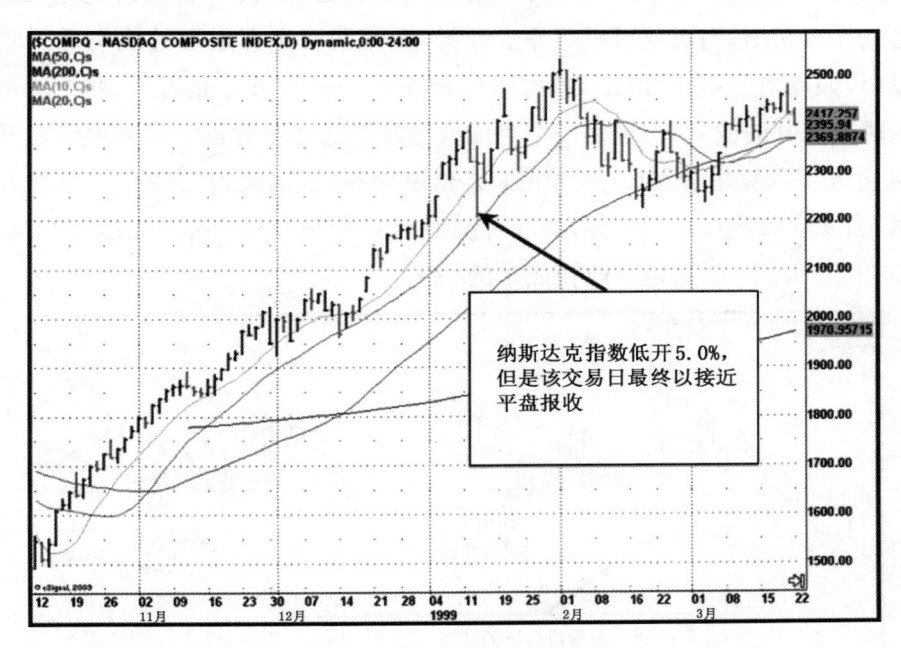

eSignal 公司供图,版权 2010。

注:巴西倾向贬值加深了市场对另一场货币危机近在眼前的担忧。纳斯达克指数低开 5.0%,但是该交易日最终以接近平盘报收。

图 4.23　1998 年 10 月—1999 年 3 月纳斯达克指数日线

那天早晨,在开盘前不久,我有点心怀忐忑,即将看到投资组合所遭受的损失。我的头寸由高阿尔法股票组成,其波动幅度往往是大盘指数的两倍到三倍,因此,在开盘时,投资组合一定会遭受到下跌行情。股市开盘,尽管受到合理抛售头寸的诱惑,但我决定等待,看看主要股指是否会在开盘跳空低开后放量下跌。这会确认该消息的严重性。如果巴西货币贬值,导致南美危机,市场大幅跳空下跌后,放巨量走低,我就会决定,抛售所有低于开盘低点的头寸。当我们在威廉·欧奈尔公司共事时,每天开盘之前,吉尔·莫拉雷斯和我经常碰头商议,因此,我给他打电话讨论这种情形。他很快回答道:"我认为……我们买入!"他并不像我一样,有大量投资,因此,从他的角度来看,这是一个增加长期风险敞口的潜在机会。幸运的是,市场在当天低点开盘,开始大幅反弹。我对自己头寸中的两只股票有点害怕,因为我正在为减少股市风险寻找各种借口,为了紧紧抓住一切机会,我采用的是 200% 的保证金。最后,我保留了 1.6 倍的投资。我的投资组合当天仅下跌了几个百分点,而不是下跌超过 20%。要是我没有卖出,当天就可以收平。此外,要是我在毫无道理的跳空低开时买入股票,如克里公司(CREE),就可以当天盈利。虽然,正常情况下,我绝对不会买入跳空低开的股票,但这是一个恐慌战胜理智的特殊背景。我本可以在开盘 35.4 美元买入克里公司股票,如果它走低就抛掉,否则就当天持有。如图 4.24 所示,当天它收盘在 47.56 美元,或者说当天上涨 34.4%。甚至在活跃的、动荡的 20 世纪 90 年代,这也是收获颇丰的一天。

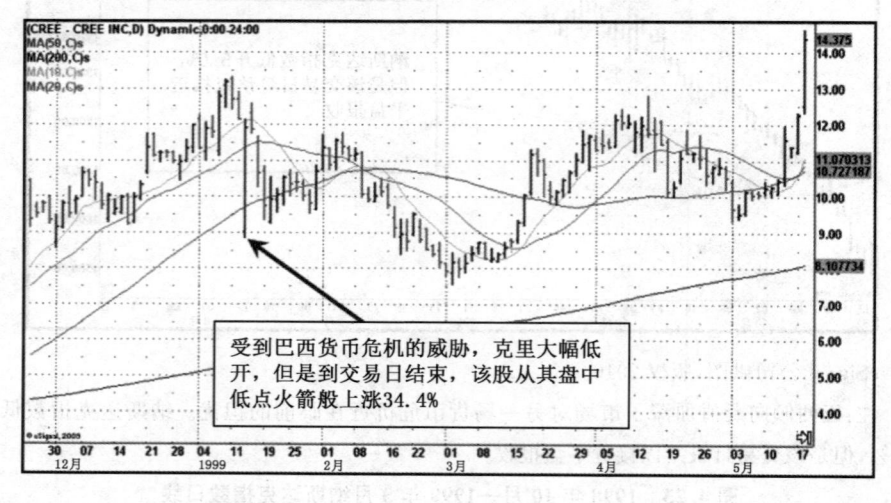

eSignal 公司供图,版权 2010。

注:克里在该交易日自开盘价上涨 34.4%。

图 4.24　1998 年 10 月—1999 年 3 月克里公司(CREE)日线

解决方案：最佳方案始终是追逐财富而不是消息。消息可以把获利筹码吓出（如图 4.25 所示），追逐财富意味着，重视股票的量价行为，它可以揭示大户、机构资金在买入，还是卖出。虽然可以根据技术以及基本面因素购买股票，如公司新闻、收益、销售额和净资产收益率，但是应该完全基于技术因素卖出，避免落入消息陷阱。正如你所看到的，让一个人脱离有效关注的方法，是很容易的。

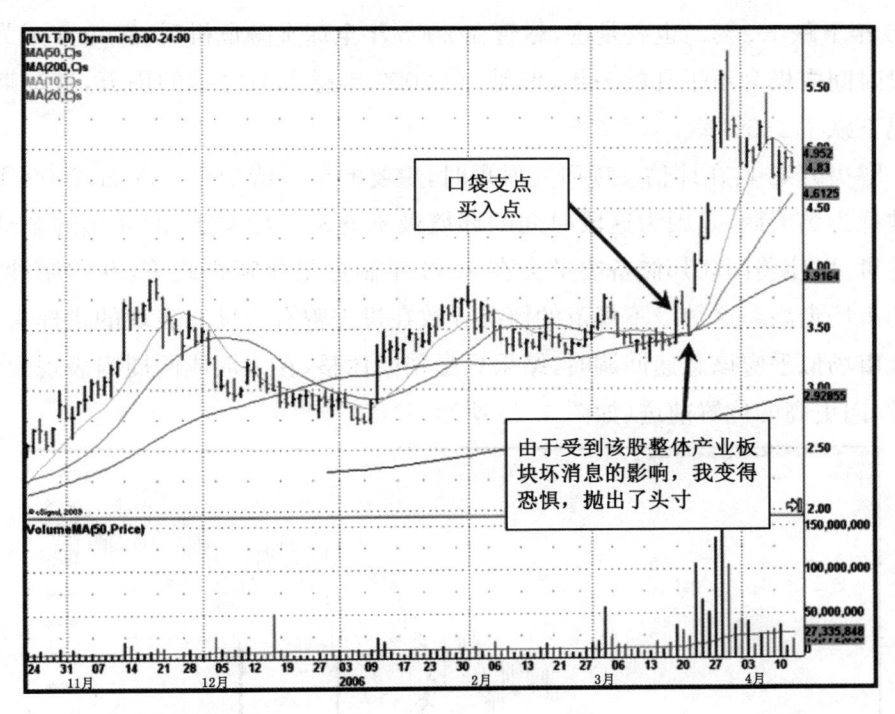

eSignal 公司供图，版权 2010。

注：LVLT 在我卖出它的那个交易日火箭般大涨。

图 4.25　2005 年 12 月—2006 年 4 月 Level 3 通信公司（LVLT）日线

存在缺陷的研究技术产生错误结论

问题：交易者用来完善自己策略的研究技术存在缺陷，在关于他们如何才能改善现存策略这一问题上，会产生错误结论。他们最终改变策略，但是，当修改不能提升其业绩表现，或者表现更糟，妨碍了业绩发展时，他们寻求提升业绩的答案，再次修订策略，但是进一步修订，会使结果变得更糟。

情景 1：一个常见错误是，仅仅因为某件事情，在相当长的一段时间内，如

25年,是真实适用的,就假定其无限期适用。用一个简单例子来说明,在2009年感恩节期间,有人说,感恩节之后的周五,市场通常是低量上涨,即使下跌也只是微跌,典型跌幅在0~0.5%。尽管回溯25年,甚至是50年,这的确是真实适用的,但在不同时代,并不一定是正确的,如大萧条时期。20世纪30年代,道琼斯工业指数在感恩节后的周五下跌5%,超过了以往的10倍:1939年下跌1.24%、1935年下跌0.73%、1932年下跌1.16%、1931年大跌2.76%以及1930年下跌1.2%。也就是说,尽管在2008年全球金融危机后,2009年成为这一段时间内极为不平凡的一年,但是,在2009年感恩节之后的周五,道琼斯指数仍下跌了1.5%。

解决方案1:在评估一项研究发现时,重要的是看清全局。例如,2009年通常被称为黑天鹅,是因为这段时间的环境极不寻常。始发于2008年的全球市场危机,促使美国联邦储备委员会在2009年制定量化宽松政策,并印制钞票,推动市场走高。这种极不规范的情况导致在过去曾有着良好表现的指标失效。每次市场似乎应该急速回调时,结果只是稍微休整,在一周或两周内表现疲软,之后,向更高的位置前进(如图4.26所示)。

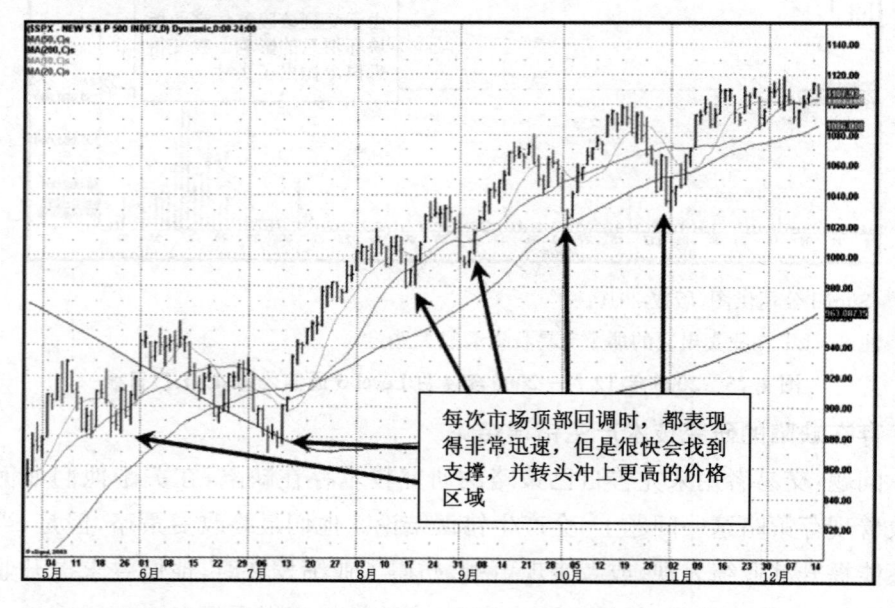

eSignal 公司供图,版权 2010。

图 4.26　2009 年 5—12 月标准普尔 500 指数日线

研究股市时，所有发现必须考虑黑天鹅环境的可能性。也就是说，研究是创建有效交易策略的基石。交易者绝不能仅依据他们所学过的知识，即使他们确信这个想法是合理的，也必须彻底测试该想法，证实它在过去是有效的，并且在未来继续有效。这样一来，你不仅在理智上，而且在感情上，知道该想法是健康的。然后，在它因暂时失败，而导致主观上认为其失效时，你也不太可能放弃它。对大市而言，虽然感恩节后的周五，往往会是积极上涨日，但是 20 世纪 30 年代，就是一个不寻常的时期，就像 2009 年是非同寻常的年度一样。把研究发现放到宏观大背景下考量是必不可少的。

情景 2：关于创建择时模型，它通过投资反映大盘指数，如标准普尔 500 或纳斯达克指数的 ETF 基金，尝试为做多、做空或中立股市，选择时机，最为重要的是，择时模型的组成得到了恰当界定。例如，即使模型有着完整的系统性，具备一套适用且界定清晰的规则，你也可能会发现，它不是一个黑箱，并不是可编程的计算机。类推法可给予它最好的解释。在我与威廉·欧奈尔一起工作的几年里，他对基部内在性质具有不可思议的阐释能力。我把这归功于，他数十年分析图表的经验。例如，优秀的基部、良好的基部、不重要的基部，以及所有介于其间的、不同重要等级的基部，它们之间的差异取决于环境，如果存在可能，用编程的计算机"发现"其细微的差异，会是极大挑战。欧奈尔估量基部"性质"的能力，源自他几十年来分析数以百万计图表的经验。

对威廉·欧奈尔 CAN SLIM 模型的"M"而言，已经做出了错误结论，即在追盘日发出买入信号，而在抛盘日聚集之时发出卖出信号。例如，据统计，我们发现，追盘日成功率已经很低，因此，不再有效了。尽管追盘日成功率确实很低，但是有很多方法可以通过调整参数，来大大提高其成功率，如阈值水平，主要股指必须当日上涨，才符合追盘日条件。该阈值水平应该根据过去交易日最后一个"X"的平均真实波动幅度调整，这取决于投资者对择时模型表现的敏感程度。平均真实波动范围是测量波幅的。高度灵敏的模型会迅速对大盘平均真实波动范围的改变做出反应。优点是，会较快地捕捉这些变化。缺点是，可能会捕捉到较多的错误信号。灵敏度不高的模型，对平均真实波动范围变化反应慢。优点是，捕捉到的错误信号较少。缺点是，对平均真实波动范围的变化反应慢，从而产生负面效果，影响盈利能力。

除了调整阈值水平，还一定要制定何时计数必须重置的明确规则。例如，

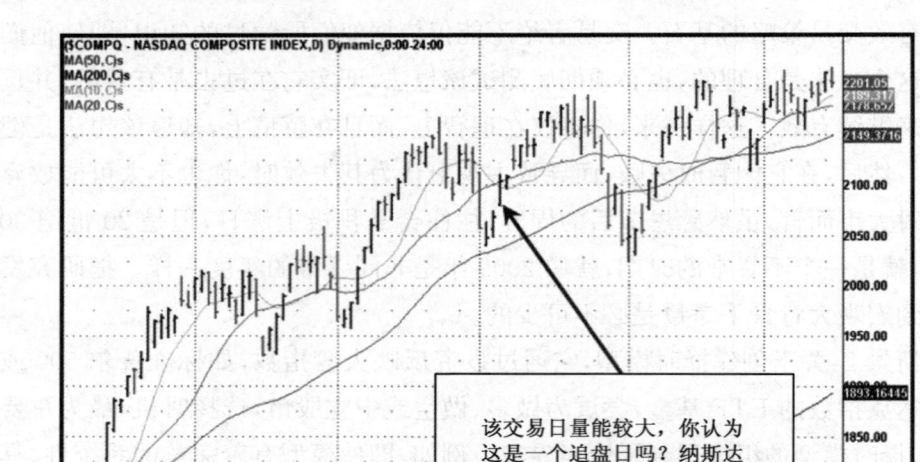

图 4.27 中,你的规则会把 2009 年 10 月 6 日当作一个追盘日吗?

该交易日量能较大,你认为这是一个追盘日吗?纳斯达克指数自其 9 月末顶点仅下跌了 5.9%,你会因此而重新计数吗?

eSignal 公司供图,版权 2010。

图 4.27　2009 年 9—12 月道琼斯工业指数日线

9 月 23 日,纳斯达克指数自峰值仅回调了 5.9%。如果把规则定义为,只要纳斯达克综合指数回调超过 5%,就必须重置计数,那么,假设你使用的规则是追盘日必须出现在第 4 天以后,10 月 6 日就不是追盘日。当然,你也能创建一个时间限制,标明在市场开始反弹后,追盘日必须不迟于"X"天出现。除了之前已讨论的内容,在无限调整追盘日预测值时,还要考虑其他变量。

解决方案 2:在尝试用模型选择市场时机时,清晰地界定参数非常重要。模糊的界定只会造成混乱和误解。同样重要的是,考虑可用于提高信号预测值的其他变量。

情景 2 续:就抛盘日而言,最终可能会得出,关于抛盘日卖出信号的限制性结论。互联网上发表的一个案例中,抛盘日被赋予了一些看似合理的条件,但是经过深入研究,发现这些条件过于苛刻。这导致关于抛盘日的限制性结论。在这个例子中,我使用了在 quantiableedges. blogspot. com/2009/08/distribu-tion-days-quantied. html 上找到的参数。

假设条件如下:

(1)既然我们在寻找顶点,因此标准普尔指数要收于 200 日移动均线上方。

(2)过去 12 天,标准普尔指数收盘在 200 日移动均线上方 1%之内时,将确认我们在接近顶部。

(3)过去的 12 天内,至少有 4 个抛盘日。

例如,现在使用上述三个条件,过去 12 个交易日内出现第 4 个抛盘日,如果它在 200 日移动均线上方,并且在过去 12 天内,收盘在 200 日移动均线上方 1%之内,我们在靠近第 4 个抛盘日做空标准普尔指数,那么,我们在 20、40、60 天之后补空仓。

由此,有人得出结论,抛盘日不会导致市场见顶,或市场下跌,实际上,一个人做多的情况会更好,而不是做空市场。

然而,这项研究有漏洞。只是把标准普尔 500 指数限定在只有 4 个抛盘日,必须在最近 12 个交易日内收于 200 日移动均线上方 1%之内,之后,补固定的 20、40、60 日的空仓,条件过于苛刻,犯了过度拟合历史数据的错误。如果在过去"X"天,把抛盘日的数字调整到 5,剔除标准普尔 500 指数必须在过去 12 天内收于 200 日移动均线上方 1%以内这个规则,结果会大大改善。百年前,主要股指量价行为的内在逻辑真实适用,今天,除了一些极不寻常且非常短暂的时期,如 2007 年 5—6 月及 10 月外,仍然适用。

连续几个交易日巨量下跌,意味着机构在卖出。这通常领先于市场指数的下跌。即使在产生了大量虚假信号的几年里,即在卖出信号发出后,市场走向更高,应该在恰当的模型中建立保障措施,在这样严峻的市场时期,尽量减少损失,以便于在其信号正确时,利用这段时间仍然能够很好地超越主要股指表现。这类似于让盈利继续运行,降低你的损失,这是趋势跟随策略成功的主要规则。

解决方案 2 续:任何策略的内在逻辑,都必须符合事实。应该首先找到有效的概念,然后围绕概念,构建模型。交易者不应该盲目地让模型曲线拟合数据,因为这可能导致过度拟合。当模型过于复杂时,常常会出现过度拟合,从而，相对于可用数据，会有过大的自由度。这种模型预测能力差，但是事后表现，却很突出。此外，不要只是为满足自己的虚荣心，制定过于复杂的模型，从而深受其害。我记得，20世纪90年代初，我在研究生院时创建了一个让自己都感到自豪的计量经济择时模型。1996年，首次遇到比尔·欧奈尔时，我向他展示了择时模型，他点点头，微笑着礼貌地说，你的一些发现可能只会在某些周期内有效，因此要力求简洁。这的确是明智之言，尽管自1991以来，择时模型是盈利的，但是自那时起，它得到了巨大发展与简化。随着经验的增长，我更善于理解图表，从而能够把抛盘日和追盘日放到恰当背景中。这样，我扔掉了许多曾经使用的"辅助轮"。类似情况是，在谈及理解图表时，我注意到，欧奈尔是一名典型的纯粹主义者。他主要依靠日线及周线图的量价行为、图形形状、相对强弱线，以及50日移动均线。几十年阅读图表的丰富经验，让他抛弃了其他指标，依靠丰富经验确定恰当的基部。

标签可以简化，而且能过度简化

问题：人们发现，与把图形置于大盘范畴内相比，借助标签更简单，如"带柄杯子"和"方形箱体"。当我与比尔·欧奈尔研讨时，总会提出关于基部形状的问题。"这只股票基部有资格成为带柄杯子形态吗？""相对于整体基部而言，这个柄太深了吗？""该图形正在教科书式地走高，上升基部应该这样，为什么这不是一个上升的基部？"

情景：尽管这些问题是相关的，但是我发现，投资者往往过多地依靠图表形态，而不是理解，相对于大盘，股票基部如何演变。这可能导致误解，并错失机会。例如，图4.28（a）显示了嘉信理财公司（SCHW）的走势。所形成的基部被称为带柄杯子形态，然而，该杯子看起来存在相当大的缺陷，因为它是"V"形，而一个教科书式的带柄杯子，是圆弧形底部。此外，柄部存在26.7%的回落，相对于基部－39.7%的深度，这是巨大的。然而，这个带柄杯子基部，是可买入的，因为在大盘背景下，该基部是有效的。如图4.28（b）所示，1998年8—10月，大盘正在与大熊市斗争。请注意，在1998年9月1日的第一个底部，与1998年10月8日的第二个底部之间，大盘是如何冲击更低点的[如图4.28（b）所示]，但嘉信理财公司的第二个底部远高于第一个底部。要是市场没有大幅下跌，第二个底部正常情况下会成为柄部。另外，要是没有市场暴跌，"V形"底会变成圆弧底。

(a)

(b)

嘉信理财的大幅下跌是虚假信号，它相应地形成了一个陡峭的、锯齿状的柄部

带柄杯子形态

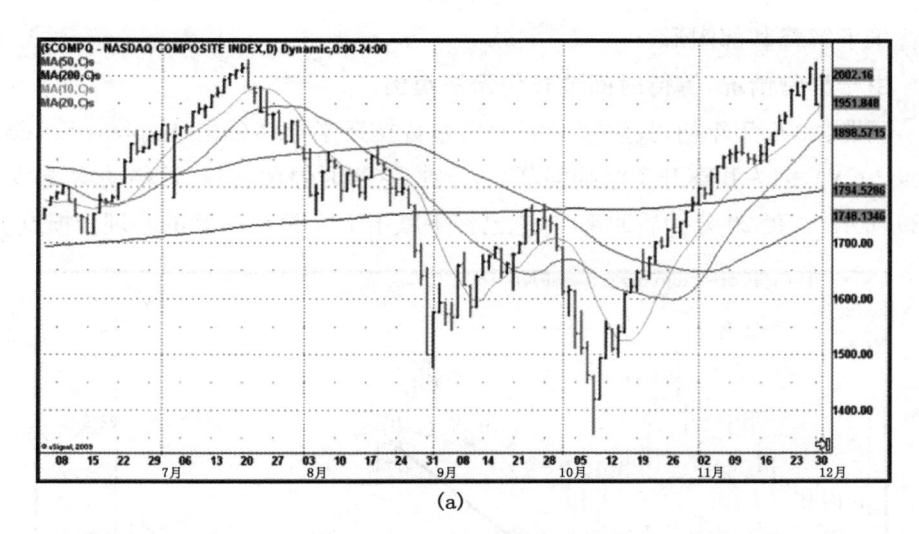

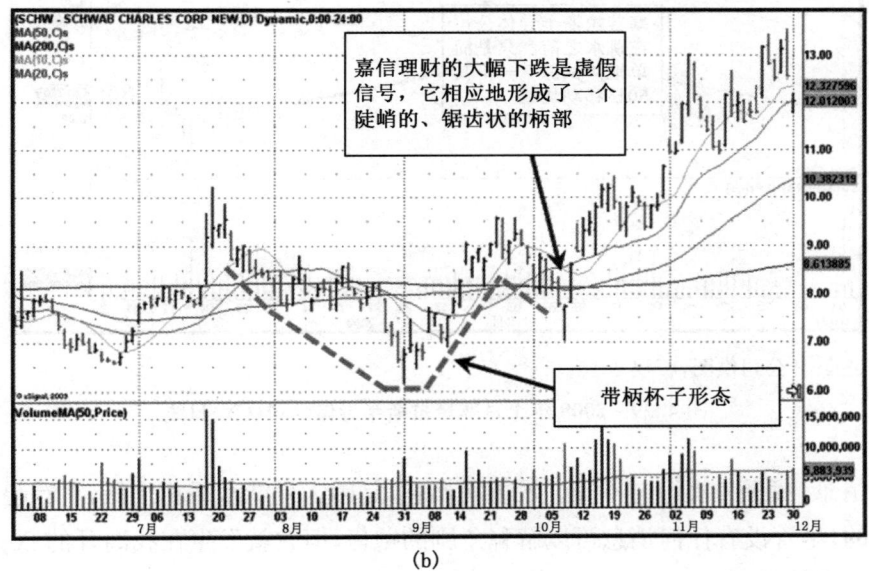

eSignal 公司供图，版权 2010。

图 4.28　1998 年 8—12 月 (a) 嘉信理财公司 (SCHW) 日线与 (b) 纳斯达克指数日线

解决方案：因此，你可能会问，如果它们可能存在重大误导性，为什么还要使用标签？答案很简单，对那些正在学习如何发现良好基部的人们来说，标签是一个优秀的辅助轮，在正常市场条件下，对任何投资者都是有用的。但是，如果市场失去控制，就要注意，不要过多地依赖整个基部的"形态"。要始终在大

盘背景下解释基部图形。

由于异常情况,等待时间过长仍无法卖出

问题:2008年年初,我没能及时卖出塞普拉斯半导体公司(Cypress Semiconductor,CY),因为我离开了电脑屏幕20分钟,它当时停留在50日移动均线(如图4.29所示)。我20分钟后回来时,它已经下跌了7%,跌破了我的心理止损点。

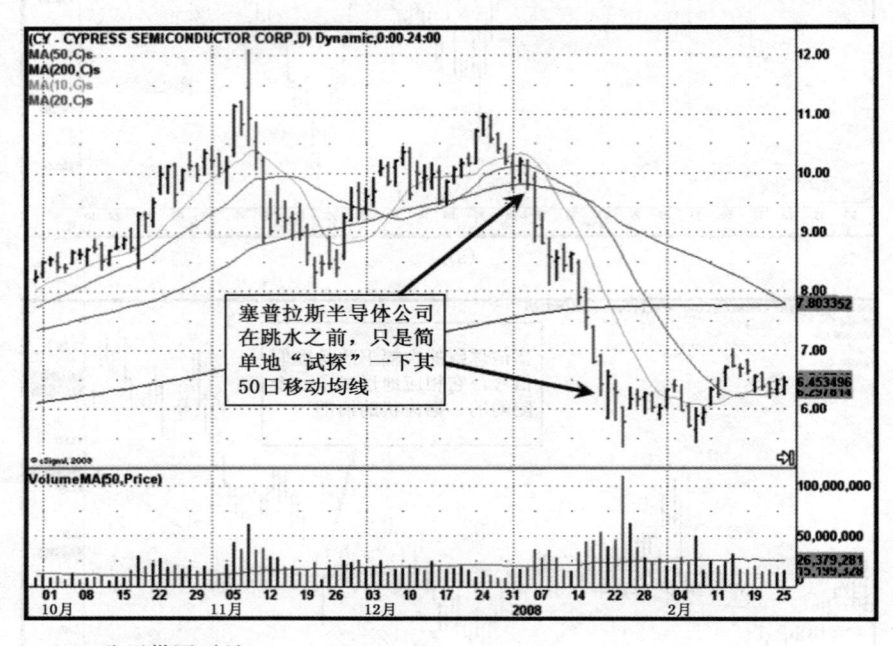

图中标注:塞普拉斯半导体公司在跳水之前,只是简单地"试探"一下其50日移动均线

eSignal公司供图,版权2010。

图4.29 2008年1月塞普拉斯半导体公司(CY)日线

情景:我极为震惊与不安。没能卖出它,是因为量能水平相当低,它看起来是超卖的,尽管没有任何消息可以解释急剧的抛售,但它就发生在我离开的20分钟内。通常情况下,我绝不会使用超卖指标指导自己卖出,因为超卖经常会变得更加超卖。如果股票价格触及心理止损位,我就卖出股票,之后提出问题。但是在这个案例中,情绪战胜了理性。我心烦意乱,觉得被欺骗了,认为塞拉普斯半导体公司会反弹,因此,我继续持有它。临近收盘,它开始反弹,因此我持股不动。第二天,它只是轻微上涨,之后,开始再次抛售,下跌3.2%。我本应该卖出,但是成交量比前一天更低,因此,我估计,在这个水平,它是真正的超卖,尽管仍然没有该股的不利消息。第三天,塞拉普斯半导体公司又一次被抛售,下跌2.7%。现在,

与我最初打算卖出的价位相比,该股下跌了 12.4%。此时此刻,卖出变得更加困难。我在心理上陷入了困境。正如人们所说,第一次卖出是最容易的。我几乎总是服从自己心理卖出警示。我不习惯应付陷于"无人区"的情形。随后的 10 天,塞拉普斯半导体公司又下跌了 32.8%,这与我原本打算卖出的价格相差 41.1%。我最终放弃了,几天后,2008 年 1 月 29 日,在弱势反弹时卖出了。

解决方案:不要让情绪模糊了我们的判断。如果行情和你的判断不符,你有受骗的感觉,要遵循自己的规则,不要让它把你带偏了。破坏卖出规则,让我付出了大量金钱。

在交易中引入新要素

问题:当我最初为比尔·欧奈尔管理资金时,没有实时行情。我的行情报价会延迟 20 分钟。三个月内,实时行情对我是弊大于利。我发现,实时行情让我过于接近市场走势,以致剧烈的盘内反应会让我受到惊吓而卖出头寸。实时报价暂时改变了我正常的股票交易方式,直到我学会了调整。

情景:比尔·欧奈尔对他的投资组合经理人做了一个非正式研究。他发现,在交易日内拥有较多可供观察的电脑显示器,并不会获得"优势"。换句话说,观察更多电脑显示器,不会增加绩效,在某些情况下,似乎还会导致弊大于利。过多信息会让你分心,或者使你受到惊吓,因而做出轻率举动,有时,信息超载越少,你的情况会越好。目前威廉·欧奈尔公司最好的投资组合经理之一是一位女性,她在早上开盘后几个小时进入办公室,这具有隔离效果,在做出交易决策之前,允许市场时机"适应新环境"。

通过一段较长时间的操作,对公开新闻消息和市场动态消除反应,实际上有可能阻止大量噪声,噪声则会导致交易者以非安全客观的方式做出反应。

解决方案:有太多显示器会分心。它能降低交易者的专注力,导致他们错失最佳买入点或卖出点。此外,盘中图表走势还能使人恐慌,过早地失去仓位。虽然当初我必须学会处理实时报价,但是直到学会有效地使用盘中图表时,使用日线或周线图的效果才更好了一些。

机会存在于最不经意之时

问题:市场在调整,因此,我没有认真地关注每日买入机会。

情景:市场处于调整中,并不是你不关注每日买入机会的理由。我因此错过了一些极好的机会。在市场疲弱期,一些最好的股票会提供逻辑支点和口袋支点。

解决方案:不要仅仅因为市场可能在调整就忽略关注每日买入机会。

不要过度智能化

问题:人们喜欢市场智能化,越过界限,试图预测市场走向。我不知道,谁能够用完美的人工智能做出这样的预测。虽然有令人钦佩的投资者,如吉姆·罗杰斯,他做出的长期趋势预测最后往往是正确的,但即使罗杰斯自己也承认,他选择时机也会出错。

情景:不正确的需求,最终让投资者付出代价。这或许是,为什么我知道劳伦斯伯克利国家实验室几乎没有能成为成功投资者的科学家,那里与加州大学伯克利分校错综复杂地毗连在一起,我在该分校获得了核化学博士学位。他们有着成为世界级科学家的雄心壮志,因此,他们会重复犯下试图告诉市场该做什么,以及应该如何发展的错误。

过度智能化是一个巨大陷阱,每当有人认为他掌握了市场,很快就会发现,仍有很多东西要学。我读过十几遍埃德文·拉斐尔的著作《股票作手回忆录》。每次我都会从阅读中学到新东西。由上次读该书积累的经验,带来了新意义,领悟到要重新阅读。

解决方案:必须逐日盯盘,并据此做出投资决策。尽管试图预测市场趋势是一项看似必要的训练,但不应该,让关于市场未来的结论,使你偏离对当前市场的关注。留在当下,意味着每天都与市场协调一致,这有助于集中注意力,倾听市场传达的声音。之后,你可以相应地调整市场风险。

如何应对交易低迷

问题:通过一系列小亏损,导致大幅亏损,市场反复打击你的心理。

情景:尽管大幅亏损难以克服,但不要变得像一名年老的职业拳击手,活在昔日王国里,哪怕在其心中重温往日荣耀时光,也无法恢复失去的青春。比较成熟的市场奇才,如比尔·欧奈尔和艾德·塞柯塔证明,无论是年轻或年老,都与成功投资无关。

解决方案:第十章将详细讨论哲学方法,你可以从大幅亏损中恢复过来,修复心灵的创伤。

同时,这里有办法让你摆脱交易低迷。

(1)在一周内,让你的心灵参与某些完全不同的事情,如旅行、演奏、艺术行为,或者学习一项新技能。新的精神刺激是一种切换精神状态的方法,有助于你的潜意识自行修复。

（2）用锻炼和恰当的饮食唤醒自己的活力。详见第十章。

（3）保持一个活跃的交易日志,有助于你得出合乎逻辑的结论,知道为什么会不顺利。还可以查阅日志,强化所学得的教训。

（4）为终检讨你的交易,找出由于交易技术不足、误解策略/策略运用不当所导致的情绪问题。

结 论

如你所见,很多易犯的错误,甚至会降临到经验丰富的交易者身上。以下是一些关于交易者如何发展的建议:

（1）始终坚持读书和学习。我在 13 岁时读了第一本关于投资的书,到 1999 年,我读过 200 多本关于股市的书籍。即使当你认为已经学会了所有内容时,读新书也会强化你业已知道的东西,甚至可能在如何优化交易策略方面带来新想法。反复阅读优秀书籍。多年来,我反复读过一些书籍,如《股票作手回忆录》、威廉·欧奈尔的《笑傲股市》、杰克·施瓦格的两本著作——《股市奇才》和《新股市奇才》。获得新经验后,再重读一本书,又会呈现出更深刻的意义。

（2）感受并拥抱由错误造成损失,而带来的痛苦。艾德·塞柯塔提出的交易群技术可以在 www.tradingtribe.com 上学到,它是作为一名交易者继续其职业生涯最有效的方法之一。艾克哈特·托尔拥抱并接受损失的痛苦哲学,与其相当,极为有效。这两种技术会在第十章讨论。

（3）保持活跃的交易日志,突出你的错误。记下错误行为,在你心中创建神经跟踪,关注错误,你会更少重蹈覆辙。

（4）为显示买入和卖出点的图表做出注释。随身携带这些图表,在脑海里牢记正确和不正确的买卖点。记录下你为何出错,并确定其原因,无论是简单的情绪障碍,还是误解了策略或误读了图表上的线索。

杰西·利维摩尔常说,一个人失去金钱的途径,远比想象的要多得多。在经历了 20 多年错误后,我们对此极为认同。如果你拥抱并接受失败,相关经验就是一位了不起的老师。请记住,现实生活中,没有失败,只有反馈,如果我们从失败中吸取教训,实际上我们就离成功更近了一步。

第五章

交易诀窍

　　比尔·欧奈尔曾经跟我们说,要想在股市中赚到大钱,不仅仅在于买入正确的股票,更在于购买后如何合理操作。你总可以买到刚刚突破第一阶段基部的潜力股,而且就在它开始新一轮大幅上涨之际,然而,如果你仅获利10%就卖出,之后它却又上涨了190%,那么你的操作就是失败的。这是我们方法论中至关重要的部分,包括在实时操作具有良好表现的股票时,所需要运用的一些特殊诀窍。

　　越来越多的投资者和交易者使用相同工具,获取同样的实时新闻、图表、数据和市场指数,在同一时间内,参与市场交易的人看到的是相同的行情,呈现出羊群特征或至少是在某种程度上自我监测市场的特征。因此,可以理解的是,大部分投资者和交易者不管他们的方法如何,都想再寻找更多的工具或诀窍,如果你愿意,就可以提供一种优势。一方面,可以帮助你找到可供选择的早期买入点,这与标准新高、基部突破买入点关系密切;另一方面,可以运用这些新工具和诀窍组成新的协调系统,以便于在实时操控或出售时,能带来巨额收益。如果你认为自己是这些投资者中的一员,那么本章将会为你提供一些方法。尽管我们喜欢把口袋支点买入、跳空买入,以及10日和50日移动均线为基础的卖出规则和7周法则视为诀窍,但实际上,它们并不是诀窍,而是非常具体地以交易规则为基础的微观方法。投资者容易掌握,也可以将它们当作自己投资方法的补充。

卡彻博士实验室：口袋支点优势

在欧奈尔的文献中，你可以发现很多地方提到了新高"支点"买入点，以及趋势线、移动均线突破，但是你找不到关于"口袋支点"买入点的概念。2005 年前后，市场出现了无太大涨跌幅、呈横盘波动的情况。这与 20 世纪 80—90 年代具有强烈趋势的市场环境大相径庭。在研究如何应对这种平稳市场环境的投资策略时，我们发现了"口袋支点"买入点。简单地说，"口袋支点"或"在口袋中买入"是一个早期突破的指示信号，在股票真正从基部突破，达到新高价格水平的前一刻，我们可以用这个信号发现买入点。

在为威廉·欧奈尔机构服务部工作时，我们曾代表公司出席各种研讨会。其间，遇到了许多机构投资者。通过和他们交谈，我们发现了一个具有代表性的、不太常见的共识，那就是，无论管理的是对冲基金、共同基金，还是退休基金，这些机构投资者不愿意购买刚刚创下新高的股票，更愿意选择在股票价格处于低点时买入，有时可以说，是越低越好。

了解"口袋支点"形成的前提并不困难。如果发现一只有可能创下新高的股票会被机构买入，那么我们可以推断，这些机构想抄底的意图非常明显。如果这只股票恰好是一只龙头股，那么极有可能遇到了最理想的买入点，在这个时候，买入并持有股票，风险不会太大。这些线索会在日线及周线中有所体现，但是，要想确定较为精确的"口袋支点"买入点，我们更倾向于参考日线。

在龙头股处于底部尚未上涨时，"口袋支点"可以成为投资者抢占买入先机的良好参考指标。况且通常情况下，市场中出现的所谓"突破"，事实上多半是假象，正如我们在树突时代公司（Dendreon Corp., DNDN）案例中，所看到的那样。

树突时代公司（如图 5.1 所示）"口袋支点"买入诀窍，可以为投资者发现低风险的股价买入点提供参考，如果太过明显的新高突破买入点失败，股票下跌、回调或抛售，对投资者而言，在股票回调中，就可能会静观其变。

1991 年后，我们通过个人交易，多次在实验中发现"口袋支点"现象，后来，我们对早期数十年数据进行回溯测试，也发现过该现象。最终，口袋支点在实

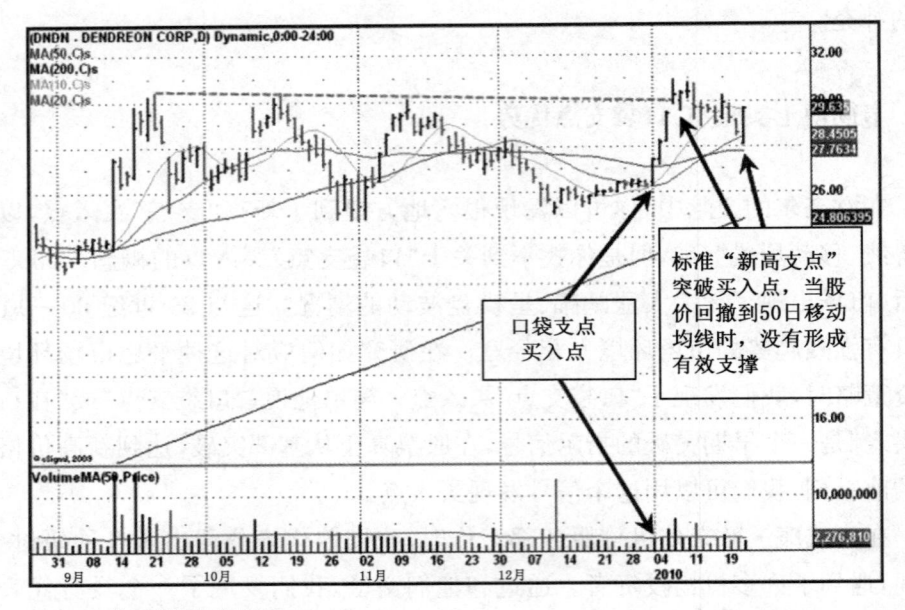

eSignal 公司供图，版权 2010。

图 5.1　前列腺新药生物科技类"大牛股"树突时代公司（DNDN）突然闪现了早期买入点

施交易中再次得到证实，这确实是一个可以好好加以利用的现象。在 2000—2010 年间，尤其是在 2004—2005 年，市场出现了横盘波动的浅碟形态，许多标准股票参考法则都失效了。这时，"口袋支点"理论的优势突显出来。在 2004 年下半年和 2005 年稍晚些时候，出现了几次小契机，如果根据标准新高买入点法则投资，几天内就会损失 7%～8%。

操作交投清淡、流动性不强的低价股时，"口袋支点"能够让你更容易发现买入点。股票最终冲破阻力线，大部分人会发现这一趋势并买入，这种行为加剧股价上涨，股价越来越高。同样，当股票被卖出时，由于流动性不强，股价下降趋势不会过于明显，这就降低了风险。总的来说，股票日成交额低于 3 000 万美元或 75 万股，都可以划归到该类股票中。当然，不排除存在例外情况，然而，在判断股票的流动性、价格波动和购买风险方面，"口袋支点"理论中的参数确实可以提供足够的帮助。

如图 5.2 中所示，利诺国际公司（RINO International，RINO）是一只不太活跃的股票。2009 年 9 月，它刚刚从底部突破。我们注意到，9 月下半月，以 10 日移动均线为参考，在 15 美元水平上，股价在经历快速回落后，飞速攀升，突破了 20 美元。在突破新高时，如果投资者购买了这只股票，接下来，回落会使他们抛掉其所持有的头寸。如果在股价还未到 15 美元时，参照"口袋支点"原则，投资者无疑会在投资中占据先机。之后，在股价上涨到 17.75 美元，重新开始回落时，他们就能经得住考验，保持有利仓位。

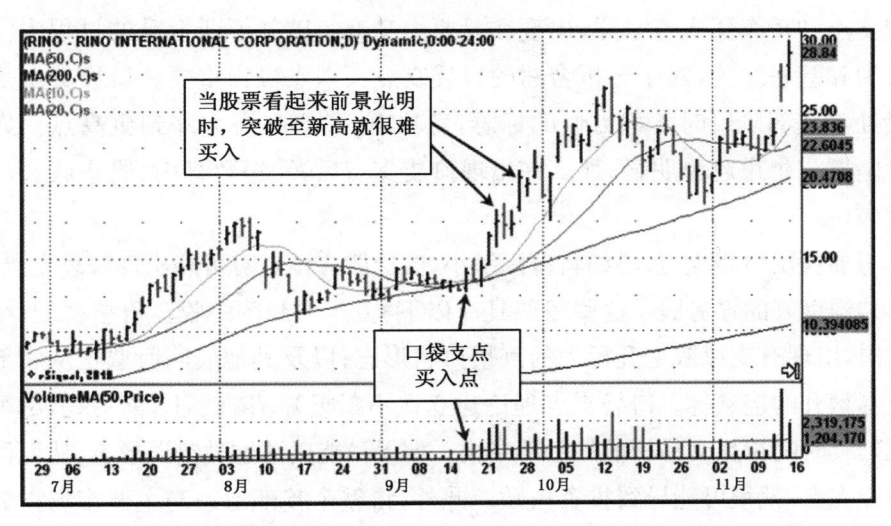

eSignal 公司供图，版权 2010。

图 5.2　2009 年利诺国际公司（RINO）日线

我们再来看一个例子。爵士制药（Jazz Pharmaceuticals，JAZZ）是另一只我们可以利用"口袋支点"理论分析的股票。这只小盘股不太活跃，股价也不高，但由于当时该公司新产品和已有产品的销售渠道都很好，因此该股基本面还是很不错的。2009 年 12 月 9 日，该股向上穿过了 50 日移动均线。股票在 7 美元价格区间内，成交量很小，价格波动很小，然而，后来成交量大幅度上升。事实上，在股票无量时期出现"口袋支点"，是非常有利的信号。因为股票价格并未上涨，无量为它创造了一个稳健的横盘波动平台。

像爵士制药这样的股票，当它们开始向上攀升时，由于成交量小，股价波动不会太过明显。此后，如果想持有该头寸，则要在股票还保持平缓的状态下找出可靠的"口袋支点"买入点。在小盘股或表现不太活跃的股票中，留意"口袋支点"买入点令人受益匪浅，如同我们在利诺国际和爵士制药案例中看到的那样。

口袋支点的特征

口袋支点通常出现在股票图表基部，随之而来的是，标准新高突破买入点。口袋支点和持续买入点一样，出现在股票由基部突破并不断上升的过程中。量价行为和基底结构，对于分析合适的口袋支点买入点极为重要。口袋支点是龙头股处于基部阶段时蓄积力量的标志，意味着，股票有潜力涨到更高点。如果大盘坚挺或牛市趋势明显，那么在出现口袋支点后，短短数日内，股票就会从基部突破。

想要找出口袋支点，不妨将范围缩小，候选股应该是有可能出现口袋支点，且基部结构良好的强势股。这些股票具有以下特点：周线图中收盘价格稳健；在周区间内，出现有支撑或上升行为的巨量钉状形态；以及其他表明股票正从底部不断吸筹攀升的迹象等。口袋支点理论建立在不断吸筹基础之上，前提是，尽可能避免延续时间长且交易松散的基部结构。如果没能搞清这种错误形态，从而误判了口袋支点，就很可能导致投资失败。此外，将整个基部形态与主要市场指数形态（如纳斯达克指数和标准普尔 500 指数）相比较，确定股票的基部形态是否更佳。例如，总体上来看，与大盘和龙头股形势较差时出现的口袋支点相比，股票形态比股指更好时所出现的口袋支点，更容易突破，并使我们获利。

口袋支点买入点定义

口袋支点买入点更倾向于出现在强势股中，特别是在牛市中，持续关注一些龙头股时，更容易发现这些买入点。1999 年的网络股，2004 年的苹果和谷歌，2007 年的太阳能股票，都是值得关注的股票，因为当时市场景气度较高。

口袋支点的内在含义是，在"口袋"中买入，股票尚处于基部阶段时会出现不明显的买入信号，虽不明显，但有效且可靠。股市图表中出现的其他买入点和口袋支点买入点，可能会有相同之处，也有不同之处，我们在后文中会通过一些例子加以分析。

正如投资者想要在基部形态中所看到的那样，口袋支点出现之前，会有股票量价行为配合。由于股票在基部形态中波动，在口袋支点出现之前，价格变得更为稳健，也就是说，在图表中，不太容易发现量价行为的大幅波动。当股票将要进入底部时，在此之前，股价上涨都会一直遵循50日移动均线。这就意味着，我们可以预测这只股票的走势——这也正是该股票的特征。因此，可以用50日移动均线作为是否抛出股票的信号。当股票背离自身的特性，不再遵循50日移动均线时，我们就卖出。如果这只股票遵循10日移动均线，就应当选择10日移动均线作为是否卖出股票的信号。股票的量价行为最终决定应当选择10日移动均线还是50日移动均线。

当然，极少数时候，例如，2008年最后几个月，受到股市崩盘余波的影响，口袋支点出现在50日移动均线上方。在理想状态下，股票量价行为在前几日的波动之后变得异常平静。这与口袋支点后出现的庞大成交量大相径庭。在口袋支点出现前10天内，更希望看到股市的买入量等于或大于卖出量。我们认为，这种成交量变化是正确且有益的。如果成交量不稳定，呈现大幅波动态势，那就再多观察5天。从图形上看，股票处于基部，在前10天中，不会出现大的、代表卖出量的绿柱。理想状态是，成交量在10日之内保持相对稳定的情况下，慢慢缩减，直到口袋支点出现时，一跃而起，如图5.3中爵士制药所表现的那样。

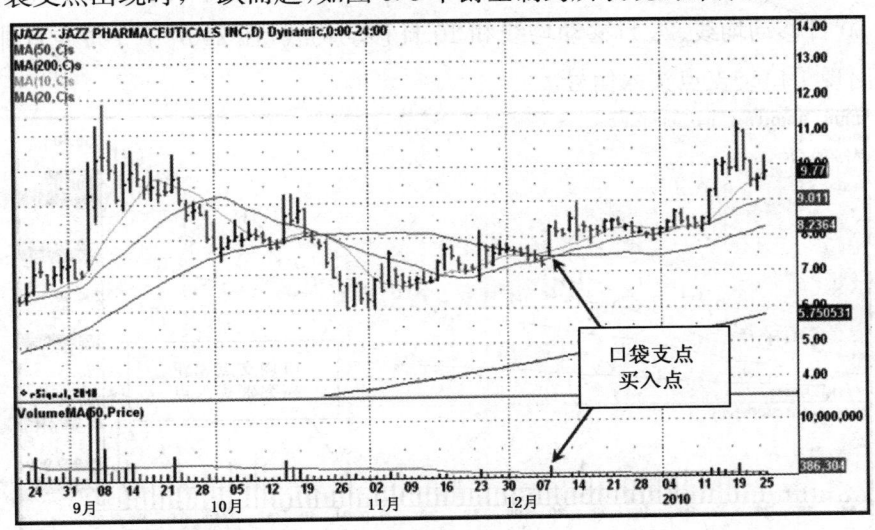

eSignal公司供图，版权2010。

注：该股成交量大幅上涨，尤其是在口袋支点交易日之后，横盘行为非常平静，量能随之逐渐衰竭。

图5.3　2009—2010年爵士制药（JAZZ）日线

口袋支点和标准突破买入点

有时，口袋支点会和经典欧奈尔"支点"的标准突破买入点重合。如果口袋支点和基部突破同时发生，那么成交量就不必在前10日内与下跌日（收盘价低于开盘价的那一天）的量能保持一致，但需达到可以接受的突破成交量。以图5.4中百度公司股票为例，我们可以看到2007年9月4日突破新高时的成交量，这一天也是我们所定义的口袋支点开始的日子。事实上，该天成交量达到了10天以来的最高点。但仅从标准新高、支点、突破买入点分析来说，成交量无需达到最高点也可以买入。照此说来，通常希望看到，当日成交量比平均成交量超出50%，而实际上只超出了39%。39%的增量显然未达到标准支点突破的出现条件，然而，根据口袋支点理论，口袋支点出现时，当日成交量只要高于前10日中下跌日的量能，就是一个不错的买入点。百度公司在突破前，基部呈现出"V"形——其价格波动源于市场当时出现的大幅卖空。但是，8月中旬，在股价连续两天下滑的情况下，它还是努力维持在50日移动均线上下。后来，这只股票不断走高，连续穿越了50日移动均线、20日移动均线和10日移动均线，在2007年9月4日那天，最终出现了口袋支点买入信号。

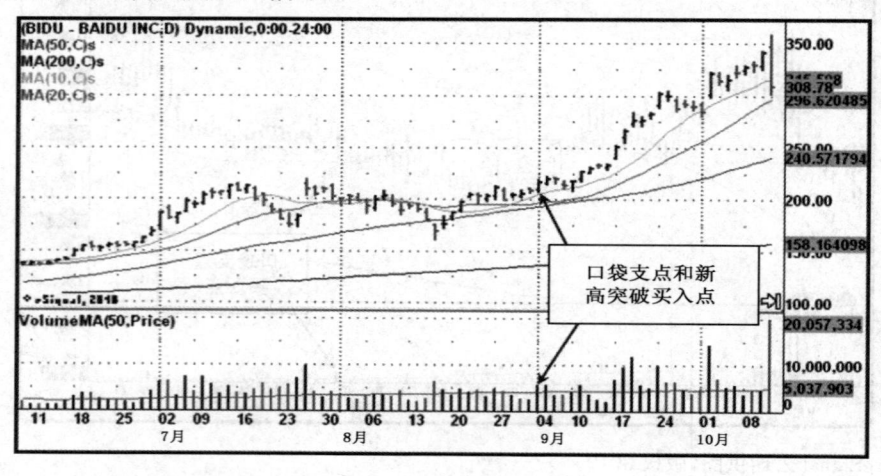

eSignal 公司供图，版权 2010。

注：量能增加39%的口袋支点，而且也是之前10个交易日内最大的成交量，这形成了一个可买入的突破，尽管其不满足标准新高突破所需量能增加50%的条件。

图5.4　2007年9月百度公司（BIDU）日线

从百度案例中，我们发现，与标准突破支点不同，在口袋支点买入时，成交量是否上涨了50%并不重要，而要看它是否恰好满足了口袋支点的成交量规则，即在开始的10天里，口袋支点出现的当天买入量超过10天内的任何一天。反过来理解，如果新高突破时，成交量已经上涨超过50%，满足了标准突破支点的条件，但是，这个量却低于前10日内任何下跌日的成交量，就不能满足口袋支点出现的条件。在百度条例中，口袋支点成交量的条件满足了，但是，标准突破支点要求的50%增长条件，并未得到满足，那么买入多少股票，就只能以口袋支点买入点加以分析。

第一太阳能股票（First Solar，FSLR，如图5.5所示）与百度情况恰恰相反。这只股票基部出现杯状形态，2007年9月21日，突破了"杯柄"。当日的买入量，比平均买入量高出了52%，符合标准突破支点的条件。然而，我们注意到，9月21日的买入量小于比7天内的下跌日最大卖出量。那么，第一太阳能买入的标准，应该是标准突破支点，而不是口袋支点买入点。

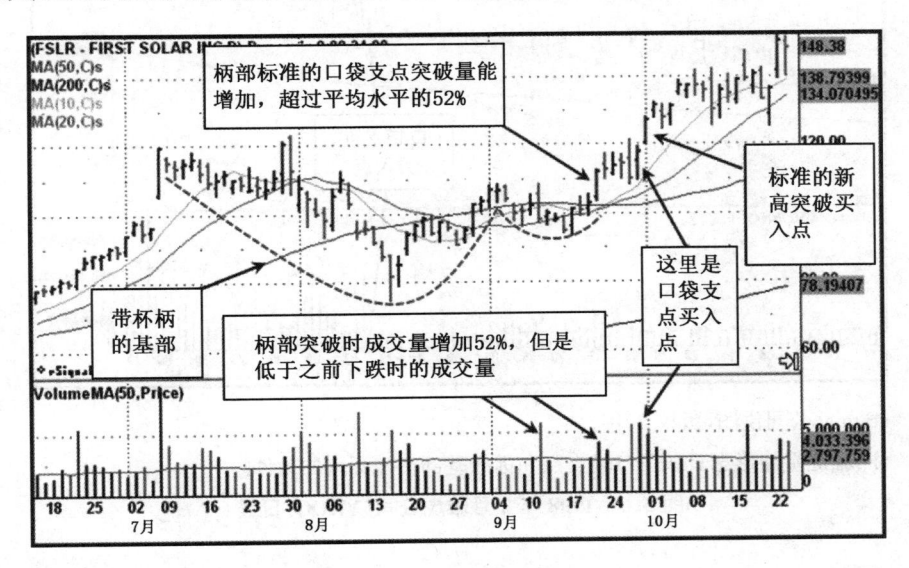

eSignal公司供图，版权2010。

注：对有效的口袋支点而言，柄部突破的量能不足，但对一个标准柄部突破支点而言，超过均量52%就足够了。

图5.5　2007年9月第一太阳能（FSLR）日线

我们注意到，9月28日，第一太阳能股票出现了新高突破买入点，自此之后，股价超越了基部最高点123.21美元，进入了一个新价格平台。其实，在此之前的一天，有效的口袋支点买入点也曾昙花一现，如果发现了它，就可以更早一天买入。

图5.6中的雅虎是一个口袋支点和标准欧奈尔基部突破买入点重叠的最好案例。此前，这只股票回落了一段时间，在50日移动均线下方波动，并且成交量不断减少。之后，它反弹至50日移动均线上方，当日的买入量高于此前10天内的任意下跌日最大卖出量。与此同时，7周以来，它第一次从基部突破，表现出非常稳健的收盘价。图5.6表明，近一个月来，每日收盘价都相当稳健，紧随其后的就是口袋支点的出现。

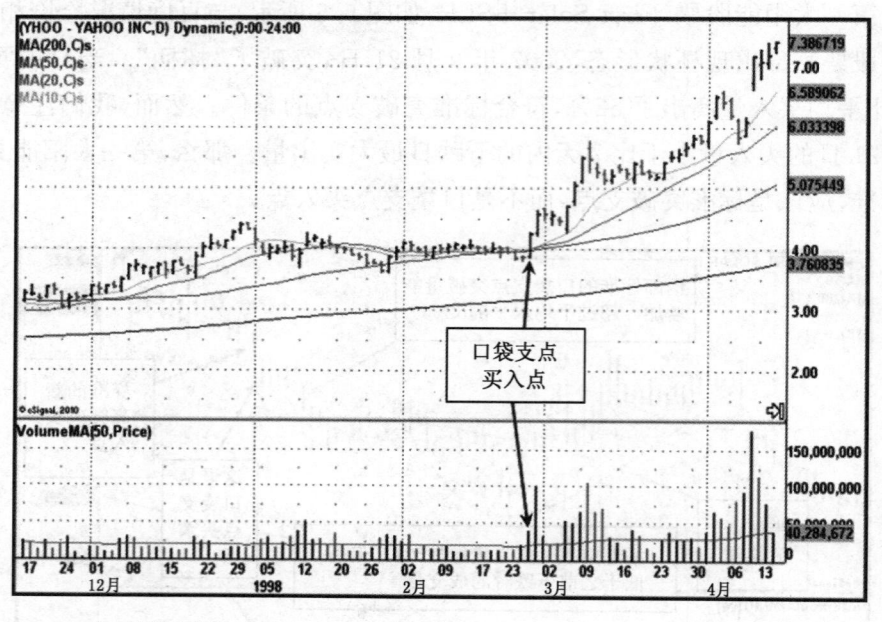

eSignal 公司供图，版权 2010。

注：雅虎量能形态具备了口袋支点和标准基部突破买入的条件。

图5.6　1998年2月雅虎公司（YHOO）日线

"在口袋中"买入

无论选择在基部还是在上升阶段出现口袋支点时买入，理想的口袋支点都应该出现在盘整之后。一般情况下，在基部买入的盘整时间应长于在上升阶段买入的盘整时间，这被视为持续口袋支点。这就是说，一些后期涨势极好的股票，开始时都会休整足够长的时间，再穿越 10 日移动均线，之后，成交量大幅上涨。如果这些符合我们在本章中所讨论的条件，就会形成不错的口袋支点。这就证明，投资者选择了买入点，即使错过了股票最初的基部突破，也能够在较好的位置买入。

为了更好地理解"在口袋中"买入的完整概念，我们以一个口袋支点为实例，观察它何时产生于股票基部，这有助于投资者选择合适的买入点。关于在上升阶段发现的口袋支点买入点和持续口袋支点买入点，我们在本章后面的部分讨论。

2007 年 3 月，英伟达公司（Nvidia Corp.，NVDA）走出了 2007 年一季度所形成潜在基部的第二个低点。该基部深度约 30%，沿着低点获得了一些大成交量的支撑（如图 5.7 所示）。天量是脱离潜在基部低点的积极信号，对之后出现在 5 月 11 日和 31 日的口袋支点而言，提供了具有建设性的投资条件。

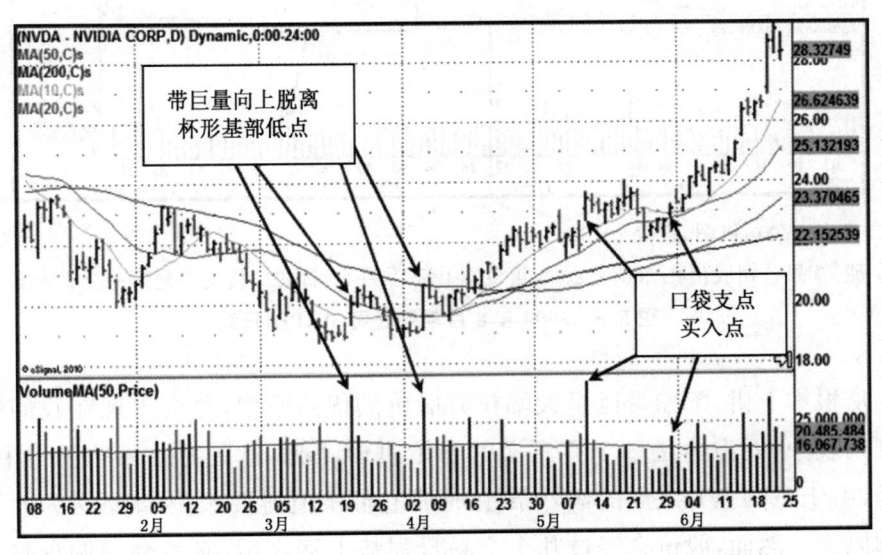

eSignal 公司供图，版权 2010。

注：在口袋支点出现之前，该形态中的两个突放的巨量，构成了建设性行情的前奏。

图 5.7　2007 年第一季度英伟达（NVDA）日线

2004 年 8 月 13 日，纳斯达克指数触底反转，之后，8 月 25 日，苹果公司

（AAPL）口袋支点（如图 5.8 所示）成为最好的买入点。8 月 18 日，市场基部和追盘日发出信号，新一轮大盘反弹阶段即将开始，与此一致，苹果公司在 8 月 25 日的口袋支点是第一个买入点，这成为非常强势的价格推动力，一直持续到 2005 年一季度，在此期间，自口袋支点买入点算起，股价几乎上涨 3 倍。

eSignal 公司供图，版权 2010。

注：苹果公司股价在 2004—2005 年急剧上涨，8 月 25 日的口袋支点是第一个买入点。

图 5.8　2004 年 8 月苹果公司（AAPL）日线

从根本上讲，酝酿带巨量大幅拉升股价的优秀股票，总会出现在我们每日观测列表中，因为这是一个有意义的初始旗形，酝酿着更为持久的股价上涨。但是，由于急剧上升之后的额外条件，通常它们不值得买入，因此不必为此冒更大的风险。然而，股价在经过几个交易日强势上涨之后，必然会回调盘整。如果这种回调盘整以有序和建设性的方式出现，股票紧随急剧股价上涨完成其短期盘整，并再次启动之后，仔细观察潜在口袋支点形态，就是很有用的。威瑞信公司（Verisign, Inc., VRSN）在 1998 年年底，提供了一个极佳的案例（如图 5.9 所示）。

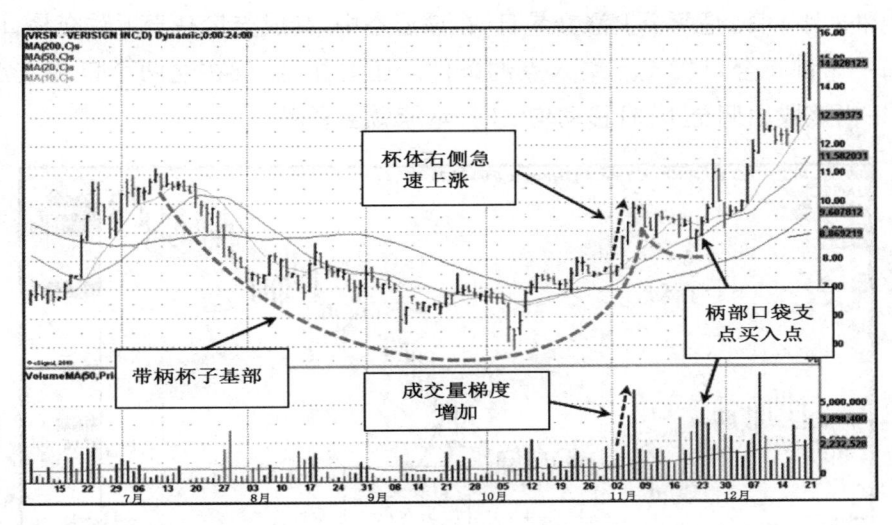

eSignal 公司供图，版权 2010。
注：口袋支点买入点出现在带柄杯子基部形态柄部之中。

图 5.9　1998 年威瑞信公司（VRSN）日线

早在 1998 年 11 月，威瑞信公司（VRSN）的股价在 3 个交易日内突然急剧爆发，推升了潜在杯体形态右侧，成交量呈梯度增加态势。威瑞信回调，形成一个柄部，满足带柄杯子基部形态的所需条件，在柄部内向下推移，之后，盘中短暂跌破，20 日移动均线，最后收盘于 20 日移动均线上方。第二天，1998 年 11 月 24 日，威瑞信上涨，脱离 20 日移动均线，在之前 10 个交易日中，其成交量高于任何一个下跌交易日的成交量，这是口袋支点买入点。两天后，该股突破了带柄杯子形态柄部高点，形成一个标准新高突破买入点。之后，威瑞信大幅调整两个交易日，但站稳了 20 日移动均线，恰好位于 5 个交易日前的口袋支点买入点。在口袋支点买入，或许更容易在新高突破之后，容忍大幅回调。

另一个有趣的案例是 2007 年 5 月的河床科技公司（Riverbed Technology, Inc.，RVBD）（如图 5.10 所示）。2007 年 4 月 25 日，河床科技出现巨幅跳空大涨的一日行情，迅速脱离了为期 4 个半月基部形态的低点，穿越 50 日移动均线。显而易见，这一举动可以被视为口袋支点买入点，但是它的变化是如此之快，以致很难实时买到。无论如何，巨量跳空上穿 50 日移动均线，是该股实力的初始显露，在那个急速单日价格上涨之后，随之而来的回调和盘整相对合理有序，该股走低，收盘站稳 10 日移动均线。在 10 日移动均线附近，2007 年 5 月

2日和5月4日,是两个上涨交易日,在该形态中,其成交量高于下跌交易日,因此每一个都符合口袋支点买入点的条件。还要注意,就在这两个口袋支点之前,每当该股回调至10日移动均线时,量能就会衰竭。

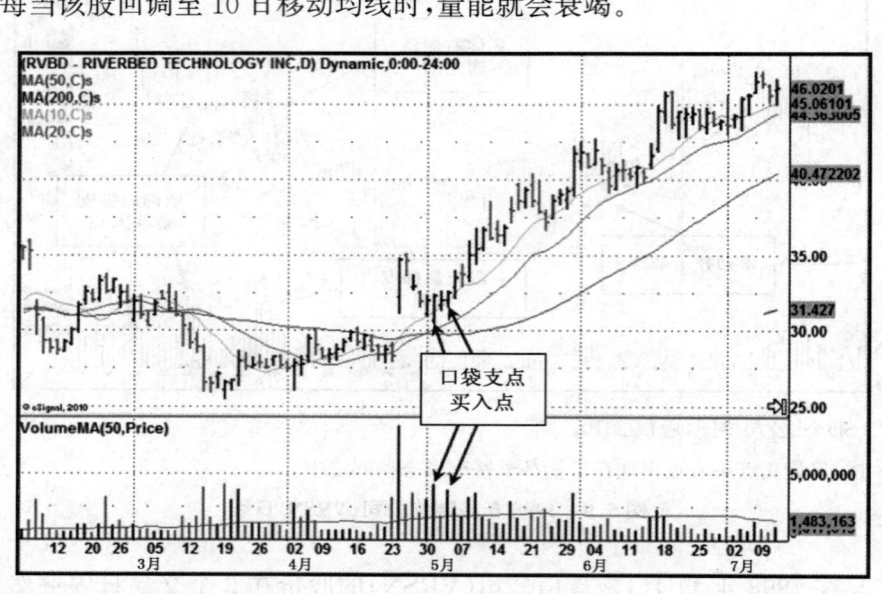

eSignal 公司供图,版权 2010。

图 5.10　河床科技公司(RVBD)日线

有时,在基部形态中,口袋支点出现在该股即将公布收益之前,这意味着,信息泄露,导致在正常交易日中成交量上扬,酝酿口袋支点上涨行情。例如,我们可以观察 2005 年 10 月 25 日的直觉外科手术公司(Intuitive Surgical, Inc., ISRG)走势,该公司于盘后公布了收益(如图 5.11 所示)。尽管财报发布存在主观不确定性,但是该股的量价行为在告诉我们另一个故事:直觉外科手术公司向上穿越到 50 日移动均线上方,带有强势的、高于均量的成交量。通常观测龙头股,并检查其量价形态,一直持续到其财报发布,把口袋支点作为一个标志,即在财报风险比观察到的风险较小时建仓。如果股票正在产生口袋支点行为,包括当公司公布收益时,收盘出现强势成交量,那么,一旦明确了成交量会超越图表形态中之前 10 个交易日的最大下跌成交量,就可以在接近正常交易时段结束时建仓。在我们看来,持续到财报公布时的口袋支点买入点,是值得参与的,仓位大小可以根据自己的风险承受力调整,并决定是否加仓或建新仓。

图 5.11 2005 年 10 月直觉外科手术公司（ISRG）日线

eSignal 公司供图，版权 2010。

在股票基部形态中，口袋支点通常是相对平静的买入点。1998 年下半年，亚马逊（AMNZ）产生一个剧烈波动的基部形态，沿着 200 日移动均线向上反弹（如图 5.12 所示）。当它在基部右侧一路反弹并创出新高时，抛售量下降非常明显，当该股上涨脱离 10 日移动均线时，10 月 29 日，构建了一个口袋支点买入点，在过去 10 个交易日中，其成交量比任何一个下跌交易日的成交量都要大。3 周内，该股突破了 4 个半月的基部形态，进入了股价新高区域。

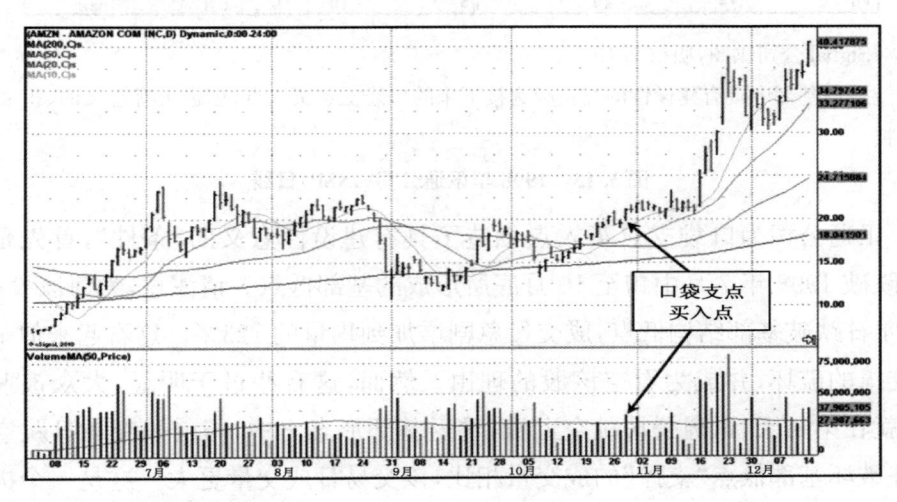

eSignal 公司供图，版权 2010。

注：当股价在基部右侧一路上涨之时，出现了一个"平静"的口袋支点买入点。

图 5.12 1998 年 10 月亚马逊（AMZN）日线

有时，在"平静"的口袋支点买入，可能需要一些耐心，并且，只要股票在其基部形态中稳健地、具有建设性地持续横盘，当口袋支点买入信号发出时，稳定地持有部分仓位，就可以获得不错的回报。一旦在口袋支点买入点持有初始仓位，最好是"在口袋中"持有，如果在形态中出现第二个稍高的口袋支点，或者该股产生一个标准的基部突破，就可能成倍上涨。我们可以参见本章开始时图5.3爵士制药（JAZZ）案例，图5.13中讯通公司（Infospace Inc.，INSP）也是类似的情况。

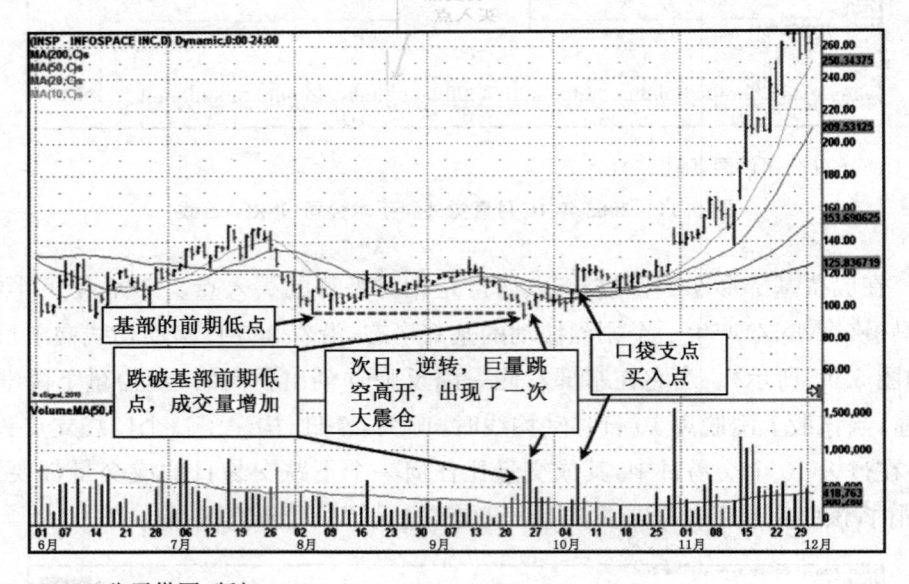

eSignal公司供图，版权2010。

注：该基部中具有建设性的"震仓"为接下来的口袋支点买入点，创造出有意义的、积极的条件。

图5.13　1998年讯通公司（INSP）日线

讯通公司为口袋支点买入点创造了具有建设性意义的"条件"，首先是暴跌，跌破1998年7月中旬至10月底所形成的基部低点。请注意，为何该股在9月24日跌破基部结构低点，成交量急剧增加到均量的123%。这看起来似乎是对支撑的破坏，并成为看空该股的理由。然而，这有些过于明显，大众被欺骗了，就在第二天，讯通公司跳空上涨，重返基部形态之中，与前一交易日跳空下跌并破坏基部低点"支撑"的成交量相比，该交易日成交量更大。这是一个极具建设性的"震仓"行为，是该过程中最简单的部分：引入主力，清理不坚定的持有者。要想在形成基部之时为最终拉升做好准备，每只股票都要经历这个过程。

在接下来的几个交易日内，讯通公司股价略有下跌，成交量迅速衰竭，对随后 10 月 7 日的口袋支点买入点形成非常有利。它横盘整理，并最终在 1998 年 11 月末以跳空高开突破基部，确定走势，伴随口袋支点，讯通公司维持在所有移动均线上方。随着 11 月下旬标准基部突破，讯通公司出现了一些小盘整，在形态中出现了几个口袋支点，我们留待读者思考。

2007 年 5 月 15 日，步立康系统公司（Blue Coat Systems，BCSI）在其基部闪现一个口袋支点买入点（如图 5.14 所示）。之后，突破到新高，在该股再次向上攀升前，几次回调探试口袋支点。口袋支点提供了一个略低的介入点位，因而投资者可能更容易在初始回调到 10 日移动均线时保持仓位。口袋支点出现后，该股在接下来的 7 天内几次触及 10 日移动均线。

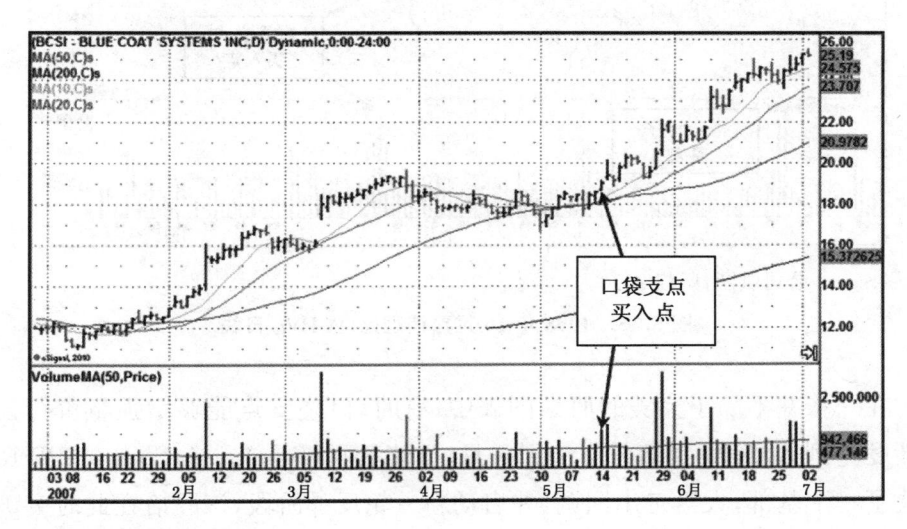

eSignal 公司供图，版权 2010。

注：5 月 15 日在口袋支点处买入，在接下来的"不确定"突破行为中，更容易稳坐钓鱼台。

图 5.14　2007 年 5 月步立康系统公司（BCSI）日线

嘉信理财（SCHW）在 1998 年年末创下新高之前曾出现一个非常清晰、带巨量的口袋支点买入点，1998 年 10 月，它走出整体带柄杯子基部形态，锯齿状柄部。该特殊口袋支点极为引人注目的是，它也是一个柄部突破，恰巧与市场追盘日出现在同一天，即 1998 年 10 月 15 日，结束了当年短期、急剧下跌的 3 个月熊市期，发出市场进入新反弹阶段的信号。在始于 1998 年 10 月低点的市场反弹中，嘉信理财和美国在线（AOL）一样，也是一只龙头股。以前，我们为比尔·欧奈尔管理资金时,在这些股票上为其赚取了大量金钱,尽管在10月15日口袋支点买入点之后,嘉信理财没有急速拉升。它在10日移动均线处又反复酝酿了2周,之后,股价创出新高突破10日移动均线,开始急速向上拉升(如图5.15所示)。

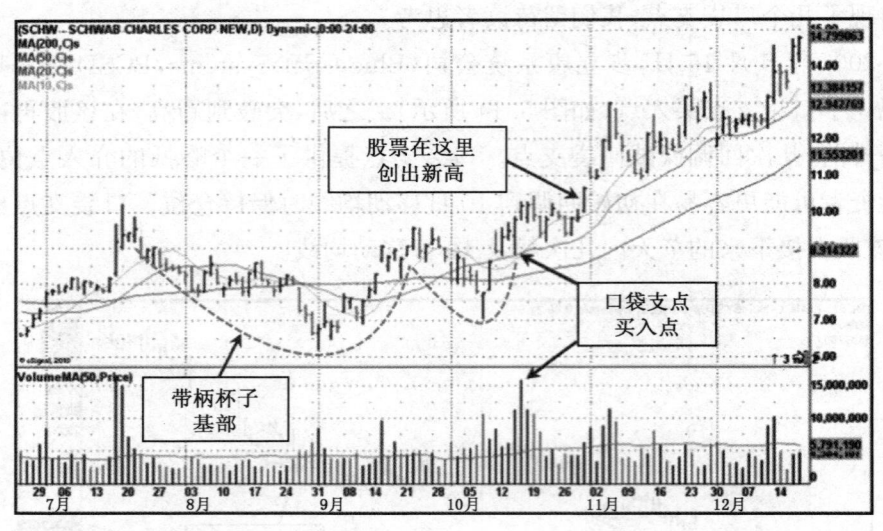

eSignal公司供图,版权2010。

图5.15　1998年10月嘉信理财(SCHW)日线

在一张并不臻于完美的股票图表中,有时,口袋支点能够增强量价行为的清晰度。例如,2007年2月下旬到3月,日能公司(Sunpower Corp.,SPWRA)构建了一个基部,大盘走出回调,并启动新一轮反弹阶段,该股恰在此时突破基部。日能公司图表形态有一点古怪(如图5.16所示),但是3月27日口袋支点提供了一个清晰的早期买入信号,它仅仅出现在3月21日市场追盘日之后的几天里。日能公司反弹了大约38%,然后停下来构建另一个基部,这是一个杯形形态,之后,开始突破该基部,甚至没有再停下来构建一个柄部,这或许是为了不给那些在等待柄部形成时买入的投资者上车的机会。然而,要是使用口袋支点买入点,就可以避免等待。6月5日产生了第一个口袋支点买入点,但是该股马上出现回调,在口袋支点买入点严格止损的投资者,可能会止损离场。然而,一周后,6月14日,日能公司闪现出另一个口袋支点买入信号,依据该信号,投资者可以轻松地及时回补,并抓住随后的上涨机会。

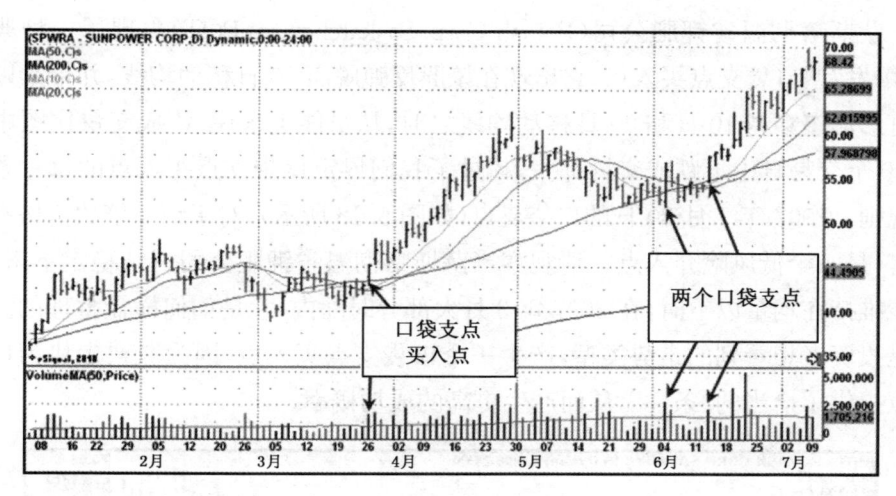

eSignal 公司供图，版权 2010。

注：该股的口袋支点买入点提供了极佳的介入机会。

图 5.16 2007 年日能公司（SPWRA）日线

日能公司两个基部低点的量价变化很小，在第二个杯形基部中变化更小。这可以被周线图（如图 5.17 所示）证实。该图显示，沿着基部低点连续出现 4 个接近的周收盘价，这与图 5.16 中 2007 年 5 月下旬至 6 月初显示的横盘行为完全一致，同时，也与 2007 年 3 月末 3 个接近的周收盘价一致。

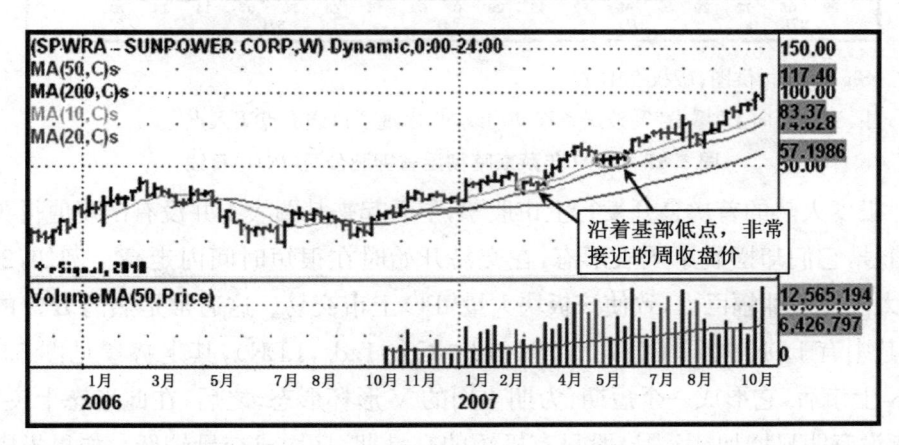

eSignal 公司供图，版权 2010。

注：日线图的两个基部中，量价行为的小幅变化，可以被周线图证实。

图 5.17 2006—2007 年日能公司（SPWRA）周线

萨斯喀彻温省钾肥公司(Potash Corp. Saskatchewan,POT)出现了一种典型的"爆发"型口袋支点买入点，它出现在该股反弹脱离 50 日移动均线，并带量以巨大钉形形态穿越 10 日和 20 日移动均线之时，从量能上来说，该成交量比图中之前 10 个交易日中下跌成交量都大，超过了我们界定口袋支点买入点的每一条量能规则。2007 年 3 月 30 日的口袋支点(如图 5.18 所示)，对于约 4 倍的价格涨幅而言，是一个低风险介入点。请观察当萨斯喀彻温省钾肥公司行情稳定下来，且量能维持在均量以下时，在 2007 年 3 月大部分时间内，它是如何横盘整理的。这正是投资者想看到的走势类型，产生一个口袋支点买入点，因为股票走势为口袋支点提供了恰当的"条件"，从而产生更高的成功概率。

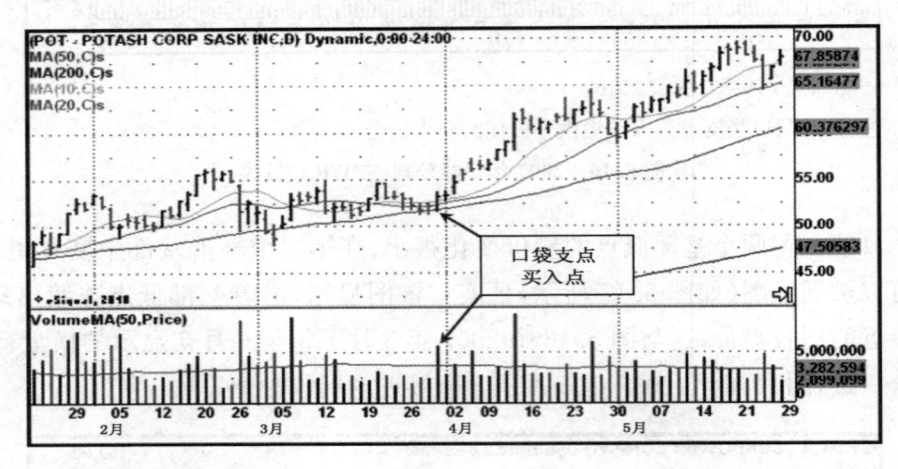

eSignal 公司供图，版权 2010。

注：当股票向上"爆发"突破三条移动均线时，出现了口袋支点买入点。

图 5.18　2007 年萨斯喀彻温省钾肥公司(POT)日线

极度火热的首次公开发行上市股票，乍看起来其图表上并没有出现值得买入的信号，它们却摆脱了图表形态，在交易开始时在很短时间内走高。例如，2007 年，太阳能股涨幅巨大，致使该板块大量 IPO 上市交易。这通常是热门 IPO 的表现，其中有 LDK 太阳能公司(LDK Solar Co.,Ltd.,LDK)，其走势参见图 5.19。LDK 上市后，它形成一个短期、为期 4 周的 V 形杯形态，之后，在此形态上突破，量能没有明显增加，因为该股只有极短的交易期，日均成交量较低。如果投资者在 LDK 上市后，寻求一个"健康"基部来买入，该股并没有提供机会，因为自从它以每股 27 美元价格发行后，只经过一个简单回调，就开始迅速向上拉升。

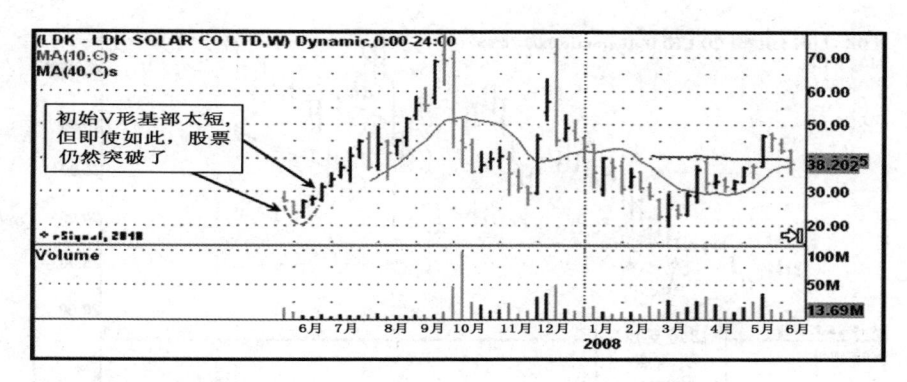

[图表：LDK - LDK SOLAR CO LTD, W 周线图，标注"初始V形基部太短，但即使如此，股票仍然突破了"]

eSignal 公司供图，版权 2010。

注：一个短期的 V 形基部看起来并不值得买入。

图 5.19　2007 年 LDK 太阳能公司（LDK）周线

然而，把周线图放到一旁，关注 LDK 日线图行为，在其上市后，展现出一个稍微不同的图形（如图 5.20 所示）。2007 年 6 月 22 日，LDK 反弹脱离其 10 日移动均线，在图 5.20 中，其量能超过之前 10 个交易日中任何一个下跌交易日的量能。有趣的是，6 月 22 日成交量是 1 204 400 股，仅比 6 月 8 日多 100 股，在图 5.20 前 10 个交易日中，它是下跌交易日中成交量最高的，有 1 204 300 股。严格地说，口袋支点买入点出现在 6 月 22 日，但是，如果在那天举棋不定，那么下一交易日，6 月 25 日，出现了第二个口袋支点买入点。该案例的要点是，使用口袋支点买入点，完全改变了买入引人注目 IPO 股票的思路。一般情况下，欧奈尔方法规定，我们至少等待 6~8 周，以形成恰当的基部，或至少是一个"高紧旗"形态。在 LDK 案例中，该股构建了一个相当不起眼的小 V 形形态，并不符合"正确"基部的定义。在图表形态中，从使用口袋支点确定正确买入点的视角来看，LDK 与之前 2007 年 6 月 22 日一样，完全值得买入。

没有必要看英利绿色能源（Yingli Green Energy，YGE）周线图做决策，在日线图（如图 5.21 所示）上，形成的短旗形态长度并不足以被看作一个"正确的"高紧旗形态，因为它只下跌了一周。然而，在评估 IPO 股票时，口袋支点提供了一种买入该类热门 IPO 股票完全不同的方法。该方法并不依赖于，股票首先必须构建一个正确基部形态。2007 年 6 月 27 日，英利绿色能源向上攀升，脱离了 10 日移动均线，自 IPO 以来的 13 个交易日中，其量能在图形中是最高的，因此，符合口袋支点买入点的技术定义。

eSignal 公司供图，版权 2010。

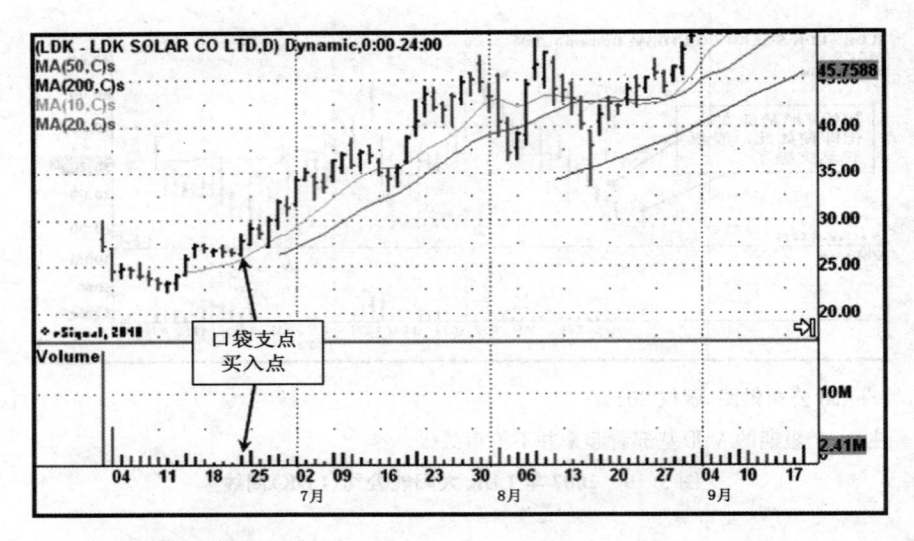

注：在周线图（图 5.19）中看起来不值得买入的 V 形基部，产生了口袋支点买入点。

图 5.20　2007 年 6 月 LDK 太阳能公司（LDK）日线

eSignal 公司供图，版权 2010。

注：在该股 IPO 13 个交易日之后，在其构建某种"正确"的图表基部形态之前，2007 年 6 月 27 日出现口袋支点，提供了一个现成的买入点。

图 5.21　2007 年 6 月英利绿色能源（YGE）日线

利用口袋支点抄底

股票经过几周或几个月下跌筑底后,会出现一些口袋支点。2008 年 9 月开始的暴跌,使许多前期持续上涨的大牛股步入迅速下跌的过程。其中,一些股票从牛市最高点下跌 70% 或更多,同时开始走稳筑底。在几周或几个月后,这类股票即将走出底部。投资者应关注此类潜在口袋支点,因为,此类支点往往在股票从底部开始上涨时出现,并产生较大的涨幅。

百度公司就是这类股票。其股价从牛市最高点下跌了 73.8%,2008 年 11 月,开始筑底(如图 5.22 所示)。2009 年 1 月 28 日(先于市场触底),该股走出口袋支点,在上穿 50 日移动均线前,筑底过程持续了 2 个月。值得注意的是,百度股票在上穿 50 日移动均线后,就没再跌破该均线。

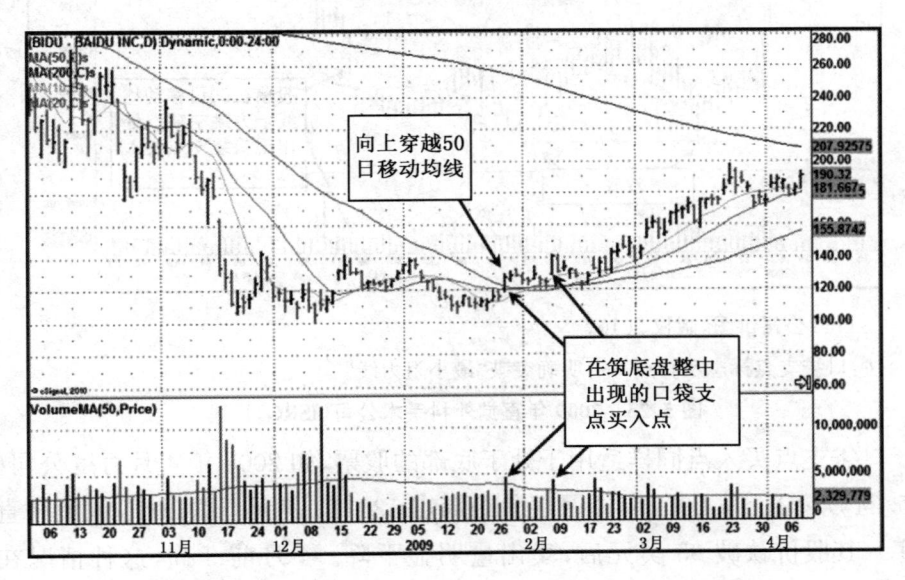

eSignal 公司供图,版权 2010。

注:两个口袋支点买入点标志着该股启动"抄底反弹"。

图 5.22　2009 年市场底部百度公司(BIDU)日线

2008 年年底,另一只大幅下跌的股票是直觉外科手术公司(ISRG)(医疗器械行业的先驱),其股价从牛市最高点下跌了 84.86%。2007 年,触及 359.59 美元高点后,直觉外科手术公司开始下跌筑底,并在 2009 年 3 月初形成底部,请不要被双底图形迷惑,该图形只是股票上升过程的一部分。

一旦双底形成,在2009年3月底到4月初的单边下跌前,直觉外科手术公司穿越了50日移动均线(如图5.23所示)。2009年3月18日,市场已经发出了反弹信号,直觉外科手术公司在4月9日103.75美元的价位上,发出了见底买入信号。此后的4个星期内,其股价大涨60%。2009年年底,直觉外科手术公司股价超过300美元。如果投资者幸运地在4月9日出现口袋支点买入信号时买入,随后的大涨,足以让投资者承受住长期的价格波动。

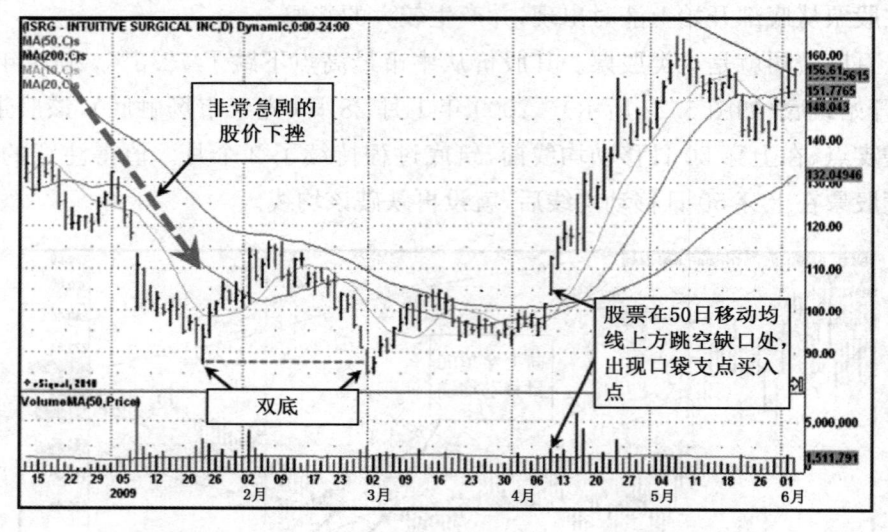

eSignal公司供图,版权2010。

注:口袋支点标志反转点——明确突破"最小阻力线"。

图5.23 2009年直觉外科手术公司(ISRG)日线

口袋支点买入点同样适用于处于底部的股票,如2007年4月百度公司(如图5.24所示)。从2007年1月股价最高点134.10美元下跌以来,该股一直在探底。其股价跌破95美元后,卖出量明显下降。4月前3周,这种情况在图5.24中非常明显,即在股票于4月24日发出见底买入信号前,成交量上升,并突破50日移动均线。此后,百度股价再创新高,涨幅高达100%,而这都是在见底买入信号发出后11周内完成的。在股价上涨前,我们连续几天,发现底部支撑。这为我们提供了一个实质性的、有大幅获利可能的信号,可以让我们在股价上涨前买入。

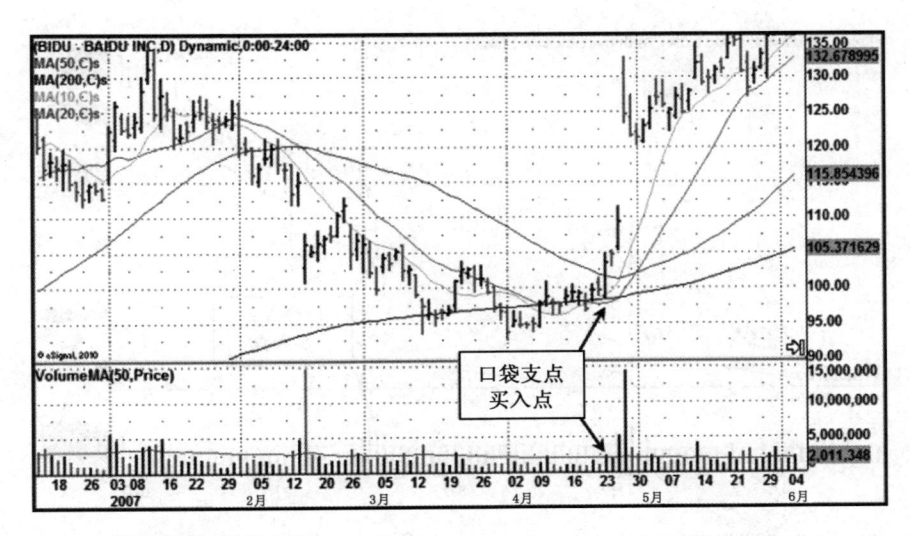

eSignal 公司供图，版权 2010。
注：在该股巨幅跳空上涨前3天出现口袋支点买入点，被证明是一个极为有利的买入信号。

图 5.24　2007 年 4 月百度公司（BIDU）日线

2007 年 8 月中旬，对动态研究公司（Research in Motion，RIMM）的研究，为我们提供了一个明确的"大底"——底部支撑买入点。该买入点出现在股价从底部上涨前 2 天，当时，绝对底部的双底形态形成仅仅 4 周（如图 5.25 所示）。8 月 15 日，动态研究公司结束上涨，收于 50 日移动均线下方。成交量并不是发现突破 50 日移动均线的重要指标，当天成交量仅比平均量高 9%。成交量却在下个交易日猛增，动态研究公司股价开始上涨，但仍处于 50 日移动均线下方。8 月 17 日，动态研究公司股价站在 50 日移动均线上方，之后，成交量大幅增长，该股立即发出了底部支撑买入信号。

在快速下跌超过 30% 的基部形态内，反弹脱离低点，这时，口袋支点被证明是一个有效的"底部进场"方法，因为它们为买入股票提供了更为可靠的参考点位。

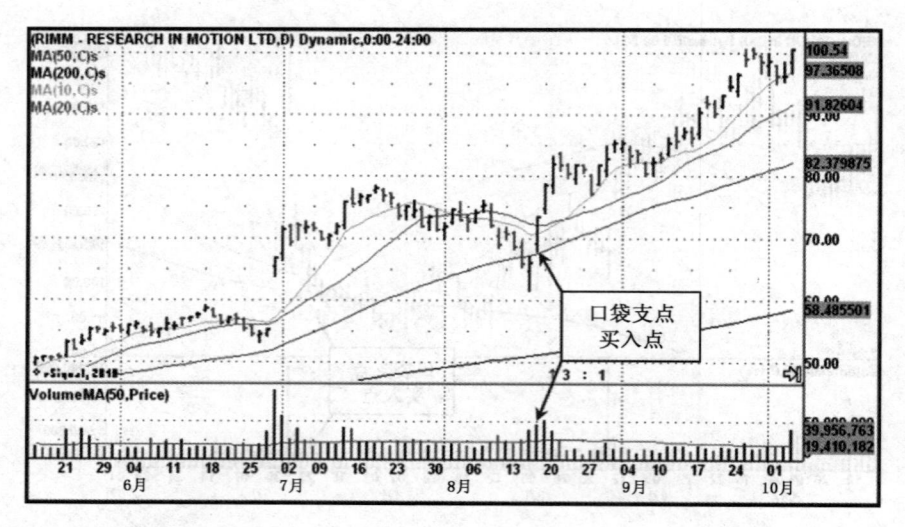

eSignal 公司供图，版权 2010。

注：当动态研究公司开始反转下跌后，口袋支点买入点在脱离底部的两个交易日内就出现了。

图 5.25　2007 年 8 月动态研究公司（RIMM）日线

连续口袋支点：使用 10 日移动均线

一旦突破基部，并处于上升趋势，股价就会不断创出新高，然而，在一只强势股票中寻找低风险点，并在该点加仓，不那么容易。可行的方法是，等待回调到前期标准基部突破支点，或者 50 日/10 周移动均线，但是在上升趋势中，利用口袋支点确切地找到可供操作的买入点位，还有一种高效的方法。一般情况下，在上升趋势中，确定"连续"口袋支点买入点时，我们把 10 日移动均线看成买入指标。长期以来，我们坚持的成交量标准是，脱离 10 日移动均线的口袋支点时的量能要高于之前 10 个交易日任何一个下跌交易日的量能。

河床科技（RVBD）是一个很好的例子（如图 5.26 所示），当股票趋势向上时，它会"服从"或"遵循"10 日移动均线。2006 年 10 月 27 日和 11 月 13 日，它反弹脱离 10 日移动均线，上升趋势中出现了两个口袋支点买入点。请注意，一旦河床科技不再"遵循"10 日移动均线，并收盘于该线下方，就可以看作短线卖出信号，在本章稍后，我们会讨论相关内容。

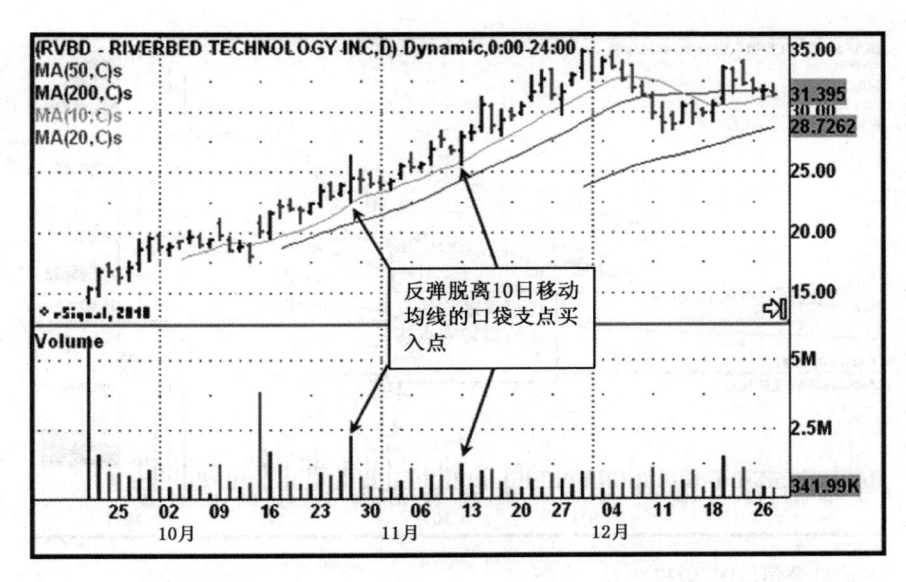

eSignal 公司供图,版权 2010。

注:沿着 10 日移动均线所形成的口袋支点,是值得买入的。

图 5.26 2006 年 10—11 月河床科技公司(RVBD)日线

苹果公司(AAPL)是 2004 年下半年的一只大龙头股。2004 年 3 月,它抓住了 iPod 浪潮,初步突破了带柄杯子基部,而纳斯达克指数却进入 3 个月的回调期。随着市场持续回调到 2004 年夏,苹果公司形成了两个基部,8 月 25 日,开始突破,就在纳斯达克指数 8 月 18 日出现第 4 个追盘日后 5 天。8 月 25 日,苹果公司股价突破至新高,不断向上攀升,它基本上服从了 10 日移动均线(如图 5.27 所示)。在公布盈利的前几天,10 月 13 日,该股跌破 10 日移动均线,之后,反弹脱离 20 日移动均线。当它上行脱离 20 日移动均线时,在公布盈利当天,苹果公司闪现了一个口袋支点买入点,因为它上穿了 10 日移动均线,此时的量能超过了之前 10 个交易日中任何一个下跌交易日的量能。收盘后,苹果公司轻易击败了分析师的预测,第二天早上,跳空高开,持续上涨。2004 年,我们重仓苹果公司,在跳空上涨当天大量买入。过去,我们不了解口袋支点买入点,事后来看,回顾这些股票和口袋支点,在类似苹果公司的股票中,我们看到很多本来可以利用的机会。

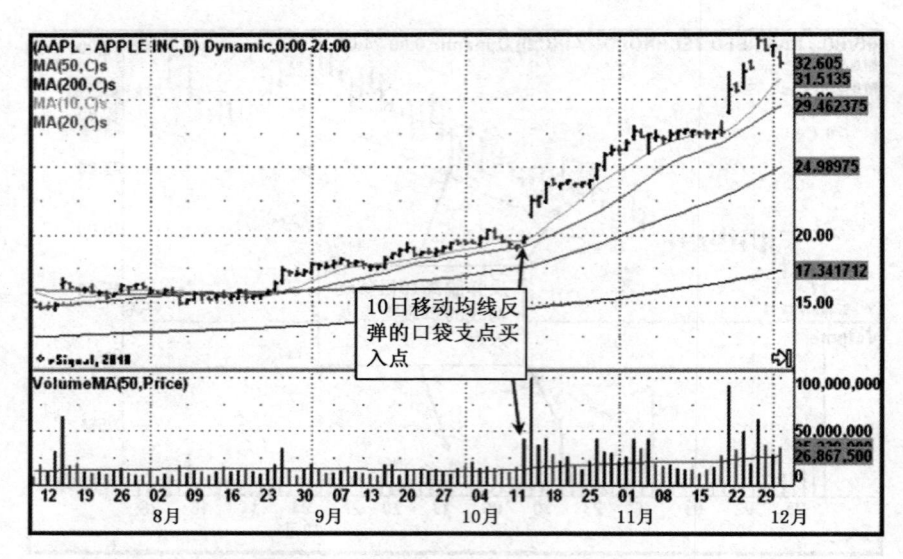

eSignal 公司供图，版权 2010。

图 5.27　2004 年 10 月苹果公司（AAPL）日线

2004 年 10 月 13 日公布财报当天跳空高开之后，苹果公司沿着 10 日移动均线持续走高（如图 5.28 所示）。10 月 27 日，苹果公司启动一轮上涨，脱离 10 日移动均线，对口袋支点买入点来说，具备了所需的适当量能。该特殊口袋支点存在的唯一潜在问题是，上涨是在 10 日移动均线上方启动，而不是在移动均线上，或在其下方。在这种情况下，口袋支点可以被看成不稳健行为，稍后我们会做出一些更详细的解释。然而，由于之前收盘价非常接近，投资者可以相机抉择，不管如何，先买入。通常情况下，口袋支点出现在 10 日移动均线上方某一点，因此它可能被视为不稳健行为。解释口袋支点，需要在上升趋势或基部中的量价行为"背景"下进行。该案例中，在口袋支点变得值得买入之前，收盘价非常接近，即使存在 10 日移动均线上方启动这个小缺陷。7 天后，苹果公司盘中小幅下跌，跌至 10 日移动均线，却在该交易日收高，并反弹脱离该线，其量能高于该形态之前 10 个交易日中任何一个下跌交易日的量能。

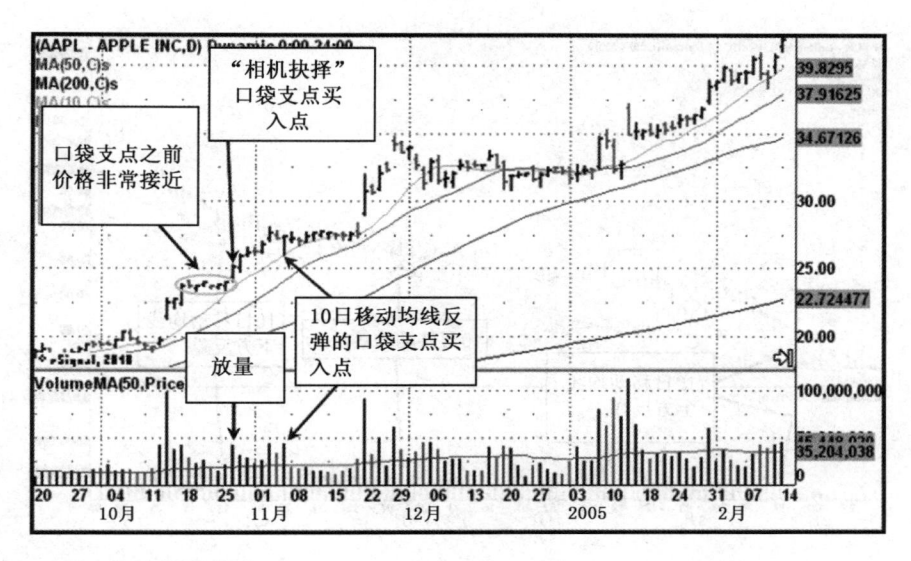

eSignal 公司供图，版权 2010。
注：苹果公司反弹穿越 10 日移动均线，形成口袋支点买入点。

图 5.28　2004 年 11 月苹果公司（AAPL）日线

围绕 10 日移动均线所形成的口袋支点买入点，有三种不同变化，第一太阳能（FSLR）是一个例子（如图 5.29 所示）。第一个口袋支点形成于 2007 年 2 月 13 日，恰好于 10 日移动均线启动，并上涨脱离该均线，达到了所需的量能特征。图 5.29 中 2007 年 5 月 4 日的第二个口袋支点，出现在该股跌破 10 日和 20 日移动均线，反弹脱离 50 日移动均线，以巨量重新突破 10 日移动均线后。反弹脱离 50 日移动均线，具备巨大的上涨量能支撑之后，开始符合口袋支点买入点以及标准新高突破买入点的条件。第三个口袋支点出现在 2007 年 6 月 12 日，当第一太阳能向下突破到 10 日移动均线，反弹脱离 20 日移动均线时，大体上，该交易日收高，收盘在 10 日移动均线，其量能在前 10 个交易日中是最大的。

一般情况下，10 日移动均线反弹的口袋支点从该均线上方或下方启动，因为股票在突破了 6～8 周或更长时间的基部后正步入升势。密切关注口袋支点的"背景"，在该图形中寻找形成口袋支点的建设性行为，诸如非常稳健的横盘走势，有助于投资者决定何时可以适当改变一下规则，正如我们在图 5.28 中所看到的，"相机抉择"口袋支点买入点，就是一种具体运用。

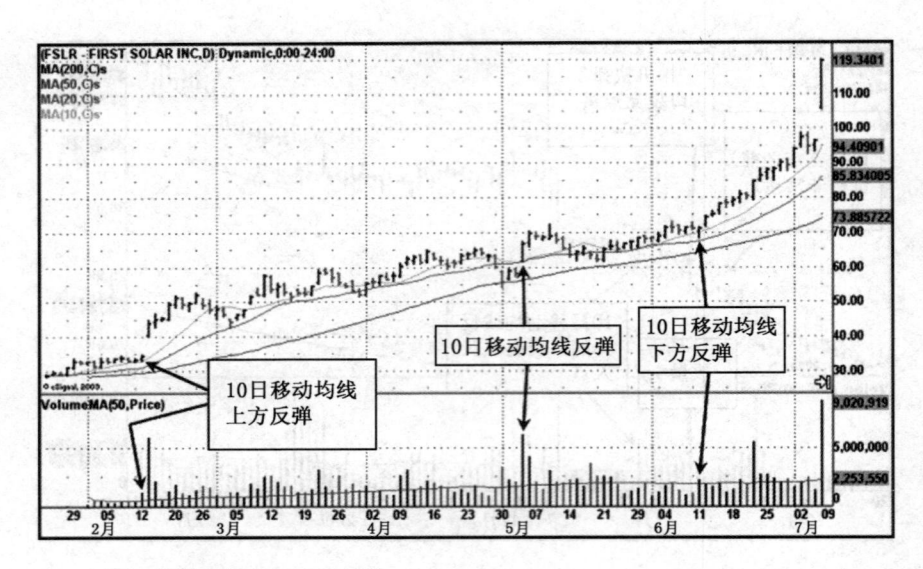

eSignal 公司供图，版权 2010。
注：2007 年上半年，该股出现三种不同类型的"10 日移动均线反弹"口袋支点买入点。
图 5.29　2007 年第一太阳能公司（FSLR）日线

不合适或"不要买"的口袋支点

正如有"合适"的口袋支点买入点一样，也有"不合适"的口袋支点买入点。不在口袋支点买入，可能有很多原因或标准，因为不买入标准基部突破的原因或标准多种多样。这里，我们介绍一些观察到的失败口袋支点的基本缺陷。由于口袋支点是一个相对较新的发现，我们预计，这次讨论可能是不完整的，随着时间的推移，当我们持续讨论该主题时，有可能会发现更多的缺陷。

需要注意的是，口袋支点出现在股票快速探底下行，然后直接做出"V"形反转，并创下新高的过程中，诸如我们在 GameStop 公司（GME）中所见（如图 5.30 所示）。请注意，就在两天前，该股跳空下跌到 20 日移动均线上方之后，2007 年 4 月 23 日，口袋支点是如何直接创出新高的。这是一种小型"直下直上"的 V 形波动，令人狐疑，尤其是伴随着 GME 3 月末大幅跳空高开，过去几周不断创出新高。一般而言，股票需要更多时间巩固其涨幅。考虑到这一点，请注意，5 月 15 日第二个口袋支点为何更具建设性，因为该股以相对"平稳"的

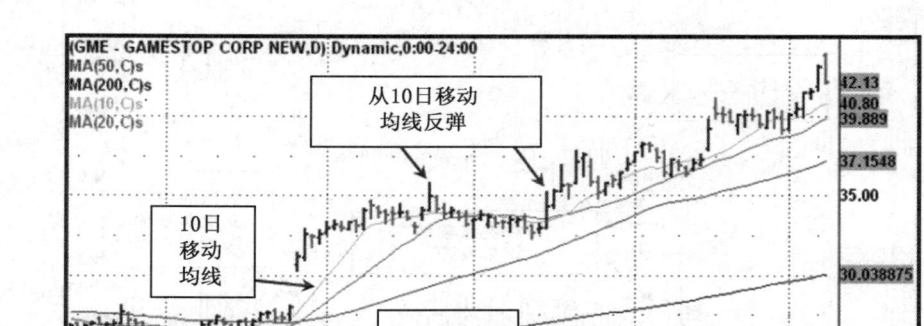

成交量下跌之后，开始上穿 10 日和 20 日移动均线。

eSignal 公司供图，版权 2010。
注：该形态中有两个口袋支点，但只有一个是"合适"的。
图 5.30　2007 年 4—5 月 GameStop 公司（GME）日线

在口袋支点出现日，重要的是要确定，该口袋支点是否自其 10 日或 50 日移动均线出现过度"不稳健"。有时，在股票"楔形"上扬之后，就会出现这种情况，换句话说，在其形态中，成交量持续走低，且价格走高。通常情况下，我们希望看到，股价走低时，成交量逐步下降和衰竭。反之，当它走高时，就被称为"楔形行为"。口袋支点发生在股票楔形上升之后，如我们看到的雅虎（YHOO，如图 5.31 所示）。请注意，雅虎于 1997 年 4 月 7 日闪现出口袋支点买入点之前，是如何楔形上扬的，随着股价下跌，口袋支点不久就失败了。雅虎需要更多调整时间，自 5 月末到 6 月中旬，呈现出窄幅波动的横盘整理量价行为，为 6 月的正确口袋支点买入点提供了更具建设性的"背景"，图 5.31 中，自 5 月末至 6 月的前三周，波幅变得更"小"。我们可以看到，"背景"是非常重要的。3 月末 4 月初的楔形行为，为 4 月 7 日口袋支点买入点提供了不合适的背景，而且，5 月末 6 月初窄幅波动、横盘价格行为，为 6 月 20 日合适口袋支点提供了建设性的、恰当的背景。

148　像欧奈尔信徒一样交易

eSignal 公司供图，版权 2010。

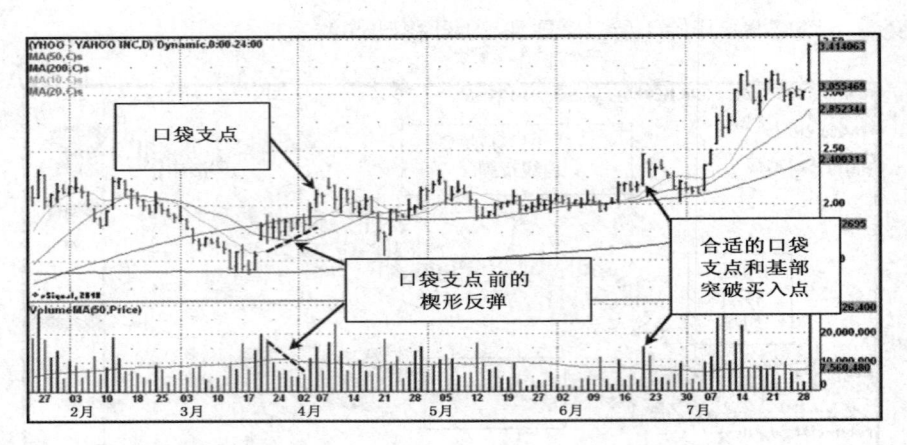

注：楔形反弹为有缺陷的口袋支点，提供了错误背景，然而，窄幅波动的股价行为，为成功的口袋支点买入点提供了有利背景。

图 5.31　1997 年雅虎公司（YHOO）日线：4 月

　　同样情况也适用于图 5.32 中的 GameStop 公司（GME）。2007 年 1 月下旬至 2 月的大部分时间，GME 在基部形态中楔形上涨，之后，迅速突破 50 日移动均线，具备了口袋支点的量能特征。然而，如同图 5.31 中的雅虎案例，这种先于口袋支点出现的楔形反弹，只为口袋支点创建了一个弱势背景，当该股失守 50 日移动均线时，马上就失败了。该股花费了更多时间构建基部，2007 年 3 月初，跌破了基部低点，到 3 月末，回到 50 日移动均线上方，2007 年 3 月 26 日，闪现出正确的口袋支点买入点。这是一个明显的口袋支点，尽管量能只是平均水平，但仍然高于之前 10 个交易日中任何一个下跌交易日的量能，该股向上脱离了 50 日移动均线，反弹穿越 10 日移动均线，这是一个 10 日和 50 日移动均线反弹型口袋支点买入点。

　　自 10 日移动均线上方某一点位上开始上涨的口袋支点，在大多数情况下，都可以被视为"不稳健"，不值得冒险买入。让我们再看看 GameStop 公司（如图 5.33 所示），再回顾一下我们在图 5.30 中所看到的案例。2007 年 5 月 15 日，口袋支点买入点是一个正确的买入点，但请注意，在图 5.31 中，4 天后在 5 月 21 日出现了另一个口袋支点，始于 10 日移动均线上方的不稳健点位，3 天后就失败了。7 月 9 日，我们看到了另一个类似的口袋支点，同样始于 10 日移动均线的不稳健点位，也是有缺陷的。它同样很快失败了。

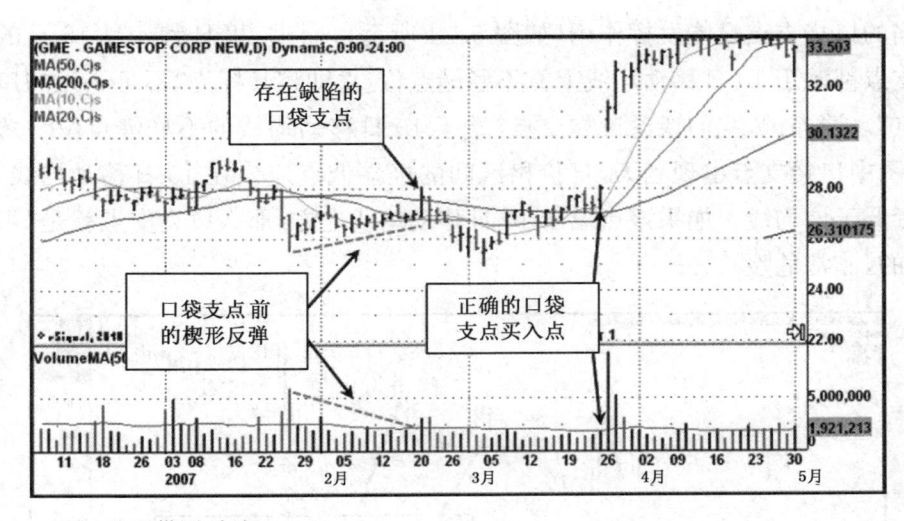

eSignal 公司供图，版权 2010。

注：像雅虎一样，当涉及口袋支点买入点时，背景就是一切。

图 5.32　2007 年 GameStop 公司（GME）日线

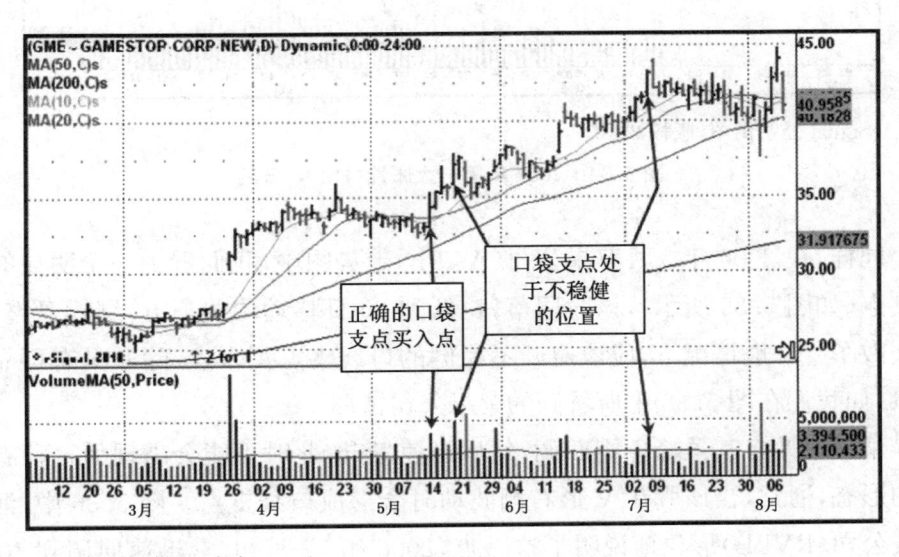

eSignal 公司供图，版权 2010。

注：自 10 日移动均线上方不稳健点位启动的两个带缺陷的口袋支点。

图 5.33　2007 年 GameStop 公司（GME）日线

本章稍早时候，我们看到了"10 日反弹"口袋支点，它在第一太阳能公司（FSLR）2007 年走势图中发挥了作用，但是，在 2007 年走势图中，也有一些有缺陷的口袋支点没能发挥作用(如图 5.34 所示)。3 月 22 日和 4 月 16 日的口袋支点都始于 10 日移动均线上方不稳健点位,立即将其标为"不可买入的口袋支点"。请谨记,我们谈论口袋支点"始于 10 日移动均线的不稳健点位",意思是,图中口袋支点出现当天,日价格区间的极端低点应该在 10 日移动均线上,或者低于该均线。如果该点位于 10 日移动均线上方,那么口袋支点就是"不稳健"的,非常危险。

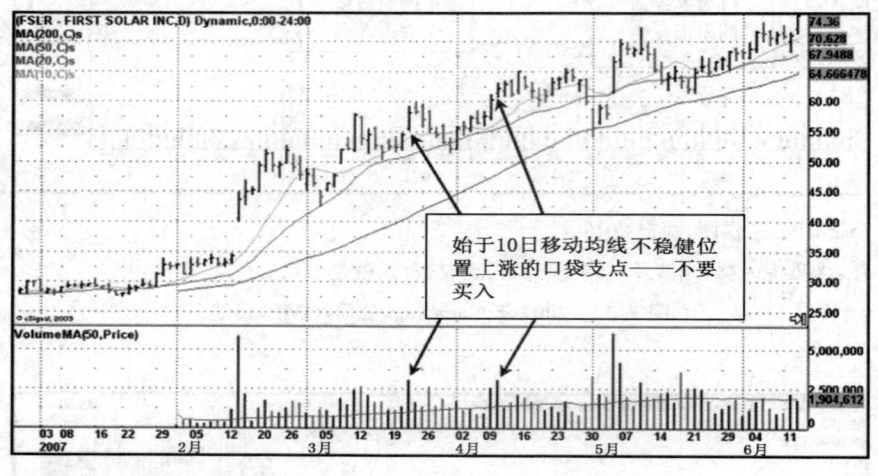

eSignal 公司供图,版权 2010。

图 5.34　2007 年第一太阳能(FSLR)日线

同样,在 2006 年 9 月苹果公司(AAPL)走势图中,我们看到一个明显的口袋支点(如图 5.35 所示),该股回落,拉低到 20 日移动均线下方,继续盘整时,它失败了。一般情况下,应该避开不稳健的口袋支点买入点,除非具有可靠的背景,如我们在图 5.35 中所看到的苹果公司情形。

某只股票自其顶峰急剧回调,然后迅速攀升,此时可能会出现另一种有缺陷的形态,通常,当该股在 V 形右侧波动时会形成口袋支点。图 5.36 中,河床科技公司(RVBD)形象地说明了这一点,2006 年 12 月初,它迅速回调到 10 日和 20 日移动均线下方,之后,一下子反弹到两条移动均线上方,闪现出一个口袋支点买入点。这里,真正问题在于,股票需要花较多时间巩固之前的涨幅,回调到 10 日和 20 日移动均线下方,不足以完成这一任务。通常情况下,这种 V 形回调应该回落并触及 50 日移动均线,这样一种自股价顶峰急速的回调,才是

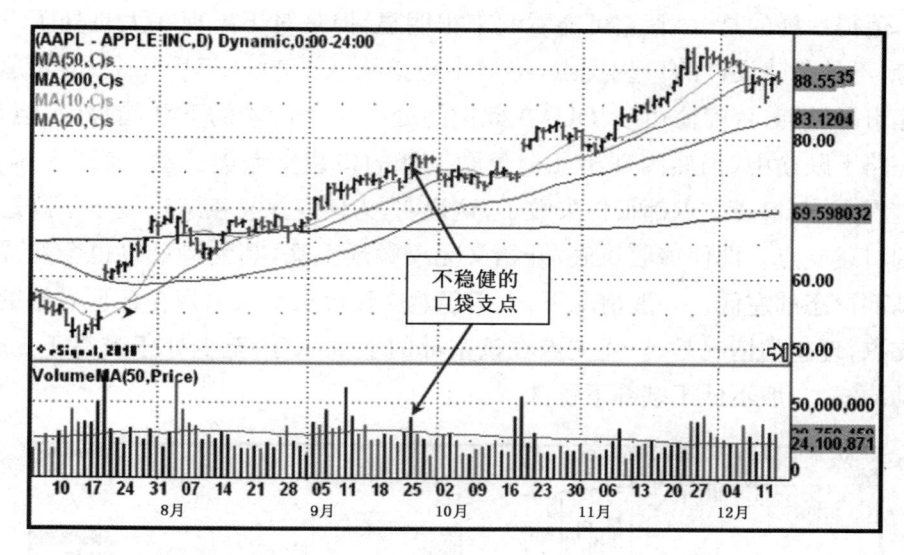

图 5.35 2006 年苹果公司（AAPL）日线

eSignal 公司供图，版权 2010。

更可靠的支撑区域。请记住，背景就是一切。这种"下跌—恢复"形波动，不是我们愿意看到的口袋支点买入点行为。

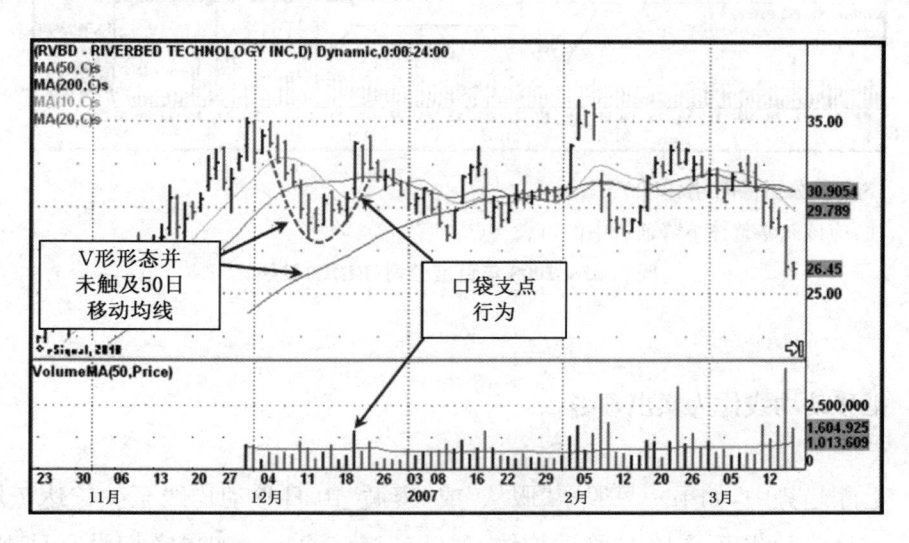

eSignal 公司供图，版权 2010。
注：V 形回调并未触及 50 日移动均线，为随之而来的口袋支点提供了弱势背景。

图 5.36 2006—2007 年河床科技公司（RVBD）日线

值得一提的是，尽管它可能看起来很明显，但是对于出现在大盘处于下降趋势，不具备建设性的口袋支点，绝对不应该买入。2008年后几个月，是急剧的熊市暴跌期，百度公司（BIDU）在此期间处于一个严峻的下跌趋势中，但是，在一路下跌途中，仍然闪现出几个急剧上涨的口袋支点类波动（如图5.37所示）。每一个口袋支点都很快失败了，这说明，为何应该直接忽略处于下跌趋势中的口袋支点。即使该股筑底，开始义无反顾地上涨，其跌势最终也会变成杯形基部形态的左侧。一般情况下，人们仍然应该寻求买入出现在杯形右侧的口袋支点，理想的情况是，口袋支点在该基部的上半部分，至少处于或高于50日移动均线，一般不低于基部下1/3。

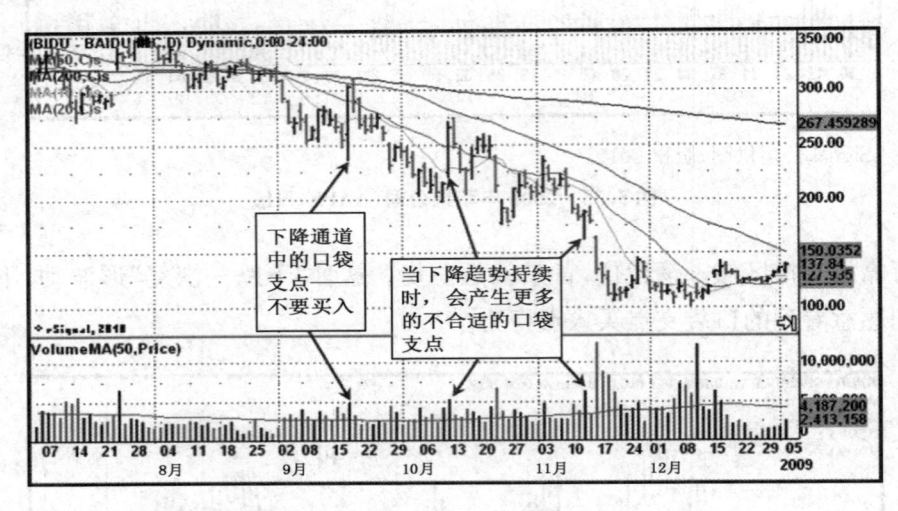

eSignal公司供图，版权2010。

注：应该忽略整体下降通道中的口袋支点。

图5.37 2008年百度公司（BIDU）日线

把移动均线作为卖出参考

上涨趋势中，如果一只股票"服从"或"遵循"10日移动均线至少长达7周，那么一旦该股背离了10日移动均线，通常就应该卖出。如果它们没有呈现这种倾向，那么最好用50日移动均线作为卖出的参考线。这就是7周规则，我们用这种方法可以避免过早卖出，如果股票不具有维持10日移动均线的特性，那么选择采用 50 日移动均线。我们对于口袋支点的研究表明，口袋支点会使股票进入上升通道，且会连续至少 7 周时间，遵循 10 日移动均线，这时，只要出现背离 10 日移动均线走势的情况，就要卖出。"背离"被界定为，当日收盘低于 10 日移动均线，并且第二日股价低于前日最低价。例如苹果公司（如图 5.38 所示）一直遵循 10 日移动均线，直到 2006 年 12 月初的一天（箭头标注日），以低于 10 日移动均线收盘，且第二日股价低于前日最低价。内在逻辑表明，如果一只股票在 10 日移动均线上维持了超过 7 周时间，就会形成一种趋势。我们的研究还表明，自股票移动到 10 日移动均线下方开始，将趋向于进入调整阶段。灵活的投资者能把握机会，捞上一笔，随后静待股票休息、盘整、蓄积力量，再次向高处进发。牛股通常不会休整过长时间，因此保持灵活性，等待时机，发现下一个口袋支点非常重要。

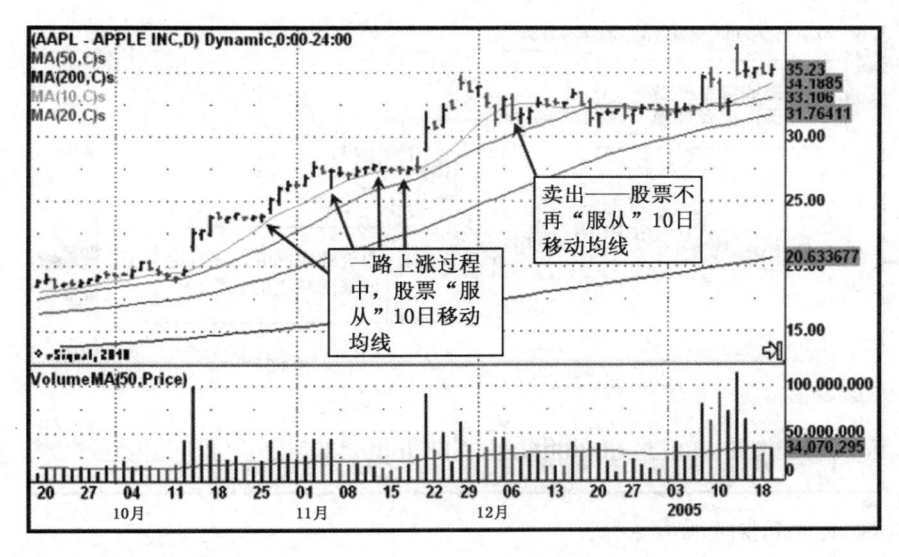

eSignal 公司供图，版权 2010。

注：苹果公司最终收盘于 10 日移动均线下方，它之前一直服从 10 日移动均线。

图 5.38　2004 年苹果公司（AAPL）日线

卡彻博士实验室：买入跳空高走龙头股

对于交易者而言，没有什么能比抓到一只天量跳空高开高走的股票更诱人的了。即便如此，我们也往往把跳空高开看作某种不稳健走势，并没有买入它们的信心，尽管它们可能是一个非常好的信号，即跳空高开的股票是一只潜在的龙头股。有时，巨大的跳空高开上涨，出现在简单的新高基部突破之际，任何时候，只要基部跳空高开上涨在5%以内，就值得买入。图5.39中的GameStop公司(GME)在2007年8月23日跳空高开。请注意，GME在8月初试图突破，但失败了，开始回调，并试探基部低点。这让基部看起来很模糊，但是，当它最终以巨量跳空上涨，突破了基部时，完全消除了基部中任何可疑的量价行为。这是一种跳空突破的基本规则——否定或"消除"了基部中任何的负面或弱势行为，如图5.39中的GME突破失败。这就是说，如果股票处于明确的下降趋势中，跳空高开不应该买回股票。然而，在该案例中，GME是一种简单情况，很容易地被确定为是值得买入的，因为它是一个彻底的新高基部突破。

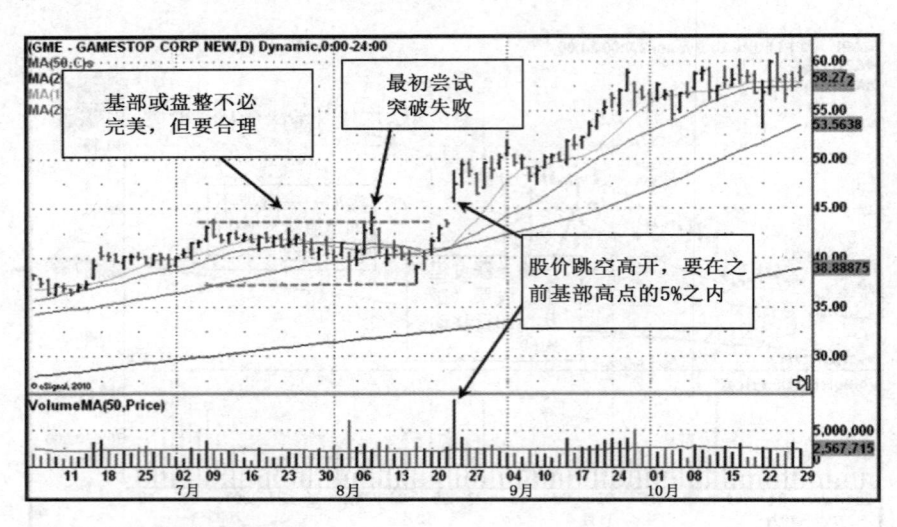

eSignal公司供图，版权2010。
注：巨量跳空高开，突破基部创出新高。

图5.39　2007年8月GameStop公司(GME)日线

图5.40中，苹果公司(AAPL)是另一只跳空上涨的股票，同样也是一个新高基部突破，因此值得买入。跳空上涨或基部突破，当它出现在基本面强势的股票时，基本上应该买入。相对于其他类型的跳空上涨，买入跳空突破是一件简单的事情。跳空突破，并迅速上涨超过5%~10%，且出现在上升趋势中，这时，买入是极为棘手的，但是，利用基于跳空上涨研究所提出的一些规则，就可

以做到这一点。

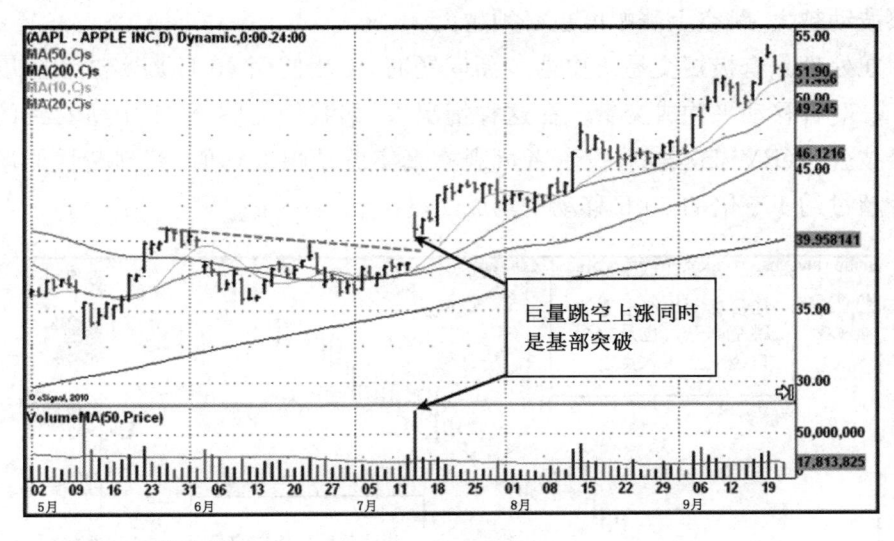

图 5.40　2005 年 7 月苹果公司（AAPL）日线

eSignal 公司供图，版权 2010。

买入跳空上涨的第一条规则是，只应该买入高质量、基本面强劲的股票。买入投机性的、价格为 2 美元的生物科技股和加拿大铀矿股，并不在我们的讨论范围之内。"垃圾"股跳空上涨，不是代表基本面的强势龙头，或至少是潜在的龙头股票，应该避免买入。坚持交易那些日成交 100 亿美元以上的股票，成交量越高越好。

该形态中的跳空上涨非常明显，投资者应该关注股票日线图，所有关键跳空上涨都会出现在上面。我们定义"大幅跳空上涨"特征如下：(1)过去 40 个交易日内，股票至少跳空上涨真实波动幅度均值（ART）的 0.75 倍，在某些情况下，跳空上涨前几周成交量，呈不稳定状态，这时，0.75 倍真实波动幅度均值（ART）是不够的。因此，如果缺口在图表背景中看起来不清晰，最好避免参与。(2)跳空高开交易日，该股成交量应该是 50 日移动均线日成交量的 1.5 倍，或 150%。真实波动幅度均值衡量的是股票波动性，可用如下每天的最大值计算：①当前高点减去当前低点，②当前高点绝对价值减去前一交易日收盘价，或③当前低点的绝对价值减去前一交易日收盘价。连续统计最近 40 个交易日，每天统计其移动均值，投资者就可以判断，之前 40 个交易日的真实波动幅度均值（ATR）。一般情况下，这意味着，要想确认有效的"大幅跳空上涨"，股票波动越大，跳空上涨幅度也必须越大。

在处理只有极短交易历史这一新问题时，无法使用 40 日真实波动幅度均值，或 50 日移动平均成交量。在这种情况下，如我们在图 5.41 中所看到的河床科技公司（RVBD）案例，投资者可观察真实波动幅度均值，并判断量能增加是否超过约 1.5 倍的 50 日移动平均成交量。

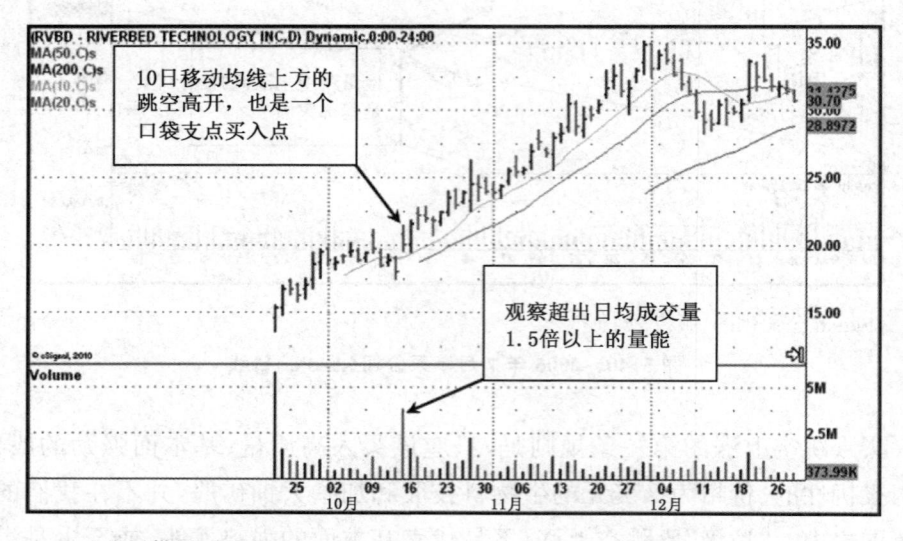

图 5.41　2006 年 10 月河床科技公司（RVBD）日线

尽管在买入时有点"提心吊胆"，但是大多数满足"大幅跳空上涨"条件的高质量龙头股值得买入，附加条件是，它们必须守住跳空高开日交易区间的盘中低点。2009 年 10 月 23 日，亚马逊公司（AMZN）巨量跳空上涨（如图 5.42 所示），绝对不要在当日交易区间盘中低点下方交易。跳空上涨的巨大能量表明，该股有着巨大买入量。请注意，股票收盘在该交易日的高点附近。在交易日开始时，跳空上涨可以买入，因为强势股通常在跳空高开交易日之后持续走高，如亚马逊。在收于交易日高点的尾盘，买入跳空高走也不错，但是必须考虑，我们基于跳空高开卖出规则的下跌因素，本章后面，会讨论这些内容。另外，投资者还可以在开盘时买入期望仓位的一半，在接近收盘时再买入另一半。处理大幅跳空高开的真正技巧在于，跳空高开后，如果股票启动失败，应该在什么地方卖出。基本规则是,股票应该维持在跳空高开当日的盘中低点之上,但是,如果自跳空高开日开始上涨,一路走高,在哪里或在什么条件下卖出?股票走高时,根据它的品质及其围绕10日和50日移动均线的行为卖出,具体操作有所不同。

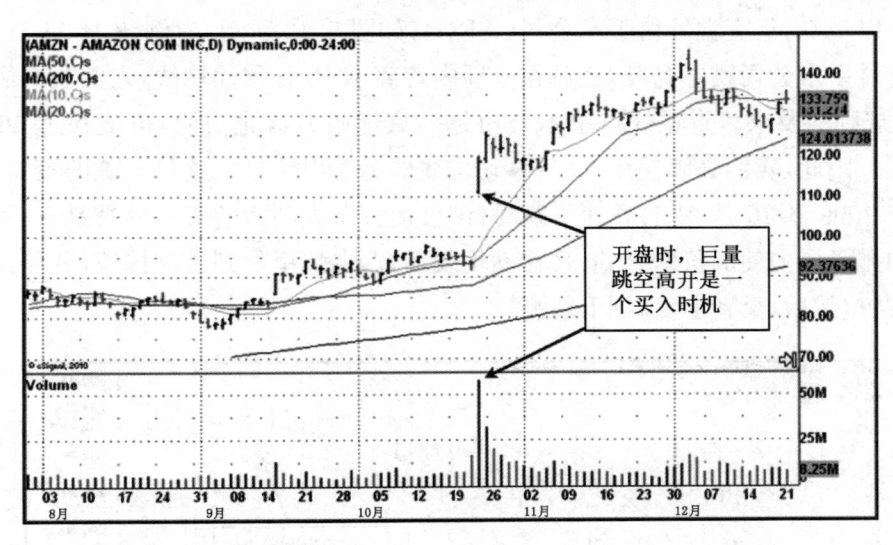

eSignal 公司供图,版权 2010。

图 5.42　2009 年 10 月亚马逊(AMZN)日线

跳空高开日最好在其盘中交易区间的低点附近持仓。处理大幅跳空高开,有两个卖出规则。

规则♯1

例如,如果股票背离10日移动均线,收于均线下方,然后在该交易日低点下方交易,就卖出它。例外条件如下:(1)股票在间隔不到7周时间内背离10日移动均线,这里肯定是指在跳空高开日之前股价历史情况;(2)股票属于下列行业板块:半导体行业、零售行业或大宗商品,包括石油和贵金属;(3)股票市值超过5亿美元。对于这三种例外情形,最好用50日移动均线背离——我们之前用10日移动均线背离——作为卖出信号。另外,7周持有规则的股票,呈现出一种倾向,即跳空高开前在10日移动均线上保持7周或更长时间。如果一只股票坚持7周规则,那么,股价初步倾向于在10日移动均线之上;因此,一旦它跌破了移动均线,就应该卖出,因为它已经改变了特性,无法维持10日移动均线。相反,总是背离10日移动均线的股票,不满足7周规则;对这类股票,我们用 50 日移动均线背离作为卖出信号。对于满足 7 周规则的股票，可以用背离 10 日移动均线作为至少卖出半仓的点位。随后可以用 50 日移动均线背离，卖出所有剩余仓位。

以 2009 年直觉外科手术公司（ISRG）（如图 5.43 所示）为例，8 月 11 日，直觉外科手术公司跳空高开，之后在 3 周内背离了 10 日移动均线，它并没有满足 7 周规则的要求。直觉外科手术公司是一只优质大盘龙头股，市值超过 50 亿美元。因此，我们必须使用 50 日移动均线作为卖出信号。这是正确的策略，甚至在 2009 年 10 月 21 日急速下跌时，该公司公布盈利后的第一个交易日，不太强的抛盘压力使股价跌到 50 日移动均线下方，在那里找到了支撑位，并测试了支撑位，然后，反转上涨，创下新高。

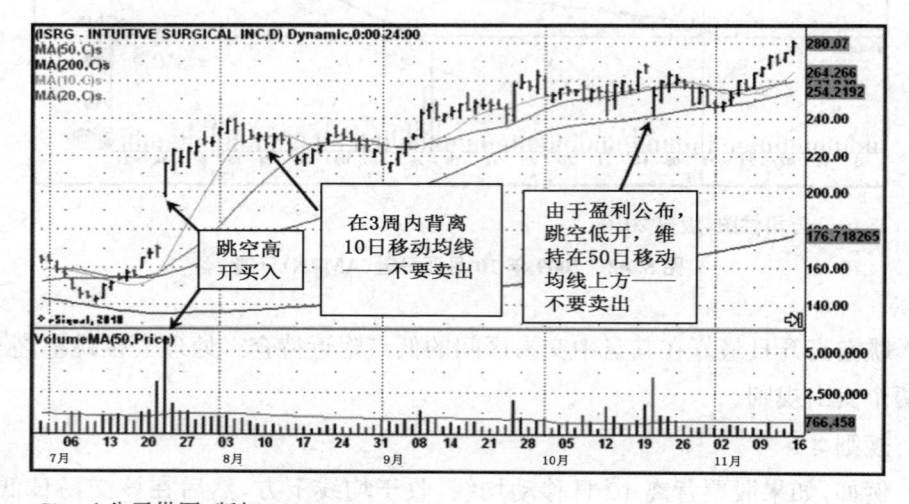

eSignal 公司供图，版权 2010。

注：因为直觉外科手术公司是一只大盘龙头股，并没有满足 7 周规则，它应该在背离 50 日移动均线时卖出，而不是背离 10 日移动均线时卖出。

图 5.43　2009 年直觉外科手术公司（ISRG）日线

图 5.44 显示，2009 年 3 月 4 日跳空高开后，百度公司（BIDU）维持住了 10 日移动均线。之后，百度公司有 3 个月没有背离 10 日移动均线，远远超过 7 周规则所需要的最低时间要求。根据该规则，一旦百度公司背离 10 日移动均线，投资者就应该至少抛售一半在跳空高开日所买入的仓位；一旦该股在 10 月 27 日跳空跌至 50 日移动均线下方，就抛售剩余仓位。也有一种观点，在首次背离

10日移动均线时，简单地抛售所有仓位，我们更倾向于这么做，因为这会让我们休整一下，等待出现低风险重新买入点，诸如口袋支点买入点。两鸟在林不如一鸟在手，正如伯纳德·巴鲁克所说："我通过快速抛售赚钱。"

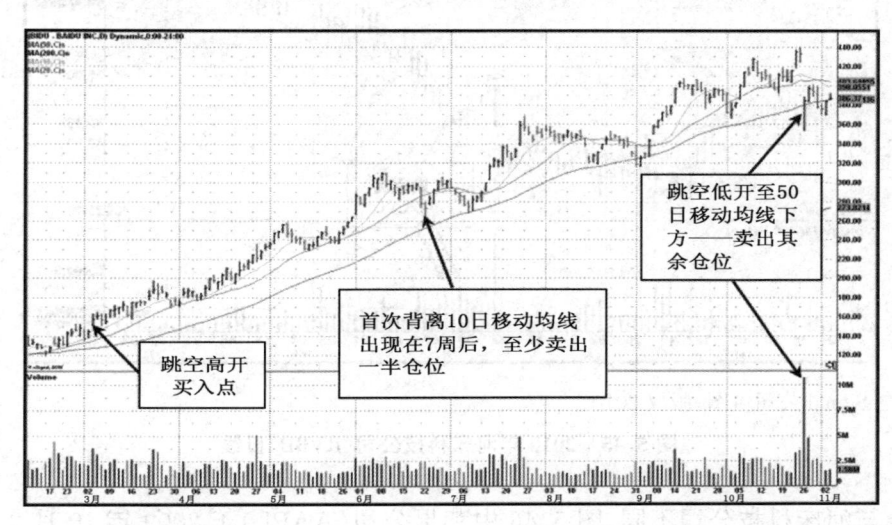

eSignal 公司供图，版权 2010。

图 5.44　2009 年百度公司（BIDU）日线

规则♯2

跳空高开后的交易日，如果股价低于跳空高开日盘中低点，就卖出。投资者决定是否卖出股票，可以等到股票收盘前。与较低波动性股票相比，较高波动性股票具有更大一点的波动空间。此外，观察股票回调到跳空高开日盘中低点下方，是否可以在 10 日、50 日，或 200 日移动均线找到支撑。

以图 5.45 中河床科技公司为例，请注意，跳空高开后，回调是如何跌至跳空高开盘中低点下方的，但它当日收高，并找到脱离 10 日和 20 日移动均线的支撑位。这个特殊交易日也是一个口袋支点买入点，因为该股反转，上穿 10 日移动均线，成交量高于之前 10 个交易日中最大的下跌成交量——"10 日反弹"口袋支点。重要的是，一旦因坚持自己的止损点原则而卖出股票，就继续监控卖出的股票，以防万一行情好转，迅速出现买入信号，如口袋支点买入点。以河床科技公司为例，该股下跌至跳空高开日盘中低点下方，盘中卖出，因为行情好转，根据口袋支点买入点买回。通过这种方式，我们运用所有可供使用的工具，包括口袋支点，帮助我们处理跳空高开的买入情形。

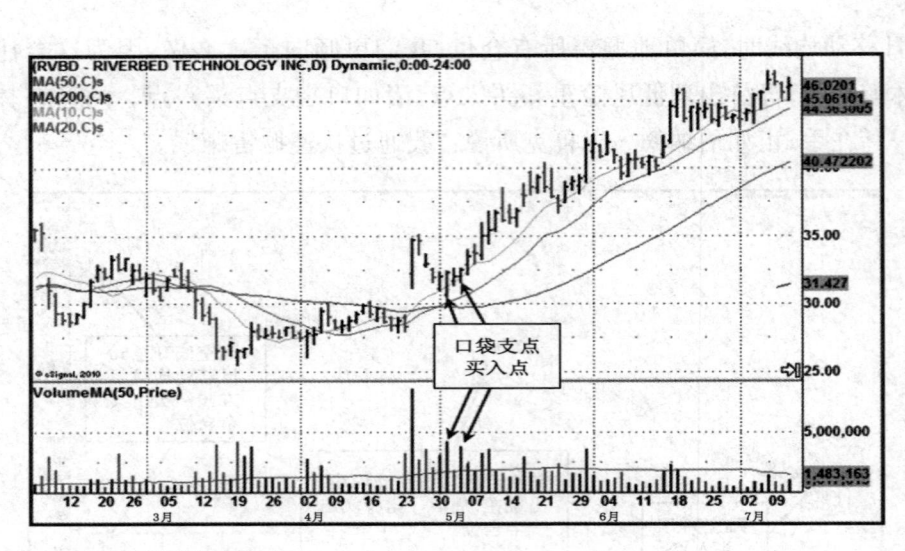

图 5.45 2010 年河床科技公司（RVBD）日线

与河床科技公司不同，图 5.46 中苹果公司（AAPL）于 2009 年 10 月 20 日跌破跳空高开日低点，触发了卖出信号。请注意，苹果公司仅在跳空高开日之后 6 天就背离了 10 日移动均线，这决定了其跳空上涨的失败命运。最终，苹果公司盘整了几周，再次上涨至新高，但是，之前跳空高开日失败了，继续持仓没有意义；无需过多争论，应该以相对较小的损失抛售。

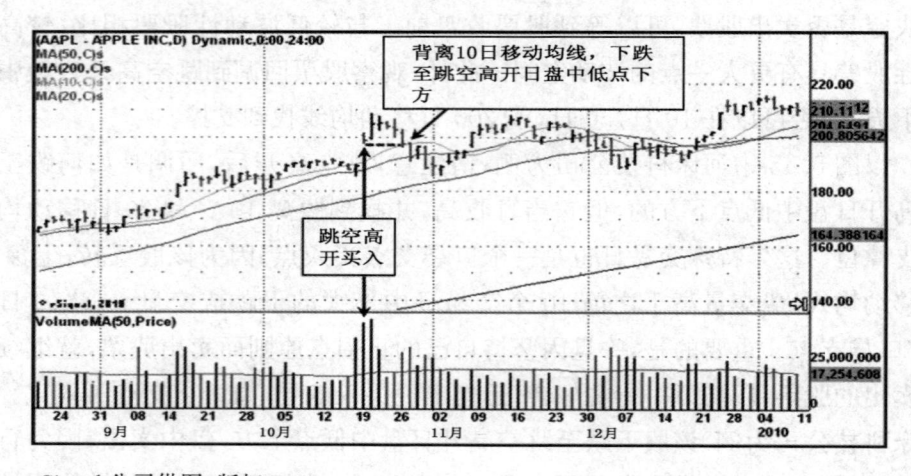

图 5.46 2009 年 10 月苹果公司（AAPL）日线

运用 10 日及 50 日移动均线的卖出技巧

"警觉的读者"可能会注意到,口袋支点卖出法则与跳空卖出使用的法则如出一辙。这是因为,这些法则都建立在 7 周规则基础之上,我们可用以断定,应该使用 10 日移动均线还是 50 日移动均线,作为卖出参考。无论价格趋势如何,我们都可以将它运用在任何股票上。我们有时也会用到 20 日移动均线,但是更倾向于以 10 日及 50 日移动均线,作为卖出或减仓的主要参考标准。

再次复述一下 7 周规则:若一只股票保持在 10 日移动均线上至少 7 周,则当它在 10 日移动均线附近出现"背离"时,就应当卖出。相反,如果股票没有出现这样的趋势,我们就应该在它"背离"50 日移动均线时卖出。

2003 年,搜狐有两个半月的时间保持在 10 日移动均线以上(如图 5.47 所示),股价从 2003 年 3 月至 7 月中旬几乎翻了三倍。直到它最终"背离"了 10 日移动均线,按照 7 周规则,就应当卖出。因为搜狐自 2003 年 3 月突破后,一直维持在 10 日移动均线以上,超过 7 周时间,在这个向上移动的过程中,10 日移动均线就是卖出的参考。一旦股价跌破 10 日移动均线,就应该卖出。然后静待出现另一个买入点,可能是标准底部突破,也可能是口袋支点。

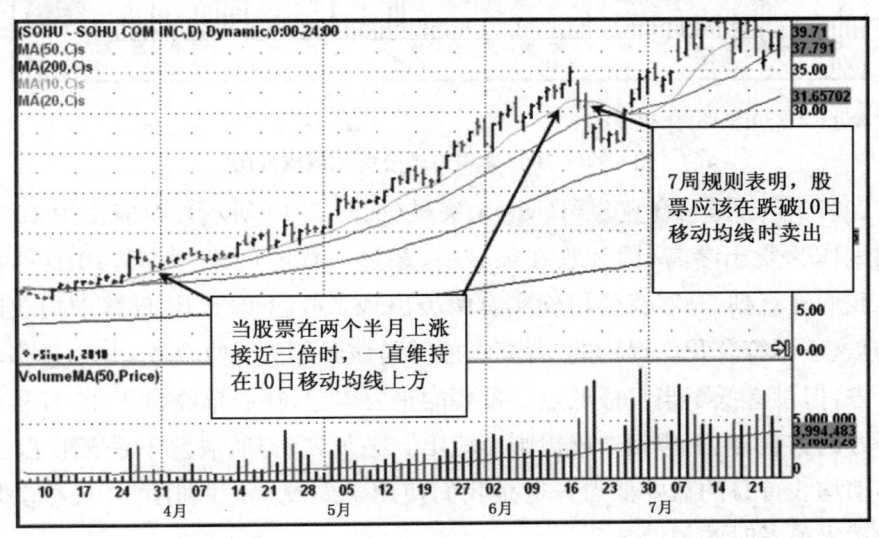

eSignal 公司供图,版权 2010。

图 5.47　2003 年搜狐公司(SOHU)日线

2007年5月初，卡洛驰（CROX）公司大幅跳空高开，并不断攀升（如图5.48所示）。根据跳空买入法则，跳空日的第二天，我们可以择机买入。卡洛驰在7周以上的时间内维持在10日移动均线之上，按照7周规则，我们要利用10日移动均线作为卖出参考。直到2007年6月下旬，卡洛驰"背离"了10日移动均线。请谨记，这里我们使用"背离"这个词具体确定精确的技术行为。通常，这出现在股价首次报收于10日移动均线下方，该股必须跌破首日盘中低点，才能满足"背离"移动均线的定义。图5.48中，跌穿10日移动均线的第二天，跌穿了20日移动均线，正好确认是"背离"了10日移动均线。

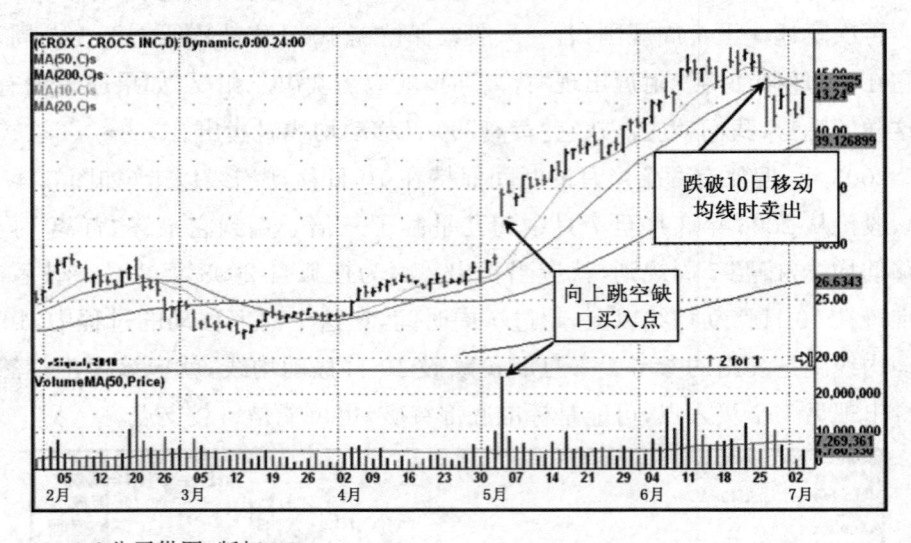

eSignal公司供图，版权2010。

图 5.48　2007年卡洛驰公司（CROX）日线

2007年8月，马赛克公司（MOS）突破（如图5.49所示）后，应使用10日移动均线作为卖出参考，因为它在突破后，超过7周时间未"背离"10日移动均线。我们注意到，马赛克公司确实有两天出现了收盘低于10日移动均线的情况，但这还不符合我们提到的"背离"，原因是该股那两天收盘跌到10日移动均线下方，但没有低于当日最低点。重要的是要牢记，在股票收盘于10日移动均线下方的首日，绝不应因7周规则而卖出。必须先看到，股票下跌至收盘于10日移动均线首日的盘中低点。这是我们使用7周规则，并利用10日移动均线作为卖出参考时的关键技巧。

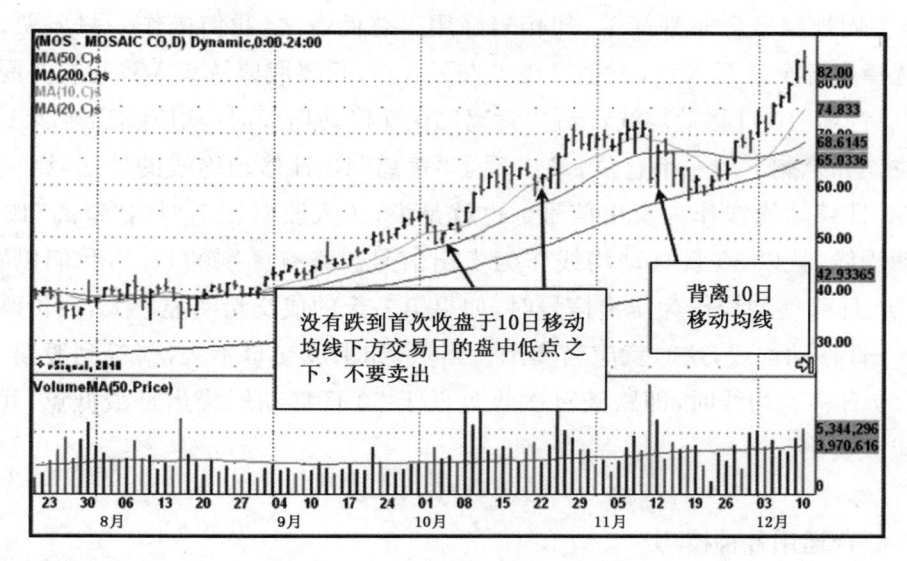

图 5.49 2007 年马赛克公司（MOS）日线

无论股票在底部突破，还是在口袋支点买入之后 7 周内"背离"了 10 日移动均线，我们都应以 50 日移动均线作为卖出参考，如 AK 钢材控股 2006 年 10 月那样（如图 5.50 所示）。2007 年 8 月，该股最终"背离"了 50 日移动均线，应当被卖出。从 2006 年 10 月初买入算起，已经获得了 150％的涨幅。

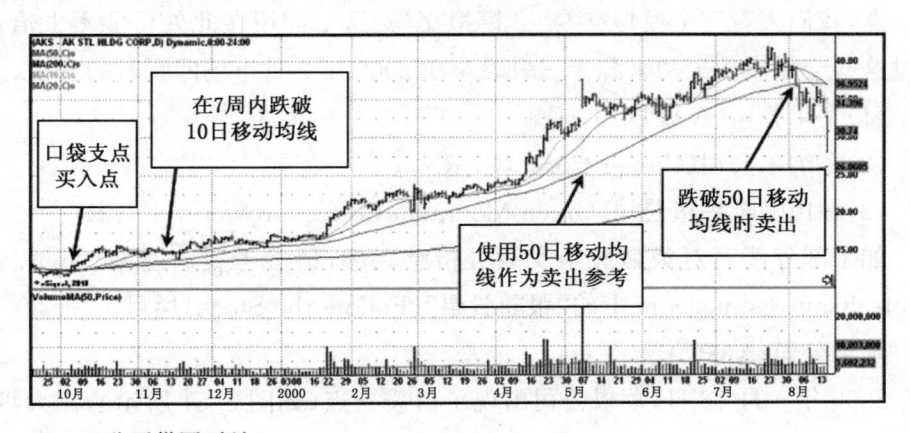

图 5.50 2006—2007 年 AK 钢铁控股公司（AKS）日线

7周规则概念非常简单,却相当好用。总而言之,我们操作一只股票,无论选择底部突破买入点,还是口袋支点买入点,只要股票从买入算起的7周内没有"背离"10日移动均线,当它"背离"10日移动均线时,就应卖出至少一半仓位。如果剩下的一半仓位,又出现了"背离"10日移动均线的情况,则应当将50日移动均线作为卖出信号。也就是说,买入股票在7周内"背离"10日移动均线,就以50日移动均线作为卖出信号。略有区别的是,当我们以"背离"50日移动均线作为卖出信号时,如果第一天的成交量明显放大,股价跌穿了50日移动均线,这时就应当卖出。当然,如果成交量不大,就等到股票"背离"50日移动均线时,即跌破首次收盘低于50日移动均线当日最低点,我们就应该卖出。

综合运用各种技巧

在本章开头,我们曾慎重地指出,无论是口袋支点买入点、跳空买入点,用10日移动均线或50日移动均线作为卖出信号,还是7周规则,都不能看成独立存在的"小技巧",而应当将其视为具有内部关联性的整体。认识到这一点,对我们的实际操作大有益处。在处理大盘龙头股头寸时,这个整体为我们提供了一些具体的分析方法,如果运用得当,可以获得丰厚的利润。为了进一步说明这一点,我们来看三个模拟交易。"模拟交易"这个词用在此处可能不太恰当,不过这些交易模型最初来源于三只股票在2009年3月市场回暖时的表现。

(1)苹果公司(AAPL)。

(2)塞纳尔公司(Cerner Corp.,CERN)。

(3)绿山咖啡种植公司(Green Mountain Coffee Growers,GMCR)。

如果部分读者对类似股票实时分析感兴趣,请参考我们网站,www.virtueofselishinvesting.com 上的"跟随股票"(Follow the Stock)栏目。

苹果公司(AAPL)

2009年4月16日,苹果公司出现了口袋支点(如图5.51所示),比大盘出现追盘日,提前了大约一个月时间。追盘日标志着大盘重新复苏。口袋支点出现时,当日成交量是7天内最高的一次,并且高于前16天任何一个阴线日(即收盘价低于开盘价),因此,这满足了口袋支点出现时所要求的10日内交易量特征。从口袋支点买入起，苹果公司开始不断接近 10 日移动均线。第二个口袋支点出现在 5 月 26 日，起初略低于 10 日移动均线，这是在提醒各位，此时增大持仓量，直至满仓。我们还注意到，苹果公司事实上在两个口袋支点出现后，都较为快速地"背离"了 10 日移动均线，这时，我们需要改用"背离"50 日移动均线作为卖出信号。

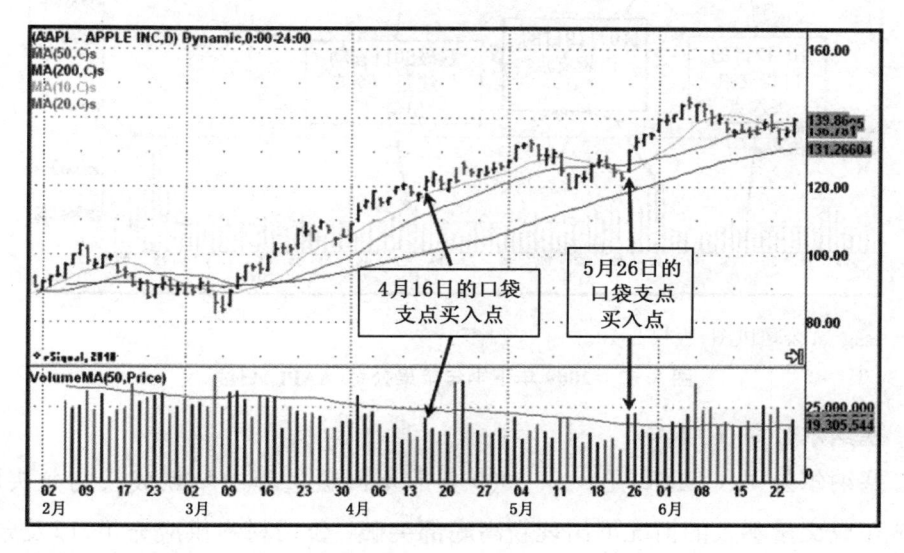

eSignal 公司供图，版权 2010。

图 5.51　2009 年上半年苹果公司（AAPL）日线

随着股价不断上涨，在 2009 年 10 月 2 日和 19 日，又出现了两个口袋支点（如图 5.52 所示）。10 月 19 日口袋支点出现当日，成交量显然是 10 日内最高的。10 月 2 日情况也满足口袋支点的先决条件，当日成交量高于三周半以来任何一个阴线日。10 月 19 日出现口袋支点后，第二天出现了跳空上涨，这是买入的好时机，然而当下跌到跳空高开日盘中低点时，可能会让你抛出仓位。12 月 7 日，苹果公司开始"背离"50 日移动均线，按照 7 周规则，以 50 日移动均线为卖出参考，应当卖出。苹果公司在 2009 年大盘回暖过程中成为一只具有巨大潜力的龙头股。尽管它数次被拉回到 50 日移动均线附近，但一直存在强力支撑。之后不久，这只股票好像上了保险一般，原因是机构投资者的进入为其上涨提供了良好土壤。机构投资者支持其所持有的股票不断上涨，这一点无须质疑。

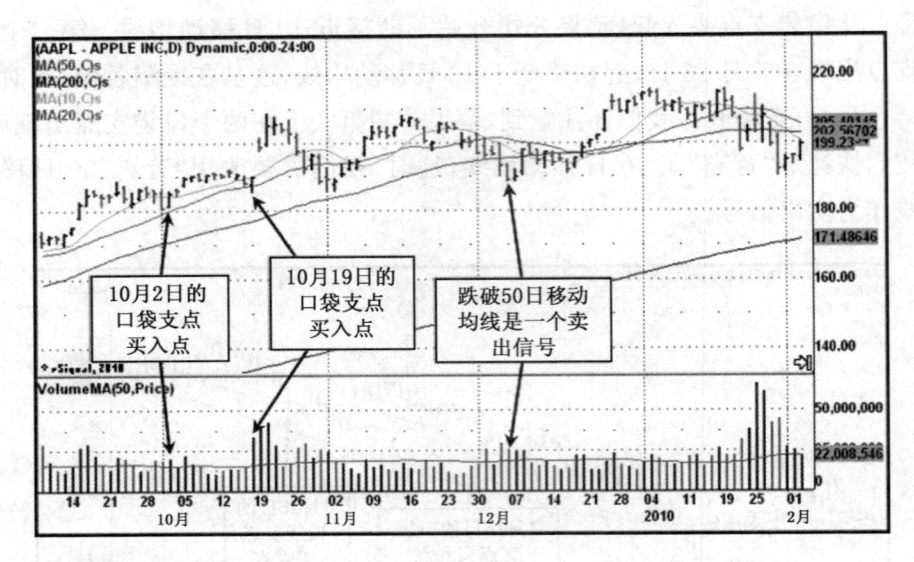

图 5.52　2009 年下半年苹果公司（AAPL）日线

塞纳尔公司（CERN）

塞纳尔公司（CERN）是一只 2009 年股市回暖过程中默默成长的龙头股，经常在成交量不大的情况下出现新高底部突破。公司材料供应充足，以及政府对于制药行业信息技术（IT）投入增加，都成为股价上涨的动力。其间股票出现了不少口袋支点，我们可以好好地加以利用。

第一个口袋支点出现在 2009 年 4 月 24 日（如图 5.53 所示），之后 7 周内，在 6 月 3 日"背离"了 10 日移动均线。运用 7 周规则，此时我们需要改用 50 日移动均线作为卖出参考。同时，塞纳尔拥有 60 亿美元市值，对于如此高市值的公司，我们更应当使用 50 日移动均线作为卖出参考。7 月 7 日，塞纳尔上穿 50 日移动均线，而成交量只高于平均成交量 22%。此时我们要观察，股价是否低于第一次穿越 50 日移动均线的当天低点，将其作为"背离"参考，接着就应当卖出。然而，这种"背离"并未发生，我们不必卖出，而是让它攀升至 50 日移动均线以上，直到 2009 年 7 月 23 日，出现了另一个口袋支点买入信号。虽然当日成交量只与平均成交量持平，但它是 11 日内的最高成交量，且发生在 4 个连续低量日之后。7 月 16 日，口袋支点买入点出现前 6 个交易日，成交量猛增，上升力量已初见端倪。

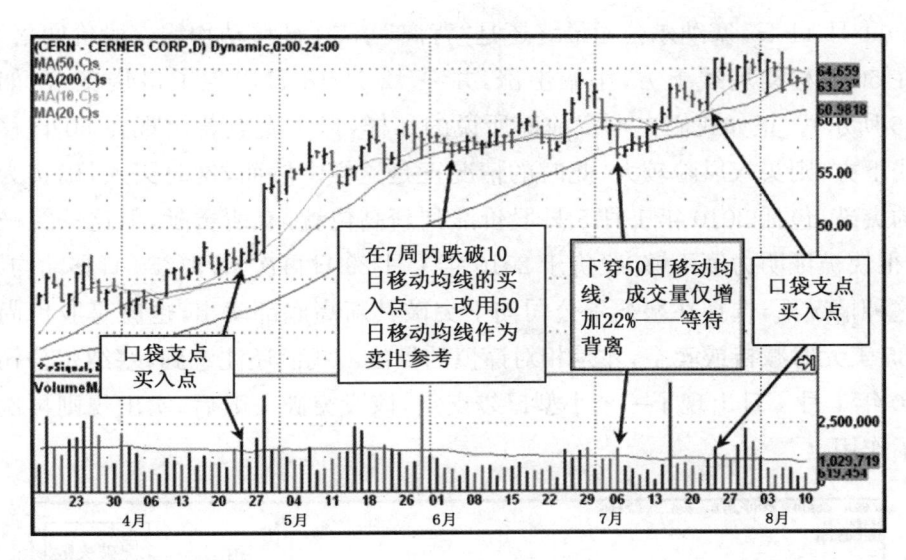

图 5.53　2009 年 4—8 月塞纳尔公司（CERN）日线

2009 年 9 月 1 日，塞纳尔公司收盘在 50 日移动均线下方，根据 7 周规则，该是卖出的时刻了。然而，也有例外情况存在，因为股价处于 50 日移动均线下方时，它也处在前期低点（即 7 月 23 日和 8 月 19 日）的支撑位，如图 5.54 中用虚线标明的那样。

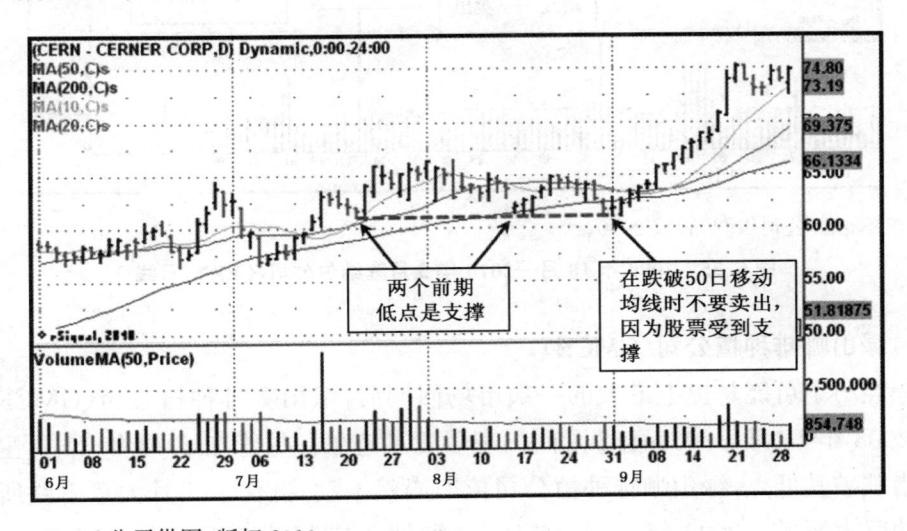

图 5.54　2009 年 6—9 月塞纳尔公司（CERN）日线

11月11日，塞纳尔公司最终还是"背离"了50日移动均线。股价回落后，又在50日移动均线下方，小幅上涨，并在12月18日出现了口袋支点（如图5.55所示）。正如我们在本章前面所说的那样，口袋支点若出现在50日移动均线下方，则买入风险较大，此时的情况正是这样。然而，这时买入，确实为日后的突破，包括2010年1月5日股价涨到新高位置，有所贡献，但这一突破之后，很快被证明力度不够，股价于2010年1月29日再次"背离"50日移动均线。在这种情况下，选择在塞纳尔公司向下突破其新高底部卖出，也就是股价尚处于85美元时减持或卖空，才是相对谨慎的做法。我们还注意到，塞纳尔公司在2010年1月4日出现了一个小型口袋支点，该股突破失败后，卖出规则再次发挥了作用。

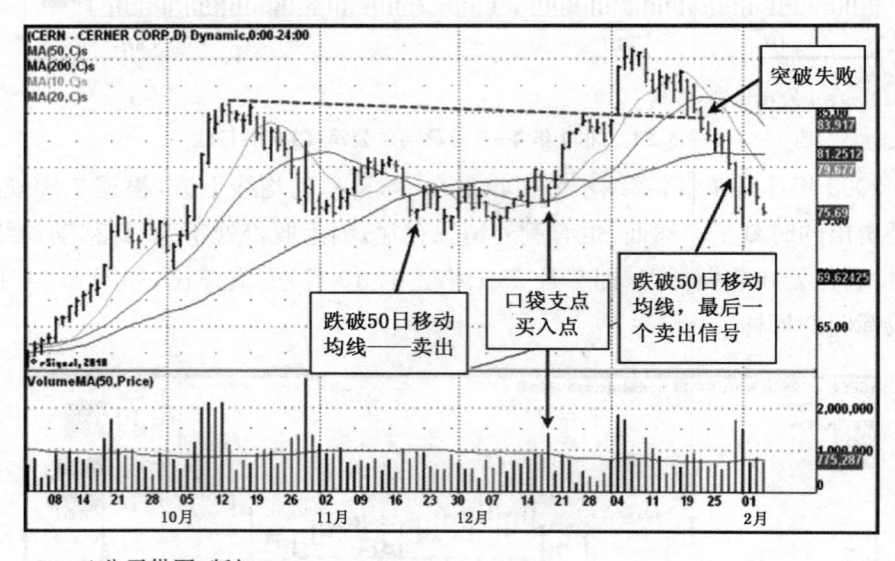

eSignal公司供图，版权2010。

图 5.55　2009年10月—2010年2月塞纳尔公司（CERN）日线

绿山咖啡种植公司（GMCR）

经历了可能是史上最大的一次市场回调后，绿山咖啡种植公司（GMCR），在2008年11月—2009年2月间出现了复苏迹象。尽管在2008年11月主要股指跌破其低点，绿山咖啡种植公司依旧岿然不动，抵住了2月大盘下跌所造成的巨大影响。2009年3月12日，卡彻博士市场模型显示出一个买入信号——大盘追盘日出现了。市场模型分析的好处在于，可能股票基本面看上去不尽如人意，但是我们仍可以凭分析买入，因为这个模型是完全基于对大盘指数量价行为分析建立的。3月16日，也就是追盘日出现后的第三个交易日，绿山咖啡种植公司闪现了口袋支点，同时出现了新高底部突破，然而，当日成交量只高于平均成交量12%，看似未达到欧奈尔底部突破支撑买入点的标准（如图5.56所示）。然而，因为当日成交量高于10日内任何一个阴线日，事实上，它已经达到了标准。以中阳线收盘，股票上涨势头并不强，但不管怎么说，还是满足了口袋支点的条件，所以在那天可以少量增持。

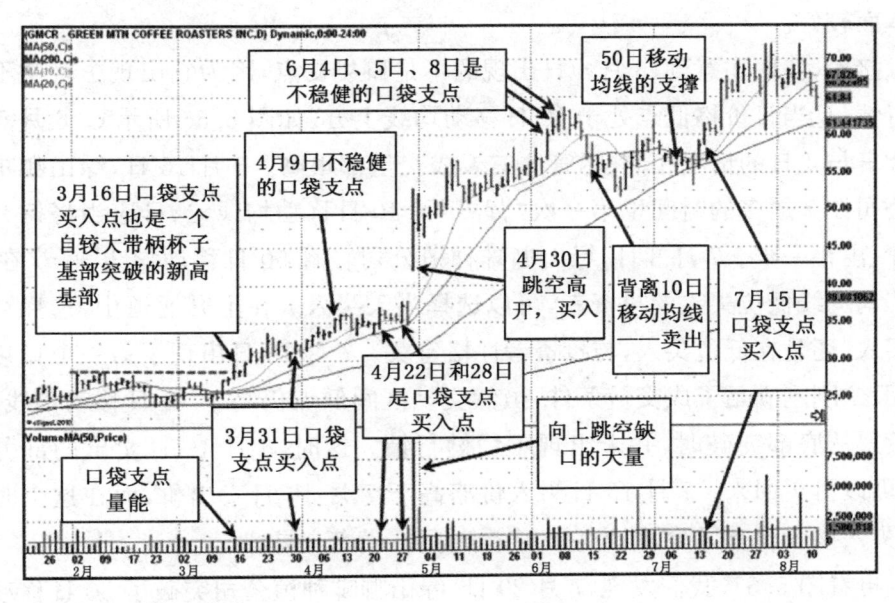

图 5.56　2009 年绿山咖啡种植公司（GMCR）日线

2009年3月31日，绿山咖啡种植公司出现另一个口袋支点买入点。我们注意到，当日股价最低点落在10日移动均线的最高点上，当日收盘时，成交量相对较高。此外，出现口袋支点的交易日，成交量都低于平均成交量，这是即将出现盘整的信号。还有一点值得注意，4月9日并未出现口袋支点买入点，而是出现了轻微不稳健行情。除了这一点之外，我们还发现另一条线索，那就是该股票交易区间下沿高于10日移动均线。4月22日，出现了高质量口袋支点买入点，这是因为该股出现了高成交量，同时口袋支点出现前的4天里，都出现了有规则的稳健走势或收盘，这样，口袋支点显得非常可靠。4月28日，另一个口袋支点出现了,原因同前。

4月30日,绿山咖啡种植公司出现跳空买入信号,如果投资者已经在口袋支点买入,就可能会大量增持。考虑到每个人持有头寸规模不同,风险承受能力也不同,投资者可能在当日增持一定数量的头寸。如果投资者从未买入,那么他可以选择在此时买入。由于大多数跳空日都能满足我们提出的买入条件,因此我们最好选择在刚开盘时就买入,条件是:市场正出现牛市,市场导向模型未出现"卖出"信号,股票达到我们要求的最低流通量,且未进入下降通道,以及基本面较好。

接着,我们注意到,6月4日出现的不是口袋支点,因为它出现了轻微不稳健行情,且当日价格低点处于10日移动均线上方(如图5.56所示)。6月5日和8日与4日的情况相同,尽管这三天成交量都很高。6月16日,绿山咖啡种植公司在7周多的时间里第一次"背离"了10日移动均线,当日应当将持有的头寸,出售一半。7月8日,绿山咖啡种植公司轻触50日移动均线,喜欢在50日移动均线低位买入的投资者,可以选择当天买入。在上升通道中,选择在高位买入,还是在低位买入,与投资者性格有关。7月15日出现了另一个口袋支点,股票刚刚满足了成交量条件,虽然交易区间低点仍高于10日移动均线,但当股票从底部突破时,并未出现不稳健行情。这时,6月16日卖出的部分头寸,可以再买回来。7月15日买入价略高于7月16日卖出价,而在这个时期内,买入该股没有风险,因为它大多数时间在横盘交易。

再看图5.57,我们发现,7月20日,绿山咖啡种植公司突破了50日移动均线,以高成交量向新高挺进,这又是一个买入的大好时机。这是反弹突破,50日移动均线后出现的标准新高突破。7月30日,股票又闪现了一个口袋支点,股票下部切入10日移动均线,并以巨量收盘。当日巨幅成交量源于多方和空方对该公司业绩报告的博弈,当天交易结束时,多方胜利了。接下来几天后,8月7日,出现了一个弱势口袋支点,在区域中位收盘,有点儿不稳健。8月18日,再次出现"背离"50日移动均线的情况,应全部卖出。

重要提示:由于绿山咖啡种植公司在6月"背离"10日均线,卖出后,至少7周内,都遵循10日移动均线的走势,因此8月11日,"背离"10日移动均线,不是卖出信号,但我们要重新考虑,股票趋势是否会发生逆转,进入底部超过3周时间,或突然触到50日移动均线,就应该准备卖出。绿山咖啡种植公司在恢复

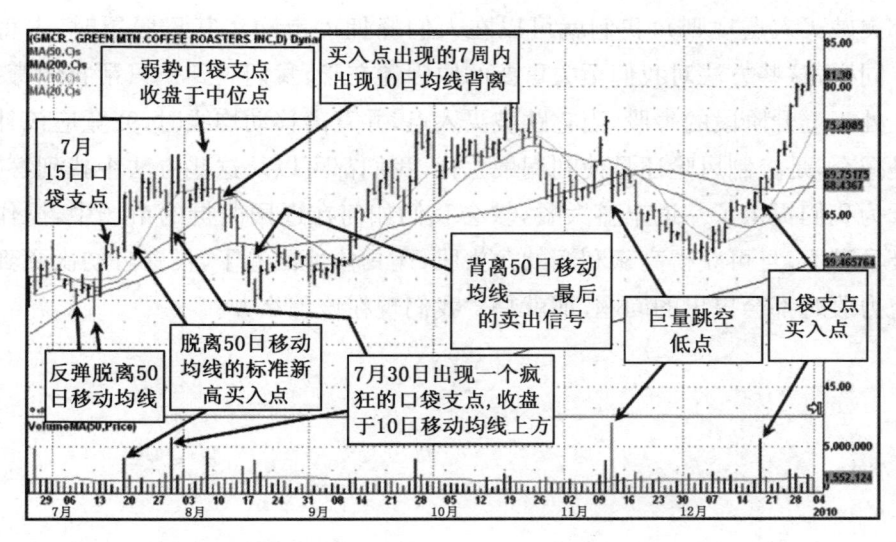

图 5.57 2009 年绿山咖啡种植公司（GMCR）日线

到上升通道后，"背离"了 10 日移动均线，从此刻开始，就应当以 50 日移动均线作为卖出参考。

接下来的几个月，绿山咖啡种植公司试图在 9 月底再次突破到新高，但最终未能实现。有趣的是，该股进入一个新基部，直至 2009 年 12 月 18 日，再次出现口袋支点买入点，后期开始不断上涨，直至 2010 年 1 月。

请注意，如果投资者在 7 月 15 日开始买入，又分别在 7 月 20 日和 30 日再次买入，则他应当留心最高 7%～8% 的卖出损失规则。投资者在这几天收盘前，买入同等数量的头寸，则该头寸的平均成本为 65.45 美元。他们可能不愿意等到 50 日移动均线"背离"，因为那时的价格是 58.13 美元，意味着损失 11.2% 的平均成本。此外，由于像绿山咖啡种植公司这样的股票较为反复无常，因此我们应该制定 10% 的止损规则。在实际操作中，应该将损失尽可能降到最低。

结 论

如果以 10 日和 50 日移动均线为依据，将口袋支点买入点、跳空买入点和 7 周规则概念，很好地加以运用，再加上欧奈尔的传统投资规则（例如标准新高/

基部突破买入点规则），我们就可以在人们蜂拥入市购买某只股票时，占得先机。同样，这些方法对我们至关重要的原因还在于，我们买到一只帮我们赚钱，且正处于上升阶段的牛股，当它跌破买入点，并背离移动均线时，究竟应该补仓还是减仓，是控制风险还是使利润最大化，我们都可以从这些方法中找到答案。本章为我们提供了一道丰盛大餐，教会我们如何在迂回曲折的市场中，操作一只极具潜力，且可获得高额利润的龙头股，还具体地回答了，投资者初次买到一只潜力股时都会提出的问题，那就是："我们现在该怎么办？"

第六章

驾驭熊市波动——及时卖空工具

本质上,卖空理念就是做多理念的镜像。在牛市中,我们寻找每一个市场周期中的"大牛股",利用其巨幅的价格上涨获利。对我们来讲,卖空只是股票"生命周期"的后半程。年轻的创业公司,在其生命周期开始阶段表现优秀,强劲的基本面、新产品和服务,以及充满活力的产业环境,都有助于吸引强大的机构追随者,诸如共同基金、养老基金、对冲基金和其他大型机构投资者。金融机构系统且持续地买入龙头股,将股价推升到令人难信的高位,从而产生经典的欧奈尔式"大牛股"。随着公司走向成熟,以及环境变化,诸如出现更新、更高效、更有竞争力的技术、流程或概念,机构资金流入该股的速度不可避免地出现放缓。在某些情况下,该公司会变成一家行动迟缓、表现不佳的"过期"公司。而那些曾代表着我们最感兴趣的公司,随着机构投资者把资金投入创新创业类年轻公司,资金流也可能会出现快速逆转。当机构们以这种方式退出其持有的大规模头寸时,之前的龙头股会遭受严峻的、持续的抛盘,导致股票暴跌,创下新低,并完成股票"生命周期"。

《如何卖空》出版已经五年多了。本章可以被认为(至少对比尔来说)是该书的首次更新,尽管那本书在很大程度上仍然是诠释欧奈尔卖空方法的优秀入门读物。本章自成一体,但我们建议将《如何卖空》作为它的导言。尽管那本书聚焦于利用周线图阐明卖空技巧,但实际上,要点在于,实时的关键点出现在日线图中。更加准确地说,至关重要的是,如何卖空股票以及在什么点位卖空股票，才能充分利用黄金卖空机会，本章使用日线图详细介绍卖空的精确时间。此外，我们讨论一些卖空图表中有关形态和设置的新观点，并将其增加到见顶形态的工具库，为卖空方法提供必要的形态工具。以前，普遍可行的卖空形态包括标准的头肩（H&S）形态及其衍生形态——后期失败基部（LSFB）形态。

卖空的黄金法则

六条基本法则主导着我们的卖空行为，并为我们建立欧奈尔式卖空方法，提供了哲学基础。我们称之为六大卖空黄金法则，主要是指我们在龙头股位置和流动性方面寻求做空什么类型的股票，何时做空，如何设置空头头寸止损位，以及如何制定利润兑现等法则。

显然，牛市中的"大牛股"开始见顶并反转下跌，对整个股市具有宏观指示意义，通常预示着熊市即将开启。根据定义，随着资金在熊市中流出股市，引领市场上涨的龙头股，通常会导致股市下跌。因此，我们希望聚焦于卖空少数几只大牛股，它们的股价在前一轮牛市中大幅上涨。在熊市中，之前上涨最快的股票，往往会成为下跌最快的股票。因此，我们可以建立最初两条卖空黄金法则：

1. 只在市场处于明显熊市行情时卖空，尽可能在熊市初期，越早越好。如果在熊市中做空时间晚，那么当市场持续走低几个月后，很可能无法享受到行情盛宴。熊市中卖空太迟，可能产生灾难性的后果，因此必须注意这一点。特别是，如果股市已经自顶峰大幅下挫，周围的人都在谈论做空市场，那么你要特别注意，市场会出现与投资者预期相反的走势。

2. 聚焦那些龙头股，其股价在之前牛市期间大幅上涨，且出现明显的见顶信号。这意味着，你可能只能处理一份范围相对较小的卖空清单。

正如我们会在本章稍后看到的，主要的见顶形态，诸如头肩顶，在其绝对顶部形成后，要花费8～12周或更长的时间。在大多数卖空案例中，关键点是，对之前赢利丰厚的龙头股的乐观情绪通常会持续很久。从心理学角度看，这会产生完美的感觉，因为人类的天性如此，而且一直都是如此。那些错过了这只"大牛股"的投资者，曾看着它一路走高，却从未买入，第一次看到它开始从顶峰下跌，希望抓住错失的机会。券商分析师可能会站出来，把这只下跌的龙头股，推荐为"强势买入"，因为股价自顶峰大幅下跌之后，它被视为"廉价"股。通过这种方式，前期龙头股上"残余的"看涨情绪，会持续下去，吸引资金进入，并在其形态内产生反弹行情。消除股票中的全部看涨情绪需要时间，这就是为何大多数卖空目标股，需要花费8～12周或更长时间才能站住脚的原因，之后，它们会破位下行。大多数情况下，受到机构广泛追捧的大盘股，需要更长的时间才能破位，而盘子相对较小的股票会更快破位，通常是在其股价见顶后12周之内。

3. 前期龙头股随着主要上涨行情见顶，在8～12周后，寻求做空该股。

多数情况下，龙头股交投活跃，日均成交量远远超过100万～200万股。通常情况下，我们更希望将日均成交量最少为200万股的股票作为卖空目标。每天只成交几十万股的股票，应该尽量避免卖空，除非投资者打算卖空的头寸远远小于其账户净值。我们还对日成交量低于100万股，低于或等于日均成交量的股票，设定了绝对最大持仓头寸0.5%。对于一只日成交量为30万股的股票，建议经验不太丰富的卖空者的最大绝对头寸规模为1 500股，或者相对头寸规模为账户净值的5%，以较小者为准。日成交量仅几十万股的股票极其稀少，因此容易出现价格飙升，即使头寸相对较小，也可能遭受到巨大损失。

4. 只卖空那些最低日成交量为100万～200万股的股票，且越大越好。通常情况下，风险与股票流动性呈负相关关系，因此，不要卖空成交量稀少的股票。

卖空头寸止损位应该在3%～5%。如果你在某个头寸上亏损3%，而该股自卖空点反弹，且成交量高于平均水平，那么最好把止损位设定为3%，原因在于，要是反弹突然结束，你可以重新做空。此外，如果卖空的股票产生了一个口袋支点式的上涨买入信号，那么你通常要马上卖出空头头寸。如果该股反弹乏力，可以使用5%止损位，有些根据需要再增加1%～3%。空头头寸止损取决于你的头寸规模、个人心理和风险承受能力。一种处理止损的方法是，使用"逆向分层"技术，当空头头寸对你不利时，把一部分头寸"剥离"，比如说，当它比你的卖空价格高出3%时，剥离1/3头寸，高出5%时，再剥离1/3头寸，一旦反弹超过7%，就剥离最后的1/3头寸。这种策略的其他"设置"可以是，高出3%时剥离1/2头寸，高出5%时剥离剩下的1/2头寸，或者高出5%时剥离1/2头寸，高出7%时剥离剩下的1/2头寸。随着你的卖空经验越来越丰富，可能会找到一种最适合自己的止损策略，但无论在什么情况下，极其重要的是，必须建立明确的空头头寸退出计划和点位。在一轮迅速的反弹过程中，迟疑不定或犹豫不决，我们称之为"冻结"，可能是非常危险的行为。

5. 如果股票走势对你不利,开始强劲反弹,且高于平均成交量,就把平均为3%～5%的止损设置为3%。采用"分层"技术,在股票走势不利于你时,逐步"剥离"或卖出空头头寸,诸如在3%时卖出1/3,在5%时卖出另外1/3,在7%时卖出最后的1/3,抑或是其他策略。止损取决于个人心理偏好和风险承受能力,因此卖空者应该在实际操作中找到最适合自己的止损位。

由于股票在宏观下跌趋势中容易出现急速反弹上涨,因此明智的做法是,设置合理的利润目标,一旦在股票中建立了空头头寸,就要预期该股的下跌目标位。在大多数环境中,利润目标应该是20%～30%。如果发现空头头寸在反弹并抹去利润之前,突破了15%～20%,你就要调整,或者再次运用"分层"技术,在该头寸获得15%～20%利润时卖出1/2头寸,当获得20%～30%利润时卖出其余的1/2头寸。

或者,在空头头寸显示出可观利润时,可以使用20日移动均线作为不利上涨的止损参考。一旦股票在适当的卖空形态中破位下跌,在几天到几周时间内,处于下跌通道,就通常使用20日线作为合理反转上涨和反弹的参考点位,你可在其附近设置止损点。在图6.1中,我们观察第一太阳能公司(FSLR),它自一个宽大、松散且不标准的后期带柄杯子形态中破位下跌。请注意,该形态的柄部松散且过长,几乎没有较为稳健的周线收盘价。这就是第一太阳能公司在2008年年底见顶时的宏观形态。

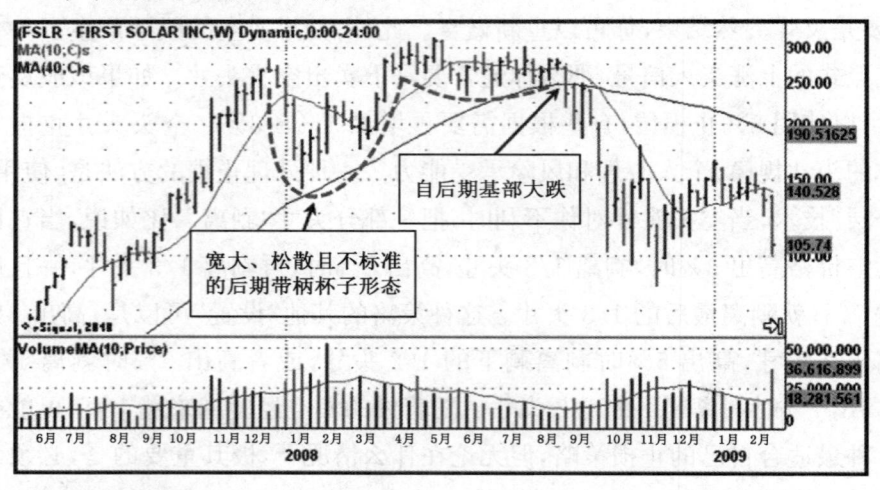

eSignal 公司供图,版权 2010。

注:第一太阳能公司在一个后期失败基部卖空形态中见顶回落。

图 6.1 2007—2008 年第一太阳能公司(FSLR)周线

从宏观视角来看，该股跌破了沿着柄部的 250 美元支撑位，这与图 6.1 对应。在第一太阳能公司明显跌破柄部低点的支撑区间后，它再次反弹到阻力位和 250 美元价格区间。因为(1)该股没有突破首日收于 20 日移动均线上方时的盘中高点，以及(2)上涨到 20 日移动均线，对应着 250 美元和柄部低点构成的坚固阻力位，这很明显不能看成卖出点位。然而，请注意，从 250 美元下跌到 200 美元，代表着大约 20% 的利润，因此，在那里本可以卖出部分或全部头寸，这说明，你执行了 20%～30% 利润目标规则。之后，该股反弹到 20 日移动均线和柄部低点，可以重新做空，这表示在 250 美元价格区间存在强大的潜在阻力。

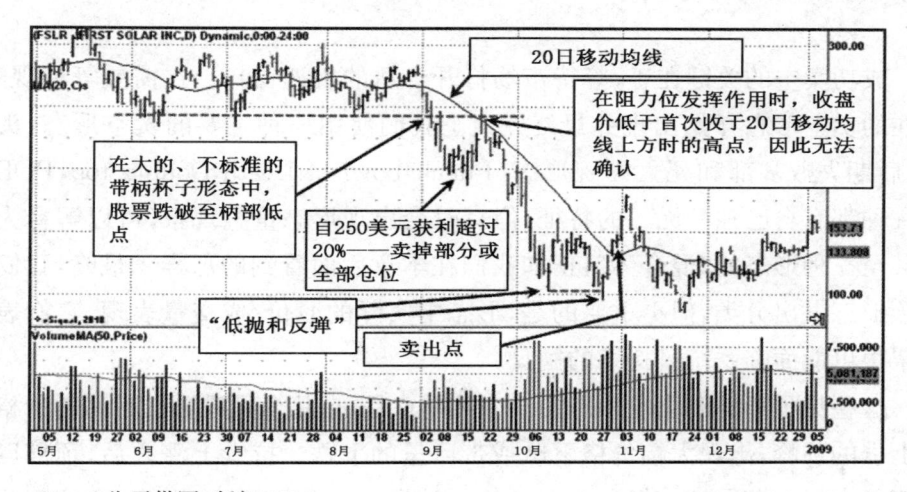

eSignal 公司供图，版权 2010。

注：20 日移动均线提供了一个有效的指示，在该股向下突破并快速下跌至新低时，有助于确定一个移动止损点。

图 6.2　2008 年第一太阳能公司(FSLR)日线

请注意，当第一太阳能公司下跌到 100 美元时，再次出现反弹，之后恰好跌破 100 美元，对 100 美元低点重新试探，形成"打压反弹"局面，这也提供了一个潜在的获利回吐/空头补仓点位。观察被重新试探和打压的低点，有助于确认何时卖出部分或全部空头头寸，因为通过打压股票前期低点，制造空头假象，是很常见的事情，无论是近期(在最近一两周)，还是中期(几周到几个月)，这都被视为"跌破支撑位"，只是太明显了，根本不起作用。因此，随着股价不断创出新低，它们会出现"打压和反弹"的趋势。观察这些打压现象，有助于确认何时卖出部分或全部空头头寸。

6. 一旦空头头寸出现利润，就设定下行盈利目标为20%～30%，或者使用"分层"技术，出现15%～20%利润就卖出1/2头寸，出现20%～30%利润卖出剩余的1/2头寸。或者说，一旦空头头寸出现丰厚利润，就使用20日移动均线作为设定止损位的参考。如果高于当前股价的最近移动均线是50日或200日移动均线，就用它们代替20日移动均线。还要注意，把受打压的前期低点，作为潜在反弹点，在此卖出部分或全部空头头寸。

卖空形态

成功卖空的关键在于，等待市场打开合适的机遇窗口。这需要等待观察，潜在的卖空形态开始出现并最终完成。我们使用三种主要的卖空形态：头肩顶、后期失败基部和死亡酒碗形态（Punch-bowl of Death Double-top，POD）。每一种都有自己独一无二的特征，但有时会出现形态重叠现象，可以解释为两种甚至三种形态的"混合体"，正如我们在本章后面看到的那样。最终，我们为见顶形态做出分类，但更重要的是，形态中实际的股价/成交量表现，它们表明股票很可能面临系统且持续的抛盘。

这些见顶形态和卖空形态的一个共同点是，自几个月或更长时间的价格大幅上涨的顶峰，出现大幅价格下跌或带巨量的下跌。持续上涨之后，顶部巨量抛售通常标志着前期市场龙头股的第一波抛售，正是在这个点位，应该把这类股票放入卖空观察清单，因为它很有可能继续形成某种有效的见顶形态。每天和每周都要筛选带巨量下跌的股票，当潜在卖空目标开始被抛售时，这是抓住有利时机的最有效方法。请牢牢记住，并非在所有情况下，前期龙头股自顶峰出现价格下跌，都会导致该股票出现完整的见顶形态。龙头股可能且通常会，进行简单的修正，建立起新的图表基部，开始新一轮价格上涨。可以制作精细的图表，来识别头肩形态，但也不是必须这么做。刚过去的一轮牛市，有些龙头股价格见顶，正带巨量下跌，持续关注一份"暴跌"龙头股清单就够了。

头肩顶形态

2007—2008年，卡洛驰公司（CROX）走出一个完美、教科书式的头肩顶形态，是对该形态基本"机制"的最好阐释，也是市场上为数不多的头肩顶形态"典范"之一（如图6.3所示）。任何一个卖空和见顶形态出现的先决条件，都是前期价格大幅上涨,诸如卡洛驰公司在 2006 年年末和 2007 年大部分时间内连续上涨 13 个月。如图 6.3 所示,2007 年 10 月,卡洛驰公司自绝对价格顶峰带巨量猛烈下跌。之后,该股反弹,形成一个单独的右肩,也只是短暂地反弹到 40 周(200 日)移动均线上方,之后再次下跌。请注意,该右肩低于头肩形态中的左肩,这是一种最佳的状况,表明该股极度疲软。同样,如果右肩在形态中低于左肩,那么左肩就代表着坚固的阻力区间。

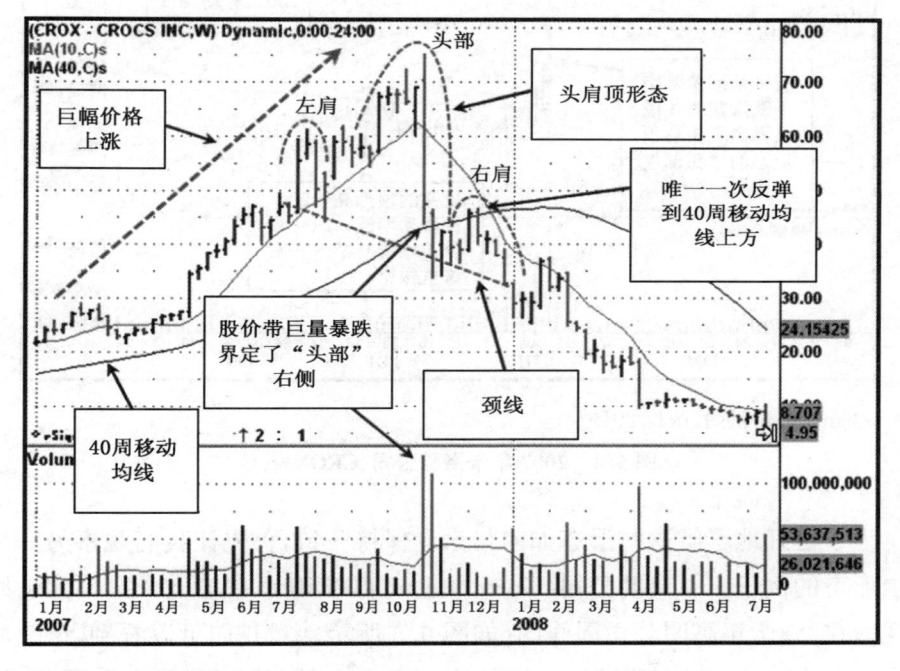

eSignal 公司供图,版权 2010。

注:头肩顶形态的现代"典范"案例。

图 6.3　2007—2008 年卡洛驰公司(CROX)周线

一旦头肩顶形态完成,就可以沿着左肩、头部和右肩三者的低点画出一条"颈线"。在卡洛驰公司案例中,该颈线向下倾斜,因此是一条"下行颈线"。这也是一种最佳的情形,因为下行或下降式颈线,要比平坦或上行式颈线弱得多。当股票短暂反弹时,最初跌破颈线常常会导致"骗线"。请注意,当卡洛驰公司完成右肩形态时,它向下突破了颈线,但是在 2008 年 1 月跌破颈线三周后,股价反转,向上反弹到 10 周(50 日)移动均线,之后再次反转向下,并永久性地跌破了颈线。由于在见顶形态过程中,跌破支撑位过于明显,而且通常会在日线图上出现向下跳空缺口,在周线图上却无法看到,因此当股票微幅反弹到逻辑阻力位或移动均线时,诸如 50 日或 200 日移动均线,我们更喜欢在此做空(如图 6.4 所示)。

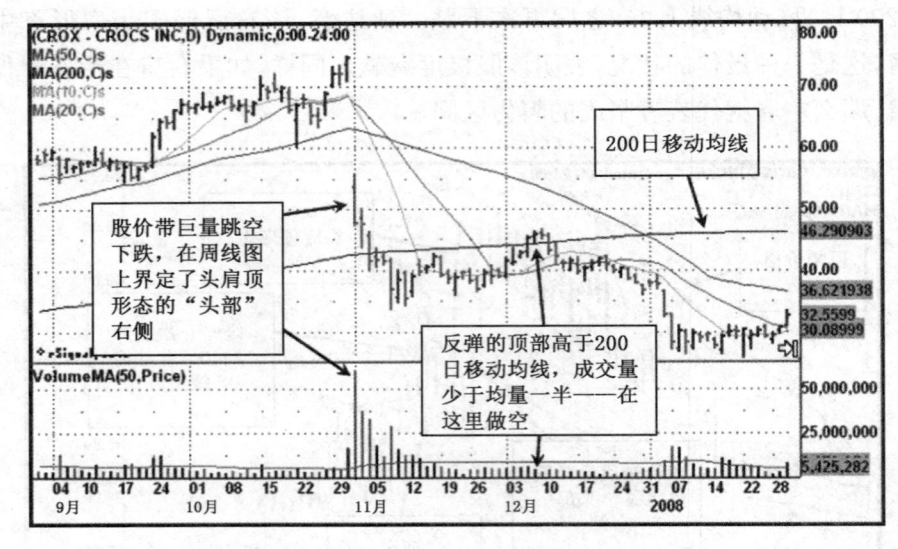

eSignal 公司供图,版权 2010。

图 6.4 2007 年卡洛驰公司(CROX)日线

为了更好地了解这些形态如何与大盘保持一致,首先让我们观察另一个头肩顶形态的例子——高明公司(Garmin, Ltd. GRMN),它与上个案例几乎同时出现。在 2007 年高明公司周线图(如图 6.5 所示)中,我们可以看到,该头肩顶形态与卡洛驰公司极为类似,最初是大幅股价上涨,最终带巨量自顶部暴跌。高明公司是一个有趣的案例,在其形态中的左肩,也有一个急速的下跌,带巨量脱离了 120 美元的顶部,因此,在高明公司自形态中的顶部暴跌时,该股票越来越疲弱的证据,立即开始明显起来。2007 年年底,随着市场开始见顶,左肩和头部的抛售行为,使高明公司成为重要的卖空目标。接下来出现第二轮头部下跌,在形态中构筑了头部,之后,高明公司反弹到 10 周(50 日)移动均线,成交量不断下降,开始形成右肩。就在这一点上,我们希望关注该股的反弹情况,因为反弹时的成交量在下降,表明其上涨动能已经耗尽了。

通过考察高明公司日线图(如图 6.6 所示),我们可以看到,2007 年 11 月中旬,该股启动反弹,到 12 月初,股价推升到 50 日移动均线(周线图上的 10 周移动

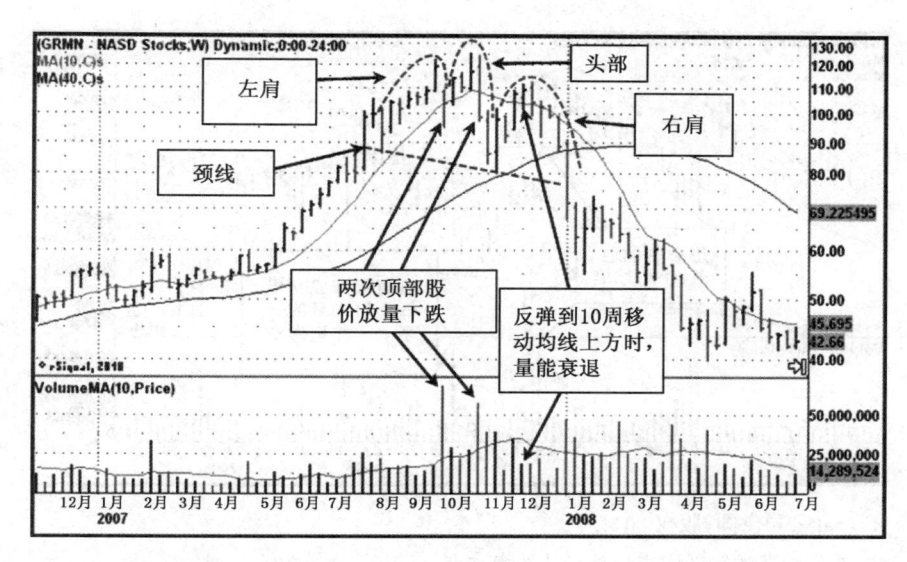

eSignal 公司供图,版权 2010。

注:高明公司构建了一个头肩顶形态。

图 6.5　2007—2008 年高明公司(GRMN)周线

均线)上方。我们在图 6.6 中可以看到,当高明公司触及右肩顶部时,日成交量出乎意料地降低。该股顶部日成交量不到日均成交量的一半,这充分表明,该股在反弹中的需求越来越少。大多数情况下,当右肩反弹成交量低于日均成交量35%～40%或者更多时,如果你在图表上观察,大约是日均成交量的 1/3 至 1/2,或者更少。我们称之为"量能衰竭"日,可以缩写成"VDU",但是,我们更愿意称之为"巫毒"(VooDoo)日。当这种情况出现时,股票的上涨动能开始耗尽,下跌的概率开始增加,尤其是在低量反弹之后,开始出现卖出成交量急剧增加的情况下。在大多数最佳案例中,右肩顶部的低量上涨,标志着反弹行情结束,股票会反转下跌,完成右肩形态。还要注意,一旦高明公司开始跌破右肩的顶部,就会跌到 50日移动均线下方,但是在完全反转,并快速跌穿头肩形态的颈线之前,它仍会努力地反弹一段时间,低量上涨到移动均线,正如我们在图 6.6 中所勾画的那样。

卖空时机也要与大盘走势相吻合。重要的是要知道,卡洛驰公司和高明公司的头肩形态都不是在真空中形成的;随着市场自身筑顶,它们见顶并形成卖空形态。图 6.7 显示了在 2007 年年末和 2008 年年初纳斯达克指数暴跌之前构筑的完整顶部。通过将图 6.7 与图 6.4 和图 6.6 比较,你会看到,这两只股

eSignal 公司供图，版权 2010。

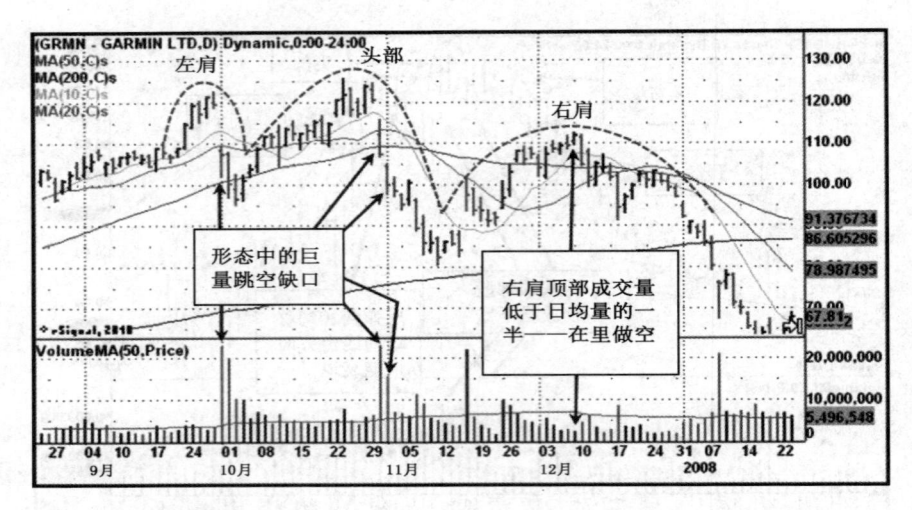

注：右肩顶部的极低成交量是最佳的卖空点。

图 6.6 2007—2008 年高明公司（GRMN）日线

票最初见顶，与纳斯达克指数正好相同。一旦纳斯达克指数跌破了 2007 年 10 月下旬的顶部，最初下跌之后，随之而来的是近两个月的行情反复，卡洛驰公司和高明公司在其整体头肩顶形态中构建右肩，指数与股票走势基本保持一致。

如何形成见顶形态，在很大程度上是大盘的作用，通常情况下，头肩顶形态右肩的顶点与大盘的顶点相吻合，都出现在最初自顶部下跌后的反弹中，就像卡洛驰公司和高明公司构建其形态的方式一样，它们也与纳斯达克指数（即大盘）步调极为一致。卖空目标股或许正在构建一个完整的潜在头肩顶形态，必须放在大盘的背景下观察，因为二者之间存在无法分割的联系。卡洛驰公司和高明公司，是 2007 年牛市反弹期间的大龙头股，当大盘在 2007 年 10 月下旬见顶时，这些股票同时见顶，也就不足为奇了。

卡洛驰公司和高明公司这两个例子很好地阐释了头肩顶形态，包括了投资者在识别头肩顶时应该寻找的所有关键特征。尽管这两个头肩顶形态都只有一个右肩，但是你也会遇到形成多个右肩的股票，这通常是大盘的作用，因为在大盘进一步下跌，并动摇其"机构地位"之前，会持续出现行情的反复。大盘热门股可能需要更长时间才能大跌，但正常情况下，当股票形成一个或两个以上的右肩时，它通常会在某些关键点位向下跌破形态中的颈线，这与大盘走熊开

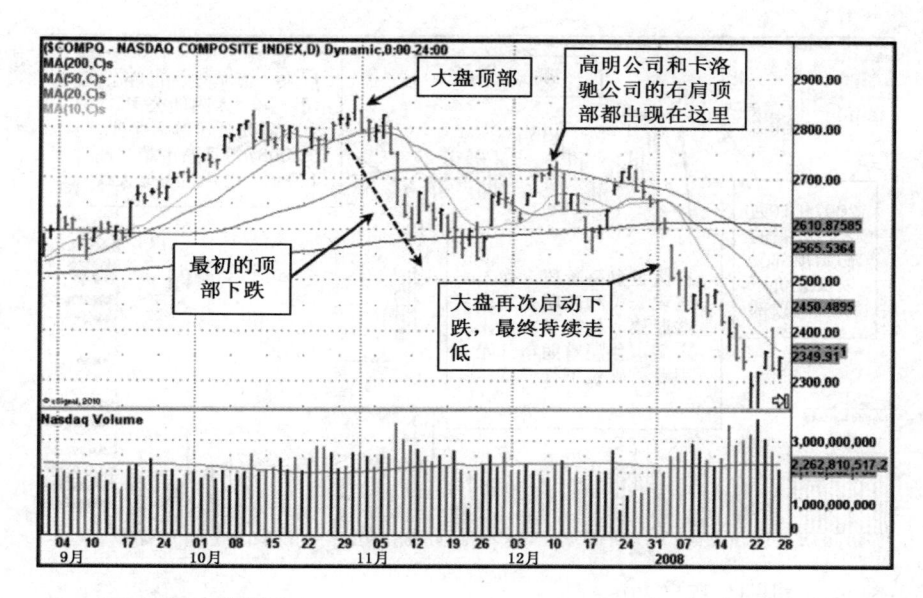

eSignal 公司供图，版权 2010。

注：大盘顶部与大龙头股卡洛驰公司和高明公司的顶部保持一致。

图 6.7　2007 年纳斯达克指数日线

始的下跌趋势相吻合。例如，当类似于卡洛驰公司和高明公司这样的股票在 2007 年年末与大盘一起筑顶时，大盘热门股，诸如苹果（AAPL）和百度（BIDU），仍在继续筑顶，2008 年 9 月即 2007 年 10 月大盘见顶后近一年，才出现大跌，此时大盘也在 2007—2009 年熊市中第二次大幅下跌（如图 6.7 所示）。2007 年年末，首次下跌脱离顶部后，我们可以看到，在 2007 年最后两个月出现行情反复，之后熊市的第一轮下跌，带动卡洛驰公司和高明公司同步下跌。2008 年大部分时间呈现出反复行情，最后在 2008 年 9 月开始了第二轮大跌。就在这一点位，龙头股出现另一轮见顶形态的大跌走势，这是大多数熊市的典型情况（如图 6.8 所示）。整个熊市期间，龙头股开始分化，并在每一轮持续下跌趋势中不断走低。

这是一个非常重要的概念，需要牢记在心，本章稍后，我们会讨论在卖空实操中，寻找其他见顶形态。在熊市期间，市场会为每一次重大下跌提供最佳的机遇窗口，至关重要的是，投资者需要保持耐心和警觉，在市场启动另一轮大跌，并打开最佳机遇窗口时，及时加入空方队伍。

eSignal 公司供图，版权 2010。

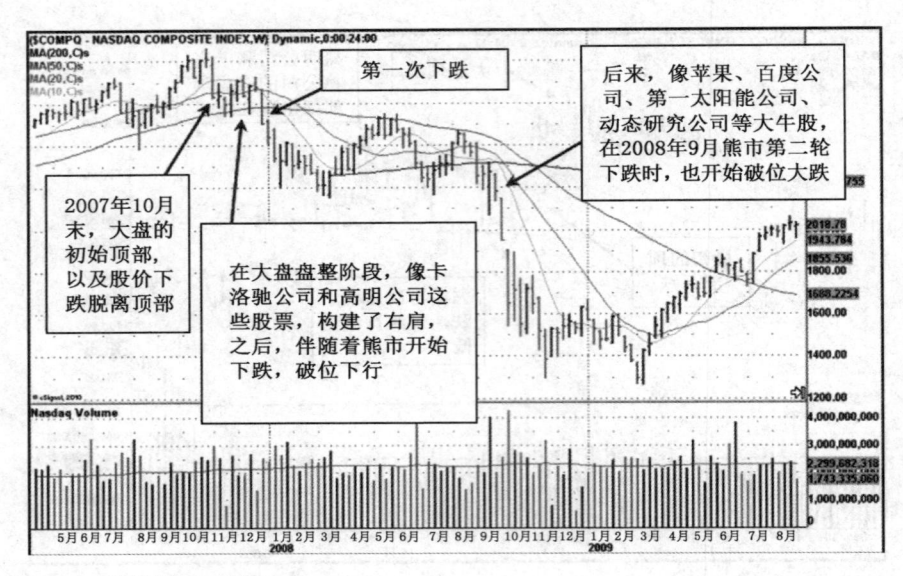

注：在整体熊市每一"浪"中，龙头股顶部都与新的下跌保持一致。

图 6.8　2007—2009 年纳斯达克指数周线

2008—2009 年，孟山都公司（MonSanto Co., MON）是一个有趣的头肩顶形态例子（如图 6.9 所示），它出现在 2007 年 10 月大盘见顶步入熊市后的中期。请注意，孟山都公司并没有在 2007 年 10 月与大盘同步筑顶，反而持续走高，在 2007—2009 年熊市环境中，2008 年实际上出现了一轮熊市反弹行情，到 2008 年夏，孟山都公司股价几乎翻了一番。

最终，2008 年 6 月，孟山都公司见顶后，开始形成头肩顶形态。尽管没有在图 6.9 中标注，但你可以看到，6 月股价带巨量脱离顶部，这界定出了，该形态中"头部"的右侧，之后，孟山都公司大致形成两个右肩，然后在大盘走熊，第二轮大跌的同时，最终跌破了其颈线。在孟山都公司日线图中（如图 6.10 所示），我们可以看到，就在第一个右肩顶部区域，该股出现三个上涨交易日，成交量分别低于日均成交量 45％、54％ 和 63％，这表明对该股的需求，正在接近衰竭。随后，该股跌破 50 日移动均线，收低 19.5％，触及头肩顶形态的颈线。正如我们在本章之前所讨论的，第一次跌破颈线，通常是骗线行为，因为在跌破颈线之后，反转并反弹之前，它会把做空和正常卖出者都卷入进来。在这个例子中，孟山都公司反弹的点位，略高于 50 日移动均线，形成了第二个右肩。

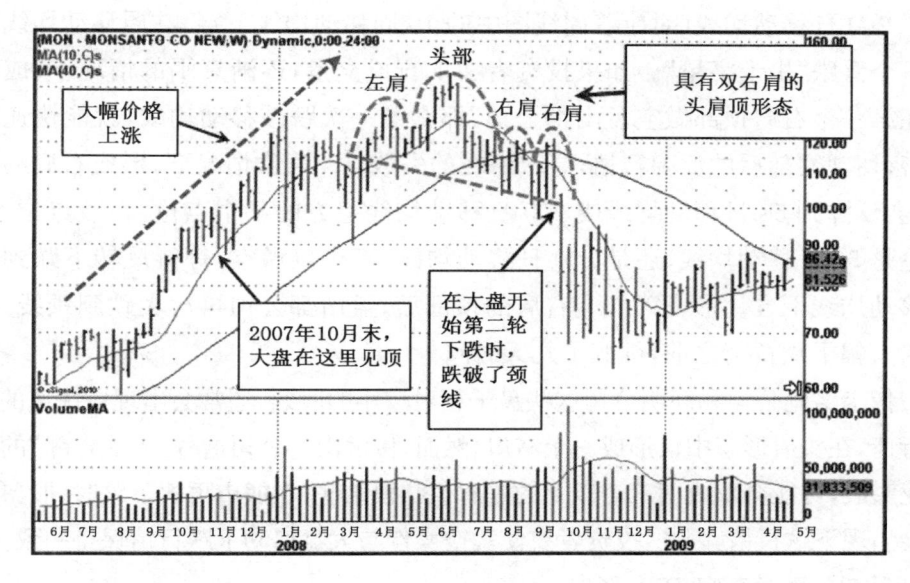

第六章 驾驭熊市波动——及时卖空工具 185

图 6.9 2007—2009 年孟山都公司（MON）周线

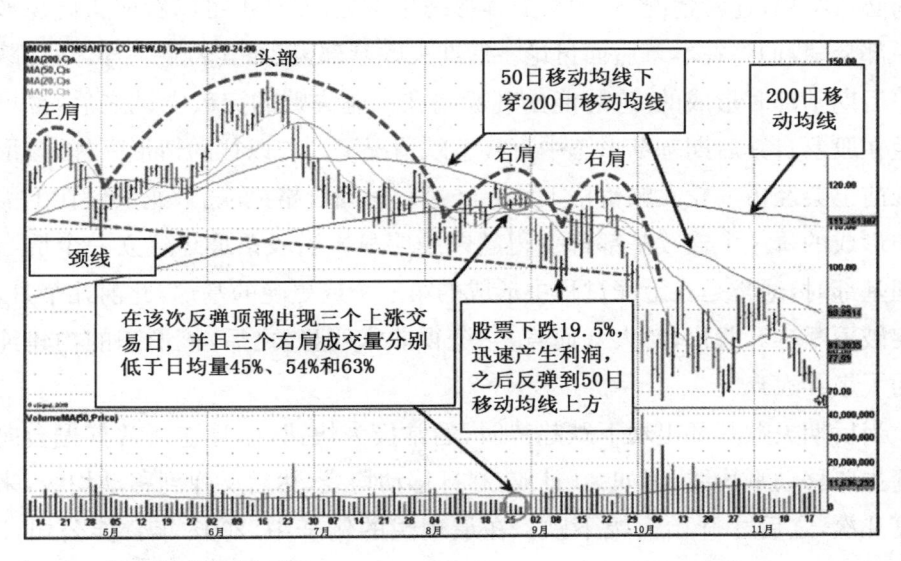

eSignal 公司供图，版权 2010。

图 6.10 2008 年孟山都公司（MON）日线

eSignal 公司供图，版权 2010。

请注意，当第二个右肩开始形成时，孟山都公司的 50 日移动均线，已经下穿了200日移动均线（对应着周线图中的10周移动均线下穿40周移动均线），是一个看跌"黑十字星"。如果投资者在上行成交量，逐渐衰竭的情况下，成功地在第一个右肩顶部做空孟山都公司，那么第一次跌破移动均线，就能快速获利，密切观察随后的反弹行情，寻求潜在的失败点。通常情况下，形成右肩的股票，会反弹到50日移动均线或200日移动均线上方的某个点位，在该点位上，无论是50日移动均线，还是200日移动均线，都可以做空，等待反转下跌到特定移动均线下方。形成第二个右肩的顶部后，孟山都公司再次大跌到颈线，在开启大幅下跌行情之前，徘徊了几天时间。

像卡洛驰公司和高明公司这些盘子相对较小的股票，通常会出现更快速的下跌行情，在头肩形态中仅形成一个右肩，然而，像孟山都公司这种"备受青睐"的大盘龙头股，可能会形成两三个以上的右肩。归根结底，在熊市再次下跌时，股票最终会出现下跌行情，因此，投资者要使卖空操作与大盘启动下跌行情保持一致。

后期失败基部（LSFB）形态

第二种重要的见顶卖空形态，是后期失败基部形态（LSFB），这是头肩顶形态的必然结果，通常情况下，比头肩顶形态更常见，而且也可以看成头肩顶形态的一部分，我们将在本章后面讨论。后期失败基部，正如其名字一样，是在跌破股票后期基部时形成的，这可能出现股票在一轮失败的突破尝试之后，也可能发生在股票自其后期基部形态中直接下跌情况下。与以往的情形一样，该形态出现前也会经历一轮大幅价格上涨。经过长时间价格上涨后，龙头股在上涨过程中形成的每一个连续基部都变得越来越明显。当股票最终建立一个恰当的后期基部时，通常是在上涨过程中形成的第三个或更晚的基部，此前几个月，最初突破不断推升股价，对大众而言，它变得非常明显，之后，该形态的构建纯粹是为了愚弄大众。

当后期失败基部出现下跌趋势时，通常极为快速，而且它通常首先会向下跌穿主要移动平均线，诸如20日或50日移动均线，然后反弹到移动均线，来回反复几次，之后才开始大幅下跌。在最理想的例子中，2007年日能公司（SPWRA）是一个快速失败的后期、V型带柄杯子形态（如图6.11所示）。日能公司周线图显示，自该带柄杯子形态的突破尝试开始时，周成交量清淡，股票上涨艰难，并逆转收盘在周交易区间的底部。两周后，该股跌穿了10周（50日）移动均线，并出现暴跌行情，在短短三周内损失了50%以上的市值。

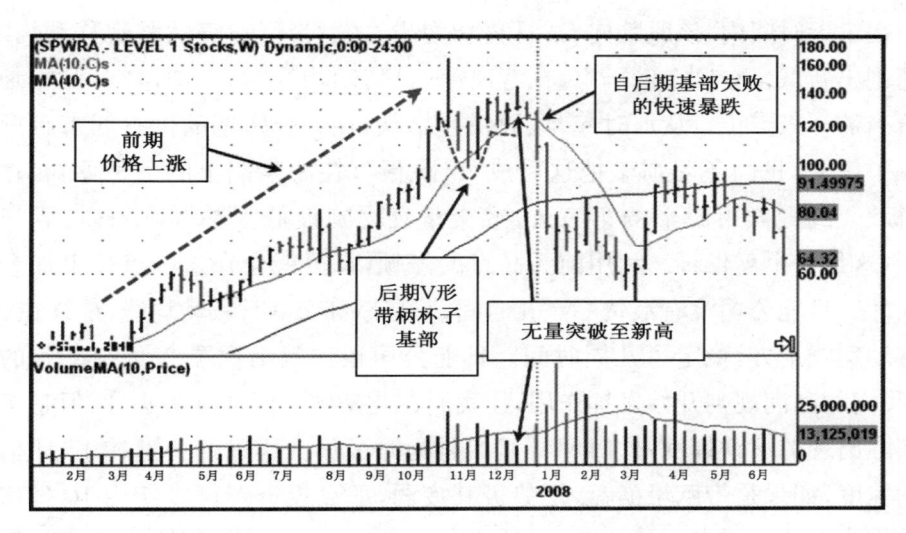

图 6.11　2007—2008 年日能公司(SPWRA)周线

和前面一样，日线图(如图 6.12 所示)更详细地描述了后期基部突破失败是如何发生的，我们可以看到，股票进入高潮式上涨，达到杯子左侧顶部，之后形成了最初的 V 形带柄杯子基部。在杯子形成柄部后，突破日成交量只达到平均水平，这令人感到怀疑，接下来的几天，随着成交量衰竭，开始反转下跌。

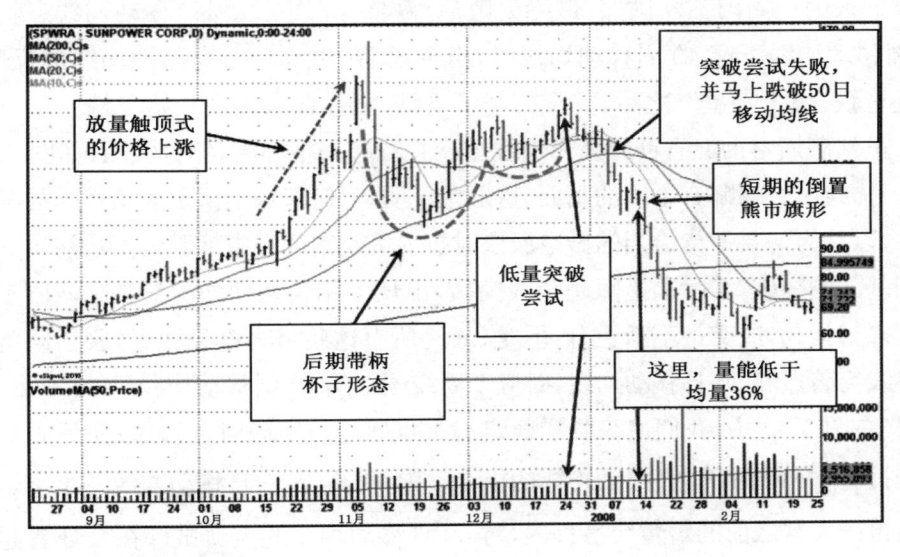

图 6.12　2007—2008 年日能公司(SPWRA)日线

在7天时间内,该股跌向50日移动均线,之后带巨量突然跌破移动均线,迅速创出新低。在这个例子中,在背离50日移动均线时,立即做空,可能是一个恰当的介入点位。从那时起,该股快速暴跌,在一个短期的倒置熊市旗形中停顿了三天,我们还习惯于把这看成"走跳板"(在海盗船上的一种惩罚)。在"跳板"或倒置熊市旗形的第三天,成交量衰竭到极低水平,低于日均成交量36%,这是一个巫毒日。利用前天高点的停顿,有可能会在这一点位上加仓空头头寸。日能公司没有浪费一点儿时间,直接跌穿200日移动均线,最终在200日移动均线下方,稳定了几周时间。日能公司很快就出现了25%~30%的利润,我们的利润规则开始发挥作用,让我们在此基础上回补空头头寸,但是考虑到实际出现的下跌幅度,这时回补显然是为时过早。这里的关键在于,评估下跌的速度,如果是带巨量崩盘,走势极其疲弱,那么投资者可以使用10日移动均线作为上涨止损点。请注意,一旦日能公司跌破50日移动均线,我们就要观察其10日移动均线在一路下跌过程中是如何尾随其上的。

"大牛股"萨斯喀彻温省钾肥公司(POT),钾肥生产商,是一个有趣的后期失败基部案例,最后演变成为头肩顶形态(如图6.13所示)。然而,聚焦后期失败基部,会让你更快地进入空头阵营。2008年6月,萨斯喀彻温省钾肥公司自5周后期基部突破,持续推升,成交量逐步降低,之后,拉回到10周(50日)移动均线,在接下来的三周内不断试探,最终失败后,跌向40周(200日)移动均线。就在10周移动均线下穿40周移动均线时,出现最后一个向40周移动均线的反弹,这是看跌"黑十字星",之后,完全打开了下跌通道,在4周内开始暴跌。

虽然萨斯喀彻温省钾肥公司周线图让它看起来很容易,但日线图(如图6.14所示)描绘出一幅略有不同的画面,这形象说明,为何坚持不懈是成功卖空的必要条件,以及为何要等待恰当的做空股票时机。萨斯喀彻温省钾肥公司最初自5周后期基部的突破,实际上是短趋势线突破,出现了相当强劲的成交量。该股走势看起来很强劲,成交量不断上升,但是,最终所有这些努力都失败了,股票回落至趋势线突破点和50日移动均线,对应于周线图上的10周移动均线(如图6.13所示)。在图6.14中,我们追踪股票稳定却有点僵化的突破时,可以按照标志的数字进行。①出现在50日移动均线的极小反弹,仅高于20日移动均线一个点。在股票再次大跌之前的短暂交易日内,对50日移动均线的重新试探在②处看起来是成功的。在这一点上,似乎③处的支撑来自5周基部,之前,萨斯喀彻温省钾肥

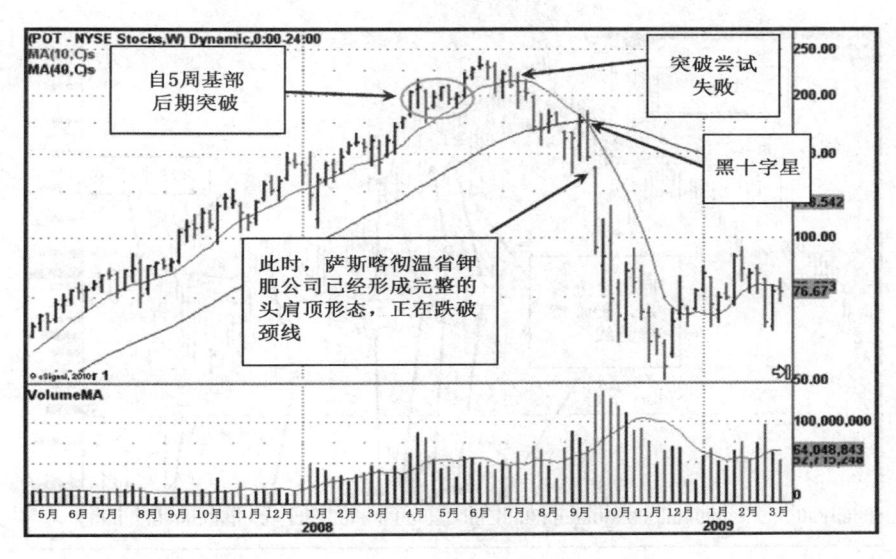

图 6.13　2008 年萨斯喀彻温省钾肥公司（POT）周线

公司就在此实现突破,股票看起来反弹出了"稀薄空气区",并在④处回到 50 日移动均线上方,成交量低于平均水平。请注意,第二天的盘中,该股真正触及 50 日移动均线,极低的成交量表明,该股在那个点位脱离了上涨通道。自此,萨斯喀彻温省钾肥公司开始暴跌,之后,在 200 日移动均线找到支撑,并反弹到 20 日移动均线附近,此时,我们把 20 日移动均线作为上涨止损参考。还要注意的是,萨斯喀彻温省钾肥公司在⑤处无法克服 20 日移动均线阻力,这是一个巫毒日,成交量低于日均成交量 44%。之后,该股再次跌破 200 日移动均线,接着伴随大盘的强势反弹,再次强势反弹至 50 日移动均线。

如果我们取一幅标准普尔 500 指数走势图,标上数字①～⑥,如图 6.14 中所标注的,就可以得到图 6.15,很清晰地说明了,萨斯喀彻温省钾肥公司的崩盘与大盘走势的相关性。实际上,在标准普尔 500 指数实际触顶约两周后,萨斯喀彻温省钾肥公司才跌破了其五周后期基部。随着大盘在 2008 年 6 月大部分时间内持续走低,萨斯喀彻温省钾肥公司的股价走势反映了这种情况,突破开始失败,该股在 50 日移动均线周围波动（如图 6.14 所示）。还可以看到,从①～④,萨斯喀彻温省钾肥公司股价来回波动,在某种程度上与大盘是相关的。从点⑤～⑥的走势,无疑是大盘的作用,在萨斯喀彻温省钾肥公司日线图中,经

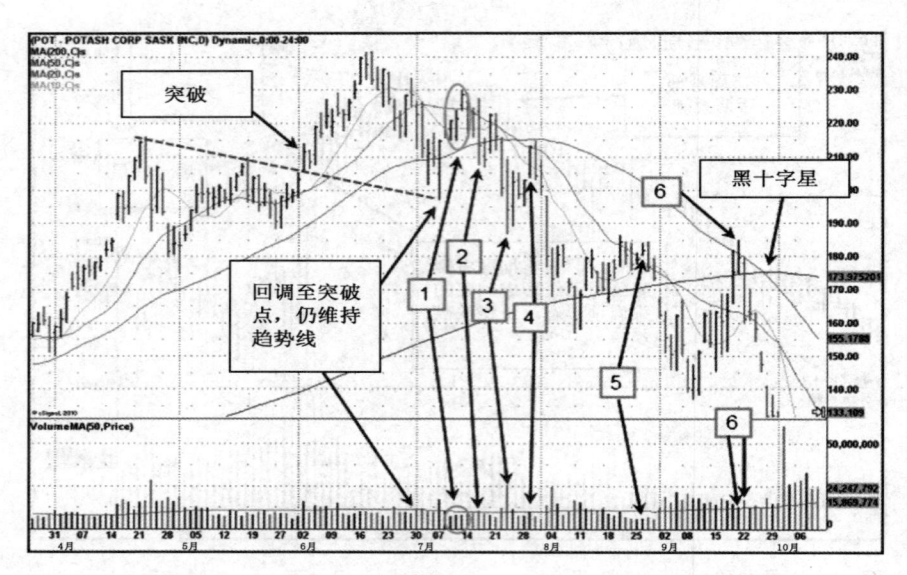

图 6.14　2008 年萨斯喀彻温省钾肥公司（POT）日线

过锯齿状突破，及最后两天"自升式"反弹，最终达到 ⑥，这显然与标准普尔 500 指数的走势极为相似。机遇窗口在 ⑥ 处完全打开了。

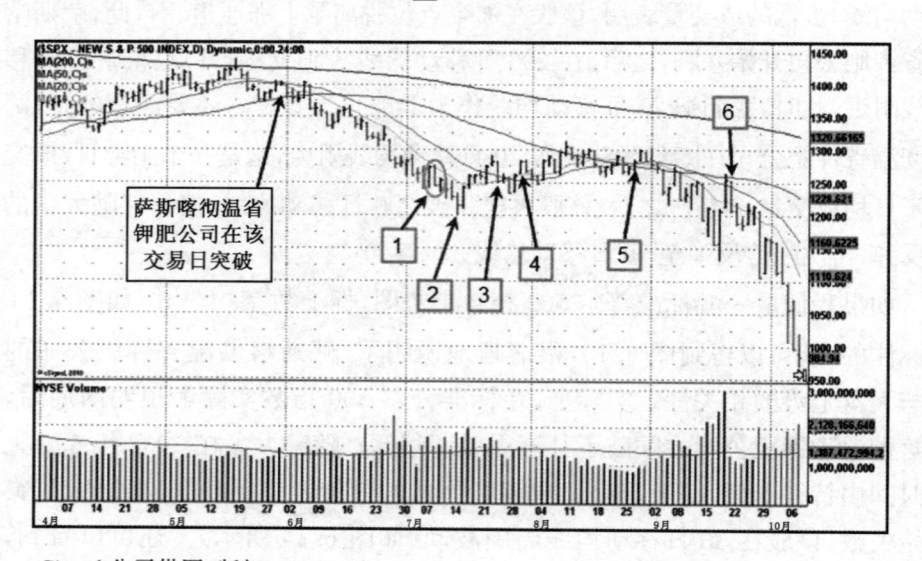

图 6.15　2008 年标准普尔 500 指数日线

我们在跟踪个股卖空目标时，不能过度强调盯盘的重要性。大多数情况下，股票见顶形态可以视为与大盘同步波动，至少在某种程度上如此。

如前所述，卖空形态和见顶形态可能出现重叠，在很多情况下，我们都能观察到见顶形态的组合现象，通常作为完整见顶过程的一部分呈现出来。2008年，动态研究公司（RIMM）是一个很好的例子，呈现出两个顶部形态的重叠。为了说明这一点，我们从动态研究公司日线图（如图6.16所示）着手，该图显示了2008年5月初至8月底期间，在顶部周围有两种不同形态。

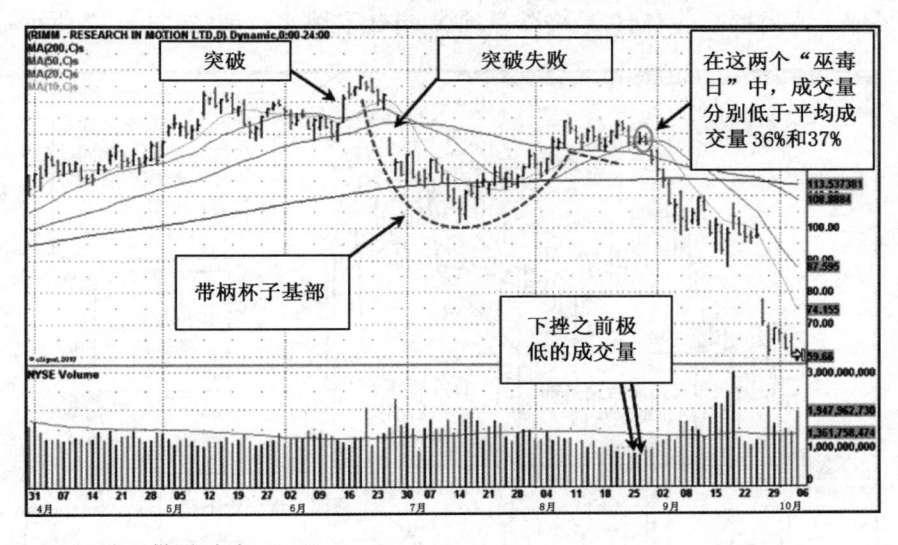

eSignal公司供图，版权2010。

图 6.16　2008 年动态研究公司（RIMM）日线

第一次突破是在四到五周的基部形态中开始的，恰好出现在6月中旬动态研究公司形成的长期上行价格的顶部。到6月底，该突破很快出现反转，并展开下行趋势。考虑到该股已经大幅下跌，并远远超过50日移动均线，因此不必在出现向下跳空缺口时做空。然而，在股票完整的见顶阶段，卖空机遇往往不止一次，甚至会出现两次。如图6.16所示，动态研究公司出现一定程度的反弹，形成了一个短小、带柄杯子形态，且柄部呈直线走势，而不是像标准带柄杯子形态那样的略微下跌（参见欧奈尔《笑傲股市》第四版）。请注意，当股票形成柄部时，它只是向下倾斜了一些，随着成交量下降，产生了巫毒日特征，这两天的成交量分别比平均水平低36％和37％。

参见图 6.15，我们看到，8 月下旬的下跌与大盘下跌同时发生。6 月下旬，后期带柄杯子形态右侧，出现带巨量的跳空下跌缺口，加剧了该形态的疲弱走势。反弹回到杯子右侧柄部，显示出该股进入柄部末端，成交量下降的整体情况，并闪现出两个巫毒日，之后，开始急剧的下跌行情。这是可以做空该股的位置。

然而，最有趣的是，动态研究公司混合了出现在后期失败基部中的两个形态，形成了一个完整的"平头"头肩顶形态，包括自 5 周后期基部的突破，6 月出现的最终顶部，以及标志正式突破失败的一周下跌走势。在接下来带柄杯子形态的柄部，形成了头肩形态的右肩，最终跌穿颈线，并出现跳水行情（如图 6.17 所示）。

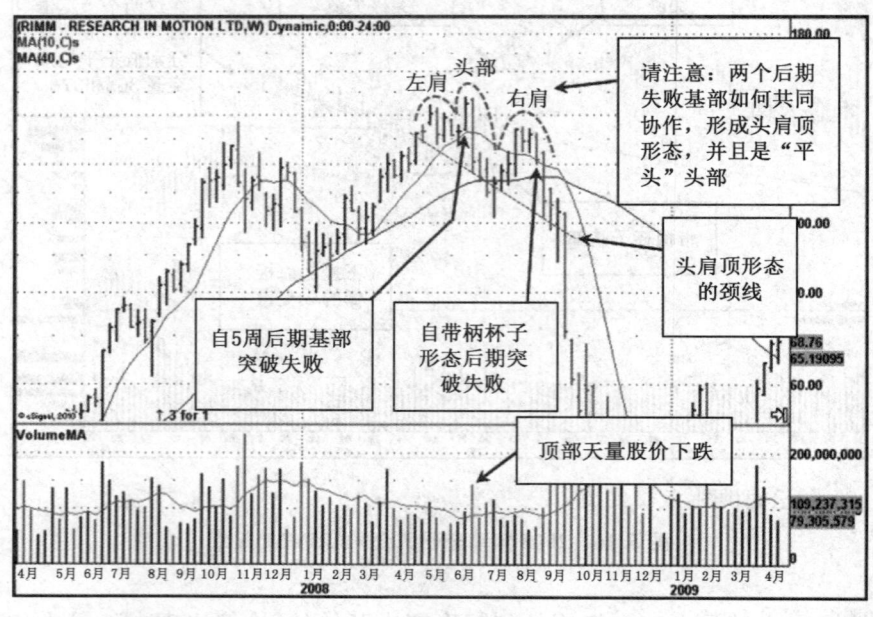

eSignal 公司供图，版权 2010。

图 6.17　2008 年动态研究公司（RIMM）周线

动态研究公司指出了关注该形态中量价行为的重要性，在小幅反弹或盘整行情中，寻找潜在巫毒日的成交量特征，而不是沉迷于你赋予该形态的精确"图形"和"标签"。卖空形态都有一些基本特征，可以概括为：(1)之前几周到几个月的价格大幅上涨；(2)自顶部巨量下跌，使股票跌破关键移动均线，诸如 50 日或 200 日移动均线；(3)一系列回到移动均线的弱势反弹，我们在这些移动均线处寻找基于巫毒日概念的最佳卖空点。

死亡酒碗形态（POD）

后期基部失败及其形态通常出现在宽大且松散的带柄杯子形态中。这些杯子开始出现超过50％的深度，本质上是经过前期大幅价格上涨后，股价自顶部快速下跌所致，这时，它们不再是单纯的"杯体"。坦率地讲，它们变成了"酒碗"，因此我们把这些卖空见顶形态，称为死亡酒碗形态。

死亡酒碗形态背后的基本原理是，"热门"龙头股股价快速上涨，随后出现超过50％的下跌。当股票大幅下跌时，错失了第一轮上涨的投资者会认为，股价非常"便宜"，推动股价迅速上涨，回到前期高点，出现巨型双顶、"杯子"的形态，或正如我们提到的"酒碗"形态。酒碗形态右侧，第二轮股价上涨的问题是，它上涨太快了，无法持续下去，因此自那一点开始，很快就崩盘了。如图6.18中的阿尔巴公司（Ariba Corp.，ARBA）案例，酒碗形态右侧顶部的巨量下跌行情，标志着最终下跌的开始。

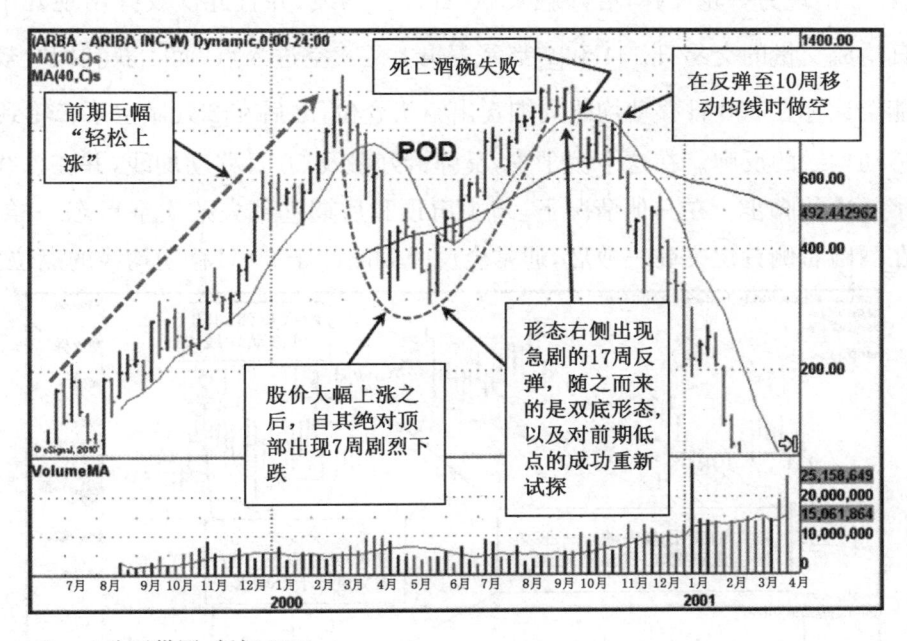

eSignal公司供图，版权2010.

图6.18　2001年阿尔巴公司（ARBA）周线

股票以巨量突破10周（50日）移动均线时，会出现死亡酒碗形态，阿尔巴公司案例就证实了这一点。几次反弹到10周移动均线，在最终突破40周（200日）

移动均线之前,出现最后一次反弹,之后,股价急速大跌。大多数情况下,死亡酒碗形态持续时间应该很短,从 28 周到 40 多周不等,但通常是越短越好。在示例中,阿尔巴公司的死亡酒碗形态延续 26~28 周,也有时间更长的,如我们将在嘉信理财公司(SCHW)中看到的,该形态可能持续一年,但在酒碗形态右侧,应该有一个非常急速的股价上涨过程。在任何一个死亡酒碗形态中,关键特征是,先前遭受打压的龙头股,快速上涨至原有高点,这决定了该形态是否可持续。较长的、杂乱的且右侧在缓步上涨的酒碗形态,不是我们要找的死亡酒碗形态。

如图 6.19 所示,做空死亡酒碗失败形态的机制,大家应该很熟悉,因为它们与之前讨论过的头肩形态和后期基部失败形态没有太大区别。从本质上讲,随着股价跌破 50 日移动均线,在 200 日移动均线找到支撑,并在 ① 反弹到 50 日移动均线,此时酒碗右侧顶部会出现带巨量破位。再次试探 200 日移动均线后,在 ② 出现另一轮反弹,恰好触及 50 日移动均线,并且此次反弹出现几个低于日均成交量的交易日。① 和 ② 都是逻辑上的卖空进入点,而 ① 获利回吐规则可能会让你在 200 日移动均线周围卖出空头仓位,之后在 ② 处做空第二轮到 50 日移动均线的反弹。在这个例子中,反弹恰好触及 50 日移动均线,并在该线停下了前进的脚步。在其他情况下,与头肩顶和后期基部失败卖空形态一样,股票在酒碗右侧首次突破失败后,通常会反弹到略高于 50 日移动均线的点位。

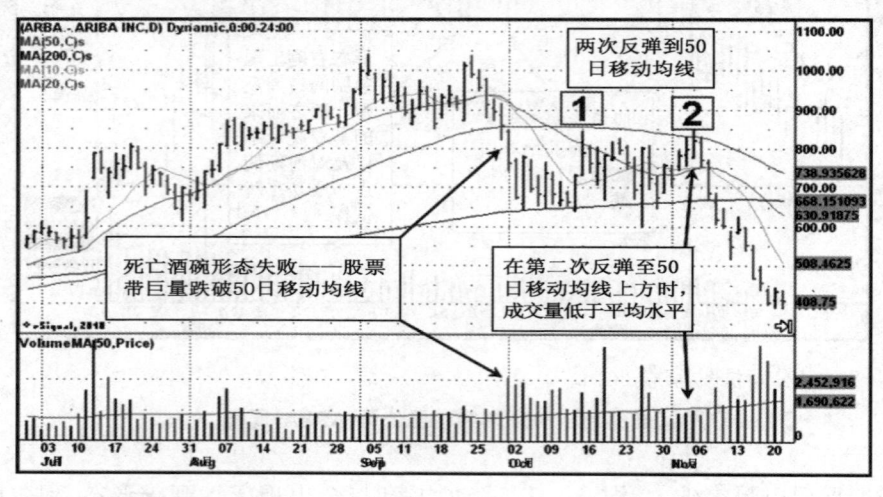

eSignal 公司供图,版权 2010。

注:做空死亡酒碗失败形态。

图 6.19　2001 年阿尔巴公司(ARBA)日线

1999—2000年的嘉信理财(SCHW)是一个长持续期死亡酒碗形态例子，持续时间接近一年(如图6.20所示)。在这个例子中，该股显示出长持续期死亡酒碗形态成为有效做空形态的一个必要特征，那就是，长达一年的酒碗形态右侧出现非常快速的四周价格上涨。这轮反弹以周线新高收盘，第二周马上跳空下跌，并开始快速下跌，股价下跌约40%。要是嘉信理财之前没有任意大涨，而是在酒碗右侧缓慢爬升，可能就不会自顶部急剧地跌下来。当股票构建一个基部，向上移动，构建另一个基部，缓慢地一路上涨时，右侧迅速上涨，却没有出现任何盘整，导致无法剔除投机盘，引入长线资金。通过大幅快速上涨，股票产生了大量的潜在抛盘，现在他们看到，自己在底部买入的股票产生了巨大利润，就有可能卖出，与此同时，还从形态左侧捕捉到一些机遇，机遇由那些在1999年3月顶部买入的投资者所提供。由于这些原因，加上2000年3月大盘见顶，嘉信理财的死亡酒碗失败形态对空方极为有利。

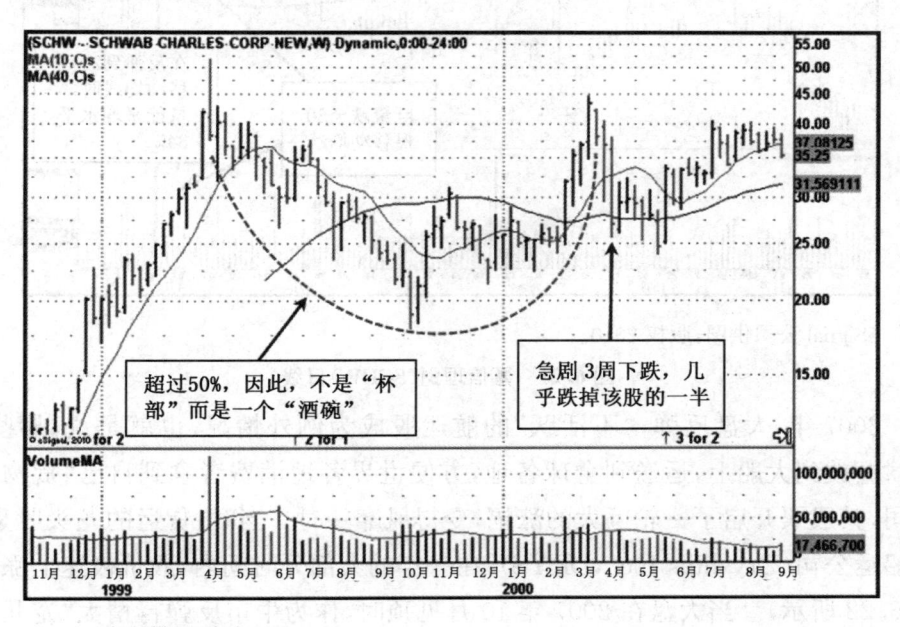

eSignal公司供图，版权2010。

图6.20　1999—2000年嘉信理财(SCHW)周线

如图6.21显示，酒碗右侧出现快速上涨，随后在下跌过程中跌穿20日移动均线。这种情况导致快速跌穿50日移动均线，在此点位，股价大幅反弹，刚好回到20日移动均线上方。该股回落到20日移动均线下方，第三天，在20日移动均线附近闪现出成交量衰竭(VDU)，或者说巫毒日成交量特征，成交量低于平均水平34%。这是做空股票的点位。稍后，一旦股票跌破50日移动均线，就会反弹到50日移动均线，变成可做空的机遇，正如我们在图6.21中最右侧看到的那样。与此同时，我们观察到另一个例子，其结果与嘉信理财极为类似，它就是1998—2000年的美国在线(AOL)，但在这里不再列示。我们留待读者亲自调查AOL(与时代华纳公司合并后，曾改名为TWX)。

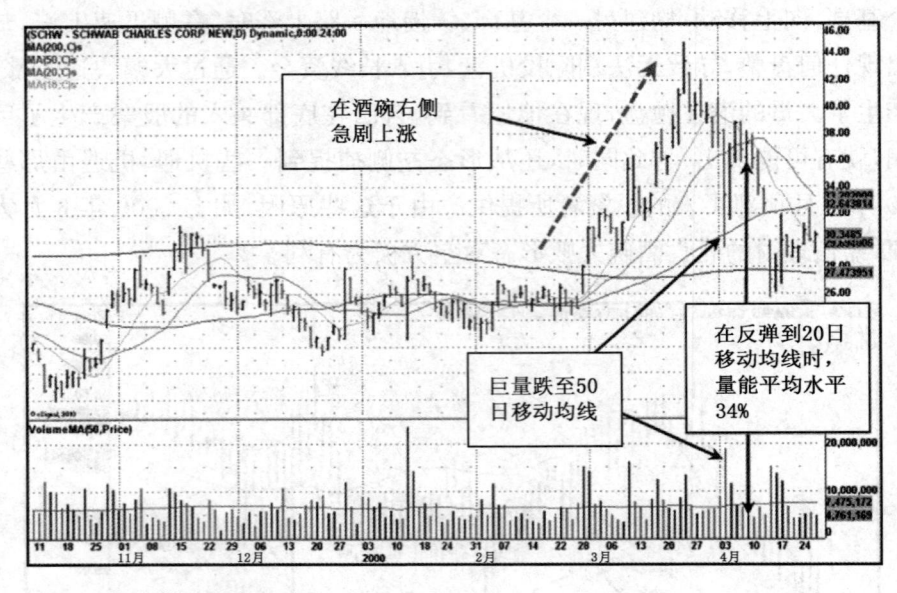

eSignal公司供图，版权2010。

图6.21 嘉信理财(SCHW)日线

2007年，大盘反弹，"不活跃"的航运股成为例外情况，也就是说，那些把"货物"放到大船上，运送到全球各地，方便世界各地消费者拿到自己"货物"的公司，其股票开启了一轮巨大的涨幅，变得风靡一时。当时，货运的龙头股是干货船运公司(Dryships Inc.，DRYS)，在一年的大部分时间内，股价极速上涨(如图6.22所示)。当大盘在2007年10月见顶时，作为牛市反弹行情大"宠儿"之一的航运股，也随之见顶了。干货船运公司及其航运兄弟公司全都崩盘了，从其牛市价格顶点暴跌了50%以上，正如我们在干货船运公司周线图中看到的那样。然而，2008年1月，该股探底成功，在周线图中重新试探了一次，之后在酒碗右侧，大幅上涨了8周。非常有趣的是，干货船运公司在酒碗右侧反弹到顶点时，出现了快速、高潮式上涨，这是一种潜在的见顶走势，在酒碗右侧出现这种情况，应该引起你的注意。这种情况提供了一条线索，有助于培养你的自信，一旦看到右侧顶部，首次出现高成交量逆转行情，就做空股票。

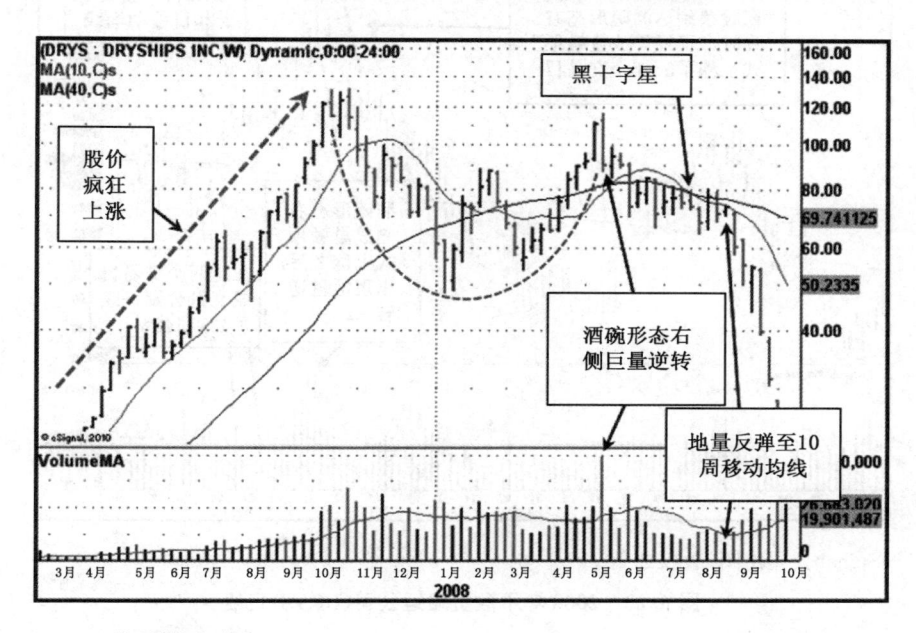

eSignal 公司供图，版权 2010。

图 6.22 2007—2008 年干散货船运公司（DRYS）周线

从周线图上看，干货船运公司卖空形态看起来与 1907 年雷丁铁路公司形成的死亡酒碗几乎一模一样。由于版权原因，我们不能在这里展示那幅图表，但有趣的是，可以看到，它们以完全相同的方式走出完全相似的形态，尽管二者相隔 100 年时间。但是，正如欧奈尔及其先辈们所说，股市是人性的展现，只要人类心理保持不变，我们就可以预期，无论是多头还是空头，无论是现在还是无限的未来，相同的或类似的图表形态会继续重复出现。

干货船运公司在酒碗右侧快速上涨之后，马上就哑火了，出现巨量逆转，跌破其 10 周（50 日）和 40 周（200 日）移动均线，然后在接下来的 11 周内，反弹触及这两条线，2008 年 9 月大盘大跌时，它完全崩盘了。

在图 6.23 中，你可以看到，干货船运公司的日线图与阿尔巴公司和嘉信理财非常相似，在酒碗右侧顶部出现巨量快速逆转走势，先是暴跌下穿 20 日移动均线，接着两次反弹到 20 日移动均线，成交量在该线附近出现迅速衰竭，形成两个巫毒日。第二次到 20 日移动均线的反弹出现逆转，成交量低于平均水平

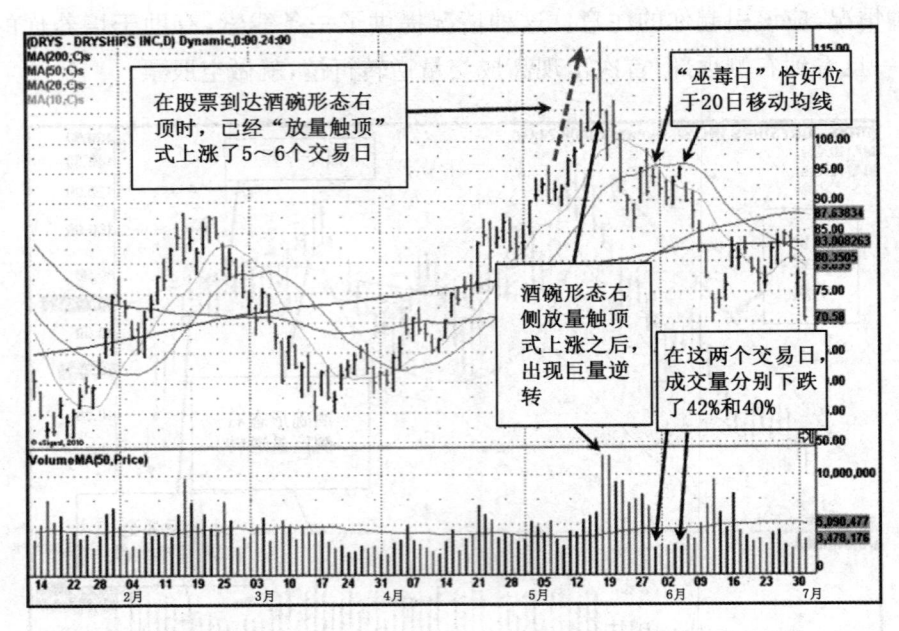

图 6.23 2008 年干散货船运公司（DRYS）日线

40%，表明该股在该点位的需求严重不足，因此，第二天，随着成交量的显著回升，出现了跳空下跌走势。一旦股票跌破 50 日和 200 日移动均线，这些移动均线就会变成卖空参考点位，因为该股两次反弹到 200 日移动均线，之后在 2008 年 7 月初再次转跌。对背离酒碗顶部走势发挥作用的是向上疯狂的冲刺行情，这是酒碗左顶和右顶的共同特征。该股左侧的第一次冲刺行情，源自正常且快速的牛市反弹，通常情况下，这只股票被认为是特定牛市期间的热门龙头股。酒碗右侧的第二次向上冲刺出现得非常快，根本没有时间振出投机盘，也没有时间引入长线资金，因此这种疯狂的上涨行情是不可持续的。干货船运公司在酒碗右侧的上涨走势失去控制，以至于在股票重回下跌之前，仍然出现了 5～6 天的高潮式上涨，之后才达到顶部。在日线图中，该股第一次自顶部巨量逆转时，通常是可以做空的，但是，一旦跌破 20 日移动均线，且反弹回 20 日移动均线，就可以在出现成交量疲弱时做空，如干货船运公司在 20 日移动均线处出现的巫毒日成交量特征一样。

另一个具有指导意义的死亡酒碗卖空形态，出现在 2007 年年末到 2008 年 9

月的苹果公司（AAPL），实际上，该公司在 2007 年年末开始形成了带有后期失败基部的酒碗顶部（如图 6.24 所示）。在苹果公司形成死亡酒碗顶部期间，于 2007 年年末结束的牛市中，其他"大牛股"，诸如百度（BIDU）和第一太阳能（FSLR），也形成了各自的死亡酒碗顶部，与苹果公司大致同步。我们留给读者亲自调查这些公司，而不是仅仅关注苹果公司。随着 2007 年年末至 2008 年年初的后期基部失败，苹果公司的股价在短短六周内几乎腰斩。12 周后，股价触底回升，仅仅在 8 周内，就回升到 200 美元。整个死亡酒碗的持续期只有短短的 20 周时间。在之前的牛市中，苹果公司是最受宠的"大牛股"，因此，它花了很长时间在 50 日移动均线和阻力位之间波动，上涨阻力位是 180 美元，下跌阻力位是 200 日移动均线，最后，随着大盘在 2008 年 9 月破位下跌，进一步打开了下跌空间。

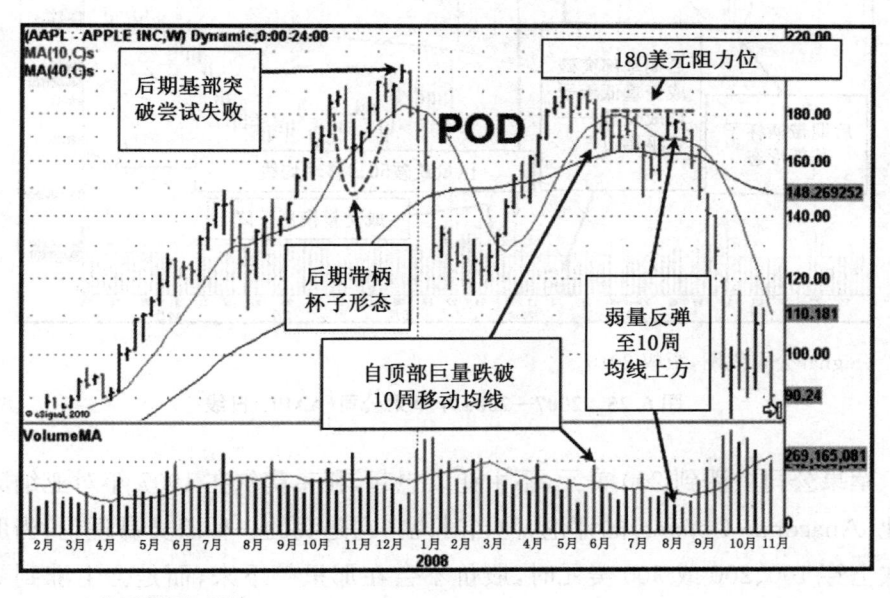

eSignal 公司供图，版权 2010。

图 6.24　2007—2008 年苹果公司（AAPL）周线

在图 6.24 中，我们把 2007—2008 年苹果公司的价格/成交量走势，拆分成两个日线图，以便更详细地观察，苹果公司在酒碗形态的左右两侧是如何破位下跌的。图 6.25 显示，苹果公司自 2007 年年末所形成的带柄杯子后期，出现破位下跌，即使在 2007 年 10 月下旬，大盘见顶之后，它仍在不断走高，最终在 12 月底见顶。请注意，苹果公司跌穿 20 日和 50 日移动均线仅花了 6 天时间震荡盘整,在成交量疲弱的情况下,小幅反弹到 50 日移动均线。反弹到 50 日移动均线,是最佳的卖空点位,会让你从随后的大跌中受益,并一直持续到 2008年 2 月。有趣的是,苹果公司破位下行交易日,出现了巫毒日成交量,低于该股平均成交量 56%,还不到其一半。这是苹果公司需求疲弱的明显迹象,它创出了新高,却不能守住备受关注的 200 美元。

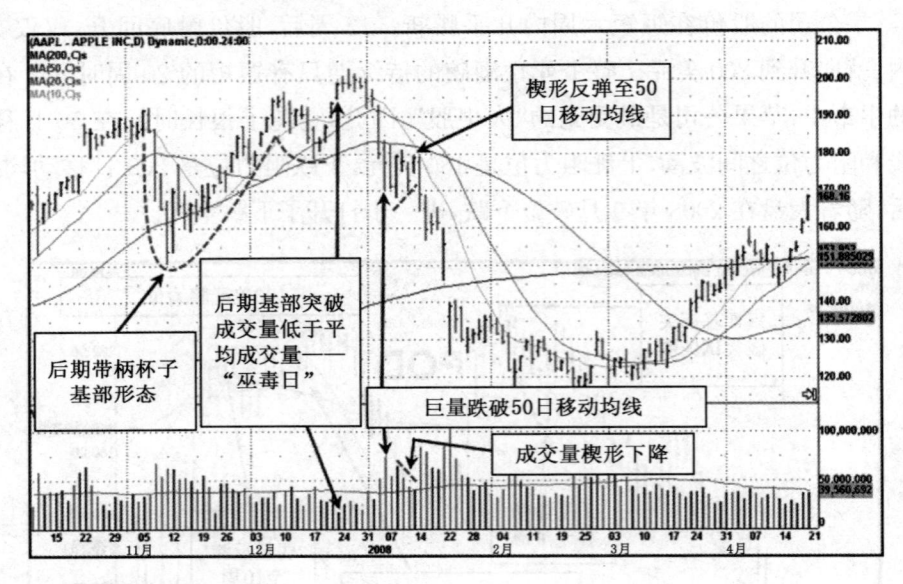

eSignal 公司供图,版权 2010。

图 6.25 2007—2008 年苹果公司(AAPL)日线

苹果公司上涨到 200 美元,不由让人想起,利弗莫尔在 1907 年对亚纳康达铜业(Anaconda Copper)的评论,他当时说:"它是我的一种旧交易理论,当股票首次上穿 100、200 或 300 美元时,股价不会在那里停下来,而是会上涨到更理想的高点,因此,只要该股穿越该价格水平,你就买入,基本上都会给你带来盈利。"1907 年,当亚纳康达铜业首次上穿 300 美元时,利弗莫尔观察到该股走势,发表了自己的评论:"我预计,当它上穿 300 美元时,应该会持续走高,可能会瞬间触及 340 美元。"然而,亚纳康达铜业并没有出现预期的走势,利弗莫尔指出:"亚纳康达铜业开盘 298 美元,上涨到 302.75 美元,但很快就开始回落。我下定决心,如果亚纳康达铜业重返 301 美元,就是一个假动作。如果出现合理的涨幅,股价应该会涨到 310 美元。相反,如果它做出了相反走势,那就意味着,先例站不住脚,我的判断出错了;当一个人犯错时,唯一要做的事情就是,停止错误操作,回归正途"(《股票作手回忆录》,2004:101)。亚纳康达铜业案例的当代翻版就是苹果公司,2007年12月下旬,苹果公司未能上穿200美元,进一步确认了行情见顶下跌趋势,并且该股开始迅速破位下跌。

一旦苹果公司跌破2008年2月低点,它就在3月开始反转,经过8周快速上涨,反弹到酒碗形态的右顶(如图6.26所示)。请注意,随着苹果公司达到顶部,上行成交量低于平均水平,在一路上行过程中,前两次抛盘远远大于平均成交量,对该股形成重创。就在190美元价格区域,该股形成一个小型双顶形态,第二个顶部出现的疲弱成交量低于平均水平36%。

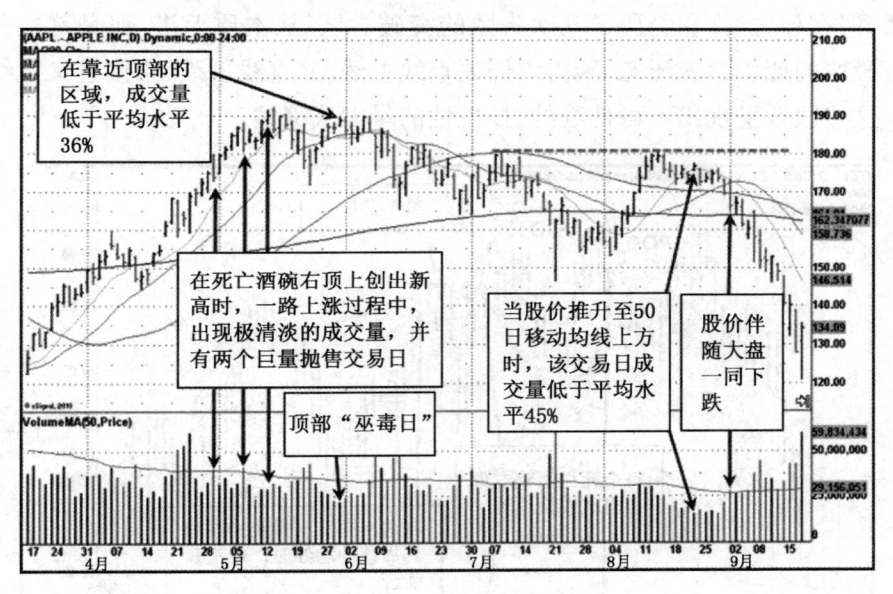

eSignal公司供图,版权2010。

图6.26 2008年苹果公司(AAPL)日线

苹果公司开始在酒碗右侧下跌,完全破位下行需要几周时间,与此同时,大约在2008年9月出现破位下跌。当苹果公司推升到180美元逻辑阻力位时,它在最后关头发动的反弹行情,是做空的最佳时机。还要注意的是,存在一个小楔形交易日(即该上涨交易日只有极小的成交量),其成交量低于平均数45%,这是巫毒日成交量的标志。此后不久,随着酒碗在9月出现大幅下跌,该股走势反转,在几天内跌破所有移动均线。值得注意的是,可供参考的卖空点位出现在 6 月底行情反复阶段，一直持续到 9 月。在大多数情况下，成交量小幅上升到或略高于关键移动均线或逻辑支撑区域，诸如苹果公司日线图中的 180 美元，是 2008 年做空苹果公司股票的最佳点位。

一些回报最快的 POD 形态，可能出现在非常"热门"的 IPO 中，诸如 2007—2008 年的太阳能股。当一些特定的主题吸引了投资群体眼球时，热门 IPO 通常"极其畅销"，诸如 1999—2000 年的网络股及 2007—2008 年的太阳能股。通常情况下，直接走高的热门 IPO 股，会产生一种直线下跌的恶习，如果它们出现在某个特定主题的兴奋情绪尾声时，更是如此，诸如 2007 年天合光能（Trina So Lar，TSL，如图 6.27 所示）。2006 年年底，天合光能上市，股价大幅上涨，但在那之后，它经历了几次失败的突破尝试，从本质上讲，那是首次公开发行股票的死亡酒碗形态，因为它们先直线上涨，又直线下跌，紧接着又直线上涨。这些股票呈现出不可持续的、投机性的暴发式涨跌。

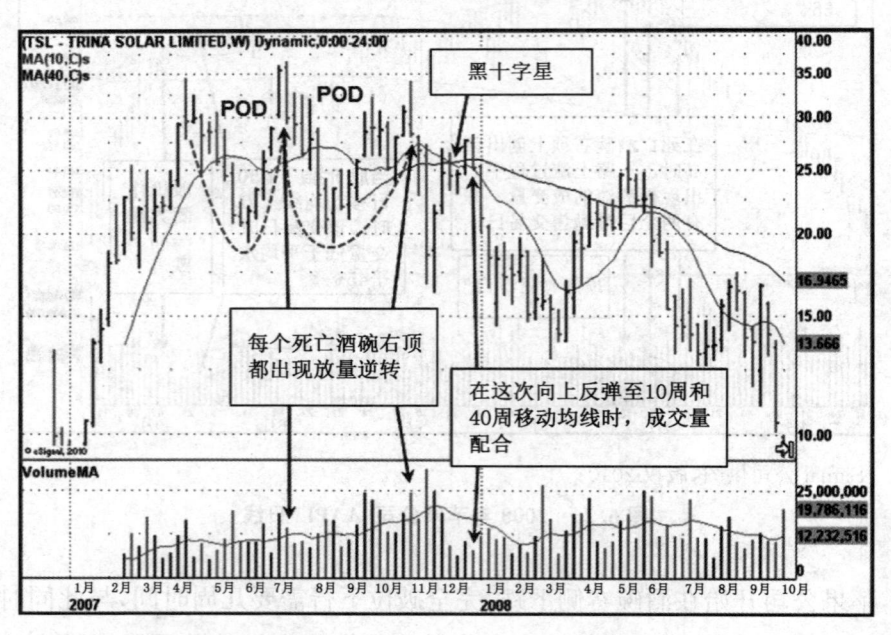

eSignal 公司供图，版权 2010。

图 6.27　2007 年天合光能有限公司（TSL）周线

在图 6.27 中，天合光能周线图真实显示了两个可做空的死亡酒碗形态，其中一个是极其罕见的"双死亡酒碗形态"。二者分别是大约 8 周和 12 周的短线形态,并且两个死亡酒碗都有一个右顶,其特征是放量逆转。

如果我们将每个死亡酒碗形态(如图 6.28 和图 6.29 所示)分拆成两个独立的日线图,我们就会看到,其机制与我们之前讨论的案例大致相同,如阿尔巴公司、嘉信理财和苹果公司。天合光能形成的第一个死亡酒碗中(如图 6.28 所示),我们再次看到,酒碗右顶出现放量逆转走势,标志着该股上涨行情结束。随后,一系列的快速上拉行情使股价回到 32 美元,开始形成明显的阻力区。在第三次和第四次反弹到由 20 日移动均线和 32 美元构成的阻力区时,成交量无法跟上,在该点位可以做空。恰是自该点位开始,股价快速下跌。

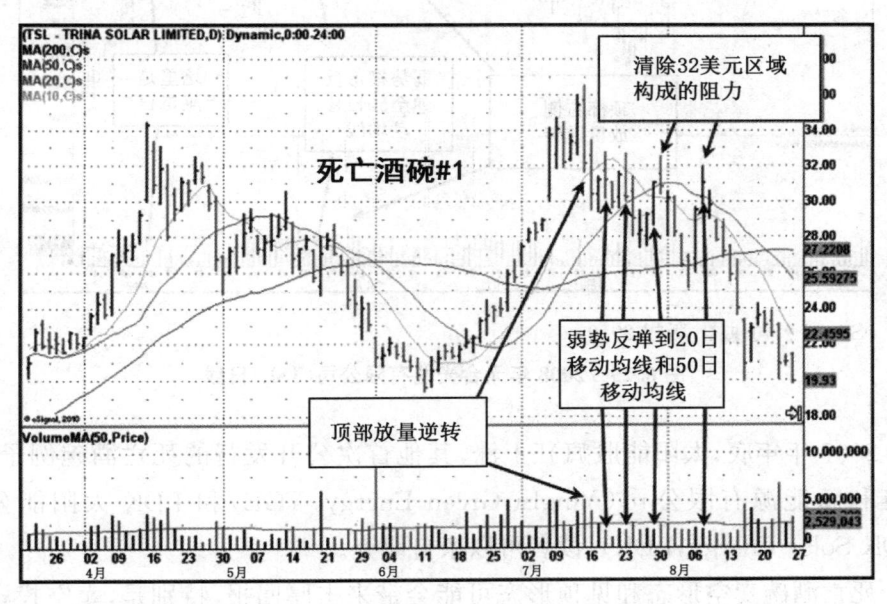

eSignal 公司供图,版权 2010。

图 6.28　2008 年天合光能有限公司(TSL)日线

在图 6.28 中,天合光能形成死亡酒碗,右侧的大跌行情导致另一轮疯狂的向上反弹,但是,在这个例子中,该股在 2008 年 10 月的大部分时间内出现停滞,形成了一个柄部(如图 6.29 所示)。在这个例子中,当它尝试突破时,酒碗右侧顶部出现放量逆转,再次产生了头部,开始了下跌倒计时,大约在 3 个交易日中,该股径直跌穿 20 日、50 日和 200 日移动均线。随后,该股小幅反弹到 50 日移动均线,破位并跳空下跌。你可以在这里理解到,为什么当卖空头寸持续下跌时,获利了结是极为关键的。11 月中旬,天合光能在快速跳空下跌后,反弹到 50 日和 200 日移动均线,接着,2007 年 12 月末,它在反弹顶部,闪现一个低量巫毒日,然后开始全面下跌。

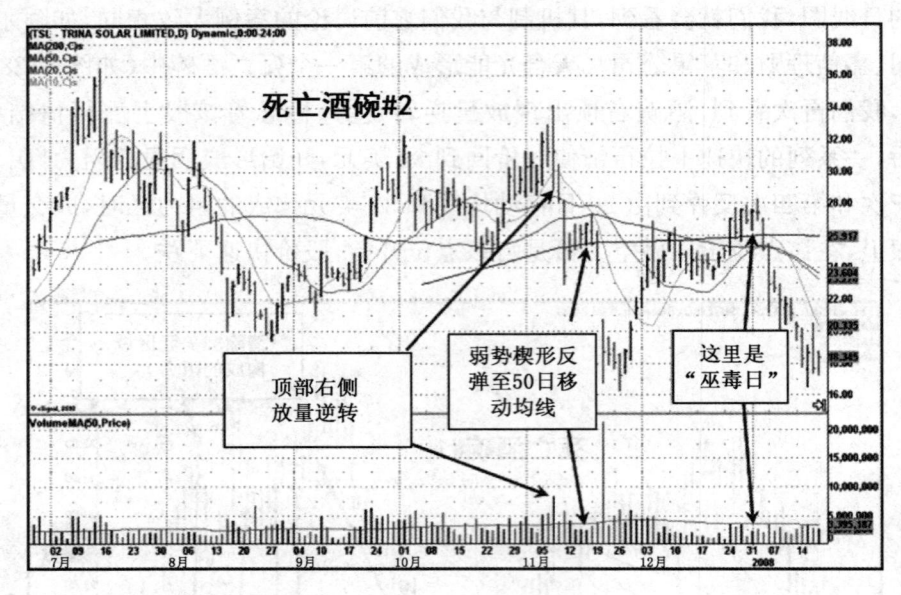

图 6.29　2008 年天合光能有限公司(TSL)日线

eSignal 公司供图,版权 2010。

2007 年年底,太阳能股疯狂上涨,其他首次公开发行的死亡酒碗例子,包括英利新能源有限公司(YingLi Green Energy,YGE)和 LDK 太阳能公司(LDK Solar Energy,LDK),读者可以亲自研究。

死亡酒碗卖空形态和见顶形态可能会带来丰厚回报,特别是,卖空投资者要能够识别酒碗右侧的"冲刺"行情,等待第一次放量反转日,自右顶下跌时做空。正如我们所讨论案例证明的那样,通过这种方式可以快速获取丰厚利润,但是,一旦股票从右侧下跌,就会产生很多可再次做空的价格区域或点位,在此过程中,做空投资者都可以"参与"。

做空火箭飙升股

我们发现了一种高胜率卖空方法,与我们在头肩顶、后期失败基部和死亡酒碗卖空形态中的常见卖空情况无关,它就是我们所说的飙升火箭股。火箭股是指从自放量飙升点至少上涨 4.5 倍的"热门"股,通常出现在某种基部突破时,其成交量超过正常平均水平的 2 倍。4.5 倍的大幅上涨,一般发生在 4 周甚至更短时间内,这些股票就像"核"火箭发射一样。但在发射之后,"核"火箭最终会爆炸。历史业已表明,这些火箭股确实毫无二致,通常会在发射后几周内爆炸。因此,在恰当的时间做空股票,能够抓住丰厚的盈利机遇。火箭股放量大涨,之后,它们跌破了任意一天的盘中低点,一般情况下,这是高潮式头部,进入尾声的迹象,此时我们就做空。虽然这是一种风险高、波动大的技术,但是获取回报的概率非常大。从 1991 年到 2008 年,95.7% 的火箭股卖空形态是盈利的,84.2% 的火箭股卖空形态,在"火箭之旅"的绝对价格顶部下跌超过 50%。了解了这些数据,当股票持续下跌到其顶部的 50% 时,将你的金字塔加码空头头寸是有利的。

　　风险在于,4.3% 的股票不会出现下跌,反而会触及我们在形态中的绝对高点设置的卖出止损点。因此,在交易前,必须清楚自己能够承受的风险百分比,并相应地调整空头头寸。止损点可能距离最初做空的点位很远,因此,在预期盈利前的 15.8% 时间内必须持仓,进而可能产生的实际损失超过 17%。有利的一面是,这意味着,在 84.2% 的时间内,在获得可观利润前头寸下跌不会超过 17%。尽管这些百分比难以确定,但你要知道,95.7% 的该类形态是有利可图的,其中 84.2% 的形态可以获取可观的利润,这会大大增强你的信心。

　　一旦股票自顶部下跌 50%,最安全的就是卖出买寸,因为大多数股票自其顶部下跌超过 50% 后,就会酝酿一轮潜在的大幅反弹。为了更高的潜在利润,可以先卖出一半头寸,在卖出另一半买寸之前,看一下该股的实际表现。

　　另外,对于那些自启动价格飙涨超过 6.5 倍的股票而言,在我们研究过的 66 只火箭股中,有 65 只自其顶部下跌超过 50%。如果再加上 2000 年 3 月高潮式顶部的案例,那么在总共 77 只火箭股中,有 73 只自其顶部下跌超过 50%。

　　请注意,在 2009 年这个黑天鹅之年,大多数自底部飙涨 4.5 倍以上的垃圾股,在 4 周多的时间内就是这种走势,但是,这些股票并不具备作为火箭股做空候选股资格。请谨记,我们正在寻找"核火箭"推升力;因此,有资格的股票是那些在 4 周内股价迅速上涨超过 4.5 倍的股票。这种股票走势极为罕见;因此,在任何既定的年份,通常只有几只股票出现这种走势。但是,当你发现了这样的股票时,风险/回报是非常可观的。也就是说,从股票经纪人那里,借入这些股票不是很容易,因为这些股票呈现了明显的疲弱状态,我们发现,当股票表现出火箭股卖空特征的时候,只能借入要做空对象的一半。当这种形态出现时,可以借入股票卖空,这种情况几乎就像"大风刮来的钱"一样。

让我们看一个火箭股形态的例子,它就是1999—2000年间的数字交互通信公司(Interdigital, Inc., IDCC,如图6.30所示)。在极不寻常的情况下,当一只股票在4周时间内,自其启动价上涨超过4.5倍时,它可能会以建设性的方式稳定下来、波动收紧并横向盘整,这正是我们最初为该股寻找的恰当"发射点"。请注意,如果一只股票横盘交易超过2周,诸如1999年11月底到12月初的数字交互通信公司,它的发射点价格,就要重新设置。因此,经过11—12月间超过2周的盘整,数字交互通信公司的发射点从5.44美元重新设置为10.94美元,这是该股在1999年11月前所触及盘整高点的2/3。

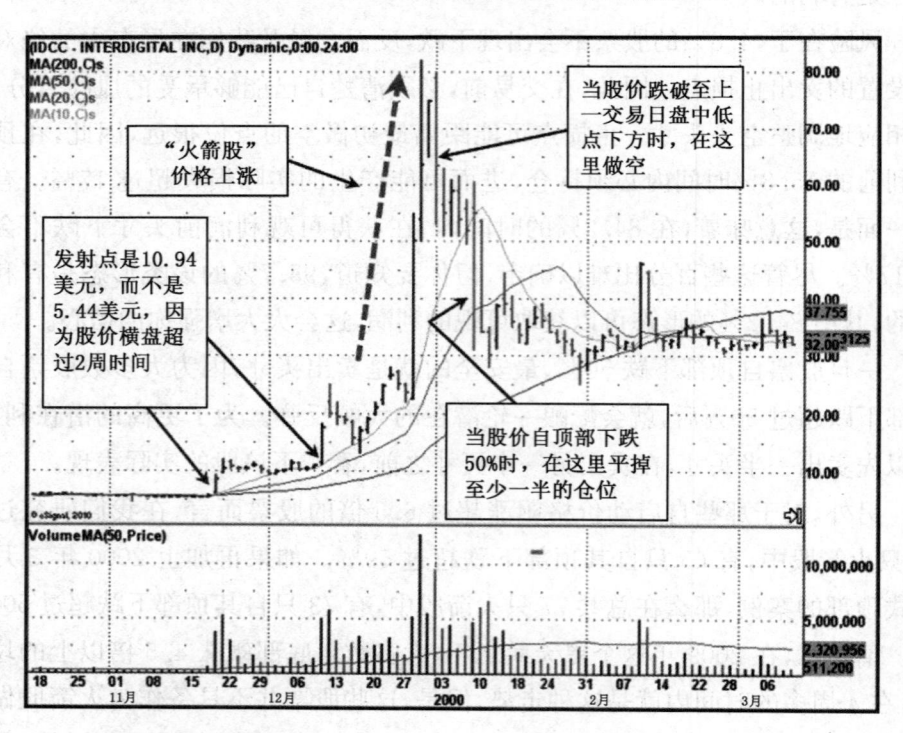

eSignal公司供图,版权2010。

注:一个"火箭股"卖空形态。

图6.30　1999—2000年数字交互通信公司(IDCC)日线

一旦该股见顶，自其顶部下跌的第一天就是你的参考日，将当天交易区间低点作为卖空的触发点位。在数字交互通信公司例子中，要是它跌破自顶部下跌首日的盘中低点，就会在脱离顶部的第二天触发卖空交易。

请牢记，我们通过这些火箭股的形态寻找巨大的推动力，而这种推动力也可能出现在低价股中，因此，尽管股价可能远远低于我们之前考虑的买入价，但历史证明，这类股票出现了极佳的卖空形态，在发射点吸引到巨大的成交量，因此，可以借入这类股票，合理地启动你的空头头寸。

表 6.1 显示了 1998—2004 年的 6 只火箭股做空形态的统计数据，包括之前讨论的数字交互通信公司。做空该形态不但可以在短时间内获得巨大收益，并且胜率也极其有利，但请务必牢记，需要给卖空形态留有足够的空间，可能比之前习惯的空间还要大一些，所以要相应调整头寸规模，不要过早卖出。

表 6.1　　　　　　　　1998－2004 年观察到的卖空形态案例

案例	发射点日期	发射点（美元）	顶部（美元）	收益（倍）	做空日期	做空点（美元）
IDCC	1999 年 12 月 10 日	10.94	82	7.5	2000 年 1 月 3 日	62.9
OXGN	2003 年 5 月 20 日	2.3	19.4	8.4	2003 年 6 月 11 日	11.25
SIEB	1999 年 2 月 1 日	12.31	70.63	5.7	1999 年 2 月 5 日	42.69
MACE	2004 年 4 月 5 日	2.11	14.8	7.0	2004 年 4 月 14 日	9.61
IDSA	2004 年 2 月 6 日	2.38	23.75	10.0	2004 年 3 月 3 日	19.7
UBID	1998 年 12 月 18 日	36.94	189	5.1	1998 年 12 月 24 日	147.9

案例	失败的平仓点（美元）	最大背离*	实际背离**	从顶部下跌是否>50%	在顶部下跌50%时的回报	50%回报点出现的交易日
IDCC	82.1	30.52%	25.60%	是	34.8%	7
OXGN	19.5	73.33%	14.60%	是	13.8%	7
SIEB	70.73	65.68%	0.00%	是	17.3%	<1
MACE	14.9	55.05%	0.00%	是	23.0%	<1
IDSA	23.85	21.07%	9%	是	39.7%	54
UBID	189.1	27.86%	8.40%	是	36.1%	12

　　* 这是在初始做空所能承受损失的最大比例是形态中的高点。
　　** 这是初始做空所能承受损失的真实比例，它远低于最大比例。因此，在实践中，这些卖空形态的风险是可控的，尤其是考虑到有很大概率会破位下行到其顶部的 50%。

结　论

正如我们在本章的众多例子中所看到的那样，卖空可以在熊市中提供快速获利的机遇。然而，从本质上讲，在熊市中做空的风险远远大于在牛市做多，因为熊市在整体下跌走势中，常常出现更快速的"急拉"式上涨，对那些在股票下跌后期介入的卖空者来讲，就可能出现巨大损失。恰当地安排卖空时机，结合大盘的下跌趋势，等待恰当机遇窗口出现，这甚至比我们在牛市中买入股票时更为重要。缺乏卖空经验的投资者，在开始时只投入很小比例的保证金，相对于其投资组合价值而言，最大占比不超过 5%～10%。当你获得丰富经验时，就可以决定是否投入更大的头寸。自始至终，保持明智！

第七章

市场导向模型

使用市场导向模型似乎明显背离了欧奈尔方法,对大盘指数而言,它是一套产生有效买入和卖出信号的程序。虽然市场导向模型看起来像"择时模型",但是我们没有把这个词赋予它,因为它没有充分描述我们使用该模型的方法。相比于择时模型,市场导向模型应该是一个重要工具,用以了解何时处于牛市,有利于做多市场,或何时处于熊市,有利于做空市场。本章中,我们讨论并提炼一些观点,随着纳入欧奈尔上行市场追盘日及下行市场抛盘日两个基本概念,我们提出市场导向模型的精致框架,希望消除一些围绕准确量价行为的困惑,更清晰地描述大盘运行的潜在方向和反转。需要进一步咨询的读者,可以通过电子邮箱 chris@mokainvestors.com 联络克里斯·卡彻博士,或者参考网站:www.virtueofselfishinvesting.com。

选择市场时机

择时系统必须从采纳合理内在逻辑开始,之后,围绕内在逻辑来构建。这里,多年市场经验是必要条件。这就避免了黑箱过度拟合数据的情况,即数据拟合了过去行情,但对未来发展几乎没有预测价值。遗憾的是,很多互联网上收取订阅费的择时系统缺乏内在逻辑,却设法吹嘘高理论回报,因为它们极好地拟合了过去的数据。这种系统在预测过去时表现很优秀，而在实时市场条件下测试时，却是失败的。这也许是在提及"择时模型"或"市场时机"时，我们持有明显怀疑态度的原因。但是，大多数择时系统无效，并不意味着所有择时系统都无效。我们强烈推荐罗伯特·科佩尔（Robert Koppel）的著作《牛市、熊市和百万富翁》（Bulls，Bears，and Millionaires，1997），其中笔者和麦克·迪夫（Mike Dever）讨论了模型设计和过度拟合数据的巨大风险。

  1991年以来，我一直因实时市场时机选择而饱受严厉批评，成功的第一年，我远远跑赢美国主要市场指数。我的模型是纳斯达克指数和标准普尔500指数量价行为统计的程式化。我开发了一套规则来规范该模型，过去几年，也指导着我的交易。它基于我长期跟踪投资记录，由四大会计师事务所之一的毕马威核实，也是做多、做空市场，承受风险程度的主要原因。模型让我在市场中保持正确方向，因为在靠近发射点时，它善于捕捉中期趋势。它从未错失市场的急剧下跌，包括1997年10月出现的突然急剧下跌，并且，在接近大牛市启动时，总能让我抓住行情，包括充满挑战的2009年，2009年3月12日，模型发出了重要买入信号。这就是说，横盘、风云突变的市场是模型的弱点，市场行为反复无常的结果，几乎总是会下跌。幸运的是，这样的时期极其罕见。顺便说一句，模型灵感来自威廉·欧奈尔CAN SLIM模型中的"M"。其经典名著《笑傲股市》（2009）详细讨论了CAN SLIM，即使你已经读过早期版本，我也强烈推荐该书。CAN SLIM筛选出价格大幅上涨前具有盈利特征的股票，"M"是指CAN SLIM模型中的市场时机。

  关于严格意义上的抛盘日和追盘日，多年来一直存在诸多混淆。作为投资组合经理，为比尔·欧奈尔工作期间，我们注意到，在那些为比尔工作的投资组合经理中，即使是表现最为出色的人，也在某种程度上存在混淆。当我与比尔举行投资说明会时，那些在《笑傲股市》中读到过抛盘日与追盘日的人，经常要求我们进一步说明与澄清这两个概念。

  部分混淆来自量价存在很多可能的排列组合变化，包括条形价格线的形状，其收盘与上一交易日相关，在追盘日出现的那一天，纳斯达克指数或标准普尔500指数必须下跌多少才开始着手计算追盘日，以及其他可能的问题。混淆的另外一部分原因，可能是来自没有明确规则。例如，有人可能断言，2009年8月28日不是一个抛盘日，因为那天市场指数下跌不到0.2%。由于没有考虑条形价格线的形状,那天有一条长长的上影线,就产生了混淆。如果在较高成交量基础上出现长上影线,并且纳斯达克指数大约平盘报收,就是一个抛盘日,因为指数在早盘试图创出新高,但最终却收盘于波动范围的底部,可以把这天的形状定义为一个抛盘日——盘中反弹企图,遇到抛售而失败。确定抛盘日之前,需要指数至少下跌 0.2%,说明规则没有仔细考虑条形价格线形状以及收盘情况,似乎并不合逻辑。

混淆的另一个部分来自高频交易算法,在股票回落和反弹期间,这会增加下跌成交量,导致发出错误的卖出信号。滤出这类成交量,会减少虚假卖出信号。虽然这可以对结果有所改善,但重要的是要注意,2009 年择时系统发出的卖出信号,包括滤出过高频率成交量,空方基本上无利可图,主要是因为,市场总体趋势是上涨的。同样,2008 年择时系统发出的买入信号,多方基本上也无利可图,因为市场总体趋势是下跌的。也就是说,好的择时系统基于真实信号可以获利颇丰,基于虚假信号,却不会造成什么损失。因此,即使在充满挑战的时期,择时系统的真实信号能够弥补虚假信号所造成的亏损。在整个周期中,一般是 3～5 年,优秀的择时系统应该能明显跑赢主要市场指数。

抛盘日

抛盘日可以被看成由于成交量放大和价格消极行为而引起的抛盘超过买盘的交易日,既可以是下跌交易日,也可以是指数显示逆转和/或密集交易迹象的交易日。如果在较短时间内,一般是 20 个交易日,出现了足够多的抛盘日,通常是 5 个,卖出信号就产生了。成为抛盘日的条件是,成交量必须比上一个交易日大,但是收盘价不必低于上一个交易日。例如,如果该股有一根长上影线,当天收盘涨幅小于 0.1%,且处于交易区间下部 25%,成交量放大,就是一个抛盘日。图 7.1 中所显示的就是这种类型的抛盘日。

另外,只要股票在任何一天成交量大幅放大,而股价几乎没有上涨,就是回落式的抛盘日,此时,卖出量超过买入量,但卖出量被一些情况掩盖了,即该交易日收盘价仅比上一交易日稍高。也就是说,确保巨额成交量不是由于期权到期或股指重新组合,如 2009 年 9 月 18 日(如图 7.2 所示)。如果该交易日成交量没有因月度期权到期或周期性指数重新组合而扭曲,那么我们可以确信,它是一个抛盘日。然而,因为在特定的交易日,成交量可能被期权到期扭曲,而市场的确是在那一交易日结束的,所以必须对该抛盘日持怀疑态度。如果市场收跌,长长的日线

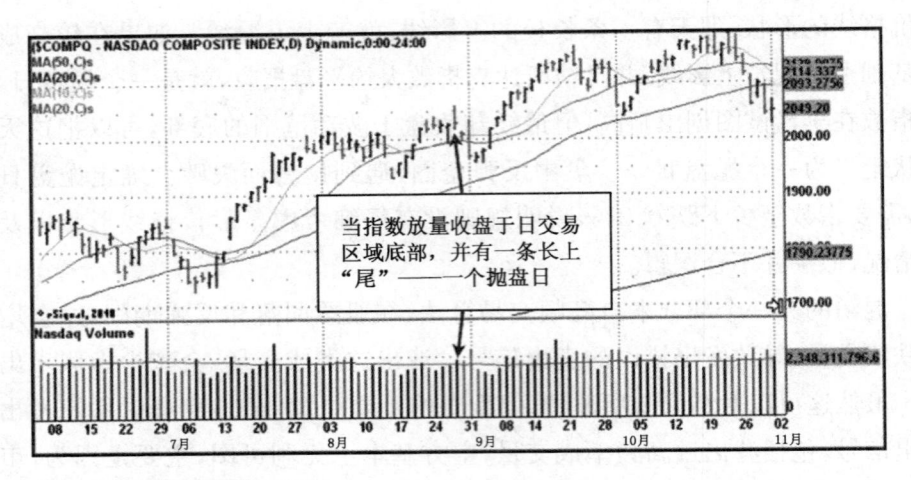

[图 7.1 纳斯达克指数走势图]

eSignal 公司供图，版权 2010。
注：带长上影线放量收盘于交易日的低点位置，这就是一个抛盘日。

图 7.1　纳斯达克指数走势

区间显示了该交易日的巨大波动，那么必须把潜在扭曲的成交量从放量下跌日中剔除，这才是一个抛盘日。在每日窄幅波动回落情况下（如图 7.2 所示），这个行为不太清楚，因此，我们不太倾向于把这看成消极交易日。当然，接下来几天的证实或证伪，有助于澄清期权到期日的行为（如图 7.2 中所示）。

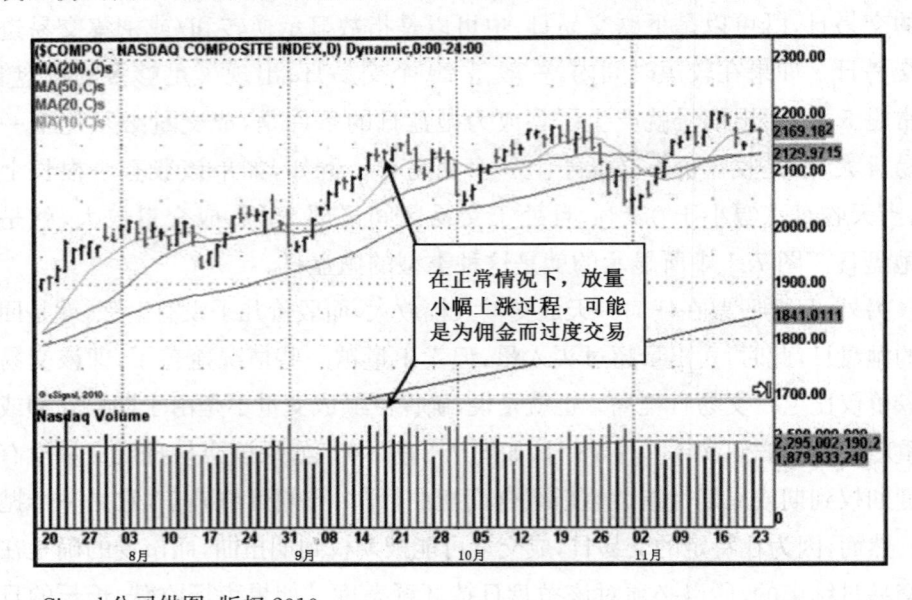

[图 7.2 纳斯达克指数日线图]

eSignal 公司供图，版权 2010。

图 7.2　2008 年 3 月 8 日纳斯达克指数日线

你还可能遇到这种情况,该交易日比上一交易日收盘价稍低且成交量稍高,但它不是一个抛盘日,因为它收于当天交易区间的上半部,并且跌幅也小于0.1%(如图 7.3 所示)。3 月 8 日,纳斯达克指数放巨量收低,但是因为它仅收跌0.04%,同时,收盘价处于日交易区间的上半部,所以它不是一个抛盘日。某些情况下,这实际上可以被看作具有建设性的行为。实际上这类抛盘日并不是一个抛盘日,因为该股有着宽泛的日交易区间,并且收盘在日交易区间最高部分。日交易区间非常狭窄或紧凑,并且指数收跌少于 0.1%,我们也应将其看作抛盘日。我们发现,对抛盘日而言,把必要条件设为下跌 0.1%,比 0.2%更为可靠。请牢记,这仅仅是统计工作所展示的结果,我们不要在这里发生争议。

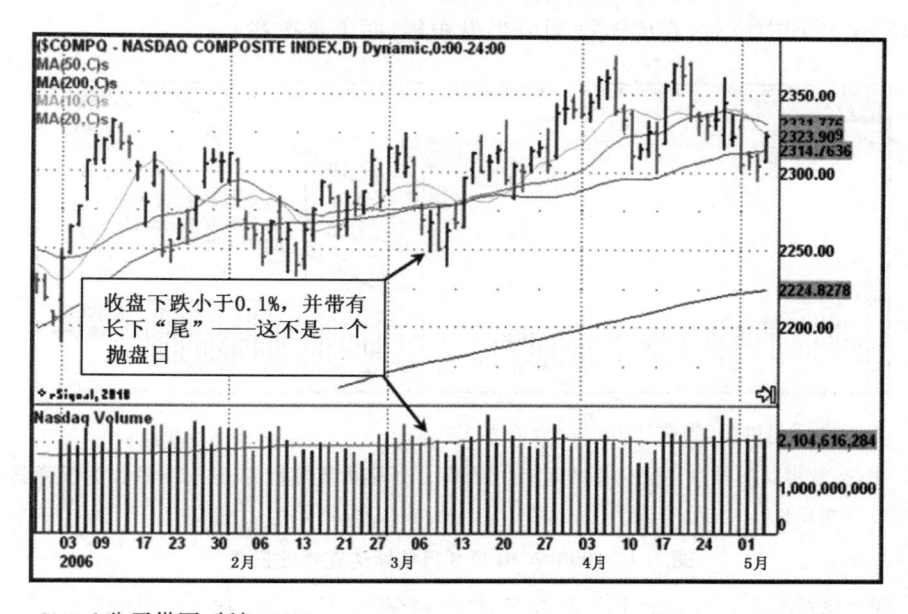

eSignal 公司供图,版权 2010。

注:指数收盘下跌少于 0.1%(在本例中为 0.04%),并带有长下"尾",这不是一个抛盘日。

图 7.3　2006 年 3 月 8 日纳斯达克指数日线

我们讨论抛盘日,重点是只用纳斯达克指数来计算。这是因为,在过去几年间,我们注意到,标准普尔 500 指数出现了越来越多的虚假卖出信号,与纳斯达克指数相比,虽然它在上升中有较小的收益,或者在下跌中有较小的损失,但在其形态中产生了更多噪声,由此产生了更多虚假信号,带来更多风险。出于同样原因,还由于缺乏代表性,我没有使用道琼斯工业指数,它仅包含 30 只大盘股,不能充分代表牛市龙头股。

追盘日

追盘日是一个买入信号，通常出现在尝试反弹的第 4 天以后。过去，欧奈尔常常把追盘日定位在尝试反弹脱离底部的第 4~7 个交易日，主要市场指数比上一个交易日放量上涨超过 1%。这一定义的反弹尝试出现在纳斯达克指数或标准普尔 500 指数修正之后。反弹的计算开始于指数创新低后收高的第一天，但也可以开始于，指数创了新低，但收盘于当天的波动区间中部以上，这表明了存在脱离低点的潜在支撑。例如，1998 年 10 月 8 日（如图 7.4 所示）带巨量的中位收盘，实际上应该被认定为反弹尝试的第一天，因此是"反弹计数"的第一天，否则可能被认为是一个抛盘日，事实上，指数的确有较大成交量，并收跌超过 0.1%。当指数放巨量收到中位时，它应该被当成买盘积累，而不是抛盘。

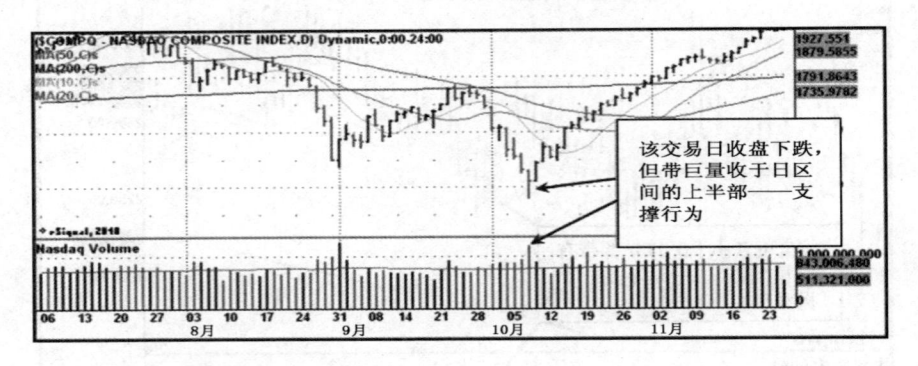

eSignal 公司供图，版权 2010。

注：指数带巨量收盘于日交易区间上半部，显示了强力支撑行为，这有条件作为反弹尝试的第一个交易日。

图 7.4　1998 年 10 月 8 日纳斯达克指数日线

极少数情况下，追盘日出现在反弹尝试第 3 天，但所有 3 天都必须放量上涨，例如 1991 年 1 月 15—17 日纳斯达克指数，或者之前 3 周必须波幅较小，例如 1987 年 1 月 5 日引发追盘日前的几周。

阈值水平

无论纳斯达克指数还是标准普尔 500 指数，阈值水平代表必须上涨的最低百分比，作为追盘日的条件，通常出现在尝试反弹脱离低点的第 4~7 天（尽管这不是绝对条件）。对于纳斯达克指数和标准普尔 500 指数来说，该水平很少改变，但在不同时期，欧奈尔根据所观察到指数的波动性，把它调整到 2% 或 1.7%。当指数在多周内显示出波动性已经改变时，欧奈尔观察所需的阈值水平,根据增加或减少波动性调整。我们认为,根据指数波动调整阈值水平是正确的,并且市场历史波动以及追盘日的统计研究表明,1974—1998 年,两大指数的最佳阈值水平维持在 1%,之后,1998 年 1 月—2002 年 12 月,由于在 1998 年 1 月前几个月市场波动明显增加,最佳阈值水平增加到 1.7%。在此期间,这种波动一直维持在高水平,2003 年,阈值水平重新调整到 1.4%。

重要的是要注意,对两个指数而言,阈值水平也并不总是相同的。2004 年 1 月,标准普尔 500 指数的阈值水平是 1.1%,因为该指数表现出波动明显减少的迹象,然而,纳斯达克指数阈值水平维持在 1.4%。2008 年,当市场波动再次大幅增加时,纳斯达克指数的阈值水平回升到 2.1%,标准普尔 500 指数的阈值水平回升到 2%。本书写于 2010 年年初,纳斯达克指数和标准普尔 500 指数作为追盘日所需百分比出现增加,两大指数阈值水平处于 1.5%。因此,要牢记,如果市场波动在未来改变时,阈值水平要调整,我们对追盘日的定义表明,纳斯达克指数或标准普尔 500 指数与上一交易日相比,必须至少上升 1.5%,且成交量放大,通常出现在反弹尝试脱离底部的第 4~7 天。

安全防护

如果模型发出错误信号,在模型中构建安全防护装置,可以尽量降低损失。这可以解释,为什么模型在 35 年多的时期内,最大损失只有 15.7%,而模型在 1974 年 7 月—2009 年 12 月间,年均回报率高达 33.1%。

系统性 VS 相机抉择

1974 年 7 月—2009 年 12 月,该模型回溯测试的年回报率是 33.1%,最大跌幅是 15.7%。这些理论回报借由下列操作实现,发出买入信号时,100%做多纳斯达克指数,发出卖出信号时,100%做空纳斯达克指数,或者发出变现信号时,100%持有现金。这些信号完全是系统性的,所以无法调整或撤销头寸。纳斯达克 100 指数(QQQQ)ETF,成为纳斯达克指数的杰出代表,但请注意,纳斯达克 100 指数在 1999 年以前并不存在,为了保持一致性,基于其系统性的信号绩效表现,我们继续用纳斯达克指数作为计算模型的基准。

如果有足够的证据优先于系统性信号,该模型相机模块允许酌情调整撤销。关于使用 ETF 工具,也有酌情权。在这些交易日内,可以交易 2 倍和 3 倍杠杆的 ETF。相机抉择基于信号的强度,因此,理论上说,非常强的买入信号,可能让我们买入 3 倍杠杆指数 ETF,例如 SPXU。

图表实例

随之而来的是，模型产生真实买入和卖出信号。这涵盖了我们交易生涯中最具有挑战性的年份，即 2008—2009 年，可以看到，在面临困难市场环境和全面挑战时，模型是如何运行的。我们还涵盖了 1929—1930 年大崩盘的萧条时期，来展示在一个完全不同的时代，模型如何用相同的系统性规则来运行。这些图表应该有助于你更为清楚地理解，各类追盘日（FTD）和抛盘日（DD）。想更深入了解的读者，可以通过电子邮箱 chris@mokainvestors.com 联系克里斯·卡彻博士，或者参考网站：www.virtueofselfishinvesting.com。

关于图表的几个注释：

- 黑色标记对应抛盘日（除非黑色标记有注明它不是抛盘日的解释）。"B"对应买入信号，"S"对应卖出信号，"N"对应中性信号。
- 一旦纳斯达克指数低于下列情况，在交易日中，买入信号就是无效的：①买入信号日的低点，或②跳空高开前一天的收盘价。当然，如果出现卖出信号，买入信号就是无效的。如果纳斯达克指数从买入信号以来至少在 5 个交易日内触及盘中高点，然后反转，或者发出买入信号当天，收盘价过度下跌，那么买入信号无效。
- 卖出信号待机日（Standby Day）高点上行突破，或者在此之前，出现买入信号，该交易日卖出信号失效。
- 一旦在短暂时期内，通常是在连续 20 天内，抛盘日数量达到 5，模型就跳转到"卖出信号待机"。卖出信号待机日出现低点破位下行，该模型就发出卖出信号。
- 买入信号出现后，可能有一个在买入信号日前积累的抛盘日。因此，如果连续 20 个交易日出现下一个抛盘日，就可能产生一个新的待机卖出信号。为了减少错误卖出信号，模型在买入信号产生后的第一个抛盘日，不能跳转到卖出信号状态，除非该抛盘日低于买入信号当天的低点。

2009 年上半年市场导向模型分析

我们遵循模型，对图 7.5 中 2009 年上半年市场行为进行阐释，具体如下：

1. 3 月 12 日：纳斯达克指数尝试反弹第 3 天，这种情况来得有些太快。然而，对标准普尔 500 指数来说，这是尝试反弹第 5 天。满足了标准普尔 500 指数 2%，或者纳斯达克指数 2.1% 的阈值水平，因此，要按追盘日计算。

2. 4 月 22 日是密集成交日，当天成交量异常放大，价格几乎没有上涨，可以作为确认抛盘日的条件。这里，成交量条件不足以被看成大幅变动日，因此，不是抛盘日。

3. 4 月 30 日不是一个抛盘日，因为收盘价远高于前一交易日收盘价的 0.1%，并且当天价格区间上影线不够长。

4. 5 月 6 日：尽管成交量放大且价格没有上涨，但不是一个密集成交日，也不是一个抛盘日。交易日价格区间下影线不够长。

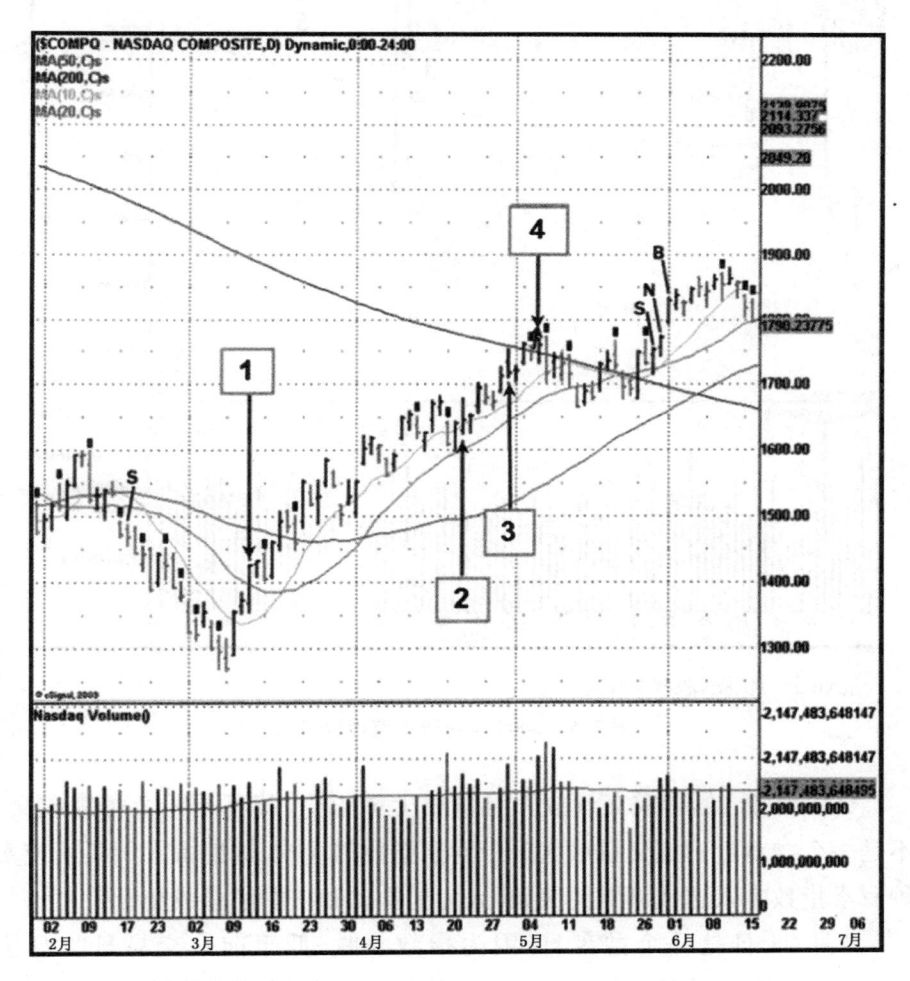

eSignal 公司供图，版权 2010。

图 7.5　2009 年纳斯达克指数日线

2009年下半年市场导向模型分析

图7.6中,模型阐释2009年下半年信号如下:

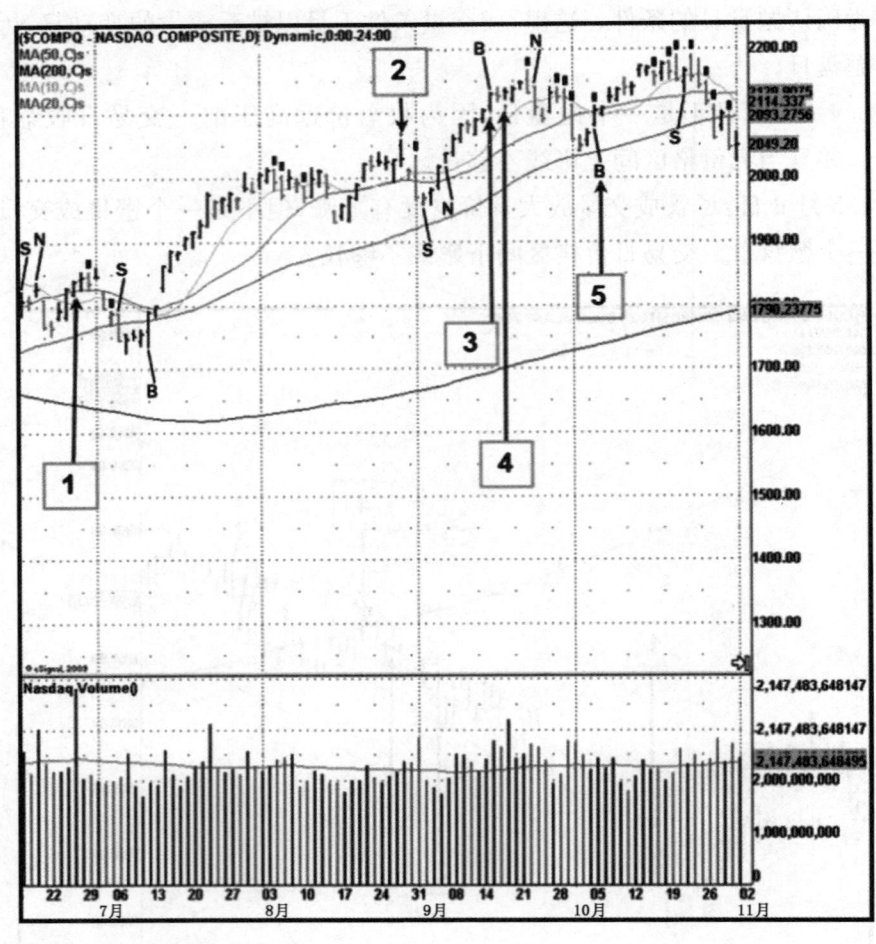

图7.6 2009年纳斯达克指数日线

eSignal公司供图,版权2010。

1. 6月26日:尽管成交量放大且价格上涨很少,却不是一个密集成交日,也不是一个抛盘日。成交量放大源于罗素指数的重构,这使得人们买入或卖出各种罗素指数中入选或剔除的股票,人为地推动和扭曲了总成交量。

2. 8月28日是一个抛盘日,因为指数收跌,低于前一交易日收盘价的0.1%,并且在日交易区间的下部25%,产生了一根长长的"上影线"。

3. 9月16日：尽管纳斯达克指数仅上涨了1.45%，但是标准普尔500指数上涨了1.53%，因此，两个指数至少有一个达到1.5%的阈值水平。

4. 9月18日：成交量异常放大，价格几乎没有变动，符合作为抛盘日的条件。但密集成交日往往有较宽的盘中价格区间。因此，这不是一个密集成交日，从而不是一个抛盘日。成交量是由于期权到期而人为推高的。

5. 10月6日：尝试反弹计算没有重置，纳斯达克指数修正少于6%，因此，仍然是最初的反弹尝试，有成为追盘日的资格。这是一个异常情况的例子，追盘日出现的时间远远超过了尝试反弹第7天。

2009年评论

威廉·欧奈尔自称，2009年是他半个多世纪职业生涯中最具挑战性的一年！这是由底部垃圾股（Junk-off-the-bottom, JOB）引领市场的一年，优质的股票却乱作一团麻。2009年，许多常年有效的技术指标失败了，因为，2009年是美联储协调全球各国央行为其"趣味钱财"市场巧妙运作的一年，向金融系统注入了大量流动性，从而维持接近于零的利率。2009年，每当回调即将来临之时，市场就会稳定下来，转而创出新高，以一种复杂多变的、锯齿形升势不断走高。

由威廉·迪尔姆运营的决策麇（Decision Moose）市场择时网站，有一项可靠的跟踪记录，2010年1月15日，他们的每周摘要如下：

回首过去，对决策麇来说，2009年是最糟糕的一年（上涨1%），尤其是相对于标准普尔指数（上涨26%）。在2008年崩盘后的最后4个非现金交易中，两个是输家（国债和黄金），一个是赢家（EPP），最后一个是稍微缩水、勉强持平（ILF）。它显示了，政府干预通过截断趋势，并造成价格上涨（债券）和崩溃（黄金），扭曲了正常的市场行为。这也表明，极端波动的价格行为，会使中期趋势跟踪机制在短期内完全失效。（www.decisionmoose.com/uploads/2010.01.15.pdf）

表7.1列出了表现最出色的趋势跟踪基金，在杰克·施瓦格著作《股市奇才》、迈克尔·卡沃尔著作《趋势跟踪》中，都赞美了其投资组合经理，他们是成功的海龟投资者。海龟一词源自市场奇才理查德·丹尼斯（Richard Dennis）和威廉·埃克哈特（William Eckhardt），他们从事的一项计划力图证明，可以把有利可图的交易策略教授给拥有正确心理特征的人。在这个过程中，他们把很多人训练成了极受人尊敬和成功的交易者。正如表7.1中所示，尽管他们之前都

有着优良的历史跟踪记录,但在 2009 年,很多人经历了一个艰难的时期。

表 7.1　　　　　　　　　　2009 年趋势跟踪奇才的业绩表现

基金名称	旗下管理资产（百万美元）	2009 年业绩表现（%）
亚拉伯罕交易（Abraham Trading）	N/A	-5.56
阿斯派克资本（Aspect Capital）	473	-9.11
奇瑟·比克资本（Chesapeake Capital）	N/A	+0.41
克拉克资本（Clarke Capital）	1.046	-29.78
特鲁丽资本（Drury Capital）	18	+9.05
邓恩资本（Dunn Capital）	151	-0.58
埃克哈特交易（Eckhardt Trading）	220	-4.80
EMC 资本（EMC Capital）	445	-14.29
玳瑁资本（Hawksbill Capital）	212	-15.32
海曼贝克公司（Hyman Beck & Co.）	51	+3.96
JWH 公司（JWH & Co.）	462	-17.28
曼 AHL 多元化（Man AHL Diversified）	18	-16.40
米尔本·里奇菲尔德（Millburn Ridgefield）	1.414	-8.66
M 雷巴市场（M Rabar Market Res.）	1.137	+6.93
萨克森投资（Saxon Investment）	222	+10.37
超级基金（Superfund）	11	-24.46
超越趋势（Transtrend）	N/A	-11.28
温顿资本（Winton Capital）	4.768	-4.63

资料来源:Jez Liberty,www.automated-trading-system.com。

威廉·欧奈尔曾告诉我们,新一轮牛市随时会来临。机遇窗口重新打开。人们必须有耐心,不要把注意力从市场上转移开。这就是说,我们于 2009 年 6 月 1 日开始实盘运营的基金,扣除费用后,年上涨将近 30%,截至 2010 年 5 月 31 日,扣除费用后上涨 53.8%。尽管在 2009 年产生了很多虚假信号,但在真实信号上,卡彻博士市场导向模型取得的利润,远远大于虚假信号上遭受的损失。正如我之前的讨论,这归功于模型中构建的安全保障机制。

2009 年,市场导向模型在黄金上产生第一个高利润信号。黄金出现一个完美的形态,2009 年 9 月 2 日开始了突破(如图 7.7 所示),随后金价大幅上涨,该突破相当于较早的口袋支点和 2007 年 9 月黄金标准基部突破。

买入信号

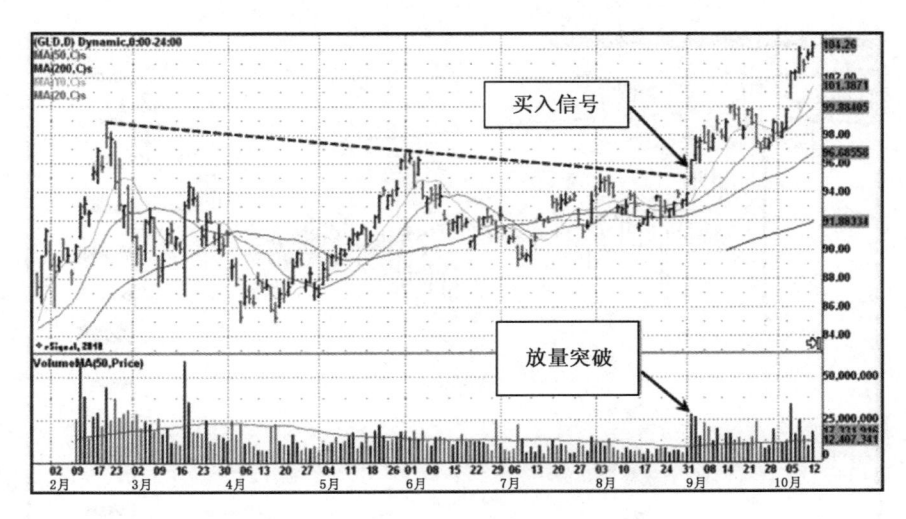

放量突破

eSignal 公司供图，版权 2010。

注：黄金在 2009 年 9 月初突破，在迅速涨至新高之前，发出了清晰的买入信号。

图 7.7　2009 年 SPDR 黄金信托 ETF(GLD)日线

利用模型相机抉择功能，我们用买入信号的强度和背景决定使用哪些 ETF 工具，在黄金及黄金相关产品上采用杠杆，例如市场导向黄金矿业 ETF (Market Vectors Gold Miner Index ETF，GDX)和黄金信托 ETF。该模型采用 2 倍杠杆的纳斯达克 100 指数 ETF(GLD)和 3 倍杠杆的标准普尔 500 指数 ETF(UPRO)，在 7 月做多纳斯达克指数和标准普尔 500 指数上，表现良好。2009 年 6 月 1 日—12 月 31 日，在几次信号正确时，模型表现非常好，超过并对冲了更多频繁错误信号产生的损失。然而，错误信号每次只产生相对较小的损失，因此，在 2009 年 6 月 1 日—12 月 31 日，市场导向模型基金能够在扣除费用后，取得增长近 30％的业绩。

请注意，在本章常见问题部分讨论了 2009 年模型的可能业绩，假设根据系统模型发出的买入、卖出、中性信号，纯粹 100％做多或 100％做空 3 倍杠杆 Direxion 科技牛股 ETF(Technology Bull ETF，TYH)。2009 年 3 月 12 日追盘日到 8 月 24 日的试验期间，本可以获得 90％回报，但请牢记，你可能也不得不忍受 18.4％的下跌。

2008 年上半年市场导向模型分析

图 7.8 显示了 2008 年上半年纳斯达克指数走势。图中的数字解释如下：

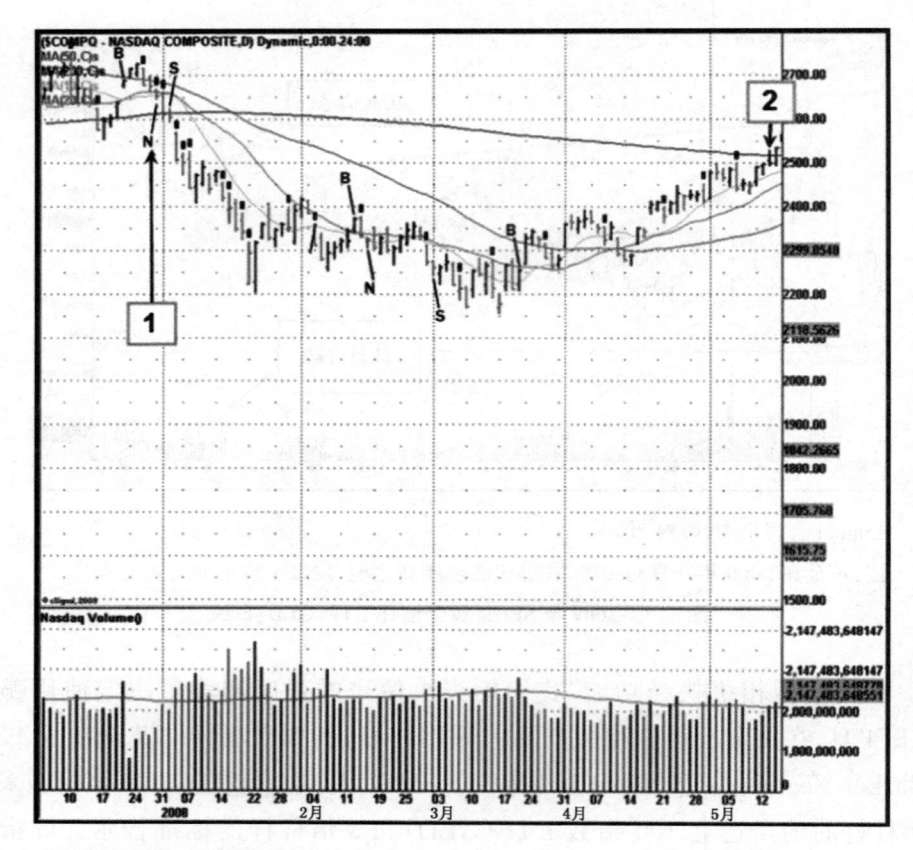

eSignal 公司供图，版权 2010。

图 7.8　2008 年纳斯达克指数日线

1.1 月 2 日与 2007 年 12 月 21 日走势相同，跳空高开之前，纳斯达克指数跌破 2007 年 12 月 20 日收盘价，盘中买入信号是无效的（参见本节的图表实例部分"关于图表的几个注释"）。因为在连续 20 个交易日期间，该天是第 5 个抛盘日，模型发出了预备卖出信号。第二天，1 月 3 日，纳斯达克指数跌破预备卖出信号日低点，该模型发出了卖出信号。

2.5 月 14 日是抛盘日，因为指数收盘涨幅低于前一交易日收盘价的 0.1%，且收盘于当天价格区间下部 25%。

2008 年下半年市场导向模型分析

图 7.9 显示了 2008 年下半年纳斯达克指数走势，图中的数字解释如下：

1.5 月 16 日是抛盘日，因为指数收跌 0.19%，超过 0.1%。

eSignal 公司供图，版权 2010。

图 7.9　2008 年纳斯达克指数日线

2. 6 月 12 日不是抛盘日，基于两个原因：(1) 收于当日交易区间上部 3/4，并且 (2) 上涨超过 0.1%。不过，前一天的预备卖出信号今天开始转化为卖出信号，因为盘中低点已被跌破。

3. 9 月 25 日不是追盘日，因为纳斯达克指数和标准普尔 500 指数都没能达到 1.5% 的阈值水平。

4. 10 月 10 日：在这个成交量异常的特殊交易日，收盘于当日交易区间的上部 1/2，卖出信号无效。

1929—1930 年市场导向模型分析

图 7.10 显示了 1929—1930 年的道琼斯工业指数走势，图中的数字解释如下：

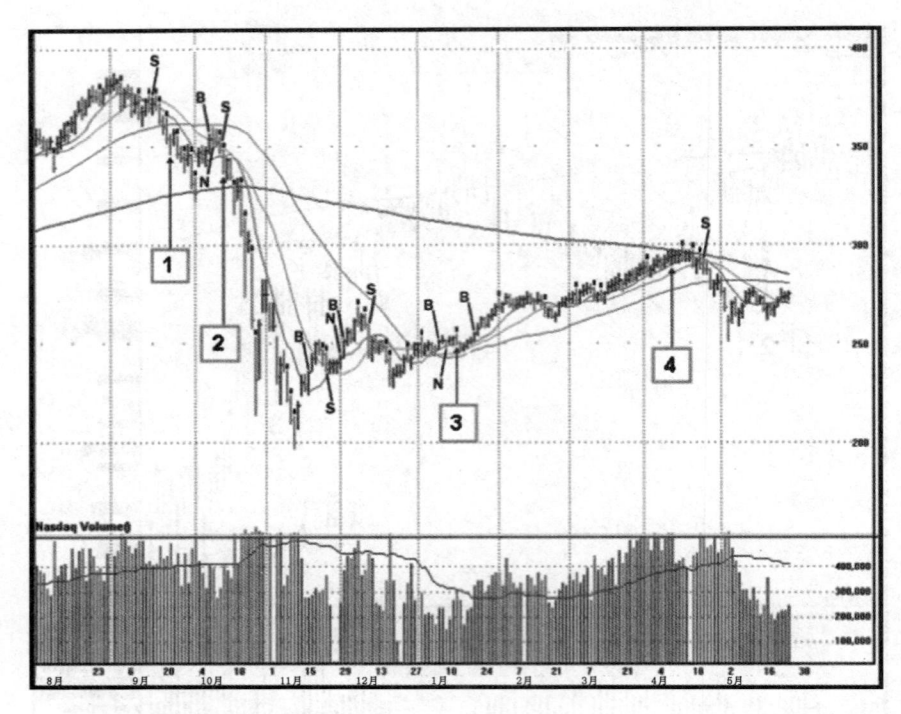

eSignal 公司供图，版权 2010。

图 7.10　1929—1930 年道琼斯工业平均指数日线

1. 1929 年 9 月 25 日不是一个抛盘日，因为当日价格区间有一根长长的下影线，并且当天指数收跌低于 0.1％。

2. 1929 年 10 月 15 日：模型转到了"预备卖出信号"状态，尽管它是买入信号后的第一个抛盘日，这是因为指数跌破了买入信号日的盘中低点（参见本节图表实例部分"关于图表的几个注释"）。

3. 1930 年 1 月 16 日：模型没有转到预备卖出信号，因为它是买入信号后的第一个抛盘日（参见本节图表实例部分"关于图表的几个注释"）。

4. 1930 年 4 月 11 日：这是一个巨量密集成交日，是一个抛盘日。

窃取模型的秘密

即使有人能够对该模型进行反向工程，在更广泛的基础上利用它，应该不会影响该模型的预测准确性。很多人根据模型信号买入或卖出，就应该不会影响大量高流动性的 ETF,毕竟该模型只是沧海一粟。该模型不是一个黑箱,因此,如果把无效的择时模型编成程序,程序员可能会遇到诸多困难。所有规则须遵守纳斯达克指数和标准普尔 500 指数之前的量价形态。尽管这些规则对系统性模型而言是非常严格的,但是它们仍然要依靠 1989 年以来 20 多年详细分析图表的经验,判断"品质"特性。

类推可能是,解释该"品质"本质的最佳方式。在我与威廉·欧奈尔共事的几年里,他对基部内在性质拥有不可思议的阐释能力,几乎无与伦比。我把这归功于他数十年分析图表的经验。例如,优秀的基部、良好的基部、不重要的基部,以及所有介于其间的不同等级的基部,它们之间的差异取决于环境,即使有可能用计算机编程来"发现"细微差异,也会遇到极大挑战。当然,我们通过计算机编程可以选出适合一般特征的特殊图表,之后,通过人工更详细地筛选这些图表。但是,正确构建股票池,已经完成了大部分工作。

择时模型常见问题

随着时间的推移,我发现,最有教育意义的教授方式是苏格拉底法,即充满活力的问答形式。过去几年间,我收到很多,关于卡彻博士市场导向模型的常见问题。如果您还有其他问题,请写邮件给我,我的电子信箱是 chris@moka-investors.com,或者登录 www.virtueofselshinvesting.com,我会定期更新现有的问答(Q&A)文件。

我是否应该期待获得与模型类似的收益?

请记住,2009 年 6 月 1 日前,模型回报是理论上的,你可能发现,高回报会伴随着下跌,超出了舒适区。因此,依据你的风险容忍度,选择 1 倍、2 倍、3 倍杠杆 ETF。2009 年 6 月 1 日—2010 年 5 月 31 日,在使用实际货币的测试基金中,推向市场不到半年的时间,市场导向模型年回报上涨 53.8%。在进行虚拟交易的独立账户中,我想看看系统如何抵御证券的大幅波动,如 3 倍科技 ETF TYH,100% 做多买入,100% 做空卖出,中性信号则 100% 现金。到去年为止,这些证券并不存在,因此,这提供了一个良机,可以获取之前不存在的利润。2009 年 6 月 1 日—2010 年 5 月 14 日,回报上涨了 183.9%,截至 2010 年 5 月 31 日,回报上涨了 215.1%。当然,由于该账户有高度进取性,同时也有高达

18.5%的非正常下跌,但这是获利215.1%所要付出的代价。请注意,如果你使用1倍杠杆ETF,收益大约是上述收益的1/3,但下跌也会是1/3。因此,根据纳斯达克指数的1倍工具,1999年模型记录的最大跌幅是15.7%。还要注意,1974年7月—2010年1月,33.1%的长期回报是基于纳斯达克指数1倍工具。如果投资ETF,如TYH,它大约是纳斯达克指数波动的3倍,要是它们存在,那么回报也大约是3倍,但更重要的是,跌幅也会是之前的3倍。

图7.11应该会让你明白模型的运行。信号有利可图时,以(大收益)符号为标志,它充分利用了趋势,如果信号是虚假的,安全保障机制就发挥限制损失的作用。

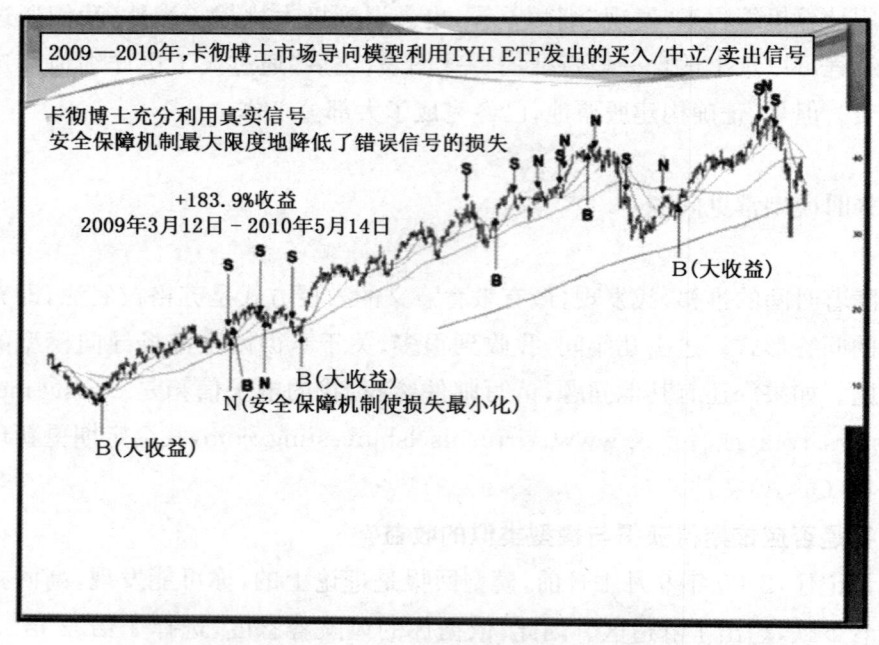

图7.11 2009年Direxion每日科技股看多ETF(TYH)日线

近20年来,该模型给我们的成功交易提供了巨大动力,因为它会让我们处于正确的市场位置。追溯至1974年7月,该模型系统性部分,年回报是33.1%。过去几年一直极具挑战性,因为市场处于横盘、波动、经常无趋势的状态。这就是说,追溯至2005年1月,该模型仍然每年跑赢大盘17.3%。击败了主要指数和最好的时机选择网站,在买入信号发出时,尤其是2006年中后期和2007年年底,买入优秀产业板块的最优质股票,极大地提升了实际回报。此外,由于3倍ETF的诞生,例如TYH/TYP,很好地代表了3倍纳斯达克指数,可以获得51.9%的回报(17.3%×3)。换句话说,这些证券通常可以获得3倍的纳斯达克指数回报。这意味着,自2009年3月12日跟进买入信号,到2009年8月24日卖出,可以从TYH/TYP中获得90.2%的回报(参见下面的常见问题)。请记住,在追逐90.2%收益的过程中,将不得不承受中途下跌18.4%的风险。对于低风险偏好者,可以选择2倍ETF(如QLD/QID),和1倍ETF(如QQQQ/PSQ)。

此外,以上结果并不包括佣金、税收、股利,以及在中性信号时,保持现金所赚取的利息。千万要记住,过去业绩并不能代替未来业绩。

模型优势是什么?

我发现5个主要优势:

1. 过去35年的每一个市场周期,该模型都持续跑赢纳斯达克指数和标准普尔500指数。1974年7月—2009年12月,年回报率为33.1%。无论上涨还是下跌,该模型均能抓住中期趋势。

2. 该模型具有自我保护机制,可使其损失降到最低限度。自我保护机制产生很多虚假信号,但损失仅有1%~1.5%。这产生了非常有利的风险—回报率,追溯至1974年,它在每一个周期内都远远跑赢了市场。在35年运营期间,最大损失是15.7%。相比较而言,纳斯达克指数产生了78.4%的损失。

3. 当模型发出买入信号时,在口袋支点和突破关键点,买入本质上最强势的股票。网址www.virtueofselfishinvesting.com提供荐股,以便能获取较丰厚的潜在收益,如果市场允许,那么所有人都有希望在一年内获利100%。

4. 当模型发出卖出信号时,模型逆向买入ETF(或做空ETF)。

5. 模型使用2倍和3倍ETF增加收益,尤其是在这个充满挑战的环境里,更是如此。

模型劣势是什么?

我发现两个主要劣势:

首先,市场趋势不明且波动巨大是最艰难的时期。包括如下一些时期:

1. 2009年5月4日—2009年7月10日:连续4个虚假信号。

2. 1999年2月—1999年8月:连续5个虚假信号,一个有利可图的信号,之后，又连续 5 个虚假信号。这造成模型在 35 年运营中出现最大损失（即 15.7%）。相对于模型整体业绩，该期间损失仍然很小。相比较而言，纳斯达克指数最大损失是 78.4%。

有趣的是，1999 年，我获得了职业生涯中的最高回报，不仅个人账户取得 451% 的收益，而且欧奈尔公司账户也取得 566.1% 的收益，因为我在买入信号出现时做多了正确的股票。顺便说一句，我在个人账户的回报，明显高于 451%，因为我没有把那年的专用税款用于投资，而是保留在交易账户里。因此，按照 50.5% 的总税率（联邦、州，等等），那年，以及 1997 年、1998 年和 2000 年，我的初始资金明显减少。然而，虽然无法使用正常账户标准，但是，毕马威会计师事务所能够证明。凯文·玛德（Kevin Marder）在其著作《最佳：与顶级交易者的对话》(*The Best: Conversations with Top Traders*, 2000) 中引用我的较高回报，也可作为证明。

2009 年，日益增长的波动让模型发出了虚假信号，通常损失在 1.5%～2.5%，而不是正常的 1%～1.5%。

例证：我们做过研究，2009 年 3 月 12 日—2009 年 8 月 24 日，经历 2 个上升期和 1 个无趋势波动期，系统连续出现了 4 个虚假信号，真实回报（买入信号 100% 做多，卖出信号 100% 做空，中性信号保持 100% 现金）见表 7.2 和图 7.12。

表 7.2　　　　　2009 年 3 月 12 日—2009 年 8 月 4 日回报

	纳斯达克指数	1 美元成为	TYH（3 倍 ETF）	1 美元成为
买入 3 月 12 日	1 426	1.21	45.3	1.63
做空 5 月 28 日	1 728.9	1.18	73.8	1.5
中性 5 月 29 日	1 768.2	1.18	79.9	1.5
买入 6 月 1 日	1 828.6	1.16	88.1	1.46
做空 6 月 17 日	1 795.5	1.14	85.3	1.39
中性 6 月 19 日	1 831.1	1.14	89.4	1.39
做空 7 月 7 日	1 770.1	1.13	81.3	1.33
买入 7 月 13 日	1 793.2	1.27	85	1.90
8 月 24 日	2 018.0	±27%	121.4	±90%

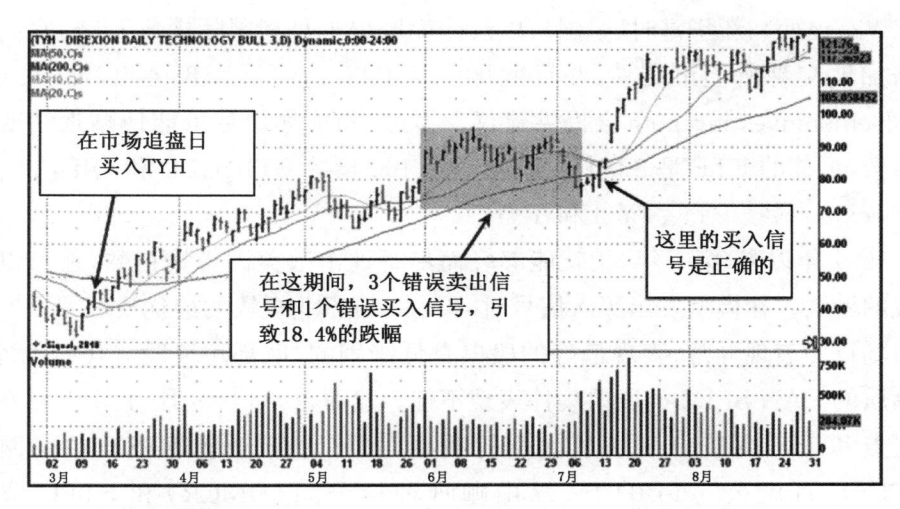

eSignal 公司供图，版权 2010。

图 7.12　2009 年 Direxion 每日科技股看多 ETF（TYH）日线

如你所见，2009 年 3 月 12 日—2009 年 8 月 24 日，使用 TYH 获得了 90.2％的回报，表现优异。然而，在追逐上涨 90.2％过程中，必须忍受 4 个虚假信号，总共带来 18.4％的下跌。如果改为 1 倍 ETF，如 QQQQ，这是纳斯达克指数的典型代表，会获得 27％的回报，但随之而来的仅是 6.6％的损失。你必须决定自己的个人风险承受能力。请记住，在回溯到 1974 年的每个市场周期，以及 1929 年 1 月—1932 年 12 月内，模型都跑赢了大盘，并且在其超过 35 年运营周期内，仅两年出现下跌，即 1993 年和 2007 年。1974 年 7 月—2009 年 12 月，平均年回报高达 33.1％。

其次，极少数情况下，即使顶级优质股票正在突破合理的基部，模型仍然可能会发出卖出信号。这发生在 1996 年 3 月，当时股票，如欧米茄（Iomega，IOM），还在突破。但不顾模型发出的卖出信号，我开始买入这些股票。幸运的是，这种时刻极为罕见。最终，谈及股票选择，就得让股票告诉你做什么。如果有足够多的好股票正在突破合理基部，就开始买入。如果持有的股票正在触及卖出信号，就毫不犹豫地卖出。

生活在这个充满挑战的时代，我该如何利用这个网站提高回报率？

ETF 作为纳斯达克指数的良好代表，通过做多或做空 2 倍或 3 倍杠杆的 ETF，就能够提高回报率。由于很多 ETF 彼此高度相关，因此有很多选择，包括EWZ（巴西）、新华富时（中国），以及印度摩根士丹利国际指数 ETF，它们都在新加坡交易所上市交易，并且就哪一个 ETF 有可能表现突出，www.virtueofselfishinvesting.com 会提供建议。不过，如果你想尽可能地贴近纳斯达克指数，最佳的 ETF 是 2 倍杠杆纳斯达克 100 指数 ETF、QLD 和 QID，3 倍杠杆 Direxion 科技 ETF、TYH 和 TYP。

1991 年以来，第一年，我就能够轻而易举地击败美国市场指数，你可以仿照我的做法。在模型发出买入信号时，买入一流行业板块的最优质股票。2009 年市场行为表现异常，表现最好的股票是低级别的"底部垃圾股"（JOB），而较高品质的 CAN SLIM 类股票集体表现不佳。然而，2009 年 3 月、4 月、5 月在口袋支点和正常突破点买入最优质的股票，如盛大互动游戏（SNDA）、网易（NTES）、百度公司（BIDU）、绿山咖啡种植公司（GMCR）和 STEC 公司（STEC），就会产生稳定回报。千万不要养成买入垃圾股的坏习惯，因为市场扭曲只是暂时的。

卡彻博士市场导向模型如何应对互联网上那些最好的择时网站？

我们统计了互联网上至少存在了 5 年的、两个表现最佳的择时网站。

TimerTrac 跟踪的最佳表现网站，显示了 23 个拥有至少 5 年记录的网站。我删除了存在时间较短的网站，因为有一些成立于 2008 年年中的网站，通过做空市场赚取了巨额收益，但是其系统的内在逻辑并不靠谱，一旦 2008—2009 年这种极不寻常的黑天鹅时期结束，这些模型就可能会跑输市场。表 7.3 是截至 2009 年 6 月前 5 年的总收益（非年化收益率）。

表 7.3　截至 2009 年 6 月前 5 年择时网站的总收益

排名	策略名称	收益/亏损（%）	交易次数
1	PsiTrade	128.04	445
2	Market Systems II-DD	105.81	634
3	Premium Trust NDX Trader	53.75	153
4	Premium Trust SPX Trader	42.41	135
5	KT QQQ-a	41.71	504
6	Premium Trust RUT Trader	35.10	109
7	Timing Cube	15.93	23
8	Bonner Mutual Fund Signal	13.60	0
9	Performance Signal Short Term	13.22	107
10	Vinny Index VM Allocation	4.01	61
11	FundSpectrum	2.20	15
12	Q5TrackerLT	-4.80	21

续表

排名	策略名称	收益/亏损(%)	交易次数
13	Highlight QQQQ(Pre-Close)	−10.86	59
14	Q5TrackerST	−13.06	84
15	Highlight QQQQ(After Close)	−14.27	59
16	Highlight SPDRs(Pre-Close)	−14.72	62
17	Highlight DOW(Pre-Close)	−18.33	56
18	Highlight SPDRs(After Close)	−22.22	62
19	Hightlight DOW(After Close)	−25.77	55
20	Vinny S&P Index	−26.95	35
21	Stockbarometer.com QQQ Trader	−31.79	124
22	KT Mid Term	−33.78	91
23	Q5TrackerIT	−43.20	34

经过仔细调查，很多有 5 年或更长时间跟踪记录的网站，似乎无法战胜市场，这不值得大惊小怪，在表 7.4 中，展示了两家最出色的网站，2008 年它们获得了显著回报，跃升到列表顶部，但表中看到的是扭曲的年均回报。2008 年前，其回报乏善可陈。基于年度业绩记录，以下是两个最优秀择时网站与卡彻博士市场导向模型(Dr K MDM)的对比结果。

表 7.4　　　　卡彻博士市场导向模型与两个择时网站业绩对比

2000 年 5 月—2009 年 6 月	PsiTrade	17.04%/年	PsiTrade 成立时间 2000 年 5 月	卡彻博士市场导向模型 +20.8%/年	100 000 美元变为 565 650 美元
2003 年 4 月—2009 年 6 月	Market Systems II-DD	10.4%/年	Market Systems II-DD 成立时间 2003 年 4 月	卡彻博士市场导向模型 +20.7%/年	100 000 美元变为 324 090 美元

此外，卡彻博士市场导向模型最大损失相对较低，无论基于绝对回报，还是基于风险/回报，该模型均击败了 TimerTrac 跟踪的两个最优秀的择时网站。请记住，这两个网站与 TimerTrac 记录了实时信号，然而，作为一名在个股操作上有 20 年记录的投资者，尽管模型信号是理论上的，但是，在很大程度出现时，能对我长期可审计的跟踪记录负责。这就是说，该模型理论回报基于，在买入信号出现时，我买入 100% 纳斯达克指数(QQQQ 是一个很好的代表)，在卖出信号出现时，我做空 100% 的纳斯达克指数(PSQ 是一个很好的代表)，在中性信号出现时，我转成 100% 的现金。

对 TimerTrac 进行审查后，我便把重点放到了 3 个使我相信有健全长期跟踪记录的网站：择时立方（Timing Cube）、决策麋，以及《投资者商报》（IBD）大市行情/市场评论。《投资者商报》是我至今仍然使用的优秀资源。我关注了约4年半时间（2005年1月—2009年7月），对择时模型而言，该时期代表了最具挑战性的时期。这几年中存在大量横盘、无趋势行为，并且在2007年，出现大量的虚假量价信号。

迈克·斯科特（Mike Scott），著名市场研究和数据奇才的前工程师，现在是一名全职个人投资者，他给我看了所有回溯到1994年的《投资者商报》市场信号电子表格。大市行情栏目始于2003年，他煞费苦心地详细讨论了《投资者商报》的老问题，以确定其所给出的市场导向变化。接下来，当大市行情栏目开展时，我展示了回溯至1994年以及过去4年半期间《投资者商报》的回报。

表7.5是在最困难时期——之前4年半，最出色网站的结果（这个比较于2009年8月完成）。

表7.5　　　　　　　　　　　最出色网站业绩回报比较

时期	站点	回报（年）	配置情况	比较	增长（美元）
2005年1月—2009年7月	择时立方	11.5%	100%做多/做空模型产生了最佳的结果（100%做多、做空纳斯达克100指数，或者完全持有现金）	卡彻博士市场导向模型17.3%*	100 000美元变为207 680美元
	决策麋	13.4%	只有100%做多[100%做多各种交易型开放式指数基金（ETFs）如EPP、ILF、债券和黄金]	卡彻博士市场导向模型17.3%*	100 000美元变为207 680美元
	《投资者商报》大市行情	8.4%	当"市场反弹"时，100%做多纳斯达指数；当"市场调整"时，100%做空纳斯达克指数；当"市场承压下行"时，100%持有现金*	卡彻博士市场导向模型17.3%*	100 000美元变为207 680美元
1994年12月—2009年7月	《投资者商报》大市行情	14.8%	当"市场反弹"时，100%做多纳斯达指数；当"市场调整"时，100%做空纳斯达克指数；当"市场承压下行"时，100%持有现金*	卡彻博士市场导向模型31.1%	100 000美元变为5 183 788美元
1974年7月—2009年7月	卡彻博士市场导向模型长期历史回报	33.4%	出现买入信号时，100%做多纳斯达克指数；出现卖出信号时，100%做空纳斯达克指数；出现中性信号时，100%持有现金**	卡彻博士市场导向模型33.4%*	100 000美元变成巨额财产——这也是威廉·欧奈尔赚钱的根源所在***

* 当"市场处于压力之下"时，与不持有现金相比，《投资者商报》模型持有现金，能够取得更好回报。使用相同的参数，自1974年7月以来，卡彻博士市场导向模型取得33.1%的年回报率，远

远超过其自 2005 年 1 月以来 17.3％的年回报率,尤其是在这样一个更长的时期内。巨大的差异是由于前几年美国主要指数的运行。因此,对择时系统而言,之前几年一直存在巨大的挑战。这些年来,市场一直充斥着大量的横盘、无趋势状态,2007 年出现了大量的虚假量价信号。

**我还用 20 世纪 20 年代末 30 年代初的道琼斯工业指数,当场测试模型,以确保系统性规则在完全不同的时代仍会适用。我的信念是:图表形态是人性的展示,日复一日的量价行为造就了我们看到的图表形态,因为人性从未改变,所以这些图表在统计意义上会不断重复。

***自 1958 年以来,欧奈尔不断积聚着财富。其关键在于,在众多市场周期内,坚持一套有效的系统,甚至在那些系统看起来不再有效的、充满挑战的时期内,也是如此。少数具有 25 年以上跟踪记录的趋势跟踪者,正在管理着数十亿美元的资金(如约翰・亨利、比尔・邓恩等),因为他们坚持使用其系统,即使市场处于极具挑战性的、波动据烈的、无趋势阶段时,仍然坚持不懈。

我的模型中系统性模块,跑赢《投资者商报》大市行情的原因是:

1. 重要的是要牢记,《投资者商报》作为 ETF 择时模型没有发出市场买入信号。读者使用《投资者商报》信号的方法如下:在买入信号出现时,买入正确股票,在"市场承压下行"或中性信号出现时,可能是收紧卖出止损点,在卖出信号出现时,坚持止损并不买入任何新股。应该每天都阅读《投资者商报》的每日大市行情栏目,我相信,《投资者商报》是世界上最优秀的财经日报。卡彻博士市场导向模型结果基于:在买入信号出现时,100％买入纳斯达克指数,在卖出信号出现时,100％做空纳斯达克指数,并且在中性信号出现时,转成 100％现金。当然,在买入信号出现时,通过个股选择,可以进一步提高业绩。

2. 无论量价行为如何,模型的自我保护机制都可以限制损失。

3. 模型系统性模块没有相机抉择干预。在过去我与威廉・欧奈尔共事的几年里,我懂得,市场能够欺骗大众,即使最优秀的人也难以避免。我认为,具有比尔・欧奈尔市场经验的人,如果能够在充满挑战的时期内从市场获利,更好的做法是坚持一套系统性规则,在统计上,这从所依据主要指数真实的量价行为上得到了证明。比尔总是说,意见观点无所谓,只有事实以及量价同市场运行一样真实。这就是说,模型的确在 2009 年中期加入了一个相机抉择模块。直觉告诉我,相机抉择模块能进一步提升模型回报,它也是完全系统性的。但是,观点并不重要,包括我自己。时间会告诉我,相机抉择干预能否提高模型系统性回报。尽管我对自己的能力极具信心,但是我不能假设,在充满挑战的时期里,欧奈尔在市场上极具感召力,我自己能否受到此类哄抬价格因素的影响。

花絮新闻：这里，比尔·欧奈尔即使不是最好的，也是数一数二的。当认为新趋势开始时，他买入具有巨大潜力的股票，然后，依据金字塔原则，加码其获利头寸。这不仅使业绩全面改善，也解释了他如何取得3位数年回报率。

4. 该模型由抛盘日或追盘日构成，中间没有灰色地带。在书中讨论的择时模型，让遵循其投资方法的追随者产生了一些混淆。有人问：如果交易小幅收高，但有一个流星尾，会怎么样？你如何定义密集成交导致的抛盘日？在一段时间内出现多少个抛盘日，才会发出卖出信号？对追盘日来讲，必需的阈值百分比是多少？如果成交量远低于平均水平，收盘价仍然高于上一交易日，它还是一个追盘日吗？等等。

为什么卡彻博士的市场导向模型在1974年到2009年的35年里，比过去几年做得更好？

过去几年，对择时系统非常具有挑战性。这些年，充满了太多的横盘、无趋势运行，同时，2007年产生了很多虚假量价信号。在这些充满挑战的时期，还有一些方法可以提高你的回报率。做多或做空2倍或3倍的ETF——纳斯达克指数的良好代表——可以提高回报率。由于许多ETF高度相关，因此有很多投资标的可供选择。不过，如果想尽可能贴近纳斯达克指数，最佳ETF是2倍QID/QLD和3倍TYH/TYP。参见本章的常见问题"模型劣势是什么"，关于在2009年使用TYH模型获取回报的讨论。

一些市场择时网站显示巨额回报。我应该注意什么？

当你核查择时网站那些看似可观的回报时，应该询问如下关键问题：

1. 自2005年1月以来，该网站年化回报表现如何？

这里，几乎所有网站都达不到标准。对择时网站来说，过去几年最具挑战性。一些整体上表现出高回报的网站，是由于在2008年赚取了异常的丰厚回报，而2005—2007年，仅赚取了平庸的回报。这种前后不协调的回报，有可能发展成一种弊病！

2. 换手率是多少？

一些网站每年换手75～100次，大幅增加了佣金成本。

3. 该网站中途转换了策略吗？

阅读精美印刷品。有些网站报道高年化回报率，显示中途曾对策略进行了优化。换句话说，他们中途修订了其策略，但报道回报偏向于反映最好的可能结果。他们还可以通过报道回报扭曲结果,仿佛整个运行是有生命力的,而实际上,只是由于对其策略做了修订,才保持了生命力。

4. 总回报是巨大的?

不要理会总回报。它毫无意义。总回报往往是巨大的,因此很容易令人困惑。例如,自 1974 年 7 月以来,该模型 33.1% 年回报率会产生 25 604.67% 的总回报。用另一种方式表示,1 美元会变成 25 605 美元。有了足够的时间,复利的力量确实强大无比。我们的著作以"我们如何在股市赚得 18 000% 的利润"为副标题,巨大百分比可以引起潜在读者的极大兴趣,但是这个百分比分解成年化回报率会更有意义:过去 7 年里,18 000% 平均到每年是 110.5%。顺便说一句,我的年回报率实际上高于 110.5%,因为当我在市场上交易时,并没有把每年应付税金进行投资,而是保留在交易账户中,早在 1997—2000 年,我每年的起始资金就已明显减少。但是,使用一般会计原则,毕马威会计师事务所核查时无法考虑到这一点。在凯文・玛德与马克・达佩(Mark Dupee)合著的《最佳:与顶级交易者的对话》一书中,引用了我的 70 000% 回报,就考虑到了这一点。

5. 网站显示的是多年前的理论信号,但它的实况信号是否不到一年?

这种情况适用于 www.virtueofselfishinvesting.com 上出现的择时模型。该模型的择时信号第一次面向公众发布。做好你的尽职调查。请检查该模型的创建者是否存在业绩跟踪记录,或者以其他的方式证明有高水平的竞争力。用谷歌搜索创建模型的人名,是一个发现有效信息的高效路径。

此外,请记住,某些网站可能吹嘘长期的高理论回报。关键是要知道,他们是否通过过度拟合数据创造出那些高回报。正如本章前面所讨论的,当对历史数据过度关注时,就会出现过度拟合,并不能解释系统预测值的未来发展。这是一种影响许多择时系统的常见陷阱,也是这么多系统功亏一篑的原因。过去 20 年,该系统可能产生引人注目的业绩,因为参数适合此期间的利润最大化。但是,展望未来,它的回报不会达到标准,因为该系统是过度拟合的。

什么是相机干预?它如何适用于这个模型?

虽然模型背后主要动力是系统性模块,是我交易的指导,并且在过去多年里,已经证明其适用性,但是,在某些情况下,我会发出一些相机信号,提醒

www.virtueofselfishinvesting.com 的会员。虽然直觉告诉我,这种相机干预应该可以提升系统性结果,我仍坚持最初的想法:我认为,如果具有欧奈尔那样丰富市场经验的人,在充满挑战的、没有趋势的市场期间投资获利,那么最好是坚持一套系统性规则,且基于主要指数的真实量价行为。欧奈尔经常说,意见观点无所谓,只有事实以及量价同市场运行一样真实。

相机干预的例子包括:

1. 足够多的领先股票,突破了恰当的基部形态,如我们在1996年3月所看到的股票,如欧米茄(IOM),正在突破新高。

2. 大量可靠的次要指标显示出市场的强弱,与该模型的当前方向背道而驰。

3. 极不寻常、具有前瞻性一次性新闻事件,会凌驾于系统性模块之上。

在自己交易中,我应该使用模型的系统性模块还是相机性模块?

系统性模块有35年以上的历史性优势。相机性模块具有头寸调整和偶然优势。实践中,头寸调整取决于信号强度。这里,我举一个下跌行情的例子,说明如何使用模型。有利可图的例子比比皆是,我一直相信,更好的学习来自充满挑战的环境。依据2009年11月9日弱势买入信号,我在QQQQ上买入50%头寸。随着抛盘日持续增加,模型发出了备用卖出信号。一旦在2009年11月19日触发卖出信号,我马上就在FAZ上转换到30%头寸,FAZ是3倍杠杆Direxion金融看空ETF(Direxion Financial Bear ETF)。我之所以转换到FAZ,是因为金融股已经落后主要指数几个月了,并且30%的FAZ实际上是做空90%的XLF头寸。之后,纳斯达克指数一旦跌破2009年11月19日低点,我就在FAZ上买入额外30%的头寸。一旦在11月27日再次创出新低,我就买入TYP30%的头寸,即3倍杠杆看空ETF,也称Direxion科技熊(Direxion Tech Bear),是纳斯达克指数的最佳看空代表——在纳斯达克指数下跌时,它会上涨。我决定分散投资TYP,尽管在当时美国经济基本面背景下,我最看空金融股,但是,我并不想过于重仓任何一只3倍杠杆ETF。在3倍杠杆看空ETF上,拥有90%的仓位,让我事实上面临270%的看空风险,但是平均成本低于我买入的3个头寸,因此,我具有合理的缓冲空间。

实践中,投资者可以决定是否使用杠杆ETF的相机性模块,如果不是持有现金,该模型就100%做多或做空QQQQ。同时注意,2009年11月27日后,当美联储的量化宽松继续助力市场走高时——2009年3月以来,反复出现的主题——市场再次转向。11月27日后,模型自我保护机制发挥作用,失去了利润,但保护了资金,使损失控制在3%以内。

要是我只能在下一个交易日开盘才能根据信号采取行动,怎么办？

对于那些盘中发出的信号,一些用户能在第二天开盘时根据信号来操作。实际上,这可以相互抵消,因为市场可能在一些交易日走低,与那些盘中买入的用户相比,会提供更好的进入点,市场在另一些交易日可能走高,与那些盘中买入的用户相比,会提供更差的进入点。

我怎么知道市场导向模型的规则会持续有效?

卡彻博士市场导向模型遵循的规则不是我们的规则,也不是华尔街的规则,而是市场的规则。它们代表着统计学的重要成果,该成果来自以往20多个市场周期(回溯至20世纪20年代)内的主要市场指数,以及对龙头股和次要指数如何影响市场的研究。

我们正处在一个极不寻常的市场环境中,伴随着高频交易,出现了一些质疑量价行为和趋势跟踪是否仍然适用的问题。我的答案是肯定的。正如本章之前所提到的,2009年6月1日—2010年5月31日,在使用实际货币的测试基金中,市场导向模型,在推向市场不到半年的时间,就上涨53.8%。在进行虚拟交易的独立账户中,我想看看,系统是如何抵御证券大幅波动的,如3倍科技ETF TYH,100%做多买入,100%做空卖出,出现中性信号时,则100%持有现金。直到去年,这些证券还不存在,因此,这里提供了一个巨大机会,来获取之前不存在的利润。2009年6月1日—2010年5月14日,上涨了183.9%,截至2010年5月31日,上涨了215.1%。

即使在这些极不寻常的时期内,趋势仍然出现。迈克尔·科弗尔写过一本优秀著作《趋势跟踪》,书中阐述了与成功的长期趋势跟踪者约翰·亨利、比尔·邓恩、艾德·塞柯塔的深度访谈。是的,尽管在2009年以来,这些知名的趋势跟踪者遇到了一系列困难,但是他们对急剧的下跌并不陌生,在他们超过25年的职业生涯中,总能恢复并取得更多收益,从而实现长期跟踪记录的完整性。在其职业生涯中,曾出现过趋势跟踪和量价行为被宣布彻底失败的时期,但是,让他们出类拔萃的是,他们在任何情况下都继续应用其系统,他们知道,市场终将再次恢复趋势。

计算机编程的市场导向模型，系统性模块是黑箱吗？

这只说对了一部分。我所构建的规则不是黑箱，而是基于纳斯达克和标准普尔 500 指数的特性。因此，即使这些规则对模型来说，是严格的，但它们仍然基于这些品质特性。估量"品质"的能力，需要依靠我自 1989 年以来分析数以百万计图表的丰富经验。

类推法可能是，解释该"品质"本质的最佳方式。在我与威廉·欧奈尔共事的几年里，他对基部内在性质，拥有不可思议的阐释能力，几乎是无与伦比的。我把这归功于其数十年分析图表的经验。例如，优秀的基部、良好的基部、不重要的基部，以及所有介于其间不同等级的基部，它们之间的差异取决于市场环境，即使有可能用计算机编程"发现"其细微差异，也会遭遇极大的挑战。

结 论

市场导向模型遵循的规则，不是我们的规则，也不是华尔街的规则，而是市场的规则。它们代表着统计学的重要成果，该成果来自以往 20 多个市场周期内主要市场指数，以及对龙头股和次要指数行为如何影响市场的研究。

构建模型的关键是，研究数据要全面客观，并倾听市场的声音。在构建模型的领域中，自我和希望行为是正确的想法，没有其一席之地。一旦决定构建模型用来指导交易，就要彻底了解它的劣势，这样，就不会半途而废。举例来说，在市场没有明确趋势的关头，如 2004—2006 年、1993—1994 年和 1976—1977 年，很多趋势跟踪者宣布趋势跟踪失败。200 年的市场历史表明，趋势经常出现，足以让像威廉·欧奈尔、艾德·塞柯塔、约翰·亨利和比尔·邓恩这样的人用来谋取丰厚利润。

第八章

比尔十戒

谈到比尔·欧奈尔十戒时，重要的是要明白，这并不意味着，十戒是由他直接提出的，如同来自高山上的摩西一样，只是带着上帝之手铭刻的碑碣。对我们来说，这些"戒律"较为主观。我们谈到的，是一些关于人生和市场最喜欢的，但并不太明显的规则，比尔·欧奈尔每天给我们讲授一些在其著作和研讨会之外的规则。在交易日志中，记录了很多我们所发现的经验教训，它们既适用于生活，也适用于股市。一般来说，任何一个在全球企业枢纽中心产业工作过50余年的人，如同比尔，一定懂得关于处理人际关系、商务、人生变动的事宜。为了更好地向读者传达这些信息，我们发现，最简单的途径就是把它提炼成一些基本思想、概念和规则，并简单地命名为比尔十戒。

误 解

关于欧奈尔和他的组织，存在很多误解和凭空杜撰，我们发现这些都很荒谬可笑，特别是那些以打倒欧奈尔及其方法为唯一目的的言论。其中，有些是出自嫉妒，但是大部分只是故意忽视欧奈尔及其思想。例如，在2000—2002年残酷的网络泡沫破灭熊市时期，在一档有线财经电视节目中，一名专业投资组合经理被问及这个残酷的熊市何时会结束。他的反应是快速和轻蔑的："当趋势投资者的报纸《投资者商报》破产的时候,熊市就会结束!"

大多数情况下,无知便是福,但是,在这种情况下,无知就是愚蠢,因为这样的声明反映了对比尔·欧奈尔及其组织的深度误解,不仅包括《投资者商报》,还包括威廉·欧奈尔公司的机构投资者咨询和研究公司,统称为欧奈尔数据系统(O'Neil Data Systems),它是全美公认的、知名的出版公司,绝不仅仅出版图表书籍,还有几个大大小小的姊妹公司。

如果你是威廉·欧奈尔公司的投资组合经理,和我们当时一样,就会知道,在2000—2002年熊市期间,最不希望发生的事情就是《投资者商报》破产倒闭。欧奈尔组织由许多不同业务构成,其中一些是强大的现金牛,如全美排名第一的出版公司欧奈尔数据系统,因此,如果组织中任何一家企业当年业绩不佳,就会有其他运营良好的企业帮助它恢复景气。我们还可以告诉你,最终对管理组织资金负责的内部投资组合管理小组,同样运作良好。比尔·欧奈尔在其著作《股票买卖原则》中亲自证实了这一点,"为我们数据分析控股公司运作的内部资金管理小组,在截至2003年6月的5年间,取得了1 356%的净回报"。很显然,除非你能在市场上击败比尔·欧奈尔,否则你根本不能在业务上击败他。当其他人没有盈利时,可能会被迫破产、停止运营。面对低迷经济和市场周期所带来的困难,以及开办企业的财务挑战,如《投资者商报》,欧奈尔都有足够的资金和业务互补组合,使其保持生命活力。

我听到,有人用术语"动能投资者"描述比尔·欧奈尔、威廉·欧奈尔投资公司以及《投资者商报》,它总是带有一些贬义,几乎是作为驳斥、贬损和贬低欧奈尔及其方法的简称。通过这种贬低性词语,欧奈尔的反对者表示,他主张盲目购买狂涨的股票,因为它们会越涨越高。我们认为,事实并非如此,下面提供例子作为证明,这是过去超过25个市场周期、近100年中无数个例子中的一个。

1999年市场周期中最大的盈利股票之一是高通公司(QCOM,如图8.1所示)。在经过14个月横盘整理后(如图8.1中强调突出部分),高通突破了带柄杯子形态,启动一轮爆发式的上涨。在买入的时候,高通本身没有表现出任何"原动力",只是刚刚摆脱长期盘整。这时候,高通公司正在展现出以下特征:收益和销售额大幅增长、强大的盈利能力、令人注目的产品,以及具有重大意义的投资机构支持。在万事俱备之际,既有基本面因素,又有技术面因素,就买入该股。尽管在指定的加仓点一路上扬,但这肯定不是盲目的"顺势投资",股票上涨多快,并不是买入股票的唯一标准。如果顺势投资意味着买入大机构追随的强势基本面股票,那么当它们摆脱了恰当的盘整或横盘区间,随后出现大幅价格上涨,就这样做吧。否则,比尔·欧奈尔会说,把《投资者商报》称为"趋势投资者的报纸"的投资组合经理完全错了。

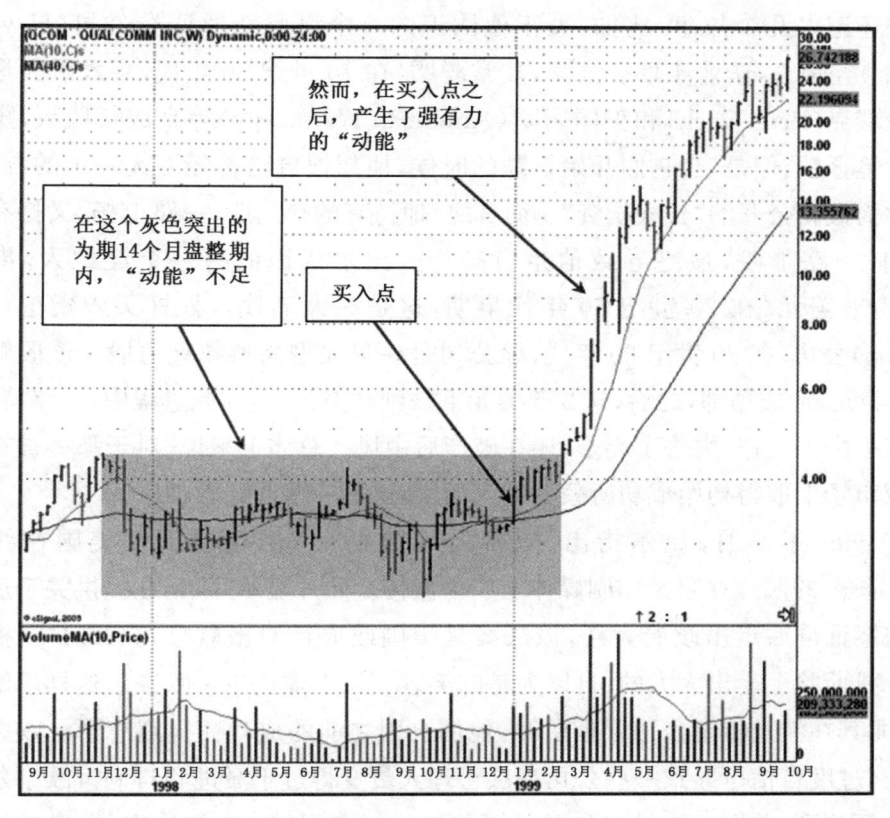

eSignal 公司供图,版权 2010。

图 8.1　1998—1999 年高通公司(QCOM)周线

通过控制自我,求得生存

在纯粹意义上,50 多年在市场上摸爬滚打的欧奈尔,是一名专业投资的资深幸存者,在这个过程中,我业已见过太多专业投资者和投资机构的兴衰。在投资行业，他见证的大多数失败都源于过度自我和危险心理效应，一夜暴富能欺骗容易被金融和自我冲昏头脑的人。金钱肯定能够成为罪恶之源，因为它能引导一个人走上自我放纵的不可持续道路。正因如此，在市场上取得重大成功的滋味，正如我们在第三章所讨论的，绝对是致命的。

从业50余年，关于过度投资和愚蠢投资的教训，欧奈尔有很多故事可讲。我们还记得几个故事，比如，关于他认识的一个海登斯通证券公司（Hayden Stone）经纪人，毕业于耶鲁大学，非常聪明，在20世纪60年代，买入了大量像布伦瑞克（Brunswick）和美国影印（American Photocopy）等高成长股票，赚取了大笔金钱，但是，当它们开始下跌的时候，他却把自己曾经万无一失的方法，宣称为最新公开的"长线投资"。简言之，他持有的热门股，一路上扬，又持有着它们，一路下跌，最终导致他生意破产。比尔认识的另一个经纪人，借入150 000美元（在20世纪60年代早期，这是一大笔钱），杠杆买入索伦（Solotron）公司，在20世纪60年代，该公司是一只大型高科技魅力股。该股触及275美元，形成顶部，之后，从275美元下跌到8美元，他在此过程中，一路持有，不仅丢失了工作，失去了妻子，还在破产后中风。总体上来说，对于那些被在个股或市场上取得初始成功所蒙蔽的人而言，这是一些明显教训。

1999年6月，比尔指出，史蒂夫·凯斯——网络股新贵美国在线的CEO——的照片在财经印刷媒体上广为流传。照片显示，凯斯在提供关于反垄断法案证词后走出政府大楼，该法案是美国政府针对微软公司（MSFT）提出的。凯斯脸上露出大大的、自以为是的笑容。没人像比尔·欧奈尔这样了解人性，尤其在涉及特定公司管理层时，他们会因之前的成功而得意忘形。欧奈尔认为，过度自信可导致一些公司高层管理人员变得过于激进和自满。欧奈尔准确地预测到，美国在线最好的日子可能已经过去了，1999年年底，在经过另一次冲击高点的试探后，美国在线从1999年12月高点267.76美元，下跌至2002年熊市低点24.31美元，2000年，通过收购，更名为时代华纳公司，这才把它从耻辱的事件中拯救出来，对管理层而言，尽管此举考虑不周，但管理层呈现出无所不知、无所不能的错觉，并不少见。

比尔·欧奈尔交易方法，源自他的看法，即为了在业务中生存下来，甚至生活本身，人们必须保持宏观理性，而不要被自己的成功和财富陷阱冲昏头脑。他了解人们在市场上挣到大钱后的心理和行为模式，一旦交易者发现他们不能立即或随意复制这个神奇的财富创造路径，因为它需要一个很好的市场趋势配合，他们就会求助于高风险交易，转换到"长期投资"或杠杆计划，维持财富增长，并扩大炫耀性消费模式。

数据分析公司、《投资者商报》、威廉·欧奈尔公司、欧奈尔证券公司以及其他欧奈尔姊妹公司，是审慎和简朴的。该组织反映了这种伦理。我们曾开玩笑说，在欧奈尔公司，一个人办公室及地位的象征，不是有新地毯，而是用新胶带修复旧办公室的地毯！玩笑归玩笑，你不会有像谷歌一样的"栖息地"，奢侈和自我放纵的额外小费，是这种环境的自然组成部分。你到比尔·欧奈尔这里工作，是学习如何在市场上赚钱，以及如何赚大钱，而不是每天做按摩或者洗衣服。这种节俭行为来自欧奈尔的敏感性，以及潜在智慧，他了解其他理性成功投资者如何成为各种自我和投资虚荣心理的牺牲品。这并不是说欧奈尔反对偶尔兑现股市利润，奖励自己一辆新车（只要不是法拉利！）或者其他可增强成功股票投资的东西。但是，平衡和谦逊总是需要的，在这方面，欧奈尔教导的是，所有投资者和交易者都应该注意教训。很多方面美国也可能在这方面接受教训，因为2009年的金融危机是因为这个国家过于追求"人人享有自由和免费资金"这一不可持续理念而失去理智所致。

第一戒律

在众多规则中，第一戒律适用于一般生活和股市投资，我们多次听比尔说，"永远不要忘乎所以"。其基本思想是，一个人不应该受财富幻觉和陷阱的影响，因为它们往往会导致人们陷入"忘乎所以"的地步，这样或那样的无节制行为，最终导致失败。这一点是至关重要的。

尽管由于了解这种普通投资者苦恼的根本原因，而避免了失败和破产，但是仍然有很多自以为是且自满的人，试图预测比尔·欧奈尔的失败。在本章开头所引证的投资组合经理预测到，当且仅当《投资者商报》破产歇业后，残酷的2000—2002年熊市才会结束，该评论是相当无知和不准确的，但是并不罕见。当你取得成功时，常常成为他人负面情绪的攻击目标：嫉妒。

当我们听到关于欧奈尔在半导体"热门股"赛姆公司（CYMI），遭到重创时，这类嫉妒的例子就出现了。据推测，股票大跌（如图 8.2 所示）给欧奈尔，造成巨大损失,这被视为潜在的危害。如果任何一个是真的,你就可以通过与比尔交谈获知,无论市场如何变化,他都会关注市场本身。事实证明,不管是否在赛姆公司上遭受损失,似乎没有对欧奈尔产生任何影响,因为即使这是一个大"打击",也可能与其职业生涯中所见到的和遭遇到的打击相形见绌。到今天为止,我们仍然不知道,这到底是不是真的,或者只是那些希望见到欧奈尔失败的人所散布的一个谣言,但是我们确切知道的是,两年后,欧奈尔和他稳定的内部投资组合经理,当时,我们以成为其中一员而感到自豪的团队,在市场上获得了翻两番的利润回报。

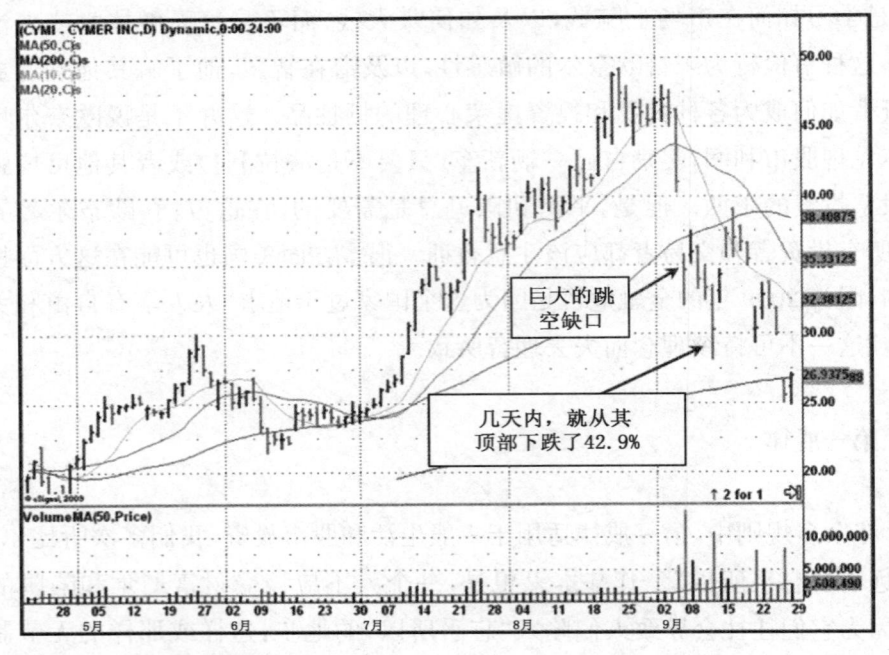

eSignal 公司供图,版权 2010。
注:欧奈尔遭受损失,但是仍保持关注。

图 8.2　1997 年赛姆公司(CYMI)日线

第二戒律

来自困难时期的勇气和毅力,体现在欧奈尔第二戒律:"切勿在恐惧的立场上采取行动。"如果你在市场上感到恐惧,无论是由于遭受当前的损失,或其他一些错误,还是由于承担的风险水平令你紧张不安,那么你都处于无法做出正确决定的处境。要么调整头寸消除恐惧,要么意识到,如果在市场上感到恐惧,就没有理由再投资。

始终保持盈利头寸的原则,也体现在欧奈尔交易方法中。作为一家公司,我们可能是独一无二的,因为我们密切关注股市,把它作为自身业务的预测工具。在市场见顶,以及潜在熊市开始时,我们知道,市场开始预计到经济增长放缓。当这种情况发生时,欧奈尔常常要求将公司每个部门所有开支削减10%,使企业走出困境,积极布局优势头寸,准备处理即将到来的经济危机。保持盈利头寸,还意味着没有任何债务,所以公司在其运营中不依赖任何债务。现金流为王,随着内部投资组合管理团队定期成功投资股市,该公司稳稳保持着优势。因此,保持盈利头寸意味着,如果某个头寸亏损,就必须马上调整,以便遵守这一原则。

第三戒律

欧奈尔对付诋毁者和批评者的办法是,把他们的否定转化成肯定。谈及反对者与诽谤者,欧奈尔只是诉诸我们标示的欧奈尔第三戒律,那就是"你从敌人那里所学的,远远多于从朋友那里所学的"。在典型欧奈尔模式中,否定的转化成了肯定的,来自第三方的批评,只不过被看成一种潜在的学习经验。事实上,这条规则体现了一定程度的真理,因为正是你的敌人在消除你的失误和行为,他们寻找任何小缺点,夸大其词,服务于他们的目的,即把你打倒。然而,在这个过程中,他们能帮助你发现存在劣势或缺陷的领域,正如欧奈尔喜欢说的"不足"。同时,依靠朋友,你仅能看到自己好的一面,这对那些追求自我完善的人们来说,没有太大用处。作为一名评论家,欧奈尔喜欢扮演仁慈谴责者的角色,忽略你的成功,关注分析错误,以及揭露错误。私人资金管理业务是标准化的,我们每个人在为欧奈尔管理账户时,最终得到的报酬是账户总利润的一定百分比,因此,如果你管理着,比如说200万美元,涨到3 000万美元,你就会得到2 800万美元总利润的一定比例。1999年,为比尔·欧奈尔管理资金是个不错的选择,在巨幅上涨的1999年之后,我们本来期望比尔会开出巨额奖金支票,并赞扬和钦佩我们在1999年所做的出色工作。没这样的幸运!相反,他开始翻看自己的笔记,回顾了我们的所有糟糕交易和愚蠢错误。他的结论是:"如果你每件事都做得完全正确,可能会上涨1 000%!"

第四戒律

通过这种方式,我们熟悉了欧奈尔第四戒律:"永远不要停止学习和提高,唯一的方法就是不断地分析自己的错误,并纠正它们。"我们都知道,每个人都在股市上谈论自己的成功,但是很少有人关注自己的错误。欧奈尔特别重视聚焦他自己的错误。

第五戒律

为此,欧奈尔援引第五戒律:"永远不要谈论你的股票。"欧奈尔讨厌在股市上变得兴奋并告诉他人,自己操作得多么漂亮。通过坚持一项简单的策略,绝不要谈论你的股票,你就可以消除鼓吹成功的冲动。试着执行该规则,看看它,如何在处理股票方面改变你的视角。

第六戒律

实际上,第五戒律有助于坚持第六戒律:"不要在顶部沾沾自喜。"因为那通常是抛售的时间点。

如果要比尔·欧奈尔只能选择使用一种类型的图表,他会采用周线图。至少,这是他曾经告诉过我们的,并且有很充分的理由。首先,欧奈尔避免对新闻和其他噪声做出反应,包括非同寻常的盘中价格波动。对欧奈尔来说,盘中分时图几乎毫无用处。有一段时间,他觉得即时报价会让人分心,因为20分钟延时操作似乎并没有成为其运用参考时间框架的负担。欧奈尔在搜寻机构投资者重仓介入的"大牛股",他们的现金不断地流入大型、盈利丰厚的股票,在任何经济成长周期内都保持领先。机构投资者会在几周的时间内买入或卖出其股票头寸,有时甚至是几个月,因此,他们的活动,不受盘中分时图的影响,大多数情况下,也不受日线的影响。出于这个原因,周线图是首选的"可视化选择工具"。

第七戒律

因此,第七戒律是:"首先使用周线图,其次使用日线图。忽略盘中分时图。"周线图消除了很多短期波动中的固有噪声,同时提供了机构投资者潜在收集筹码的有价值线索。

第八戒律

使用周线图作为识别某一特定股票筹码收集的首要方法,也符合我们所说的大牛股原则,它提炼出了欧奈尔方法中最基本的驱动因素,这就是第八戒律:"找到一只大牛股,然后找到一条规模买入的路径。"

第九戒律

第九戒律也许是欧奈尔教导给我们的最重要规则之一,并且是不容易遵守的规则:"小心与你同床共枕之人。"这与你的爱情生活无关,尽管在传染病的时代它依然是切实可行的建议,而与在现实生活中你要打交道的人有关。欧奈尔坚信,人与人之间的信任和诚实是生活与商务中最重要的变量,在人际关系以及与其他人打交道中,人们通常不会发现这一点。尤其在投资业务中,这是一个关键性的教育,仅仅是因为投资领域充满了麦道夫式的人物,他们会让你受骗上当,还有一些不那么阴险,而只是无意识、虚假的、纵容的人,在任何业务中,都可以看到他们的身影。当你确实找到了值得信任的人时,他们成为值得一生珍视的同事——尤其是在这个寻找信任与诚实都成为一个挑战的世界里,在生活中成为信任之锚,会吸引朋友到你的身边。欧奈尔曾经说过,生活和商务都会给你带来许多敌人和反对者,因此,要谨慎和明智地选择你的朋友、伙伴和同事。

第十戒律

欧奈尔的重要特征就是他对市场强烈的事业心与激情,这引致最后一个戒律,即第十戒律,"始终保持疯狂的专注"。坚持"疯狂的专注"并不意味着你要成为一名工作狂,因为工作狂意味着一个人仅仅是工作的愚蠢奴隶。它的意思是,在生活中找到自己的激情,这样,当我们表现出这些激情时,所做的"工作"永远不会成为真正的工作。并不是每个人足够幸运,能够做自己喜欢的工作,但对欧奈尔来说,这是一件在生活中需要为之奋斗的事情,坚持疯狂的专注是另一种诠释,即人们应该始终寻求和追求生活中的激情。是什么让生命有意义,通过坚持不懈地追求激情,我们达到了疯狂的专注状态,这反过来推动高质量的成功。就欧奈尔看来,围坐在一起喝啤酒、看电视和玩视频游戏,没有一个是值得的,没有一个是有趣的活动。正如欧奈尔曾经说过的:"不要'玩水',要潜水!"

理解这一点,有助于理解为何欧奈尔没有任何理由去度假。假期是为那些讨厌自己工作的人准备的,欧奈尔会告诉我们,如果我们能够休假三周不工作,那么我们也在证明,我们对该工作是无关紧要的。1999年,我们知道,欧奈尔上一次度假是在1982年,他带着家人到俄勒冈州的旷野旅行,他们待在一个小木屋里,没有电话,没有电视,也没有任何与外界沟通的联系方式。正如他儿子斯科特(Scott)和妻子当时分别给我讲述的一样,比尔·欧奈尔拿出图表书籍,在"旷野"的大部分时间里,他埋头苦读这些相同的图表书籍。经过短短几天,欧奈尔变得百无聊赖,最后提早回到了他的激情、市场和"文明"世界。对一些人来说,诸如伟大的荒野摄影师安塞尔·亚当斯(Ansel Adams),每次都会在加利福尼亚州东部的塞拉利昂—内华达山脉(Sierra-Neveda)的约塞米蒂山谷(Yosemite Valley)露营几个星期,这是他生活激情的一部分,在这方面,安塞尔·亚当斯展现了自己"疯狂的专注"。当然,比起比尔·欧奈尔在荒野露营不是其"疯狂的专注"而言,在市场上交易,更不是他生活"疯狂的专注"的一部分。这就是欧奈尔第十戒律的全部要点。

结 论

　　大多数投资者从他的著作和作品中熟悉了许多规则,如果超出了这些规则范畴,就不要理睬,要始终致力于用纯粹和简洁的规则。欧奈尔不会陷入跟踪多种指标的泥沼,他依靠纯粹的量价行为发现在当下市场环境中的大资金流向。通过自己的经验和研究,欧奈尔懂得一些指标的寿命是有限的,15年只是股市中的沧海一粟。欧奈尔保持其系统的纯粹性和简洁性。他并不拘泥于细节。在众多的市场周期内,他使用的指标已经得到了证明。回溯到20世纪20年代,在这个全然不同的年代,它们同样是有用的,正如它们在今天一样,因为它们基于人类本性,迄今保持不变。欧奈尔主要依靠龙头股和重要指数,周线图中的量价行为因素,再是日线图、股票和指数所描绘出的图表形态、相对强弱指标、确认新高的相对强弱线、机构投资者、筹码分布、板块排名以及50日移动均线。如果你想见证行动的简洁性,与比尔·欧奈尔一同工作,你很快就会意识到,所有的市场指标、小工具和小发明,对于在市场上赚大钱来说是没有必要的。

　　由于我们两个在几年前就离开了欧奈尔公司,在我们处理"欧奈尔外部"世界时,隐藏于这些戒律背后的基本真理已经变得显而易见。无论如何,它们都是有用的路标,可以用来指导某些操作、态度和行为,希望帮助你保持专注、按规则操作,正如欧奈尔之前给我们的建议:"洁身自爱。"当然,这些戒律都是在我们为欧奈尔管理资金时——在我们和他在同一个战壕期间——传达给我们的。下一章,我们会详细介绍那些令人难以忘怀的学习经历。

第九章

与欧奈尔并肩战斗

1998—2005年,尤其是网络泡沫破灭期间,是一个令人振奋的时期,我们与欧奈尔以及公司里其他知识渊博、极具才华的交易者一起,为欧奈尔公司管理资金,如1994年投资冠军李·弗里斯通(Lee Freestone)、阿尔·塞沃岩(Al Savoyan)、罗斯·哈伯(Ross Haber)、查尔斯·哈里斯(Charles Harris)和迈克·韦伯斯特(Mike Webster)。他们说,时机就是一切,20世纪90年代后半期,我们都非常幸运地为威廉·欧奈尔公司管理资金,市场呈抛物线式上涨(如图9.1所示)。在这个迷人的时代,以及在随后2000—2002年熊市,和2003年启动的新"复苏牛市"期间,与比尔·欧奈尔紧密合作,提供了独一无二的学习经历,我们认真记录了,每天与他进行的实时市场讨论。以下是我们在该公司任职期间的联合交易日志删略版,每一份都可以单独成交。

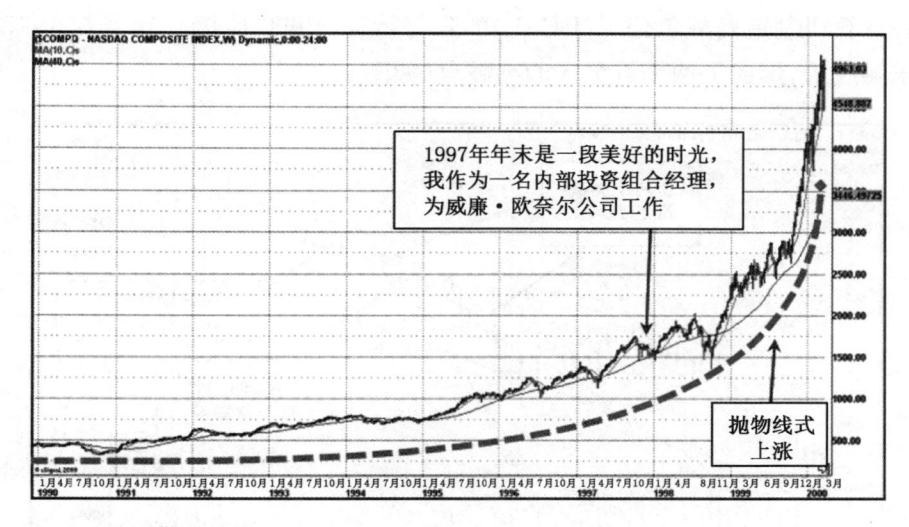

eSignal 公司供图，版权 2010。

注：20 世纪 90 年代是抛物线式上涨的年代。

图 9.1　1990—2000 年纳斯达克指数周线

1997—1998 年变盘期

1997 年年底，在市场上赚钱很难，1997 年 10 月 27 日，市场出现急剧下跌和修正，道琼斯工业指数最终下跌 554.26 点——当时历史上最大跌幅，1998 年年初，市场推升至新高。2 月下旬，比尔·欧奈尔观察到，反弹至新高的龙头股由成长股和大盘股、持续盈利股、知名公司股共同构成。当时，他建议，"今天是一个双管齐下的市场——坚决持有连续盈利公司的股票，后者是机构有可能买入的股票"。具有稳定、可靠的 10%～15% 盈利成长，以及长期利润记录的大盘知名公司，虽然不如典型高成长 CAN SLIM 型股票有吸引力，但的确有一个时期，它们开始受到机构的青睐，从某种意义上说，当欧奈尔得出机构在 1998 年市场环境下可能在买入的结论时，他依据的正是我们的大牛股原则。在欧奈尔评论中，他强调，在市场周期中确认领导群最简单、最可靠的方法，就是密切关注创出新高的股票名单，并记录哪个板块连续上榜。不必创建板块行为的"速查"图表，无需用特殊色彩，表示行业板块的波动，也没有必要采取自上而下分析。

无效的行业板块比较

1998 年年初，走势良好的板块是计算机软件/服务板块，这进一步确认了个人计算机制造商戴尔公司(DELL)的强势行为,1998年4月,市场在1997年年末触底后,形成了两个可买入的突破点(如图9.2所示)。

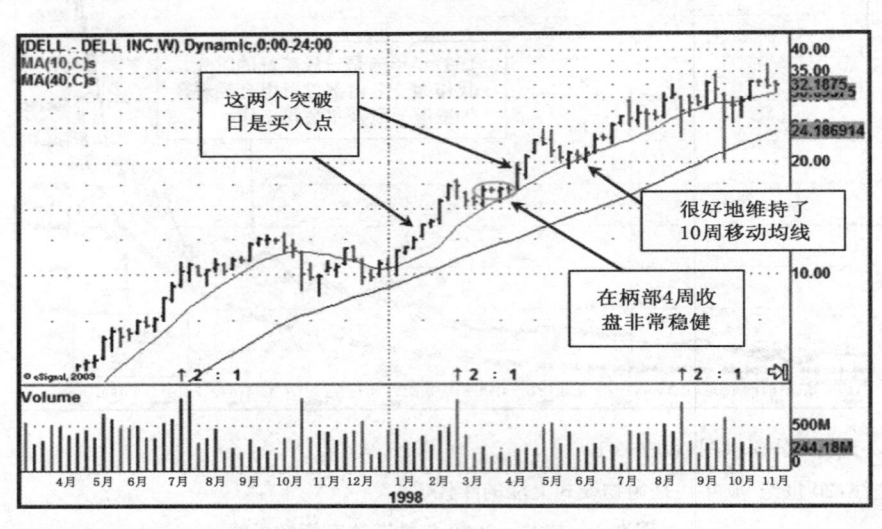

eSignal公司供图,版权2010。

图9.2　1997—1998年戴尔公司(DELL)周线

戴尔上升趋势表现为从1995年开始价格不间断地持续上涨,一直持续到2000年3月市场见顶。个人电脑板块在1995年是强势板块之一,电脑软件/服务板块包括计算机商务解决方案(Computer Business Solutions,CBSL)、计算机软件(Compuware,CPWR)以及计算机科学(Computer Sciences,CSC)公司等。一个庞大的个人计算机组装基地,尤其是商业世界里,意味着公司在为个人计算机提供技术和其他服务方面找到了成长的沃土。当时,许多分析师认为,20世纪90年代个人计算机股票的上涨类似于20世纪50年代和60年代的电视股票,如摩托罗拉(MOT),在他们看来,这意味着个人计算机股票或多或少地要自然发展。欧奈尔对这一评价持强烈的反对意见,因为他觉得电视纯粹是为了娱乐,而个人计算机更多的是一个"知识"工具,可以在工作场合创造效率,也可以优化我们的个人生活。出于这个原因,他认为,把20世纪50年代和60年代电视股票波动与20世纪90年代个人计算机股票波动做出的任何比较,都过于简单,因为它不是一个苹果与苹果之间的比较,所以这种比较是无效的。

1998年上半年,戴尔周线图证实了欧奈尔的看法,提供了一个明确的证据,量价行为会告诉你需要知道的一切东西,因此,分析师通过对比个人计算机股票波动和 20 世纪 50 年代和 60 年代电视股票波动,并试图智能化分析个人计算机股票的潜在价格,应该完全无效。如我们在图 9.2 中看见的,1998 年 4 月戴尔显示出了非常窄幅的量价行为,呈现横盘震荡,在启动创出新高之前,连续四周窄幅收盘。还请注意,在图 9.2 显示的四周盘整,两周上涨,两周下跌,上涨两周的成交量较高,并在 10 周移动均线找到了支撑,然而下跌两周的成交量降低,形成窄幅短期盘整。当时,欧奈尔认为,考虑到其收盘波动情况以及在 10 周或 50 周日均线的支撑,在柄部就可以直接买入。

不可思议的市场嗅觉

市场从 1998 年 2 月开始一直以小幅、连贯的趋势,稳定上涨到更高的点位,并持续到 3 月中。进入 4 月后,欧奈尔认为,这很有建设性。正如他指出的,"在上涨趋势中,指数的稳健走势是有建设性意义的"。图 9.3 显示了道琼斯工业指数的稳健走势。这里,重要的是,一旦这种特性发生改变,换句话说,稳健、连续的趋势开始演变成一种波动、震荡,以及缺乏"趋势"的状态,就提供了一条强有力的线索,表明某些事情正在出现问题。事实上,市场在 1998 年夏天开始变得不稳定,到 1998 年 7 月中旬,主要市场指数都小幅收高,这种新高突破是一个多头陷阱,当市场受到亚洲金融危机影响持续下跌,并于 2007 年 10 月 27 日暴跌时,市场崩盘开始登上新闻头条。

欧奈尔能嗅到一些东西,告诉他,事情大条了。5 月 28 日,他打电话指出:"银行和经纪公司今天受到重创,不会反弹。金融危机可能正在蔓延。这对亚洲金融危机的判断是极为正确的——并不只是'一些'消息,而是大量消息。"菲律宾和印度尼西亚,以及亚洲大陆及其周围地区出现的问题,正在市场上产生令人心悸的恐慌,很有趣的是,经纪公司和银行 5 月 28 日的突破,呈现出自 2 月至整个 3 月的"稳健、连贯趋势"(如图 9.3 所示),改变了该特性,市场开始在其高点摇摆。图 9.4 中美林公司在 5 月 28 日大幅跳空低开,但这并没有导致更为严重的股价下跌,在 7 月初,它转头向上,再次向上突破。然而,它散发出某种气息,当然,这是一种欧奈尔不喜欢的气息。当美林和其他金融公司,如雷曼兄弟(LEH)和摩根士丹利(MS),在 1998 年 7 月初,试图突破至新高时,它们都失败了,开始在典型的多头陷阱中大幅下挫。请注意美林走势图,它在 8 月下旬开始跌破 200 日移动均线。目睹了 2008 年 3 月金融危机中严重下跌的投资者,可能会注意到,这与 1998 年金融危机期间下跌的相似之处。

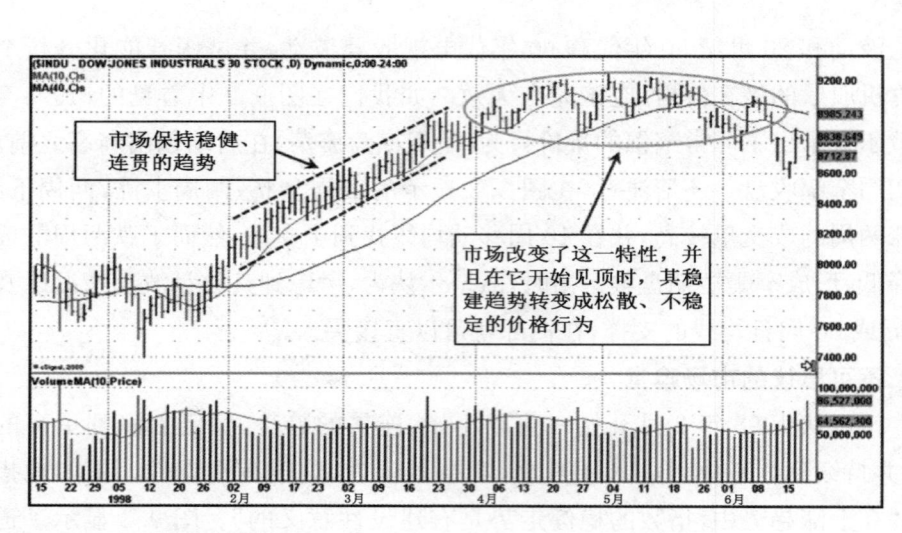

eSignal 公司供图，版权 2010。

注：2 月及 3 月稳健的趋势极富建设性，直到它开始改变这一特性。

图 9.3　1998 年道琼斯工业指数日线

eSignal 公司供图，版权 2010。

注：一个典型的"多头陷阱"。

图 9.4　1998 年美林（MER）日线

到 8 月中旬，欧奈尔指出，在近代历史上，随大幅下跌市场而来的是 12 年周期，如 1962 年、1974 年和 1987 年。随着市场在 8 月开始回落，欧奈尔预见到，在这个 12 年周期后，接踵而来的是另一个大幅的市场突破。他预计，"目前，市场看起来将要下探至低点 7 500 点。我们可以预测到，下行风险是

7 000～7 500 点。共同基金已经满仓，有心无力，所以其业绩会遭到质疑，担心其不能够恢复股价。请注意，纽约证券交易所当前做空利率显示，在向下做空时为零——这是一个不祥之兆"。

作为一名老派的"纸带报价阅读者"（Tape-reader），比尔·欧奈尔对市场有种令人难以置信的嗅觉，他的第六感来自多年的经验和仔细观察，这赋予他一种不可思议的能力，可以嗅出市场特性变化。随着纸带机以一种他认为不祥的方式运行，他推测，其性质预示着正在发出大幅下跌的信号。

欧奈尔总是在长期图表范围内看待市场下跌及其潜在幅度。如图 9.5 所示，随着市场在 1998 年 8 月下旬开始下跌，在他看来，下跌的逻辑止跌点位可能是 1998 年年初的低点。1998 年 1 月，最低收盘价大约是盘中低点 7 500 点，因此，欧奈尔很快得出结论，这是市场止跌企稳，并试图筑底的第一个可能的区域。宽幅价格支撑区域的价格下跌，常常会欺骗大众，人们会把向下突破支撑当成抛售股票甚至是做空股票的区域。我们都知道，当大众依靠一种方法时，市场通常会依靠另一种方法。

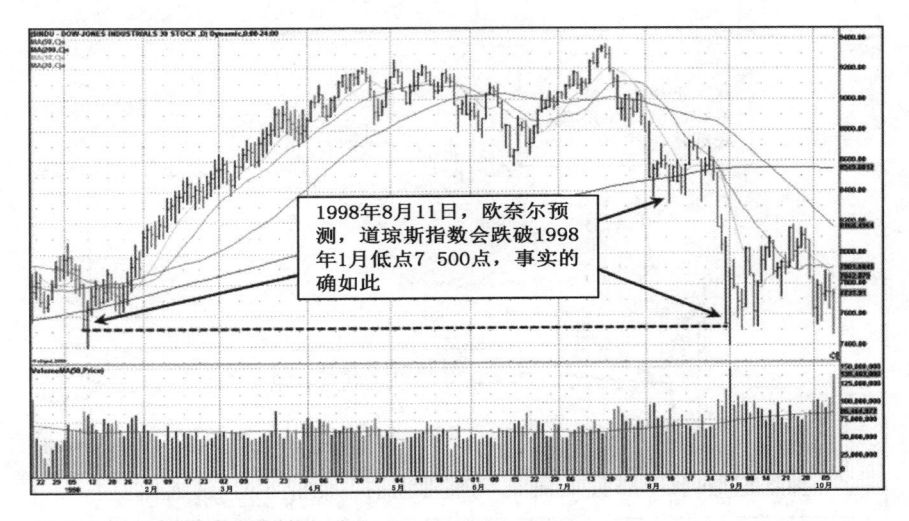

eSignal 公司供图，版权 2010。

注：欧奈尔准确地预测了 1998 年年末市场回调的程度。

图 9.5　1998 年道琼斯工业指数日线

当指数站稳 200 日移动均线时，欧奈尔指出，"200 日均线支撑过于明显，因此可能会被跌破"。在这个阶段，他强调，尽管我们首先关注我们的股票，其次才关注指数,但是,"极为重要的是,要坚持卖出规则"。他总会在谈话中注入一些乐观和积极因素,很快补充说,"一旦买入股票,坚持自己的持股规则,就是很重要的。例如,如果在突破时买入一只股票,那么必须持有六周时间,或者等到它触及8%的止损点位"。虽然该评论与当时市场运行情况无关,有趣的是,我们注意到,在我们交易日志中记录的欧奈尔评语显示,作为一位永远的乐观主义者,他总是仔细观察着市场的多方,如同担心人们在股票上涨之前过早抛售一样,在市场下跌中,也要遵循卖出规则。

欧奈尔关于道琼斯指数会跌至7 500点水平,并筑底的预测,是完全正确的(如图9.6所示)。9月初,市场脱离第一个低点,5天后出现一个追盘日,但是欧奈尔感觉到,这在经过6周的下降后,出现得太快了。不过,他认为,回调有可能结束了,他做出评价,"仅仅为期6周的回调,且大于20%,是熊市。但有可能已经做了调整,我们可能需要花一些时间观察市场情况,才能做出判断"。尽管很多人认为,一个有效的熊市必须"持续"相当长的时间,但是欧奈尔知道,大幅、快速的下跌,会恐吓最后的抛售者,并把其震出市场,因而很容易形成一个有效的熊市。

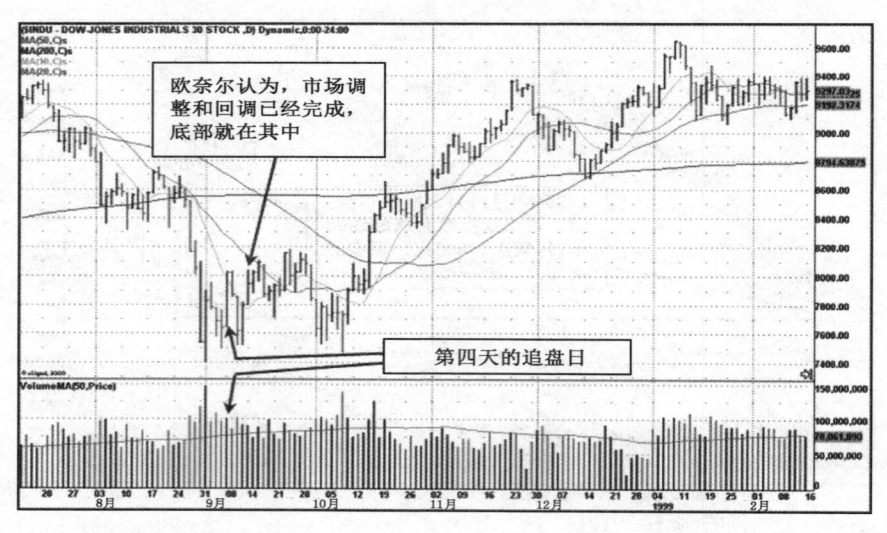

eSignal公司供图,版权2010。

注:6周内下跌20%就是冠以各种名称的熊市。

图9.6 1998—1999年道琼斯工业指数日线

评估长期资本管理公司的倒闭

到了10月,长期资本管理公司的倒闭引发市场轰动。该对冲基金的策略由众多博士以及获得诺贝尔奖殊荣的投资组合经理制定，但过于依赖杠杆，向各类银行及经纪公司借入过量资金，它的倒闭反过来引起了恐慌性的多米诺骨牌效应，使全球金融系统开始动荡。10月14日，为应对长期资本管理公司危机，美联储介入，并下调了利率25个基点，市场迅速上涨。有趣的是，大多数市场参与者仍然为这起可怕的事件所震惊，根本不敢相信，市场能够如此迅速地走出该事件的阴影。大多数市场策略师做出了致命的错误论断，他们认为，市场在6周回调20%，"不足以"成为一个熊市，因此，需要市场再度下跌，直到市场完成熊市最后一跌。

尽管散户对此持怀疑态度，但欧奈尔重提"利维摩尔派"要义，指出，"目前的经济基本面，不再像其他熊市时期那样糟糕"，事实证明，基本面是极为积极的，足以支撑起市场的反弹。

有争议的股票推荐

有时，欧奈尔会向威廉·欧奈尔公司机构客户"发表声明"，做出一项有争议的选择，加入公司的机构买入清单，当时称为欧奈尔选择清单(O'veil Select List)，但是大多数欧奈尔追随者知道，作为新股市观念或 NSMI 服务，包含两方面的建议，他向愿意为该服务支付 65 000 美元的机构客户，既提供市场买入建议，也提供市场不买入建议。欧奈尔选择清单筛选出零售股 TJX 公司(TJX Company, TJX)，作为买入推荐，在寻求证明他对基本面信心的过程中，你不得不佩服他的勇气。然而，该推荐出现了一点儿令人震惊的事情，由于 TJX 刚刚脱离近期熊市低点，如我们在图 9.7 中看到的，因此我们只能推测，欧奈尔是有意为之，其目的在于，以"经典比尔模式"表明他对当时市场的看法。欧奈尔知道，美国经济主要是消费经济，凭经验观察可见，市场历史中最大的赢家都是以消费者为导向。

该推荐背景更深的根源，是欧奈尔在 1998 年 2 月对我们发表的评论。正如我们交易日志中写道的："在这个时候，应该重点关注消费零售股。过去 4~5 年中，科技股一直魅力闪耀，表现不俗，然而，像沃尔玛和家得宝这样的大型零售股停滞不前。现在，比尔认为，由于受整体经济以及婴儿潮支出的影响，它们开始重新取得龙头地位。比尔在这些股票中看到了巨大的上涨空间，它们会取得与其在 20 世纪 90 年代初一样的上涨幅度。此外，经纪公司可以成为零售业繁荣的一部分，嘉信、美林、摩根士丹利等开始更加具有消费导向，并且随着更多受过高等教育的婴儿潮一代开始重视财务发展，金融服务呈现出更加广泛的影响力。这让它们更像消费股。最后，网络股也可以成为零售股，这进一步证实了未来零售业的繁荣。"

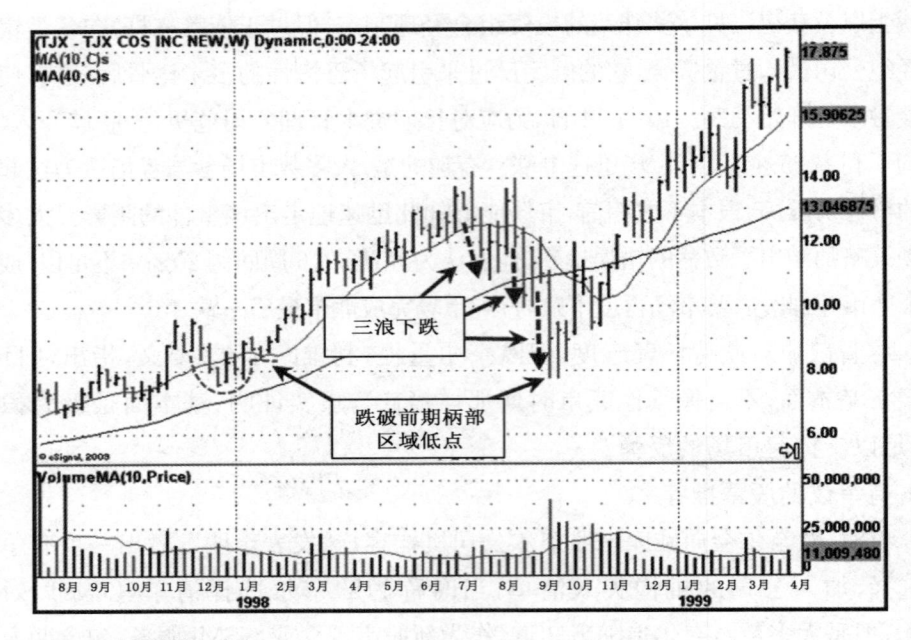

eSignal 公司供图，版权 2010。

注：欧奈尔采用三浪下跌底部钓鱼技术。

图 9.7　1998 年 TJX 公司（TJX）周线

当欧奈尔把 TJX 放到机构买入清单时，引起了相当大的轰动，一些人怀疑，他是否精神错乱了。但是，正如他解释的那样，"这看起来像谷底投资，但这里有一个重要概念。首先，TJX 在折扣零售业领域是龙头。它在三波下跌中，调整了 50%。第三波下跌后，抛售需求太显眼了，跌破了 1998 年 1 月形成的柄部低点，量能衰减，这是一个恰当的逻辑底部低点。在熊市中，一只好股下跌到前一个基部，是很典型的"。

如图 9.7 所示，欧奈尔远未"精神错乱"，TJX 持续走高，从他推荐时算起，股价几乎翻了一番。这个推荐之所以变得引人注目，不仅因为它是有效的，而且因为它向我们的机构客户证明，当绝大多数机构喜欢在股票下跌买入的时候，我们已拥有了买入脱离底部股票的技术。毕竟，你认为是谁在龙头股基部形态中，创建了"沿着低点的支撑"？

机构客户洞悉资助动态

在市场困难或动荡的时候，欧奈尔经常会见一些我们最大的机构客户。其中有波士顿富达管理和研究公司(Fidelity Management & Research),它是欧奈尔的第一个机构客户。欧奈尔喜欢讲述这样一个故事,20世纪60年代初,他是海登斯通的一名经纪人,当时只有26岁,他第一次打电话给杰里·蔡(Jerry Tsai),前富达旗舰基金经理,开始给他一些效果非常好的股票观点。蔡给了新贵欧奈尔一个5 000股的委托指令,当时,这是一张需要填写的巨额"票据",这意味着,他可以赚得丰厚的佣金。欧奈尔知道,该账户由海登斯通的资深合伙人负责,所以他带着这个委托指令,走进销售经理办公室。这位经理认为,没有理由拒绝对公司有利的优良业务,于是告诉欧奈尔,把它带到交易室去执行,他们以后会解决与资深合伙人的冲突。事实证明,杰里·蔡坚决要求欧奈尔管理账户并赚取佣金,是考虑到这个委托指令源自欧奈尔的想法,而不是资深合伙人的,因此,这样才是公平的。

我们记得,在1995年的IBD工作室期间,在我们在该组织工作之前,比尔·欧奈尔曾走到观众面前,水平伸出他的手掌,掌心对掌心,相互平行,分开2英尺的垂直空间。他接着说:"富达每周从我们这里获取这么厚一叠研究报告。"欧奈尔备受其最大机构客户的推崇,在某个地方,约见一名管理1 000亿美元资金基金经理是家常便饭。一般来说,在特定时间内,欧奈尔会介绍这样地位的基金经理,他们管理着市场上8~10只最大牛股票,有着最好的股市见解。通过这种方式,鉴于他们面临的一系列挑战和目标,欧奈尔也深入了解了机构投资组合经理的运作思维。1998年10月,他刚刚会见了管理着12位数资产的基金经理,会见结束后,欧奈尔指出,这种规模的基金,抛售3%头寸可能要花费3~6个月的时间。他还指出,类似于微软公司(MSFT)这样的大幅度上涨,往往变得比标准普尔500指数上涨幅度更大,因此,任何以标准普尔500指数为业绩基准的资金经理,都会被迫持股,股票权重变得越大,被迫买入的越多。这反过来推动股票螺旋式升高。

与华尔街的意见分歧

1998年12月,欧奈尔非常看好股市行情。12月2日,当时,一份出自重要市场策略师的报告宣称,由于新高并没有得到多数股票走势的配合,道琼斯30工业指数中,仅有6只处于新高,市场根本不会出现"良好反弹"。该策略师指出,大盘落后于道琼斯指数,欧洲市场并没有确认美国市场的上涨,接着他表示,如果市场重新试探10月低点,他也不会感到惊讶。欧奈尔很快指出,我们的方法并不依靠多数股票的走势确认新高，并且被"半社会主义经济"包围的欧洲无关紧要。此外，欧奈尔认为，道琼斯指数也无关紧要，因为不管怎么说，它在当时不是最重要的（如图 9.8 和图 9.9 所示）。欧奈尔更关注美联储的降息，这为我们公司操作奠定了坚实的基础。

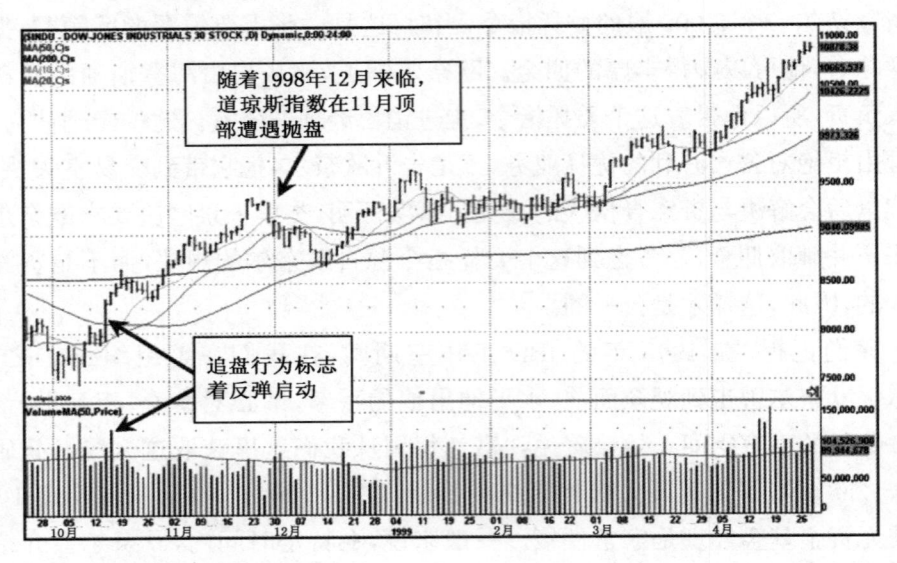

eSignal 公司供图，版权 2010。

图 9.8　道琼斯指数行情滞后

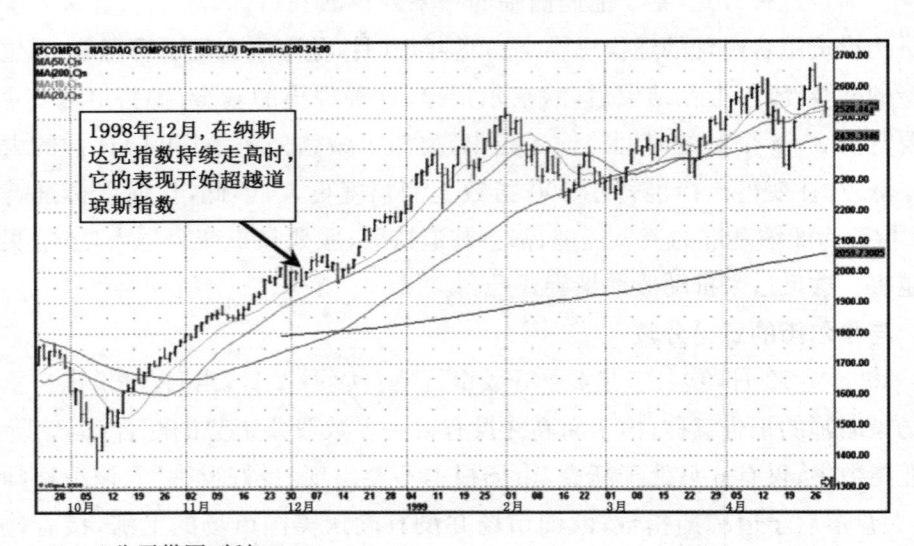

eSignal 公司供图，版权 2010。

图 9.9　纳斯达克指数行情领先

欧奈尔不理解,华尔街为何沉迷于"道琼斯指数"和"多数股票走势确认"这些东西。当他通过电话大声喊出决定性精确观点时,有时他会发出响亮的声音。欧奈尔坚持认为,始终向你传达市场上现实信息的指数才是最重要的指数,当前,纳斯达克指数正处于超越道琼斯指数的进程中(如图9.8及图9.9所示)。尽管我们在这些图中没有显示上升/下降线,但是,事实上,大多数股票开始大幅脱离底部低点。因此,至少这种行情改善是有效的。在这个互联网接入与手机业务萎缩,全然不同且充满活力的时代,关心道琼斯指数,即30只"旧经济"股的走势,对欧奈尔来说完全是无稽之谈,当时,他认为,市场分析师们低估了经济调整的深度。与往常一样,欧奈尔依靠市场来证实他的观点,他看到,当市场以巨大的量能脱离底部时,更强势的事情,正在表面下呈现出来,这可由陡峭的上涨趋势予以证明。事后看来,我们知道,它在后来成为1999年年底网络泡沫市场的激情之源,在泡沫市场中,纳斯达克转换到了高速挡,迅速把大盘股、"旧经济"的难兄难弟、标准普尔500指数和道琼斯工业指数悉数抛到身后。

1998年10—12月,许多"深度"图表形态运行良好,这有点反常。可是,由于市场在短短6周内就出现了20%的快速、大幅调整,因此,有必要做出这一调整,并允许在图表基部形态中出现更多波动。此外,在历史上,存在一些市场环境范例,这种形态表明了类似的"锯齿"状行为,特别是在柄部,例如图9.10所示的仁科软件(Peoplesoft,PSFT)——现在已经被甲骨文公司(ORCL)收购。在整个形态结构中,仁科软件从不标准的"子基部"构建了一个包括两次失败突破的"大基部"。比起之前两个失败的"子基部",第三个基部相对更具有建设性意义,它有一个看似错误的深柄部。但是,从该基部的突破成功了,因为仁科软件从最初的、正确的买入点出现了大幅上涨。1998年,我们在一些股票上看到了类似的"锯齿"状形态,如图9.11所示的美国在线(AOL)、嘉信理财公司(SCHW),甚至太阳微系统(1998年是SUNW,今天是JAVA)。起初,欧奈尔不知道如何看待这些形态,到1998年12月,该种形态普遍发挥作用,这确认了一个事实,即图表基部中夸张的价格波动范围的确是源于市场在短短6周内回调了20%。

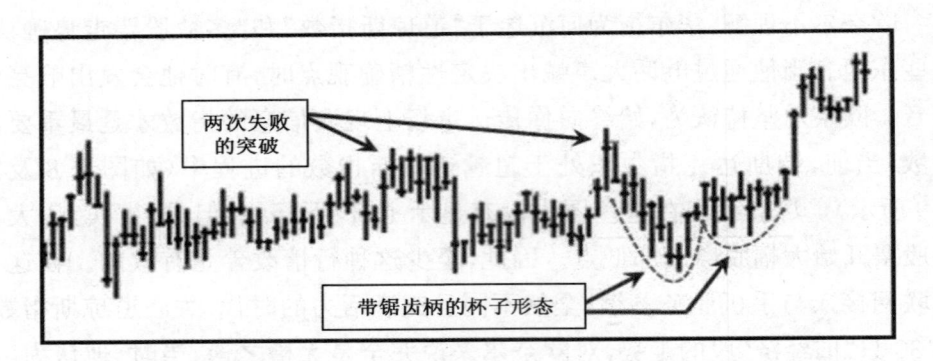

eSignal 公司供图，版权 2010。

注：仁科软件带柄杯子基部的锯齿状柄部，它是整个"宏基部"形态的第三个基部。

图 9.10　1994 年仁科软件（PSFT）周线

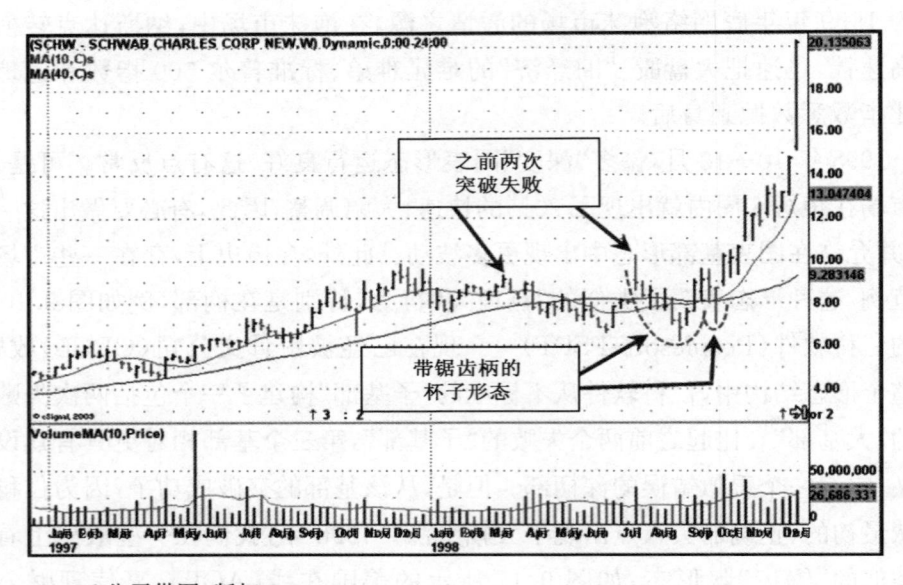

eSignal 公司供图，版权 2010。

注："锯齿状"带柄的杯子形态，在第三次突破尝试中，发挥了作用，这证实了三次法则。

图 9.11　嘉信理财公司（SCHW）走势

仁科公司也是有启发性的，因为它说明了三次法则，即一只股票构建大的"宏基部"结构时，在整体结构中，它会连续三次尝试突破"子基部"，但是前两次会失败，唯有第三次尝试才会成功。欧奈尔相信，三次法则是有效的，因为前两次突破失败,会让散户形成期望第三次突破失败的条件反射,但是,由于市场总是在大部分时间内寻求愚弄大多数投资者,因此它的突破就不再失败。我们看到,这种形态曾出现在嘉信公司(SCHW),1998年10月,从带柄杯子形态的"子基部"开始第三次突破,股票推升到了更高价格。锯齿状的"V形"柄由大盘的急剧调整所致。重要的是要理解,不应该过分关注基部的精确形态,因为它必须来自大盘描绘出的形态范畴。如果大盘极度动荡,将可能出现更为夸张的"锯齿"状形态。

1999—2000年挑战期

细心的读者会发现,上一章开始部分所显示的1999年高通公司(QCOM)周线图类似于图9.10和图9.11中的仁科公司和嘉信理财公司。如图9.12所示,2009年亚马逊公司(AMZN)也有类似于三次法则类型的排列。在第三次从带柄杯子基部有效突破之前,轻微向上的"宏基部"前两次突破都失败了。再次,散户习惯性地认为股票第三次突破也不会成功,正如在反转点经常出现的情况一样,散户被愚弄了。一旦亚马逊公司清除了2009年9月底带柄杯子基部的顶部浮筹,在它飙升到100美元这个创纪录的价格之前,绝不会背离10周(50日)移动均线。

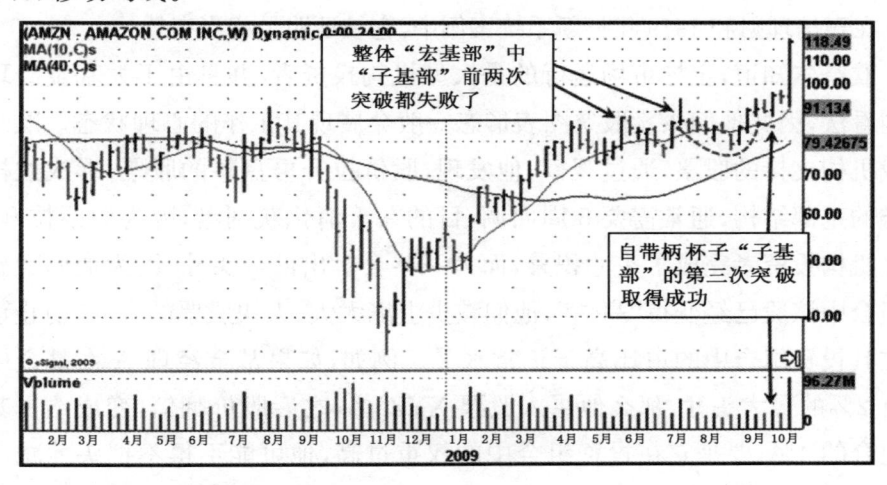

eSignal公司供图,版权2010。

注:在亚马逊公司2009年9月突破中,三次法则再次发挥作用。

图9.12 2009年亚马逊公司(AMZN)周线

无论如何，1994年仁科公司这个先例都有助于识别这些锯齿状基部，像美国在线（AOL）和嘉信理财（SCHW）这样的股票则会大幅飙升。1999年3月16日，基于类似的历史先例，以及嘉信理财收入增长、远期盈利预测和潜在市盈率增加所做出的一些简单目标价分析，我们发布了嘉信理财目标价。当时，嘉信理财以每股90美元的除权价格交易，欧奈尔看高到140美元。大多数机构销售人员对此持怀疑态度，认为嘉信理财已经"走得太远太快"了。同样，一些人把巨大的上行力量误解为该股票的负面因素，因为它看起来"太高了"。在大约4个月时间里，嘉信理财除权价从每股28美元上涨到近90美元，并且这还没有完。欧奈尔确定嘉信理财目标价时，使用了一个历史先例。他注意到，拓新系统公司（System Quotron）早在1979年就是热门股，走出了和嘉信理财类似的基部，并且它的上涨幅度表明，嘉信理财能够上涨到140美元。事实证明，嘉信理财最终突破155美元，略高于欧奈尔的140美元目标价。

历史先例的应用

在预测自己所持股票的目标价时，利用历史先例是欧奈尔应用的一项技术，当他尝试预测自己所持有的大牛股会走多远时，也采用这项技术。欧奈尔认为，图表形态本质上是一幅心理图，只要人类心理保持不变，图表形态就会继续有效。由于这个原因，他认为，如果今天所持有的股票表现出与过去某只大牛股类似的图表特征，那么利用过去的股票作为"历史先例"，指导自己操作当前股票是有效的。在嘉信理财和1979年拓新系统案例中，它被证明是相当有效的。

欧奈尔知道，主导市场运行的是大型机构投资者，并且由于大基金经理有相同看法，因此他们买卖股票图表形态一般会展现其工作的心理状态。欧奈尔寻找机构支持的股票，通过观察，他发现，股价拉升再盘整的股票，形成这样或那样的基部结构，通常需要5周回调，目的在于消化获利盘，因为股票拉升后，一些机构投资者完成了头寸积累，而另一些会卖出部分头寸，因为他们看到股票组合中该股已经变得"高估"，他们减少上涨太大、太快股票的头寸，防止该股票在其投资组合中的占比高于正常水平。例如，如果基金经理A在基金中只能有2%的最大头寸，那么他买入股票XYZ 2%，之后股价翻倍，变成约占其投资组合的4%，要是它在投资组合中的权重过高，他可能不得不把头寸减小到2%。随着这个过程的发生，股票开始盘整，喜欢该股的其他机构在回调时买入。欧奈尔有一个有趣的规则，在一只股票盘整并构建了一个至少5周的基部后,在股票回调到接近或低于第 6 周或更久前一个低点时,通常可以买入。很多情况下,在一只股票构建基部至少 5 周后,50 日或 10 周移动均线才有机遇跟上来,此时它成为关键支撑。

1999 年 4 月底,欧奈尔开始对市场产生疑虑,在道琼斯指数尝试突破 11 000 点时,市场处于震荡上升势头,并遇到一些麻烦。对欧奈尔来说,当道琼斯指数接近 11 000 点大关时,尤其是结合龙头股走势一起分析时,放量下跌的抛盘日,看起来非常可疑。正如在我们交易日志中所引用的,他说,"问题之一是,大多数龙头股,即使不是全部,都遭受了严重的抛售和清盘。甚至被认为是稳定、可靠的零售股,也正受到打击"。欧奈尔拿出图 9.13 所示的家得宝(HD)周线,迅速评估了该股票所出现的问题。"1998 年年初,它突破 20 美元,迅速上涨到 50 美元,然后,在 1998 年夏、秋两季,构建了一个大的、松散的基部,10 月再次突破,之后以较慢速度上涨到 60 美元,在 55～60 美元构建基部。在基部左侧只有两个下跌周,这是非标准基部的特征。你需要在左侧看到 4～5 个下跌周,在它上涨之前会震出所有不坚定的持股人,这样才能正确地重置心理状态。在其突破前三周,都是轻微的楔形上升。"

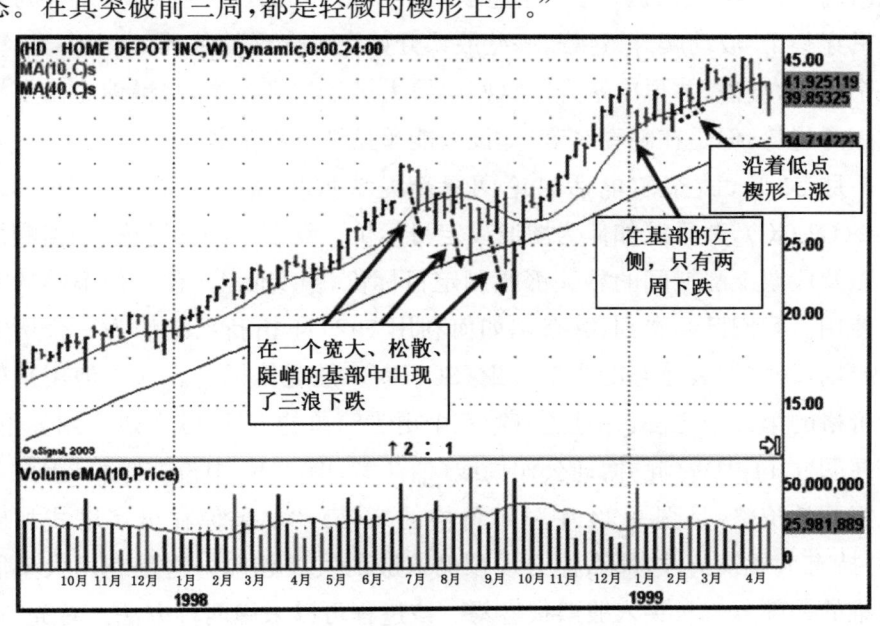

eSignal 公司供图,版权 2010。

图 9.13　1998—1999 年家得宝(HD)周线

笔者注：欧奈尔是一位天生的老师，具备以这种方式培养人才的天赋，在这些短期"市场派"会议上，他会要求我们讨论市场实时案例，阐释很多在其著作和讲习班中所教导的概念，由于我们受到股市上最伟大导师"一对一"实时指导，这总归是一种荣幸和享受。

对于理解正确的基部形态，这个概念是非常重要的。欧奈尔担心的是，从非标准基部的突破正在遭受失败，这对家得宝和市场来说，是一个糟糕的信号。请注意，该结构中的三浪下跌类似于图9.7所示的TJX公司。这里的关键点在于，家得宝于1999年年初形成基部，在其再次恢复上涨之前，仅下跌了2周时间。当它试图在2月底突破时，没有回调，而是沿着低点走出了3周楔形形态，而且在低成交量的情况下渐渐走高。正常情况下，一只股票在突破基部之前应该随着量能衰竭出现小幅回调。家得宝基部是有缺陷的，1999年4月底，它才开始反转下跌。

1999年——充满挑战的一年！？

综观1999年的大部分市场趋势，它是缓慢的、波动多变的、艰难上行的，突破到新高，之后再次回调，就这样连续几次。始终既有利空因素，又有利多因素。贯穿整个"波动爬升"过程，一些股票开始突破合理的基部，向上攀升，构建另一个基部，突破，并再次攀升。这些股票大多是梯度走高，缓慢地走出了抛物线式上升趋势，但是在晚春时节，却没人能预见到这种走势。

5月20日，欧奈尔电话讨论两只新龙头股博通（Broodcom，BRCM）和Qlogic（QLGC），并重温如何为博通设定目标价。欧奈尔经常讨论，如何利用市盈率以及股票上涨期间的相关涨幅制定目标价，但实际上，有三种不同的方法可供使用。我们已经看到，欧奈尔如何利用1979年拓新系统作为一个历史先例，为具有相似图表形态的嘉信理财（SCHW），设定目标价。这是他用来确定目标价格的第二个方法，并且还有第三个更为简单的方法，欧奈尔介绍如下，如我们在图9.14中看到的博通公司周线（请注意，图9.14中没有除权，因此下面日志提及的价格，是图9.14中显示价格的3倍）："如果你在金字塔式加码博通，并持有大规模头寸，那么你必须预测该股的发展趋向。这是利用大牛股较为困难的一部分——买入股票很容易。该过程可以采用两种方法。首先，观察1998年7—9月间所形成的前一个基部。该股在40美元（13.33美元）突破，攀升到了90美元（30美元），上涨125%。当前，它突破1999年1—4月形成基部中的 77 美元(25.67 美元)。假设它能够取得同样的 40 美元(13.33 美元)~90 美元(30 美元)涨幅,股价将涨到 173 美元(57.66 美元)。还要注意,从 40 美元 (13.33 美元)~90 美元(30 美元)上涨所花费的时间是 11 周。因此,预测下一轮从 77 美元(25.67 美元)开始的上涨,也应该花费约 11 周的时间。如果在 5 周内触及了目标价 57.60 美元,不要急着卖出,因为这种情况显示出了强劲的动能,一只大龙头股不会在 5 周或 7 周大幅上涨后就失去活力。持股期应该是相对的。这实际上,假定博通是一只大盘机构重仓的龙头股,而不是一只仅上涨 5 周就表现失常、低成交量、极易波动的股票。一些低成交量、极易波动的股票,的确会这样,但一只机构持仓、成交量大的龙头股,不会这样。"

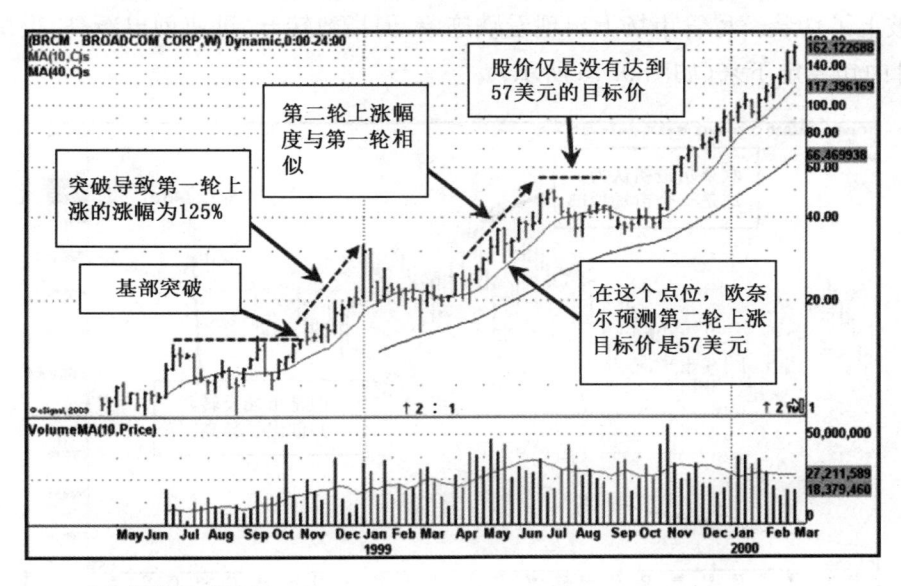

eSignal 公司供图,版权 2010。

注:测算博通公司在图中的首轮上涨幅度,估算随后股价上涨的幅度。

图 9.14　1998—1999 年博通公司(BRCM)周线

欧奈尔还重申了利用类似历史先例来制定目标价。在欧奈尔公司,我们拥有所有大龙头股的"典范手册",里面都是回溯至 19 世纪 80 年代以来全部历史周期中的巨大盈利股,这有利于找到历史先例,用来评估我们实时操作的股票。欧奈尔描述该过程如下,"衡量潜在波动的第三个方法是在典范手册里寻找一只类似龙头股。如果博通公司自 77 美元(25.67 美元)突破以来,在第一个五周内上涨了

33%,那么在典范手册里找到一只大龙头股,它也在第一个五周内上涨33%。注意,不要挑选二线龙头股——要寻找在基部结构上类似且安全着陆的大龙头股。也许有一些相似的产业特征,但这不是关键"。

到6月6日,欧奈尔开始看空,因为他相信市场正在见顶。他归纳了自认为正在开展的过程:"请注意,嘉信理财和美国在线见顶时,市场也在4月底见顶。就在那时,处于景气周期的道琼斯指数由于买盘增加而迅速上涨。市场通过多种方法形成顶部。首先,道琼斯指数出现抛盘日,然后人们进入市场做空谋利,市场创出新高,之后大盘反转,最终形成头部。其次,你在大龙头股上遇到抛盘日,而其他指数持续上攻,用来欺骗投资大众。该背离给市场的真正头部披上了伪装。"尽管市场上出现看跌迹象,但指数转升,迅速创出新高,很快在6月中旬稳定下来(如图9.15所示)。

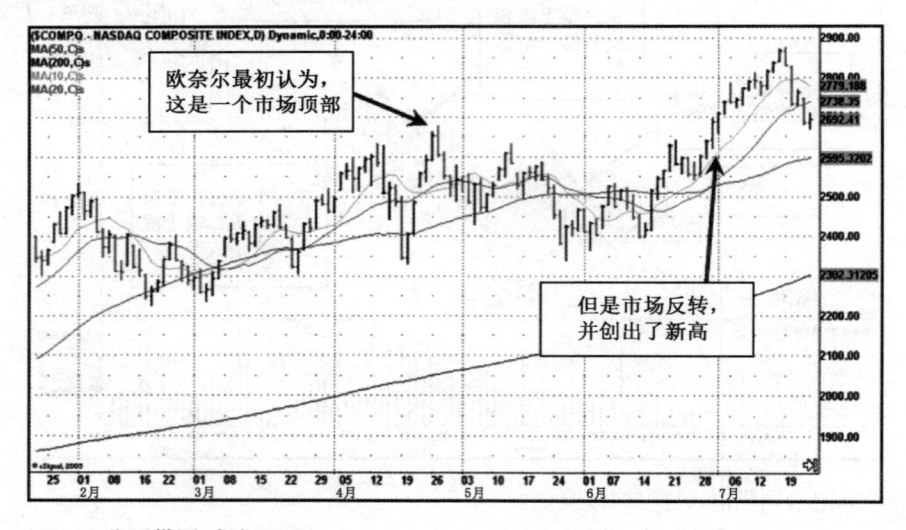

eSignal公司供图,版权2010。

图9.15　1999年纳斯达克指数日线——那不是顶部

在第一章,我们讨论了1999年大部分时间所代表的困难时期,尽管因它在年底走出了抛物线上升态势,从而被认为是一种"泡沫"市场。但是,其间充满了许多让你出局的涡流。我们记得买入了大量世界通信股票,该股在熊市期间臭名昭著,公司破产,首席执行官伯尼·埃伯斯(Bernie Ebbers)也被送进监狱。这一切都发生在2002年熊市底部,但是即使在1999年6月,世界通信正在酝酿的麻烦迹象也非常明显。我们注意到,当我们买入世界通信时,该股的确在走低(如图9.16所示),欧奈尔坚持认为,当你买入大量头寸时,绝对不应该发生上述情况。哪怕仅仅买入几千股,也绝不应该随便,但是有人持续卖出股票打压股价,导致股价下跌。大约半个小时后,我们打电话给交易部门,要求抛售该股,最终的卖出价格比我们买入点位低了半个点,完全退出了,该股头寸。后来,欧奈尔打电话问:"世界通信怎么了?"我们把之前的经历告诉他,我们试图在该股票买入大规模头寸,但当我们实施指令时,它却持续下跌。我们推测,也许世界通信只是受到消息面的影响,联邦信托委员会正在调查海底运营商,当时世界通信就是其中之一。欧奈尔指出,他已经注意到,每当世界通信试图突破基部时,卖方就会出现,并打击该股票。欧奈尔希望什么也没有发生。他推测,也许杰纳斯(Janus)或者大户正在抛售股票。我想知道的是"为什么"。

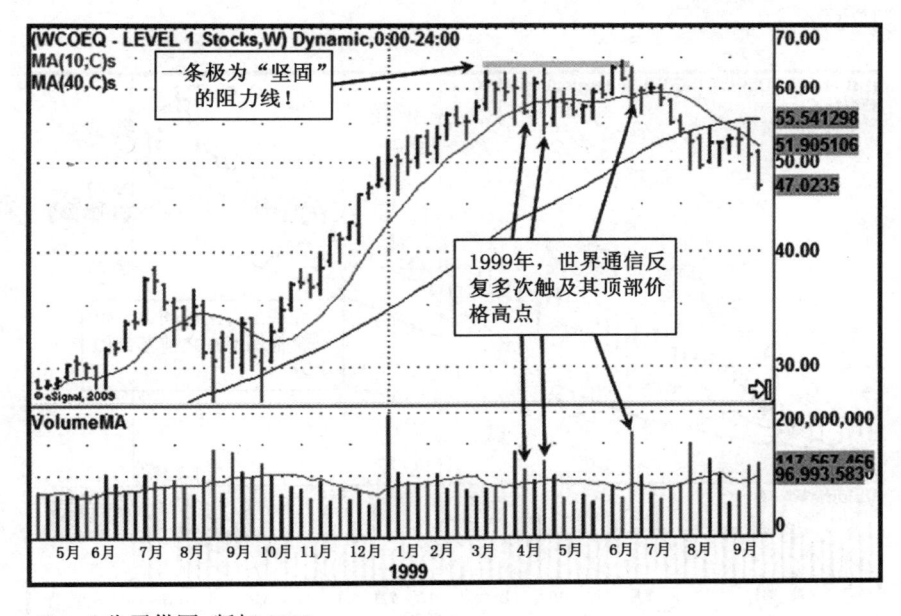

eSignal公司供图,版权2010。

注:"坚固的阻力线"压制着世界通信。

图9.16 1998—1999年世界通信公司(WCOEQ)周线

2002年,我们得到了答案。而且该股量价行为已经提前告诉你,事情非常糟糕。在这种情况下,我们很幸运,因为使用欧奈尔的"50 000股规则",即任何一只你要买入50 000股以上的股票,都应该很难买到,这让我们立即出清了世界通信公司。这是欧奈尔对"最小阻力线"的典型理解。就世界通信而言,它在1999年试图突破至新高的阻力,不是最小阻力线,而是非常坚固的阻力线!

"当心,这是比尔·欧奈尔!"

大多数追随欧奈尔的投资者都知道"上升基部",但是大多数人并不知道,对上升基部有着很多必然的结果,它是一个锯齿状形态,在为期9~18周上升形态中,该股出现三次大幅回调,每次回调低点,均略高于前一次回调低点,如家得宝,它在1998年二季度形成了一个上升基部(如图9.17所示)。我记得,当欧奈尔在重仓家得宝时,我们回到了纽约证券交易所。当时,欧奈尔在交易所拥有一个席位,还租用了一个席位。欧奈尔曾经抱怨说,他曾聘请一些顾问审核自己的业务,他们建议出售一个席位,转而租用一个。这证明是一个大错,因为之后席位的价值上升不少,导致欧奈尔以后再也不信任"顾问"了。

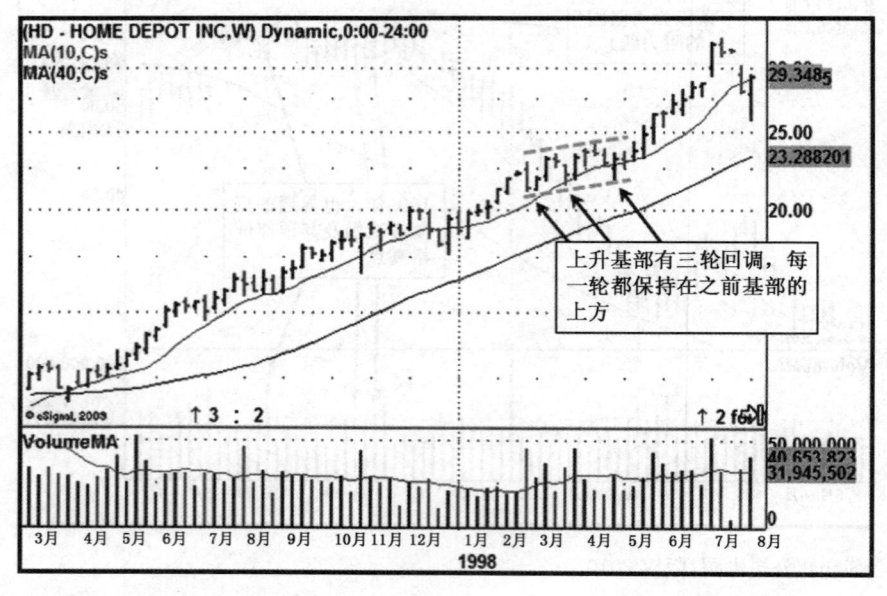

eSignal 公司供图,版权 2010。

注:家得宝形成了一个上升基部,在 1998 年年中开始快速推升至新高。

图 9.17　1998 年家得宝(HD)周线

与欧奈尔场内经纪人罗·苏森蒂(Lou Sulsenti)一起在交易厅内东奔西跑,是一种既有趣又有教育意义的经历。在这种情况下,我们回忆起,罗讲过一个执行家得宝"G"指令的故事,这意味着,会员公司要以自己的名义发出指令,当他走到罗的席位,大声喊道:"买入 50 000 股家得宝,G!"家得宝做市商,在交易厅见证过欧奈尔公认的本事,转动着他的眼睛,"再买回吗?不要告诉我,这只股票又涨高了?"人群中家得宝的做空卖家,看到欧奈尔"G"指令是买入,开始彼此相互警告:"小心,(它是)比尔·欧奈尔!小心,(它是)比尔·欧奈尔!"这就是欧奈尔在交易所的影响力,它不仅包括他的交易能力,还包括做人的姿态。遥想当年,一名为欧奈尔工作的场内经纪人,我们叫他鲍勃(Bob),某个周末,在他家房顶上干活时摔了下来,受伤严重,自腰部以下瘫痪。欧奈尔将这名场内经纪人带到加利福尼亚,给了他一个在洛杉矶家庭办公室的工作,确保他可以受到很好的照顾。每当我们进入交易所,一些交易所经纪人就会问:"鲍勃怎么样了?"纽约证券交易所会员和场内经纪人就像一个大家庭,他们知道欧奈尔关心每一个人。为此,欧奈尔在纽约证券交易所受到了极大尊敬,甚至超过了他的交易技巧。

家得宝从图 9.17 中上升基部,实现了突破,欧奈尔开始抢购,这是一个买入的强势形态,欧奈尔了解他所观察的对象。当然,欧奈尔在纽约证券交易所,发出"G"指令买入家得宝后,该股的上涨走势足以影响做市商,大概他们谁也不想在欧奈尔持续买入股票时,自己充当卖出方。在这种情况下,做市商更可能会转而开始为自己公司账户买入该股。

乏味基部并不是特别令人厌烦

欧奈尔讨论的另一个"小形态",有点类似于上升基部,但只是看起来像三个小基部,每个基部的顶,没有家得宝上升基部那么多的"锯齿"状形态。股价每次似乎都取得了少许进展,因为它"突破并上涨了一些,形成了另一个小基部,再次突破上涨一些,再形成另一个小基部"。这是一种可以麻痹你的形态,让你认为,该股票不能取得任何实质性上涨。正如欧奈尔指出的,"该形态欺骗你,使你认为,该股是令人乏味的、毫无发展前景,但是之后,它走出盘整,迅速飙升,请留意"。1999 年年底,阿尔巴公司(ARBA),这个在新兴"B2B"电子商务中部分参与"网络热潮"的公司,正在出现该类形态,因为它在为期 3~4 周内建立三个小型"阶梯"式基部,没有足够的持续期,无法满足"扁平基部"的定义要求,因为它在时间上要求必须持续 5 周以上(如图 9.18 所示)。1999 年 8—11 月,阿尔巴慢慢地一路走高,一直持续到 2000 年 3 月,最终上涨了 3 倍。

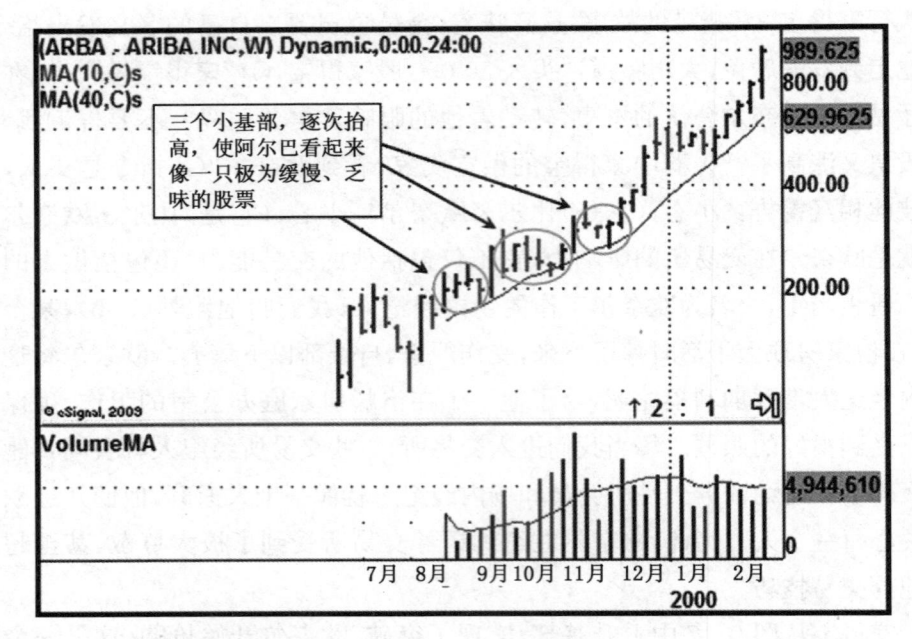

eSignal 公司供图，版权 2010。

注：三个小基部构成了一个乏味的梯度形态，之后飙升到了更高点。

图 9.18　1999—2000 年阿尔巴公司（ARBA）周线

这些形态背后的基本力量是，它们表明，股票在"纠缠"，正准备跳跃式上涨。通常，除非你理解它们，并知道如何寻找它们，否则这些形态会麻痹你，让你以为该股不会产生任何持续上涨的机遇。尤其是，如果你买入一只股票，比如说，在三基部阶梯式形态的第一个小基部，极有可能的情形是，股票缺乏决定性上涨行为，让你精疲力竭，以致卖出股票，或许取得了一些小利润，之后便把它遗忘，当它开始上涨时，就会错失巨幅上涨。无论如何，识别出何时突破"最小阻力线"，以及何时股票可以轻松自由地拉升，在理解这类形态中，都是极为关键的。同理，上升基部形态中有三次回调，"阶梯"式结构有三个小基部，并不会回调至上一个基部区域。基本思想是，看起来"平淡"的行情，实际上有可能是螺旋上升的，在这些形态出现时，每个人都应该密切关注它们。

在诸如威廉·欧奈尔直接访问（William O'Neil Direct Access，WONDA）在线服务出现之前，向公司机构客户提供的最佳销售，以及最受欢迎的机构产品就是数据监控（Data Monitor）。这是一本专为客户投资组合创作的图表书籍。其中包含每周欧奈尔数据图表,并且为特定客户,在其投资组合中持有的头寸,提供可供选择的每日图表,它会出现在左向页(当然,需要支付额外费用)。通过这种方式,投资组合经理能够一目了然地快速参考、回顾和监控自己持有的投资组合。在图表书籍前面,数据监控包括一个"警报矩阵",在股票基本面和技术面数据关键点位出现任何负面或正面变化时,会给投资组合经理发出警报信号。早在1999年,我们就注意到,废物管理产业(Waste Management Industries,WMI)正在触发几个负面警报,并且正常情况下,这会让我们建议可能持有该股的客户考虑卖出,至少也要认真审查其持有头寸。遗憾的是,没有遵循负面警报操作的那些人,最终品尝到了继续持有这些股票的苦果(如图9.19所示)。

eSignal公司供图,版权2010。

注:废物管理产业在销售增长乏力时,迅速闪现一个早期卖出信号后,完全打开了下跌空间。

图9.19 1999年废物管理产业(WM)周线

倾听市场的声音

欧奈尔始终把市场看成一个反馈系统,即市场能实时确认或者否认你的决定。如果你决定买入一只股票,并且该股走高,那么市场反馈机制正在指出买入决定的正确性。欧奈尔的巨大优势在于,他完全把市场作为一种反馈机制,认可市场实时提供的证据,即使这违背了他之前的看法。这样的例子可以在图9.20百思买中看到,我们完全看涨该股,因为它突破了7周基部,停顿1周,之后,在接下来的4周内,持续走高。然而,随着市场冲击百思买,它开始动摇,欧奈尔开始对整体环境产生怀疑。

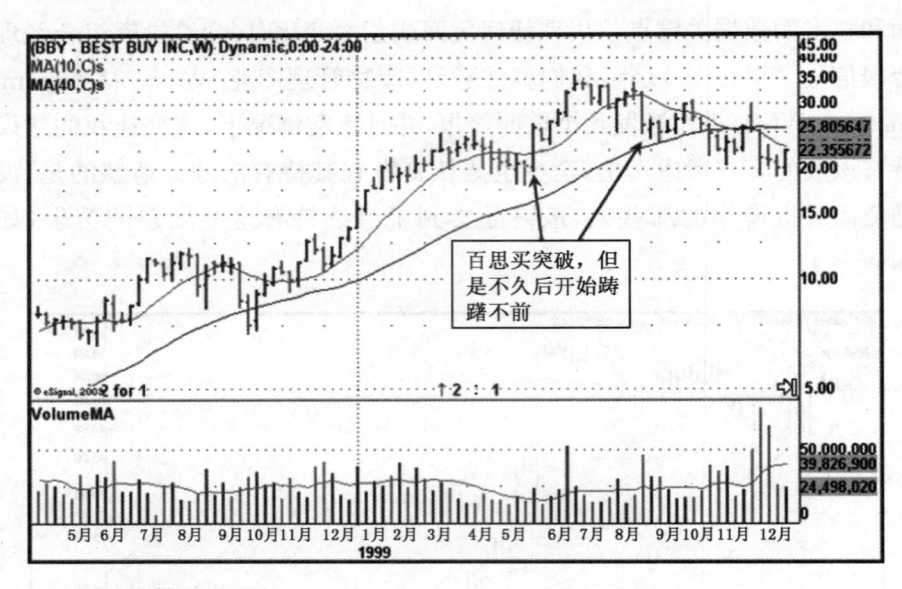

eSignal 公司供图,版权 2010。

注:百思买涨至新高,但是随着市场开始转弱,它踌躇不前。

图 9.20　1998—1999 年百思买(BBY)周线

9月24日,欧奈尔相当肯定,"市场支撑已经被打破"。他简洁地概括为,"我认为这就结束了"。事实上,当美联储开始加息时,市场显得非常疲软(如图9.21所示),龙头股和大盘走势提供了足够的反馈,也能验证这种观点。不过,欧奈尔承认,市场在任何时间内都能迅速地改变,这也是为何他在任何情况下,无论他对市场情况有多么确定,也绝不采取严格立场的原因。对各类投资者来说,这是重要的教训。市场上没有不变的事物,市场环境的变化比另一些变化要快,这本身就是游戏的一部分。现代土木工程师们知道,大型结构更容易遭受剧烈自然力量的影响,例如飓风或地震,因此,必须在其设计中增加某种特性,让该结构承受住摇晃、移动和弯曲,如果没有这些变化,那么它们反而会倒塌。同理,坚持僵化观点的投资者,在环境和行情转变和变化时,抵制市场的力量,就像脆弱的小树枝一样,冒着被折断的风险。

10月中旬,市场在持续创出新低,仍然没有明确的证据表明,市场下跌即将结束,直到它最终跌破9月低点,才开始反弹,在脱离底部的第9个交易日,出现一个令人印象深刻的追盘日(如图9.21所示)。响应新的证据,欧奈尔非常果断、坚定地宣布:"市场在告诉我们买入,大量买入!"有很多股票值得买入,并且其中有很多在随后价格上涨中给我们创造出大量财富。

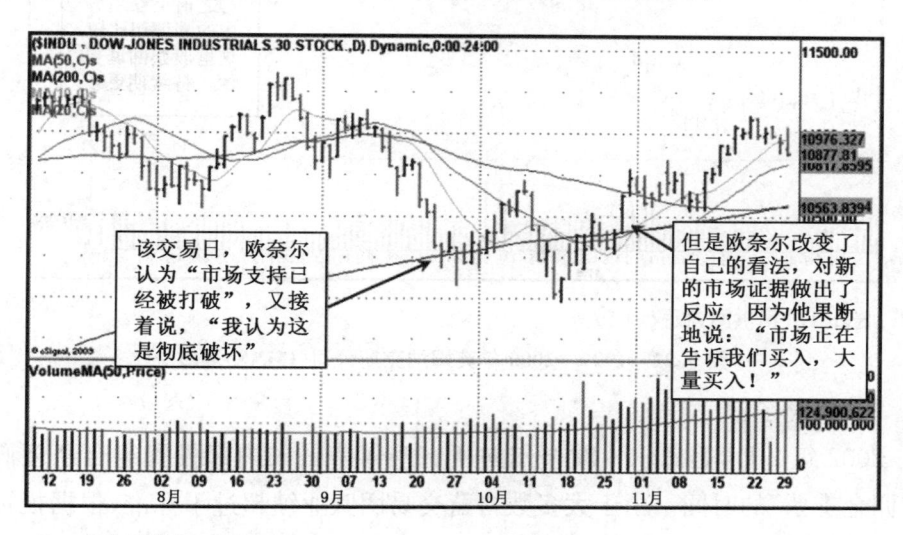

eSignal公司供图,版权2010。

注:1999年10月28日强势追盘日,让欧奈尔买入,并且大量买入。

图9.21　1999年道琼斯工业指数日线

然而,在上涨过程中,假如是剧烈和陡峭的反弹,一些龙头股将表现出巨大波动,急速上涨,快速回调几天,之后反转并冲向新高。在我们"市场派"会议期间,比尔谈及如何处理飙涨股票的波动,以英姆纳克斯公司(Immunex,IMNX)为例,他建议:"明智的是,回顾该股在反弹阶段所有的回调。核查自顶部下跌的百分比,以及下跌天数。这会让你知道,在正常上升趋势中,股票能够在什么点位交易,并且当股票快速回调时,能够让你坚定持股。"这个基本观念,使我们坚定持有一些剧烈波动龙头股,英姆纳克斯公司周线图(如图9.22所示)显示,在它走高时,出现典型的1周回调。2000年3月初,股票回调持续期超过了从1999年12月至2000年2月上涨股票的回调时间,很明显,上涨趋势开始气力不继,必须至少构建一个新基部,如果有机遇再次推升至新高,就必须再建立一个基部。

eSignal 公司供图，版权 2010。

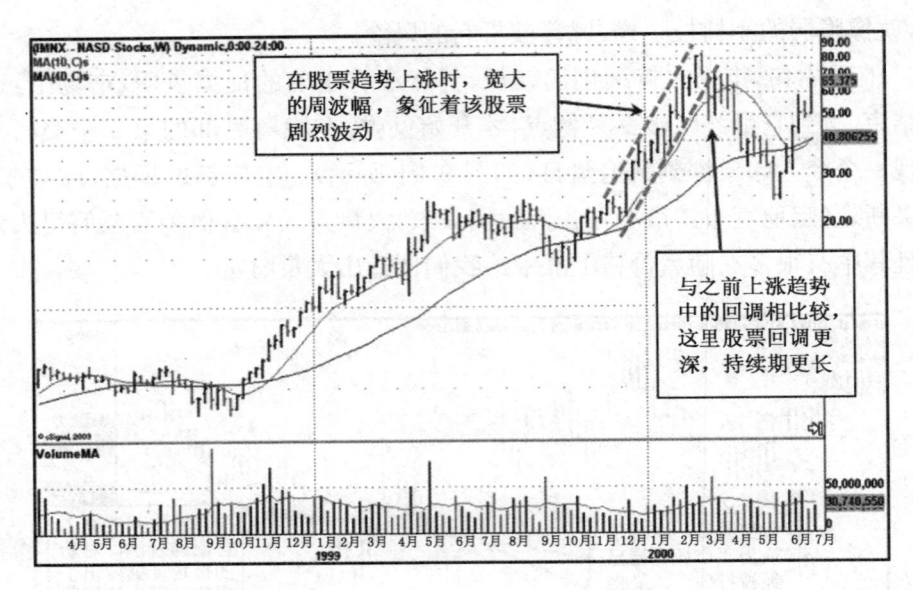

图 9.22　1999—2000 年英姆纳克斯公司（IMNX）周线

"你搞砸了！"

2002 年 2 月，是比尔·欧奈尔向所有当年赚钱的内部投资组合经理们发放"佣金支票"的时间。由于大多数自营交易团队业绩超过了标准，根据投资组合经理在内部账户中所赚取的总利润，要支付给他们总利润的一定百分比作为报酬。你或许认为，1999 年的业绩处于 500% 等级，正如我们两个做到的那样，会受到欧奈尔的大力称赞，但事实并非如此。他把支票递给你，然后开始翻阅我们以前常常称为著名欧奈尔私人数据助手的内容，本质上，它是一个非常厚的长形杂记本，写满了各种笔记，折叠的页面上潦草地写满了每一个角落。

欧奈尔一直在跟踪投资组合经理的表现，尤其是他们的错误，通常出现在非电子化的、长形杂记本的 PDA 中。欧奈尔尊重那些在市场上业绩良好的人，作为一名投资组合经理，如果你能跟上小组及其高绩效标准，就会获得他的信任。如果你能为公司赚取丰厚利润，他会很高兴，但他不会滔滔不绝地提及，也不会在一个利润丰厚的年度之后准许你沉入温柔乡，去浪费时间。他喜欢复盘错误，他所做的就是翻阅 30 页的长形杂记本，找到记录你交易错误的那一页。在回顾了你所犯的关键错误之后，尽管那年已经涨幅超过 500%，他很快得出一个结论，"你搞砸了。如果每件事情都能正确应对，本来能够上涨 1 000%"。

泡沫的破裂

进入 2000 年 2 月底,随着许多龙头股,突然放量触顶,市场正在变得更加泡沫化。同时,越来越多的资金涌入投机性股票,尤其是大规模的网络泡沫 IPO,它们没有销售额,没有收入,甚至也没有与之相关的商业计划书。龙头股放量触顶,加上市场上日益增加的"投机风气",对欧奈尔来说,这是一个潜伏在阴影中的危险信号。尽管这未必是一个让你抛售股票并远离市场的信号,但确实是一个红色警报,可以及时对确认市场技术顶部的行为做出反应。很明显,情绪已经变成了泡沫化看涨,但这只是一个较小的却极为关键的拼图,本身并不足以称为顶部。市场相关技术面迹象开始出现放量上涨,之后是放量触顶,严重抛售开始压制市场,它只是给结论,增加一些信服的理由,现在是时候认真考虑退出市场了。

3 月 17 日见顶后,欧奈尔明智地建议我们至少要远离市场三个月。欧奈尔告诉我们:"关注那些大牛股——它们会大跌一次,之后迅速反弹,然后再次大跌,此时你可以画一个大大的叉。"欧奈尔在之前市场周期中,指出"你或许有两三只'故事股'持续走强,但是,在过去几个月里,看到了 200～300 个像你一样的人,就意味着我们看到了郁金香狂热或'泡沫',如果你想这么称呼的话。这种郁金香狂热程度表明,它需要时间摆脱这个系统"。

急剧的市场下跌,让欧奈尔开始看到其与 1962 年熊市的相似点,在 1962 年 10 月古巴导弹危机期间,最终形成了一个转折低点。2000 年 6 月初,我们所有人飞到纽约,出席《投资者商报》在 6 月 3 日(周六)凯悦中央火车站举行的研修班,我们没有意识到,此行会是那么重要。

分析师拿得太多

我们两个都被指定参加研修班,在午餐后,演示每日图表这个投资工具,陪伴我们的还有忠实的助手迈克·韦伯斯特(Mike Webster),他当时是欧奈尔公司新进内部投资组合经理。周三晚上,我们降落在纽约,入住第五大道半岛酒店,开始准备周末活动,以及安排与该市办事处的几个机构客户会晤。6 月 1 日,周四,我们拜访了一家客户公司,它刚刚聘请了一名"百万美元年薪"网红网络分析师,据称"知悉一切"有关网络"领域"的事情。在网络泡沫到顶之后,高价聘请网络分析师似乎不怎么明智,但是,我们仍带着最美好的愿望会谈。

当我们来到其位于公园大道的办公室时,这个特殊客户盛情地接待了我们。在对当前市场状态进行了一点玩笑式交谈后,我们被领进会议室,开始会谈，在此期间，我们要检查他们当前的投资组合持股情况。我们三个，还有几名工作人员，包括网红网络分析师，开始查看 WONDA 图表，该图表被投影到会议室的屏幕上。迈克·韦伯斯特坐在后面，因为他只是一名观察员，当我们详细讨论股票时，开始出现一个离奇且滑稽的对答，迈克对他看到的每一张新图，都保持着本能反应，轻声地自言自语，一遍又一遍地重复着相同的话："这是一个顶部，这是一个顶部，这是一个顶部。"尽管他其实是在低声地喃喃自语，但是房间太安静了，因此每个人都能听清楚他的话，每次他说出，这句简单却准确的话，网红网络分析师就会发出哼哼声，嘲笑这个"幼稚的"暴发户，称他钟爱的网络公司在筑顶。在他们持有的股票中，有一家是讯通网公司（INSP），图9.23显示了其周线图。我们建议卖出，但是，他们的分析师开始长篇大论地解释，为什么讯通网公司是"被低估的"。

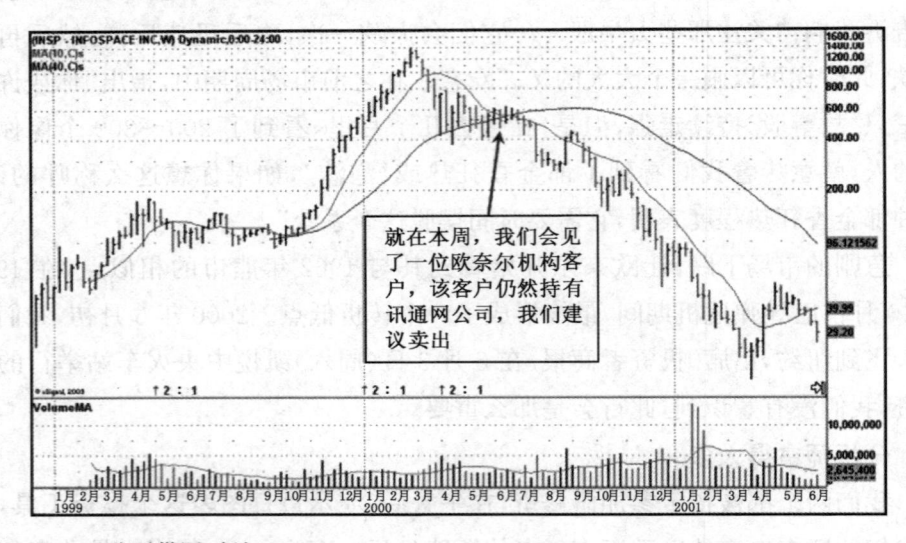

eSignal 公司供图，版权 2010。

图 9.23　2000 年讯通网公司（INSP）周线——见顶了

当时，迈克·韦伯斯特在欧奈尔公司投资组合经理中是一名新秀，并且让他轻视的人，这名网红分析师甚至都没有试图证明，那些事情是正确的，正如知名信用卡商业广告，所说的那样，"无价之宝"。我们应该指出的是，虽然该分析师既傲慢又无知，客户公司 CEO 本人，却非常亲切，对此次会谈表示感谢。我曾一度告诉这个客户，我们预计，纳斯达克指数最低点将跌破 2 500 点。2001年，当它最终跌到 2 500 点以下时，该 CEO 给我们整个机构服务部赠送了一箱上品的唐·培里侬香槟王(Dom Perignon),庆祝我们做出这次精确预测,最初他认为这是"令人难以置信的"。

避开诺基亚交易

6月2日,周五早上,我们在纽约证券交易所午餐会(Luncheon Club)吃早餐,我们威廉·欧奈尔公司是其会员单位。当我们到交易所楼上吃早餐时,碰见了欧奈尔纽约证券交易所场内经纪人,罗·苏森蒂,此后不久史蒂夫·波尔波拉(Steve Porpora)也加入进来,他是另一位场内经纪人,在21世纪大部分时间内,直到欧奈尔2008年关闭场内业务,很多读者可能会把他认作CNBC前纽约证券交易评论员。

上午8:30,正当我们坐下来,享受布林斯、煎蛋卷和加拿大培根时,通讯社宣布了月度就业数据:很多人担心,3月残酷且难以避免的市场顶部和泡沫破裂可能产生严重经济后果,5月却增加了131 855个就业岗位。就业市场往往滞后于市场转向,但是市场预期对就业人数增加的反应巨大。房间很快就走空了,大多数场内经纪人已经冲到了楼下。开盘时,可以预期到雪片式的买盘,就在我们吃完早餐时,担任欧奈尔场内运营总监的史蒂夫·波尔波拉也冲到了楼下。坐在空荡荡的房间里,让人觉得有点不真实,就在几分钟前,这里还挤满了场内经纪人,都在狼吞虎咽,准备开始新的一天。那天早上纽约证券交易所午餐会桌子上留下了很多因没吃完早餐而开具的早餐费罚单。某些情况下,你不得不佩服纽约证券交易所会员的奉献精神,对他们而言,工作优先于生活。当你在可能有半个足球场大小的场内跑来跑去时,这些碳水化合物可以发挥很大作用。与此同时,我不记得在纽约证券交易所内看到过瘦削的场内经纪人。

随便他们,我们吃完饭,坐电梯到了楼下,在此之前,去男卫生间拿了一把"纪念"梳。在午餐会卫生间内,经常可以找到一侧印有金色字体"纽约证券交易所"的黑梳子,每次我们到交易所尽情大吃特吃时,取一把梳子,就成了一种习惯。我们也说不清自己有多少把这种梳子了。一到交易所,我们就开始兴奋。那些日子里,交易商还不能用电子设备执行指令,在交易所里,忙碌的上午会让人有一个好心情,因为当场内经纪人忙着执行指令时,这意味着,他们正在赚取佣金,做市商的收银机因获取差价而响起,资金的流入和流出让他们的口袋开始鼓起来。

一旦铃声响起,之前稳定的、低音量的嗡嗡声,马上提高,成为一种轰鸣声,因为发到交易所的指令狂潮,转变成了声音狂潮。站在欧奈尔场内席位上,我们决定买入诺基亚(NOK),使用席位电话,我们联系欧奈尔内部办公室交易席位,大声呼叫交易员,"杰克,买入 50 000 股诺基亚"。然后,我们把电话交给欧奈尔场内经纪人罗·苏森蒂,以便于杰克·霍奇斯(Jack Hodges)给罗发出指令,杰克是欧奈尔的洛杉矶交易员,我们刚给他下达了指令。这有一点迂回,人们可能想知道,为什么我们不能直接告诉罗,来买入 50 000 股诺基亚。毕竟,我们都在交易所里,而且就在欧奈尔的场内席位上,站在他旁边。这是下达指令的规矩,我们必须要遵守。指令在手,"线路安排"正确,我们动身前往诺基亚交易席位(如图 9.24 所示)。

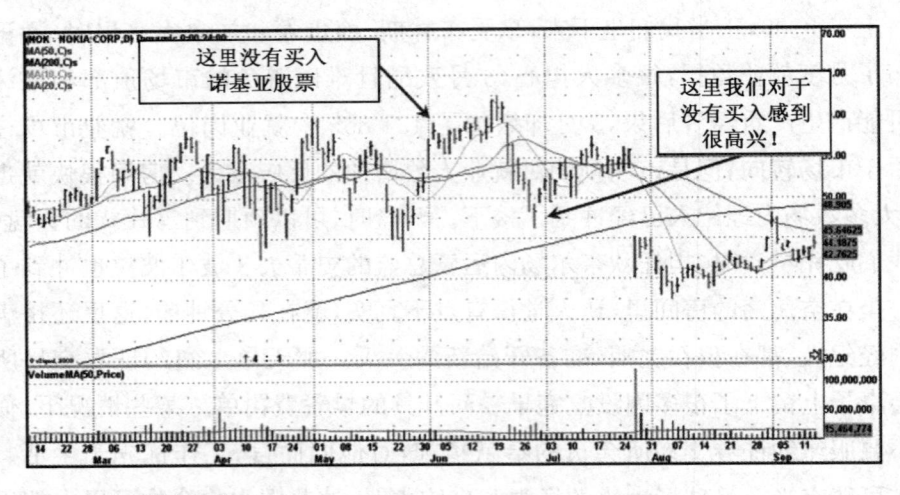

eSignal 公司供图,版权 2010。

注:在纽约证券交易所大厅内,观察机构积极的卖出行为。

图 9.24　2000 年诺基亚(NOK)日线

当我们走近诺基亚交易席位的时候,一小群场内经纪人,约有三四个,正拿着买入指令,站在周围,但他们都站在市场的出价方,等待买入股票。罗是一个熟悉都市生活方式和世态的场内经纪人,他注意到,有一个人远离人群,站在左侧。我们对罗说:"让我们进去,买股票。"他向我们挥手,大声叫道:"等一下,看见那个家伙了吗?盯住他。"我们关注的"家伙",是一名来自唐纳森·勒夫(Donaldson Lufkin)和詹雷特(Jenrette)或 DLJ 的场内经纪人。罗的直觉很准,那个 DLJ 的家伙,突然跳到人群里,接受 50 000 股的出价。人群中,其他经纪人面朝里背朝外,等待卖出者,以便马上执行买入的指令,否则就有可能被甩到后面。当他们快速以要约价格,购买股票时,这个 DLJ 场内经纪人转身,接连向每一个买家大喊:"卖出,卖出,卖出!"罗简短地命令道:"让我们离开这儿。"我们没有争论,只是把诺基亚留给其他人。在这种情况下,罗把我们从买入一只愚蠢股票的决定中挽救了回来。事后回想起来,这个形态绝对不是完美的,2000 年,诺基亚确实从 3 月市场顶部反弹,仅比历史高点低 3%。这是一个众所周知的有趣教训,错误图表形态通常是机构抛售的标志,在这起事件中,我们就在纽约证券交易所场内目睹了抛售行为,这是关键所在。2000 年 6 月 2 日是一个市场追盘日,表明市场处于反弹阶段。欧奈尔领悟到,对 2000 年 6 月市场底部而言,1962 年 10 月熊市底部是一个先例。根据他的经验,1962 年熊市下跌速度,是他见过的唯一一个与纳斯达克指数自 2000 年 3 月顶部下跌速度相似的行情。因为纳斯达克指数亦是集中体现网络泡沫的指数,它大幅反弹,脱离了 5 月下旬低点(如图 9.25 所示)。这些低点反过来,又跌破了 4 月低点,构成了骗线,在市场反转开始反弹时,欺骗看空卖出者的。5 月 24 日触底 7 天后,6 月 2 日巨幅跳空高开,出现一个清晰的追盘日,因为与前一交易日相比,成交量显著放大。

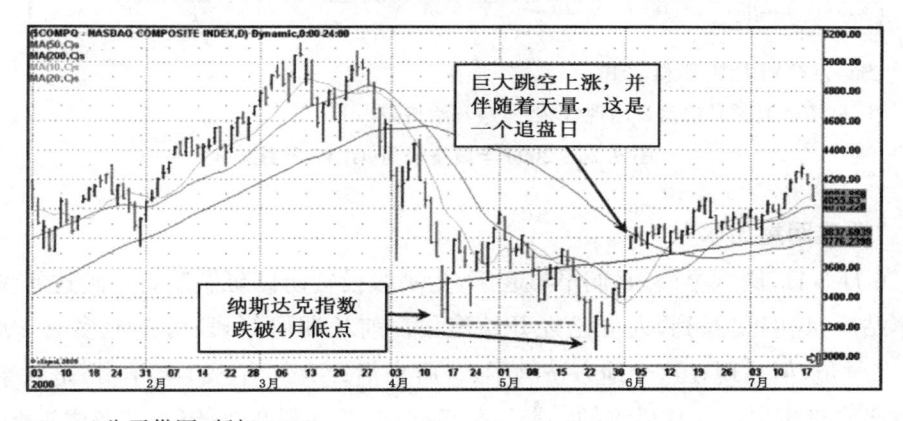

eSignal 公司供图,版权 2010。

注:跌破 4 月低点后,纳斯达克指数见底,之后,在 2000 年 6 月 2 日,出现一个追盘日,发出新一轮反弹阶段启动的信号。

图 9.25　2000 年纳斯达克指数日线

尽管这是追盘日,但只有极少数股票从恰当的基部实现突破,创出新高。大部分上涨的都是之前的龙头股,它们在 2000 年 3 月,和市场一起形成了顶部,现在开始从低点大幅反弹。在 6 月 2 日追盘日,我们尝试着买入一些股票,起初想买入的诺基亚(NOK),后来决定不再买入,在这一过程中,我们错过了康宁公司(Corning, Inc., GLW),它是一家为新高速互联网时代制造光纤电缆的玻璃制造商。虽然我们在诺基亚交易席位,从机构抛售行为上吸取了教训,但是欧奈尔注意到,康宁公司正在从有点"乳房状"带柄杯子形态中,顺利突破(如图9.26所示)。

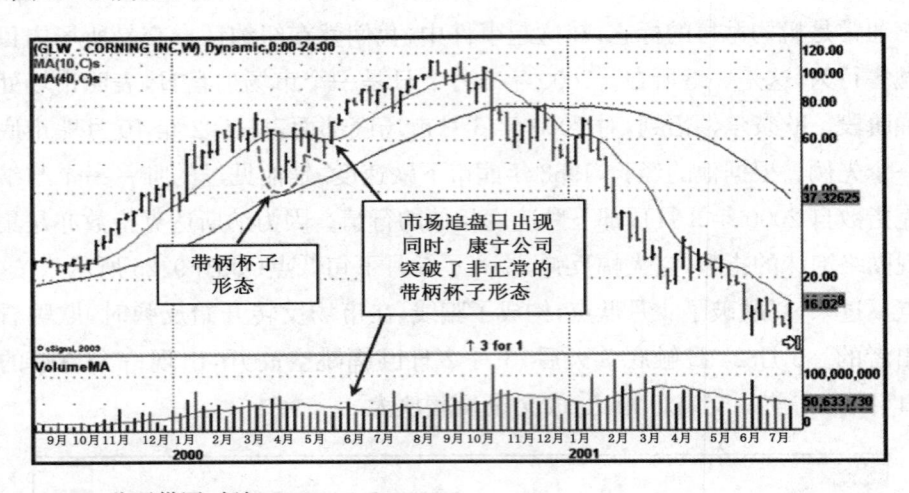

eSignal公司供图,版权2010。

注:随着6月2日追盘日出现,少数股票开始突破。

图9.26　2000年康宁公司(GLW)周线

"摇滚明星比尔"

6月3日,周六早晨,我们早早起床,为高级投资研修班做准备。到达凯悦中央车站后,我们注意到,人群已经开始聚集。前几期研修班,可能至多有200～300名学员,但是现在这个地方挤满了人,后来估计大约有800名学员,是欧奈尔投资研修班历史上人数最多的一期。事后回忆,考虑到2000年3月形成头部,市场上出现郁金香式疯狂,这是完全有道理的。在那个周六,大众对前一交易日的突破,感到开心和兴奋,空气中弥漫着极度兴奋的情绪。史蒂夫·波尔波拉,欧奈尔纽约证券交易所,场内业务运营总监,宣布:"比尔是一位摇滚明星!"

由于学员规模庞大,我们更换了习惯使用的单讲台安排,用双讲台横跨在房间前面。现在回过头来看,那天房间里的人们兴高采烈情绪,就是一个明确标志,即2000年熊市还远远没有结束。那天晚上,当离开酒店会议区时,学员们试图跟随我们,一些人从上升自动扶梯,跑到下降自动扶梯上,在下降过程中,继续问我们一些问题。当我们进入驾驶室时,一些学员试图一起进入驾驶室,我们要与欧奈尔纽约证券交易所场内经纪人罗·苏森蒂共进晚餐,他是一个熟悉都市生活方式的、来自"泽西"的坚强意大利男孩,与我们一起坐出租车,扮演着保镖角色。我们所能做的,就是面面相觑,说道:"市场见顶了!"

2001—2002 年大熊市

2001 年 9 月,市场再次反转向下,2000—2002 年泡沫大熊市的第二条熊腿突然落地了。从 2000 年四季度至 2001 年一季度,大盘指数和龙头股不断暴跌,直到市场在 2001 年 3 月 27 日出现追盘日(如图 9.27 所示)。

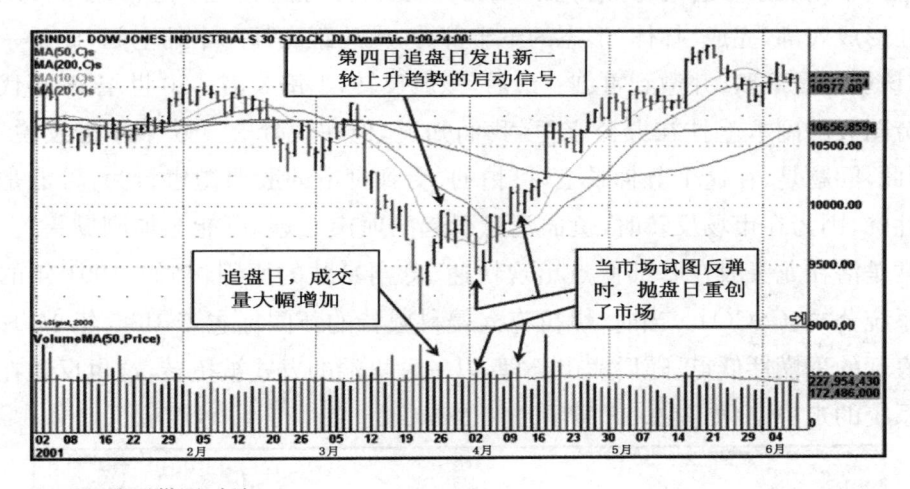

eSignal 公司供图,版权 2010。

注:在盘整之后出现第四日追盘日,然后市场反转,创出新高点。

图 9.27　2001 年道琼斯工业指数日线

3 月 27 日追盘日出现在脱离臀离底部的第四天,因此,"第四日追盘日"通常是一种力量的象征。然而,在接下来的几天里,市场又开始反转向下,随着量能增加,开始向下突破,这标志着最初抛盘日的产生,在正常情况下,它预示着尝试反弹的结束。然而,理解追盘日是非常微妙的,欧奈尔清晰地表达了某种特定思想,即在牛市/熊市周期内,任何追盘日,以及主要市场指数的总体量价行为,都必须放在大盘框架内来看待。关于 2001 年 4 月出现的一些弱势行情,他指出,"一般而言,你应该看到,当市场出现一个强势追盘日,并处于反弹之中时,看起来像抛盘日的交易日,会是伴随着上涨的交易日,抛盘日形态不是真正建立在劣势之上——它是市场上熊市心理造成的,之后,市场摆脱它的影响,上涨一两个交易日。"在图9.27中,我们业已指出,两个冲击市场的抛盘日即将出现,而抛盘日伴随着较大的、高于平均水平的成交量,当时看起来非常消极和负面。

行走的历史图表形态百科全书

当市场反转时,通常这种在追盘日之后过早出现的抛盘日,伴随着沿基部低点出现的震荡。欧奈尔说:"在这个节骨眼上,某些股票的大规模抛售,也是正常的。"当时,欧奈尔想起了他1970年在麦当劳(MCD)股票上的经历。欧奈尔就像行走的历史股票图表形态百科全书。他会记起过去的股票图表形态,迅速地列举出股票形态的特点,他以1970年麦当劳为例展现了这种能力:"该股正在形成底部,完成'杯体'形态的下半部分,大约距底部一半的空间,此后一周内,该股巨量下跌,并遭到重创。最后,该股反转,上涨3倍。"20世纪70年代麦当劳图表的副本就挂在办公室里,我们知道,他在说什么。欧奈尔继续说道,"因此,问题是,在这个节骨眼上,可怕的、受到打击的股票抛售行为,可能是欺骗性的,因为在市场反转时,负面消息引起的熊市心理,可能会加剧抛售"。这通常是潜在龙头股在基部低点出现快速、急剧暴跌的原因,例如,1991年的思科系统公司(CSCO)。当时,伊拉克入侵科威特的新闻标志着1990年10月熊市底部的恐慌性低点,随后熊市心理,以一种极端的方式被扭转,这也反映在思科系统的走势中(如图9.28所示)。

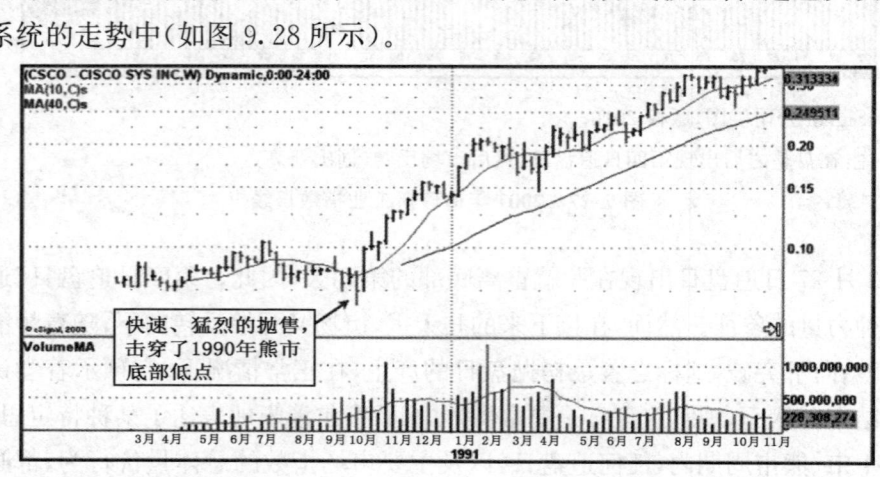

eSignal公司供图,版权2010。

图9.28　1990—1991年思科系统(CSCO)周线

从煎熬到甜蜜

2001年3月追盘日之后,市场走势一直不温不火。令欧奈尔感到遗憾的是,市场上并没有上涨力量与动能。"什么都无效。"大量基金重仓了科技股,"缺乏弹性"。股票涨涨跌跌,就像受新闻影响的太阳(微系统)公司一样(如图9.29所示)。

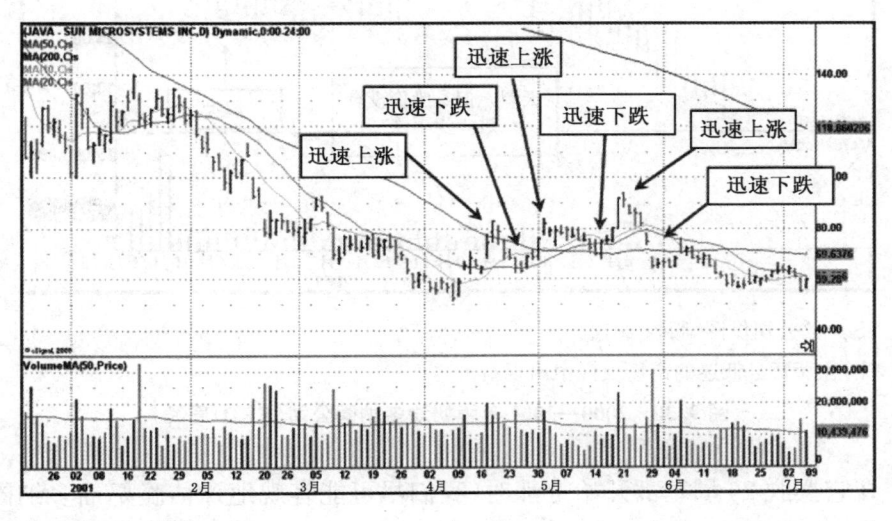

eSignal 公司供图,版权 2010。

图 9.29　2001 年太阳微系统(JAVA)日线

2001年,从欧奈尔的角度看,几乎没有什么恰当的买入机遇,脆奶油多纳圈公司(Krispy Kreme Doughnuts,KKD)的出现,带来了一股新鲜空气(如图9.30所示),3月末追盘日,以及市场反转约1个月后,它突破了。2000年4月,就是在市场3月形成顶部之后,脆奶油多纳圈公司上市了,最初它构建了一个短小基部,实现逆市上涨。我们相当迷恋该股票,因为它在2000年整个夏季表现突出,最终企稳,并构建了一个为期26周的基部,之后在2001年5月再次突破。这是我们唯一一次拥有超越权重的股票,因为持有脆奶油多纳圈公司在某种程度上成为买入脆奶油多纳圈的借口。欧奈尔机构服务部的职员小厨房,经常堆满各种各样的新鲜脆奶油多纳圈,与欧奈尔公司注重健康的环境形成了有趣的对比。

eSignal 公司供图，版权 2010。
注：在短暂且低迷的市场反弹中出现新机遇。

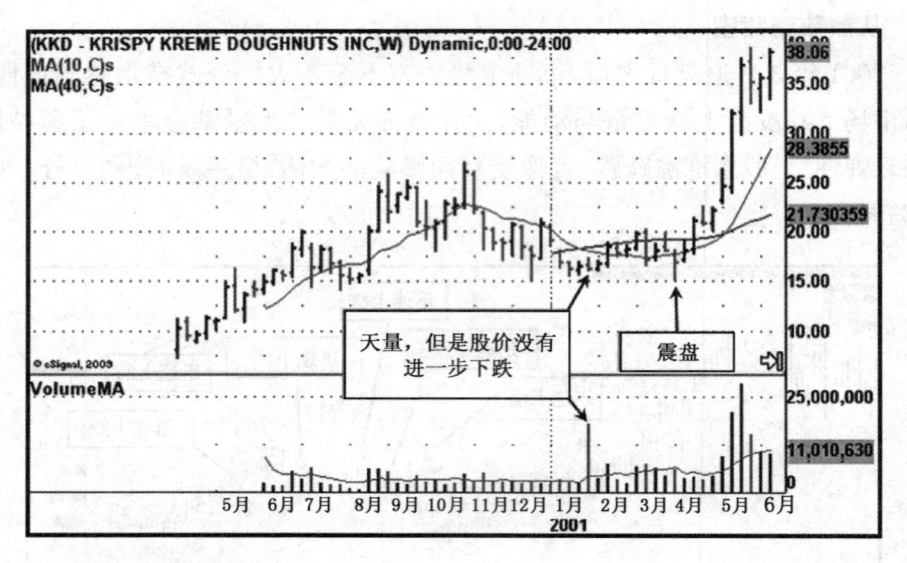

图 9.30 2000—2001 年脆奶油多纳圈公司（KKD）周线

在它摆脱 26 周基部开始上涨时，我们尽可能客观地评估脆奶油多纳圈公司，尽量避开味蕾的主观影响。对所持有股票有一些看涨原因，这更有助于了解欧奈尔如何看重某些零售类股票的特征，如脆奶油多纳圈公司。当时，欧奈尔这样评价："这是一个真正具有强大品牌力和强势产品的公司，其产品几乎供不应求。看看 TCBY 和思蓝宝（Snapple）——它们有着巨大涨幅，尽管事实证明，只是流行一时的时尚。脆奶油多纳圈也会流行一时，但它可能会先产生巨大涨幅。在脆奶油多纳圈进入市场前，它就产生了'稀缺性'。首先，他们会开一两个店面，人们看到长长的队伍，听到如潮的好评，进而对他们未来开设店面建立了强大需求。你一定要争取并保持你的仓位——不要过分减仓，因为这是一只大盈利股。要计算它们能够扩张多大，查尔斯·坦迪（Charles Tandy）曾告诉我（欧奈尔），他们的策略是，在每个城市都试验，在充分满足市场之前，借此来了解他们开设多少家店铺。他们发现，无线电器公司在市场饱和之前，在每个主要城市能够开设 25 家店铺。最终，他们拥有了 5 000 家店铺。脆奶油多纳圈公司有 174 家店铺。还可能有巨大扩张机遇，如果公司在 3～5 年内实现稳定的 20%～25%增长率，那么当前高市盈率并不是没有道理的。"

脆奶油多纳圈公司也是一堂教育课，说明了大众如何被愚弄。2001年3月下旬，很多人做空该股，其依据就是，它"只是一种流行时尚"，一旦该股IPO"锁定"期结束，就会有内部人士大量抛售，在此期间，内部人士最终会出售IPO股票。但是一旦锁定期结束，内部人士不抛售股票，卖空者就必须争抢着来补仓，因为考虑到公司的强势销售增长，以及产品认可度提高，买家自然会出现。股票出现飙升，脆奶油多纳圈公司从口袋支点买入点算起，最终股价翻倍（如图9.31所示）。尽管2001年5月上旬股价翻倍之后，脆奶油多纳圈公司没有超过40美元太多，但它仍然很好地说明了，欧奈尔为何看重零售类股票，以及脆奶油多纳圈公司为何运作得相当良好，我们没有按照自己喜欢的方式抓住该上涨机遇，但是当我们在欧奈尔公司时，对牛市趋势跟踪者而言，市场前景黯淡的时候，这仍然是市场信心的来源。

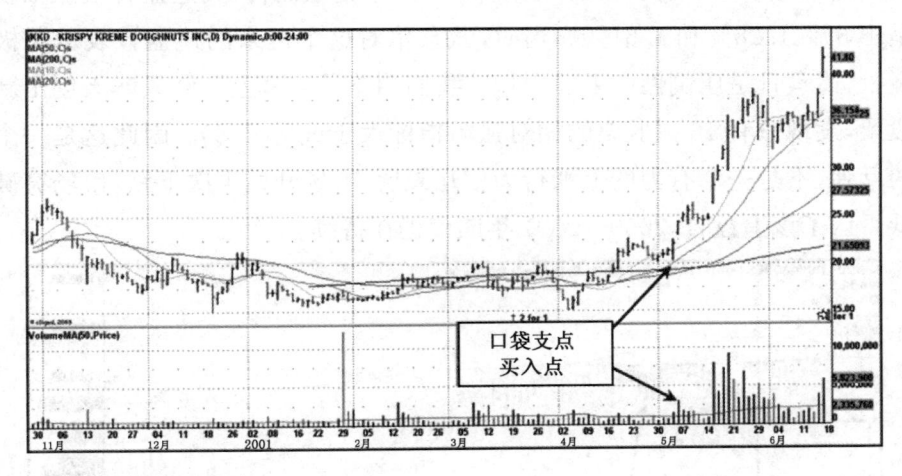

eSignal公司供图，版权2010。

注：口袋支点买入点产生了一个早期进入点。

图9.31　2001年脆奶油多纳圈公司（KKD）日线

调整"追盘日"阈值水平

2001年6月前后，欧奈尔开始相信，把1%上涨幅度作为市场追盘日的关键参数之一是不充分的。当指数比前一交易日以更大的成交量上涨超过1%时，出现一个"追盘日"，或"FTD"，追盘日出现在第4~7个交易日，是最佳的，次佳时间是大盘指数初始低点后的几个交易日。当市场出现了追盘日时，根据欧奈尔方法，此时在技术面上处于"反弹阶段"。正如欧奈尔总是很快指出的那样,并非所有追盘日会引发牛市,但是没有它,牛市就无法启动。

2000年3月市场见顶之后,市场变得过于动荡,了解了这个事实,就意味着要把1%指数上涨规定改成2%。不过,在当时情况下,这个2%追盘日规定,完全是基于观察。事实上,我们所做的优化研究显示,当时,要想称之为追盘日,统计意义上最可靠的指数上涨规定是1.7%。我们从来没有告诉过欧奈尔,他本能地开始觉得这个数字需要改变,基于他在2000—2001年期间所做的大量观察,他觉得,2%似乎是一个合理的数字。

追盘日所规定的指数上涨百分比,应该从1%增加到2%,在做出这个评估的过程中,他研究的一个案例是2001年7月25日追盘日(如图9.32所示)。追盘日出现在道琼斯工业指数和纳斯达克指数的第11个交易日,标准普尔500指数则出现在第10个交易日。然而,对于三个指数而言,其追盘日上涨幅度分别是1.6%、1.28%和1.61%。当时,欧奈尔对这个迟来的追盘日表示了极大怀疑。"追盘日是压倒性的上涨力量。我们浏览了屏幕上200只昨天创出新高的股票,发现只有16只股票的相对强弱指标大于或等于80。因此这是一个滞后的反弹,不是一个有力的上涨行为!"几天后,市场开始再次下跌,市场突破至新低否认了该追盘日,2000—2001年熊市仍在持续。

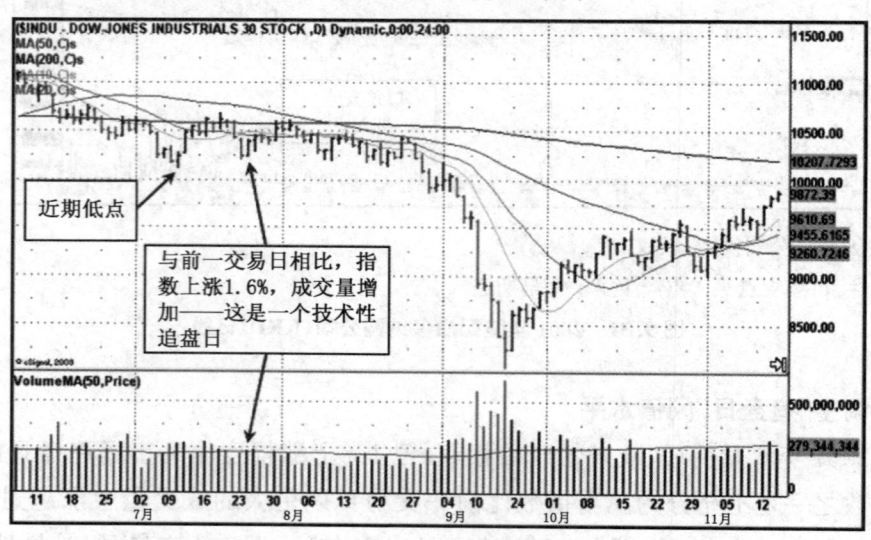

eSignal公司供图,版权2010。

注:7月追盘日缺乏量能,随着市场在夏末再次向下突破,不久就失败了。

图9.32　2001年道琼斯工业指数日线

在"9·11"事件中坚定不移

2001年9月11日早上,和往常一样,我们在威廉·欧奈尔公司开始工作。上午8:30是纽约证券交易所开盘时间,我们在5:30之前,准时来到办公室,准备一天的市场交易,并找到如何处理我们空头头寸的解决方案。等到当天开盘时,其中一个200%做空市场,另一个持有100%现金。当第一架喷气式飞机撞击世贸中心时,北塔出现一个大洞,这个景象被描述为,一架"小飞机,也许是塞斯纳(Cessna)"它错误地飞入纽约市两个最高建筑之一。我们知道世贸中心的建筑规模,很快推测到,建筑物上的洞不可能是一个小小的塞斯纳172,甚至是塞斯纳372撞击的,哪怕是它们真的弄了这么大的洞!期货市场开始急速下跌,当市场重新开盘后,大幅跳空低开,将会产生一个获利丰厚的交易日,那天早上的200%做空,却是一种奇怪感觉,因为你看到了这样的景象:人们从北塔上部楼层窗户里跳出来。

第一架喷气式飞机撞击世贸中心北塔第93层,就在101~105层康托-菲茨杰拉德(Cantor-Fitzgerald)纽约办公室下面,大约就是这个时候,欧奈尔交易部门一直与洛杉矶的康托-菲茨杰拉德办公室通话。

那时,我们马上开始试图了解,在纽约证券交易所工作的欧奈尔员工情况。他们包括两个场内经纪人,史蒂夫·波尔波拉和罗·苏森蒂,以及两个席位人员。正在ATM上为女儿存钱的史蒂夫看到了一架喷气式飞机撞向世贸中心,马上跑向位于华尔街及宝德街的纽约证券交易所避难所。这时,我们得知了,4位纽约欧奈尔员工中3个的情况,但是,场内经纪人罗·苏森蒂,仍然在火车上,就在第二架喷气式飞机撞上世贸中心之前,按预定行程开往世贸中心南塔下方。罗走出南塔时,碎片如雨点般落到他身边,最终他找到了曼哈顿岛西南端的渡船,带他通过哈得逊河,回到了新泽西。在此期间,我们不知道罗在哪里,直到我们在纽约时间上午11:30,才听到他的消息。

欧奈尔对那天事件的反应是坚定并且乐观的。他认为,这些麻烦已经酝酿了一段时间,因此,"9·11"只不过是克林顿政府错误反恐政策的顶点,"9·11"恐怖袭击,只是提供了催化剂,要采取果断行动,应对不断增长的恐怖主义威胁。他相信,"9·11"最终会被国家和市场转变为积极性事件。他觉得,这大约就是最糟糕的情况,因此,当市场重新开盘时,最初市场会抛售,然后迅速触底反弹。在此期间,欧奈尔对我们这些一起共事人员起到了安定人心的作用,因此,我们能够保持镇静,并思考几天后市场重新开盘时,会发生什么事情。市场最终在 9 月 17 日开盘,我们开始回补空头仓位,因为我们和市场一同转向,做多像洛克希德·马丁(LMT)这样的国防股(如图 9.33 所示)。现在,美国处于战时状态,就像之前国家处于战争时期的情况一样,无论是否可以这样说,国防工业相关股票都将成为寻找"大牛股"的地方。

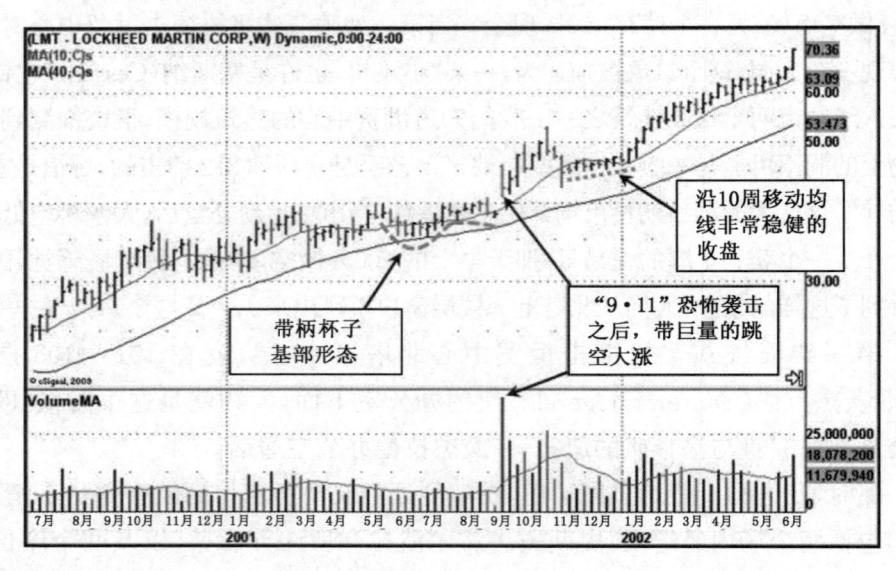

eSignal 公司供图,版权 2010。

图 9.33　2001—2002 年洛克希德·马丁(LMT)周线

人们希望在"CAN SLIM"股票中,见到典型盈利增长数字。最初,国防股没有出现这种情况,但是,在某些环境中,当确认机构在既定市场周期会持有哪些股票时,我们会依据欧奈尔典范书籍开展研究。鉴于多数成长股仍面临疲弱经济,以及 2000 年 3 月网络泡沫破裂的影响,"9·11"无法增强消费者信心,他们变得更加谨慎,像乌龟一样缩进自己的壳中。优化股票板块转换的关键是,了解机构会把哪一类国防股变成大牛股。

9 月 17 日,市场重新开盘时,国防股迅速上涨,洛克希德·马丁公司跳空高开,带巨量突破了 14 周带柄杯子形态基部。很有趣的是,我们注意到,"9·11"事件以来,洛克希德·马丁公司已悄然构建了一个相当良好的带柄杯子形态,好像在突破盘整时就知道即将发生的事情了。洛克希德·马丁公司上涨了 6 周时间(如图 9.33 所示),反弹到突破点上方仅一个点,之后,它沿着 10 周(50 日)移动均线上涨,出现了极为稳健的周收盘价。这是一种非常扎实的、具有建设性的股价行为,2002年1月初,洛克希德再次突破,继续创出新高,尽管此时市场已开始震荡,并再次反转创出新低。

在之前那些不确定的日子里,"9·11"事件之后,很多事件都很容易使大盘行情低迷,包括那些炭疽袭击的消息。欧奈尔机构服务部行政助理在打开每封信或包裹,并检查不寻常物质时,都戴着塑胶手套和外科手术口罩。在此期间,人们总是盼望着欧奈尔鼓舞打气。他的乐观是持久、不知疲倦的,不久之后,你会意识到这是他成功的首要秘诀。他证明了一句古老格言,你永远不会看到一个"成功的悲观主义者"。他打电话时引用了一篇关于死亡主要原因的研究文章。他告诉我们,死亡的1号因素是抽烟,2号因素就是"一个人对日常压力和情绪后果的反应——这是一个非常关键的概念"。欧奈尔知道,在市场上,对交易情绪压力的有害反应是致命的,这是他总是建议"在睡点卖出"的原因。交易中,欧奈尔相信,生活与你所遇到的事情无关,而是与你如何对生活中遇到的事情做出反应有关。通过这种方式,恐怖事件如"9·11"恐怖袭击之后,无论在市场上还是在生活中,"保持头脑清醒",对生存至关重要。

市场自我清理

随着2002年慢慢过去,国防股上涨也到了尾声,市场开始出现不安情绪,争论是否同伊拉克开战,成为当时的主要话题。熊市正在跌破到新低,金融服务业,尤其投资领域,已在迅速收缩。欧奈尔的对冲基金客户纷纷关门,一些较大的客户公司,被共同基金择时丑闻包围,或者被更大的金融公司收购。熊市让每个人安分守己,任何过分的行为都会被清理出去。当时,欧奈尔深思:"生活中,市场是唯一'人人平等'的地方。你可以与妻子争辩,也可以与家人、同事、美国国税局等争辩,但是你不能与市场争辩,因为它会把你清理出去。它不在乎你是谁!"2002年10月底,纳斯达克指数从2000年年初牛市顶点暴跌78.4%后,最终见底回升,每个人都被好好地清洗了一遍。

底部做空思科系统

与欧奈尔转为悲观情绪相比,这是一个他乐观情绪的最好例子。2002年10月,他变得非常悲观,因此,决定在靠近熊市低点位置做空思科系统(如图9.34所示)。我们这所以知道这些,是因为比尔·欧奈尔打电话告诉我们,他已经这样做了。最近一个牛市认输时,他开始以每股10美元左右的价格做空思科系统,这时已从牛市顶点下跌超过了90%,那么,这必定是底部!当时,我们已经从公司其他老前辈那里听到了这个消息,有趣的是看到欧奈尔确实这样做了。但是,请注意,思科系统是如何从低点带巨量反转的。几天前,做空思科系统的大多数交易者可能相应增加了做空头寸,或者只是固执地坚守头寸。欧奈尔并不是这样。他可以不在乎两天前的所思所想,因为他迅速地回补思科系统空头头寸,做多易贝公司(EBAY),我们曾在第三章讨论过这件事情。

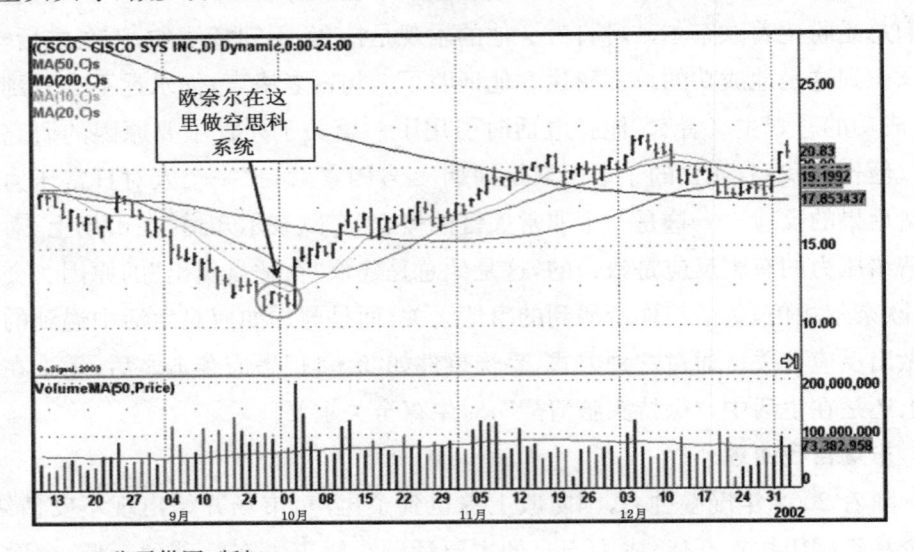

eSignal 公司供图,版权 2010。
注:欧奈尔在低点做空思科系统。

图 9.34 2002 年 9—10 月思科系统(CSCO)日线

由于美国准备前往伊拉克作战,以纳斯达克指数为衡量指标,市场自 2002 年 12 月顶点回调了 17.6%,许多人预期市场将变得更糟糕。最起码,这可能成为一场旷日持久的战争,还涉及对萨达姆使用化学或生物武器进行报复。人们越来越担心,攻击伊拉克会挑衅激进的恐怖分子,在美国本土发动更多袭击。事实上,盟军发动攻击,在海湾战争中把入侵科威特的伊拉克军队驱逐了出去,这时,欧奈尔已经看到,市场在 1991 年 1 月出现大幅反弹,也看到了类似的潜力发展,美军在 2003 年 3 月初进入最后阵地。

2003—2005 年牛市

美军迅速地插入伊拉克,并控制了首都巴格达,给民众带来了惊喜,2003

年 3 月 17 日,市场形成追盘日,启动了新一轮牛市。亚马逊(AMZN)是最先冲出来的股票之一,我们重仓该股(如图 9.35 所示)。当亚马逊在 3 月 17 日突破到新高时,没有立即发力,与市场追盘日恰好保持同步。在 10 周(50 日)移动均线找到支撑前,该股在接下来的 4 周内持续回调。伴随着回调,量能逐步衰竭,我们就在这个点位买入。

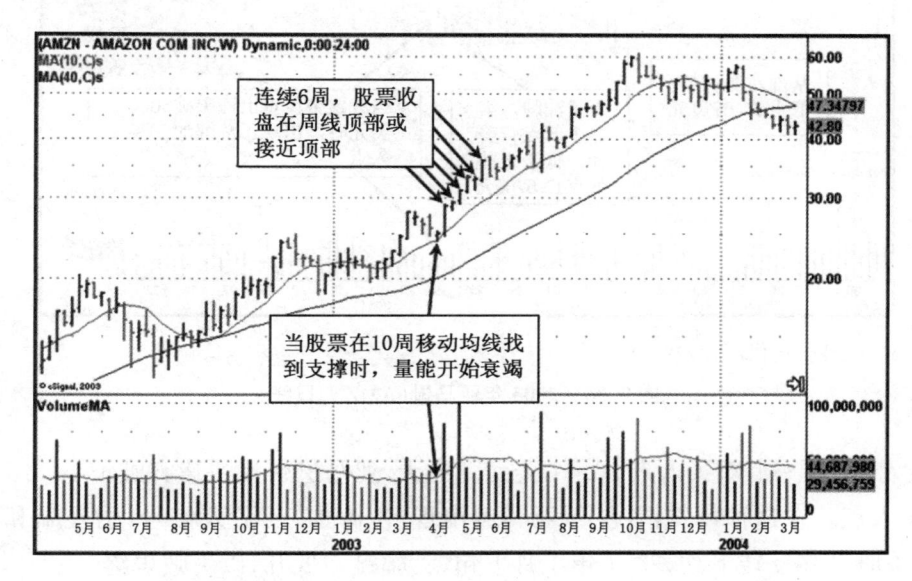

eSignal 公司供图,版权 2010。

图 9.35　2003—2004 年亚马逊(AMZN)周线

接下来 6 周,该股每周都恰好收盘在周波动范围顶端,6 周中有 5 周以新高收盘。欧奈尔马上指出,这种走势极具建设性,并且还测算出亚马逊上涨目标价是 60 美元。一个有趣的巧合是,我们也持有该股,使用点图分析技术,计算出上涨目标价是 61 美元,基于这 6 周的上涨推力,即该股恰好在每周波动区域顶端收盘。2003 年 10 月,亚马逊最终伴随着放量触顶型上涨达到 61.15 美元,然后,开始构建一个大的、难看的基部(如图 9.36 所示)。

亚马逊继续构建基部,2003 年 11 月 19 日,它在基部左侧产生了一个最初低点 47.67 美元。该股反弹几天后,在 2~3 周时间内持续下跌,跌破最初低点 47.67 美元,甚至在 12 月 17 日跌到了 47.00 美元低点。这是我们唯一一次看到欧奈尔玩利维摩尔的老把戏,在"洗牌加三"情况下抄底。12 月 23 日,他宣布,亚马逊出现了一个"洗牌加三"买入机遇,11 月 19 日低点 47.67 美元加上了

[图表：2003年亚马逊（AMZN）日线图，标注：
- 基部左侧初始低点47.67美元
- 为了洗牌，第二个低点47美元，低于之前低点47.67美元
- 当股票带巨量上涨突破50.67美元时，出现了洗牌加三买入点]

eSignal 公司供图，版权 2010。

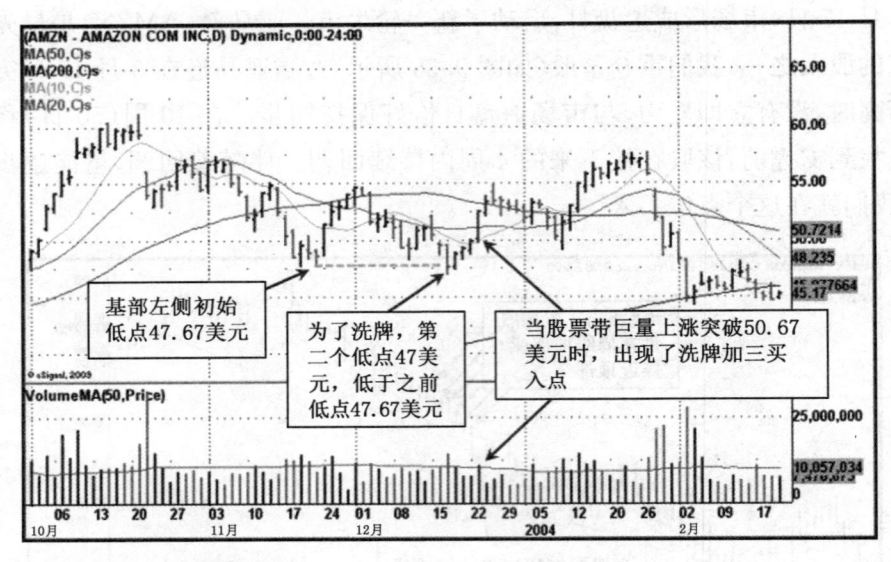

图 9.36　2003 年亚马逊（AMZN）日线

3 美元，产生一个新买入点 50.67 美元。当天，亚马逊带量快速突破了 50.67 美元买入点。在这种特殊情况下，亚马逊出现"洗牌加三"买入信号，引发温和反弹，该股最终反转下跌，2004 年 1 月下旬，大幅跳空低开，以失败告终。

从欧奈尔利用利维摩尔经常使用的"洗牌加三"这个买入规则中，我们得到的重大启示是，该形态中，洗牌应该是彻底的——这是一次迅速的、犀利的洗牌，马上反转，并开始向上反弹，11 月 17 日，亚马逊报收低点 47.00 美元，接下来 4 个交易月内，正是这样做的。该股本不应该跌破前期低点 47.67 美元，也不应该在几个交易日逐渐走低或横盘。跌破低点后，应该迅速从低点反转，这会证实股票具有快速恢复能力，也具有一定影响力，因此，当该股快速回升到表面——基部顶部，出现"洗牌加三"买入信号。

历史不会重演，却可供借鉴

关于欧奈尔操作过的股票，及其与当前市场股票如何类似这些话题，他经常讲一些有趣的故事。2002 年 5 月，奈飞公司（Netflix, Inc., NFLX）以每股 7.50 美元的价格公开上市，由于市场仍然处于熊市，因此，该股立即暴跌，2002 年 12 月，最终以每股 2.42 美元触底。随后，该股一路走高，伴随亚马逊和其他类似于易贝公司（EBAY）的电子商务幸存者，奈飞公司（如图 9.37 所示）乘上

了网络股的第二波浪潮,这些公司实际上已经找到了如何通过网络运营业务赚钱的途径。这波新浪潮始于2002年年底到2003年年初,奈飞公司通过邮件租赁DVD电影,这对消费大众来说是一项极好的服务,"9·11"恐怖袭击之后,他们选择更多时间待在家里。

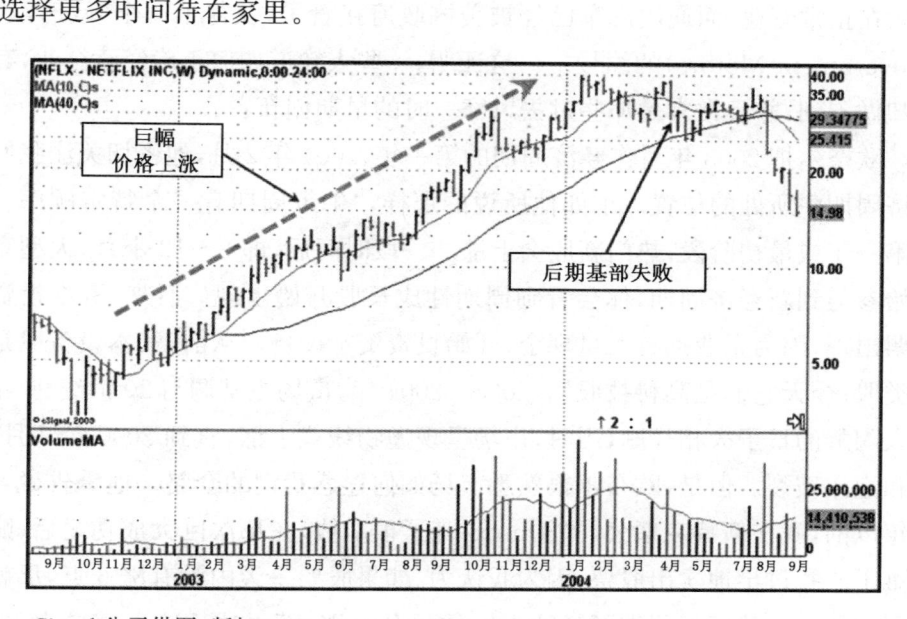

eSignal公司供图,版权2010。

图9.37 2003—2004年奈飞公司(NFLX)周线

经过长时间价格上涨,奈飞公司开始出现见顶迹象,因为它未能突破2004年4月后期基部。请注意,这一上涨伴随着低成交量(如图9.37所示)。就在后期基部突破失败前两周,它以低于平均水平的成交量从图表基部底部一路上涨,同时,第二周成交量极其清淡,这是一个买入需求消退的迹象。百视达公司(Blockbuster, Inc.)是影片出租连锁店鼻祖,2004年年初,进入电子邮件租赁DVD业务,这给奈飞公司带来了压力。这时候,该股价格已经有了相当大的涨幅,因此,当受到这则新闻冲击时,很明显已在它的"周期"尾声了,欧奈尔当时做了一个有趣的观察,把奈飞公司和百视达公司与20世纪60年代和70年代的房车制造商温纳贝戈(Winnebago)和汽车制造商通用汽车对比:"很多年以前,温纳贝戈在制造休闲车领域势如破竹,是一只巨大的盈利股。通用汽车出现,并宣布也将制造休闲车,但是从来没有在这个业务领域获得丰厚利润。这种情况类似于百视达宣布与奈飞公司竞争。"

事实证明,百视达从未涉足通过电子邮件租赁 DVD 的业务,也从未成为奈飞公司的竞争对手。2010 年年初,在写作本书的时候,奈飞公司仍然经营着自己的业务,而百视达已经宣布破产。有趣的是,我们注意到,2010 年,温纳贝戈仍然在正常营业,而通用汽车已经被美国政府接管了,获得了一个"政府汽车"(Government Motors)的绰号——这证明,一些人知道如何正确经营企业,有些人却做不到,并且常常是那些过去风靡一时的早期创新者。

欧奈尔把 2003 年看作经济周期的第一年,2004 年 2 月,他密切关注我们在经济周期中所处的位置。正如他所说的那样,"牛市周期有一个特定顺序。牛市第一年或最初阶段,热门新股会上涨。一段时间后,即 8~12 个月,大型企业开始参与到新经济周期,你会看到周期性成长股开始出现。后来,资本投资型股票出现,因为企业拥有大量现金,开始投资资本设备。从前,资本设备股是机械类股;今天它们是高科技股"。2003—2004 年,市场主基调与 20 世纪 90 年代令人陶醉的日子大相径庭,当时,市场呈现抛物线式上涨,直到 2000 年 3 月,见顶和泡沫破裂。但是,欧奈尔很熟悉市场如何迷惑我们的套路。他警告说:"许多年以前,我在新特克斯公司(Syntex)赚了很多钱,在那次巨大成功之后,赚钱就难了。我过早地卖出股票,因为我认为,如果股票一天内没有涨 6 点,那就是出了问题——我已经习惯了新特克斯的强劲上涨,而无法适应上涨较慢,但仍然有利可图的股票。"2004 年,我们不得不根据市场环境调整,它比 20 世纪 90 年代更慢了,很少出现抛物线式上涨。

2004 年年初,出现几个教科书式的见顶例子,欧奈尔曾呼吁我们,注意这样的行为。通常情况下,手机响起后,欧奈尔会在线讨论一只特定股票,实时说明它的特点。2004 年 3 月,欧奈尔指出,当时的龙头股波士顿科学公司(Boston Scientific,BSX)出现两周下跌两周上涨的卖出信号(如图 9.38 所示)。股票创出价格新高,之后,立即回调两周,接下来的两周内拉回新高,在周线图上,产生了"两上两下"形态。这是欧奈尔原有的卖出规则,常常会被误解,但在这种情况下,两下两上规则是一个教科书式的卖出信号,这里,波士顿科学公司的走势很好地说明了该规则。

2003 年,很多生物技术类股票产生了较大涨幅,包括吉列德科技公司(Gilead Sciences,GILD)和塞尔细胞基因公司(Ceilgene,CELG)。马泰克生物科学公司(Martek Biosciences,MATK)加入了板块的上涨队伍,它找到一种把

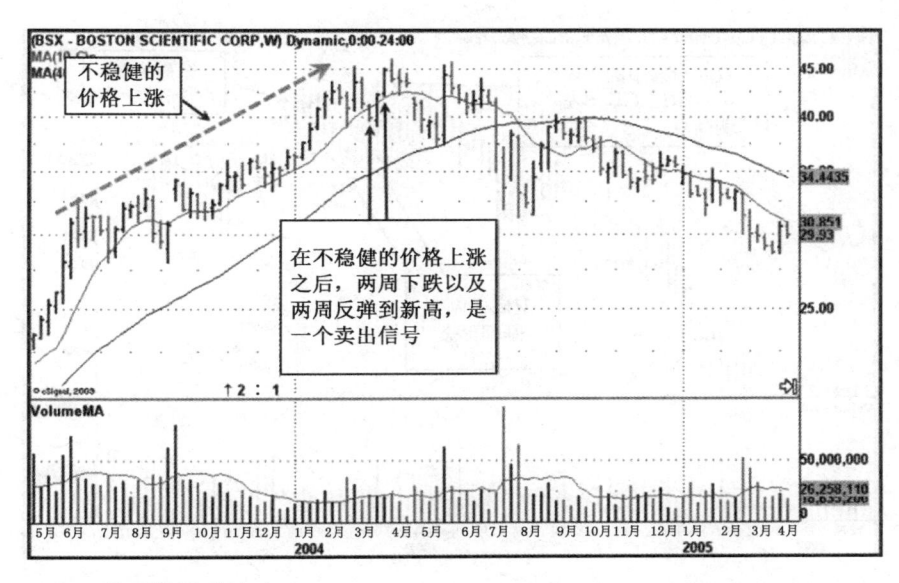

eSignal 公司供图,版权 2010。

图 9.38 2003—2005 年波士顿科学公司(BSX)周线

微型藻类转化为两种脂肪酸 DHA 和 ARA 的方法,这种脂肪酸对大脑和眼睛的发育必不可少,进而利用这些物质生产出一种"超级配方"婴儿奶粉。在 2004 年头 4 个月,马泰克生物科学公司形成了后期双底基部。该形态的缺陷主要是"W"形态的中间点(如图 9.39 所示)。正常情况下,标准的双底基部应该低于"W"左侧收盘,但是在这个例子中,中间点超过了左侧高度。当马泰克生物科学公司试图在右侧突破时,欧奈尔指出了这个缺陷。事实证明,突破失败了,该股在随后几个月内完全崩盘了。

IPO U 形弯基部

在威廉·欧奈尔公司机构服务部,从来不缺市场和龙头股的玩笑与争论。同样,总有一些人会提出一些新"观念",并赋予好听的名字。1999 年,股票上涨是如此疯狂,以致我们在它们迅猛上涨时,给一些奇怪的、短暂的盘整,冠以描述性名称,如双飞鹰(Double-Flying-Eagle)或 IPO U 形弯(IPO U-Turn)。唯一保留下来的是欧奈尔公司机构销售员迈克尔·洛雷(Michael Lowrey),首次命名的 IPO U 形弯。当时,两个最大的 IPO U 形弯,出现在 1998 年 10 月易贝公司(EBAY)和 1998 年 12 月的买卖王公司(UBID)。IPO U 形弯不仅是我

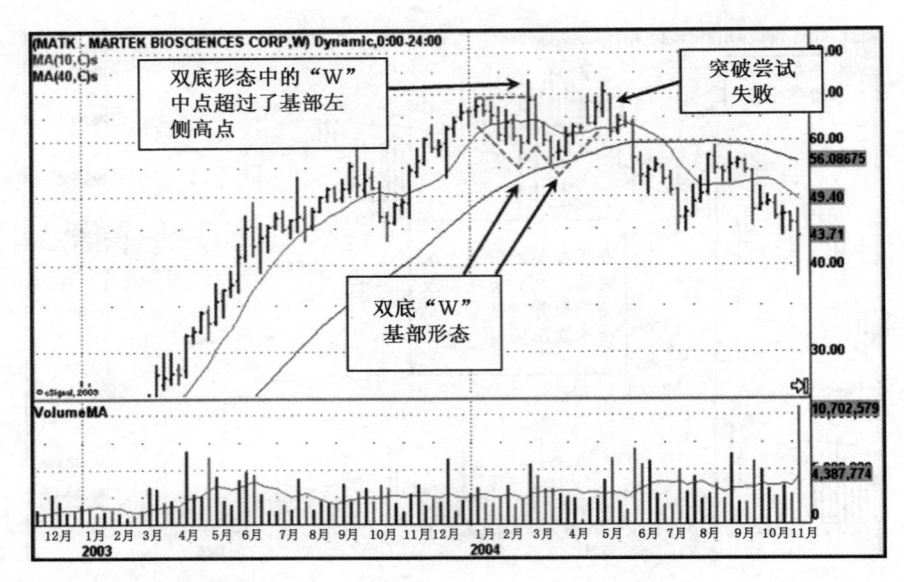

图 9.39 2003—2004 年马泰克生物科学公司（MATK）周线

们在网络泡沫期间观察到的第一阶段基部形态，而且也充当后期基部。热门网络股公开上市后迅速上涨，在做出快速 U 形弯反转，返回到新高之前，出现非常急剧的下跌。2004 年 8 月，另一家公开上市的网络股谷歌公司（GOOG）形成了其第一阶段 IPO U 形弯（如图 9.40 所示）。

当我们第一次向欧奈尔提及谷歌公司的 IPO U 形弯形态时，他并没有买入。然而，一旦用他可以理解的术语向他解释之后，就会换一个角度看待它。IPO U 形弯的主要特征不是"U 形"形态，它实际上是，"看不见的旗杆"，形成于股票开盘交易首日，以远高于 IPO 价格交易之时。以谷歌公司为例，它通过荷兰式拍卖上市，该股首次公开发行的价格为 85 美元。2004 年 8 月 19 日，谷歌公司以每股 100 美元开盘，其间下跌了几美元，以 100.33 美元收盘。在接下来的两天内，该股盘中迅速上涨到每股 113.48 美元高点之后，回落到 100 美元，之后 U 形拉升。谷歌公司在第一个交易日以每股 100 美元开盘，比每股 85 美元的发行价整整高出 15 美元，通过谷歌公司形成的"看不见的旗杆"，我们可以看到，谷歌公司的形态实际上是"高紧旗"形态。在这种方式下，IPO U 形弯形态的主要条件之一是，它通常应该远高于股票首次公开发行价格。

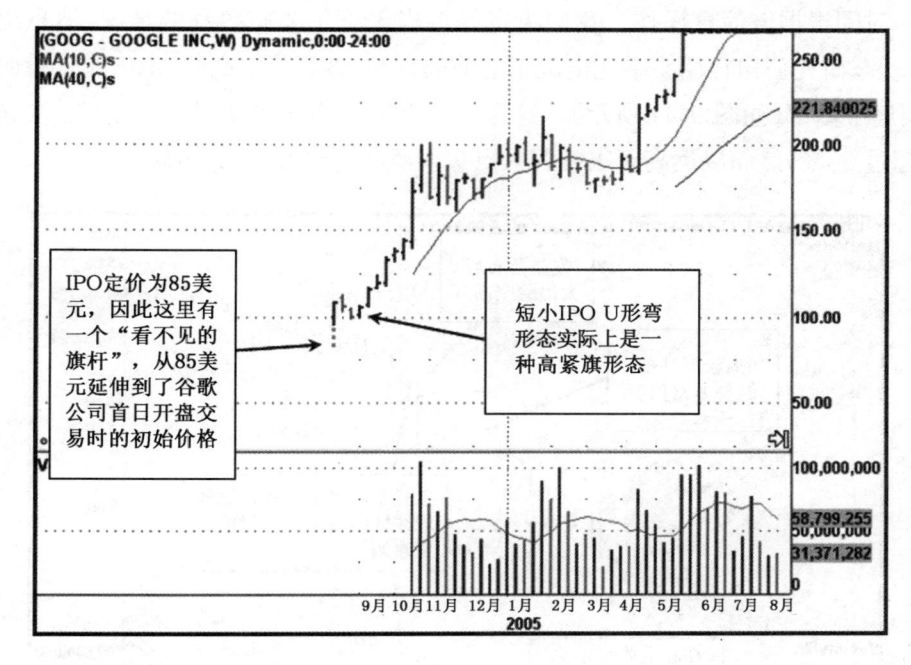

图 9.40　2004—2005 年谷歌公司（GOOG）周线

eSignal 公司供图，版权 2010。

机构持股是关键

当时，谷歌公司的另一个特征，即影响我们以 111~112 美元价格买入该股的因素，最初是因为 13-D 文件发布，并被新闻服务网站 Briefing.com 报道，富达管理和研究公司已经持有其 13% 的头寸。在大多数情况下，一家具有出色研究能力的大型共同基金，以如此大规模买入像谷歌公司这样的股票，它们不是打算以发行价抛售，而是实际上去吸筹，考虑持有 3~5 年。这使得谷歌公司成为一只呼之欲出的"大牛股"，并且它的 IPO U 形弯基部也很好。

短击形态

我们偶尔可能会见证一个新基部形态的成因，如"短击形态"（Short-stroke）的情况，尽管当时我们并不知道。2003 年 12 月 22 日，圣诞节前三天，欧奈尔电话询问我们，如何看待动态研究公司（RIMM）。我们注意到，该基部非常稳固，当天收盘后，该公司将公布财报。我们讨论，是否将该股加入机构目标股清单。一旦它上了目标清单，在 48 小时内，我们自己就不能买入，目的是让我们的机构客户在第一时间根据该信息操作。我们决定等待当天下午公布盈利的情况,消息出来后,动态研究公司轻而易举地击破了之前的预测,该股跳空高开,走出非常稳固的6周扁平基部(如图9.41所示)。这是一个非常强有力的上涨,从买入点快速上涨超过20%,然而以远高于正常买入点买入股票,会带来巨大风险。

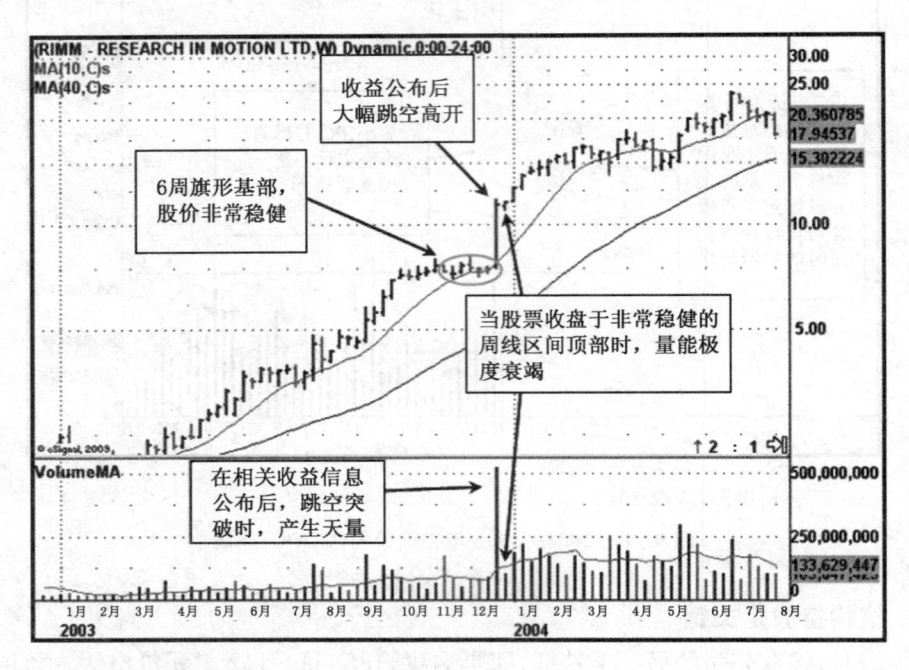

eSignal 公司供图,版权 2010。

图 9.41　2003—2004 年动态研究公司(RIMM)周线

这里的困境是,我在哪里可以抓住有可能成为一只非常热门的股票。接下来的一周,该股在一个狭窄的价格范围内交易(如图9.41所示),股票在每周波动范围的顶部收盘,成交量陡然衰竭。这种行为表明,从基本面上看,这里面大有故事,机构无意抛售所持有的动态研究公司股票。该股惜售情况在非常狭窄的周波动范围内得以充分显现,收盘正好收于每周顶点,缺少成交量,因为没有卖方。后来,在欧奈尔研修班内,这个图表形态被称为"短击形态"。术语"短击"源自音乐符号,表明弦乐器的弓以短击形式简短地触碰琴弦。你知道,欧奈尔在青年时期是一个小号演奏家,可能参与演奏过弦乐器,这就完全讲得通了。在统计上,目前尚不清楚这种形态是否真的有效,但它是产生高紧旗形态的一个必然结果,即该旗是单一的、非常紧且"短"的周线旗。

标签可能误导:背景才是关键

试图标记每种基部形态的缺点之一是,这会让人根据基部或图表形态是否"符合"这些基部"模板"评估股票。在这个过程中,很多欧奈尔所衡量、标记和分类的图表,却很容易被误解。例如,2004年10月,我们重仓苹果公司(APPL),赶上了一波IPod销售高潮。10月15日,苹果公司宣布盈利,股价跳空高开,突破20美元(如图9.42所示)。巨量向上突破缺口,有很多含义,即股票正在"放量触顶",我们并不知道,当股票在放量触顶时,决策中最为关键的是,确定该股在大盘走势和市场周期中的位置。大盘经过2004年8月追盘日上涨,刚刚开始新一轮反弹,8月最后一周,苹果公司突破了第一阶段基部。在股票价格波动期间,通常在最初突破后会出现3～4个后期基部,就在大盘开始一轮上涨反弹阶段的同时或前后。与市场复苏和追盘日一同产生的第一次突破,是第一阶段基部。放量触顶一般出现在第三阶段、第四阶段或更晚阶段之后,都是在大盘运行中形成。

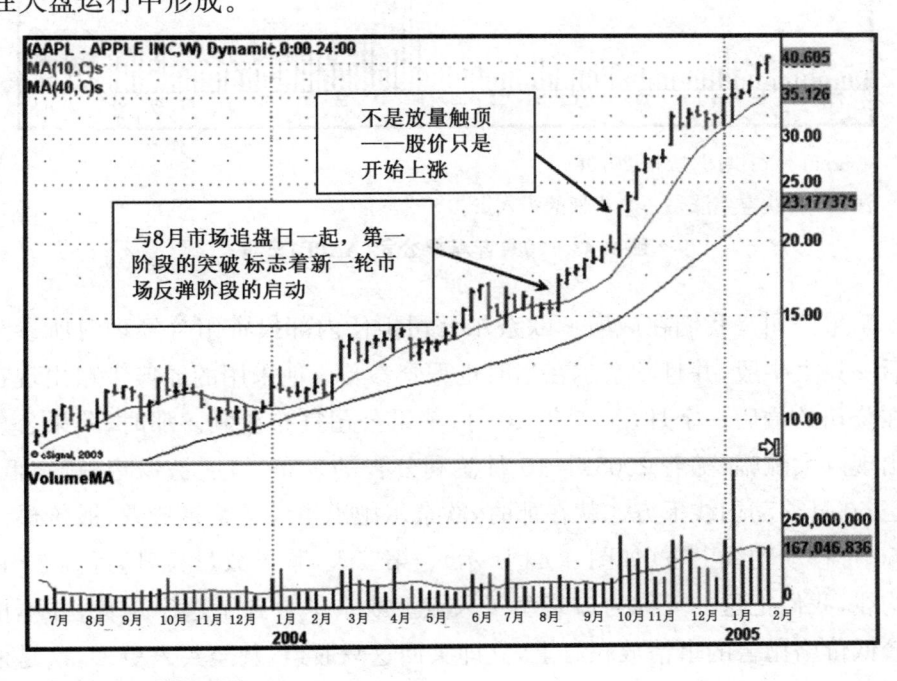

eSignal公司供图,版权2010。

图9.42 2004—2005年苹果公司(AAPL)周线

与此相关的趣事是，公司中很多人都认为苹果正在放量触顶，我们为自己账户积极买入。实际上，我们已经在2004年10月16日的盈利性跳空缺口时买入了大部分头寸，当时，已经确认"最小阻力线"被突破（如图9.43所示）。在第四章中，我们讨论过类似的买入缺口，它们值得买入，尤其是它们有着与苹果公司类似的"量能特征"，在图9.43中，这是一根很明显的巨大量能柱。

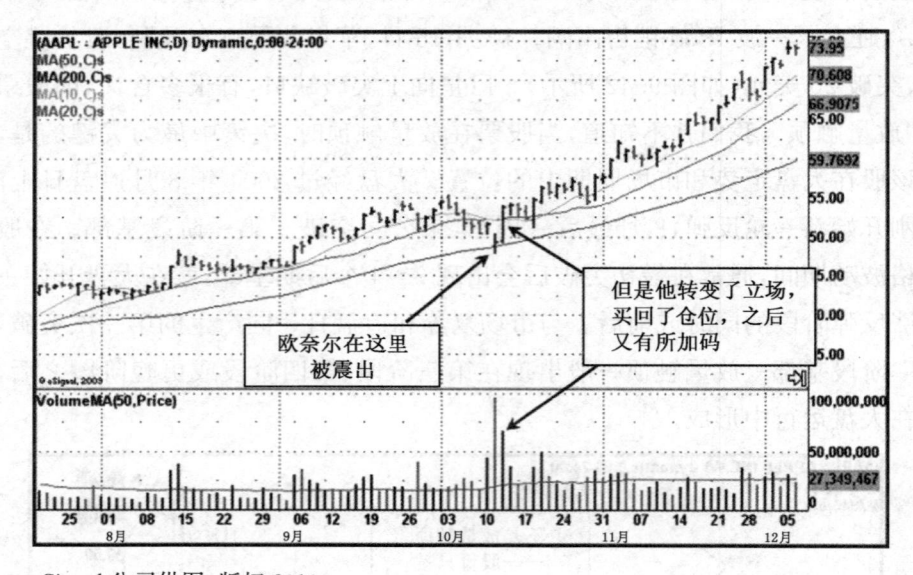

eSignal公司供图，版权2010。
注：10月跳空上涨是一个清晰的买入点。

图9.43 2004年苹果公司（AAPL）日线

苹果公司是我们在威廉·欧奈尔公司担任内部投资组合经理时所参与的最后一只大牛股，并且欧奈尔在当时也重仓参与。他采用的经典策略出现在我们在公司的最后一个月，2005年10月，苹果公司宣布盈利。那时，苹果公司已经出现巨大涨幅，随着2005年10月盈利公告的发布，该股被抛售，跳空低开，跌至50日移动均线下方。就在那时，欧奈尔抛出了大量苹果股票，股价最终收到50日移动均线上方（如图9.44所示）。第二天，苹果放量拉升，远离50日移动均线，我们把这一天称为口袋型买入点。欧奈尔看到了这个走势，并不把他在较低价格抛售的事情放在心上，立即买回这只股票，甚至买入更多，这是他的一贯策略。他经常敦促我们，如果我们发现自己从一只大牛股上被震出，并且该股之后显示出巨大爆发力，它恢复并反转上涨，我们就应该考虑买入全部头寸，然后再买一些。这就是欧奈尔所展示的决策类型及其灵活性，在普通投资大众中非常少见。欧奈尔对价格并不敏感；他不在乎以什么样的价格买入，也不在乎是否在更高点位上买回。买入股票的关键是抓住价格波动的"肥厚"部分——买入股票点位的高或低，还是买高卖低，都不是影响因素。关键是，股票是否出现最小阻力线被突破，正在发出即将大幅上涨的信号。

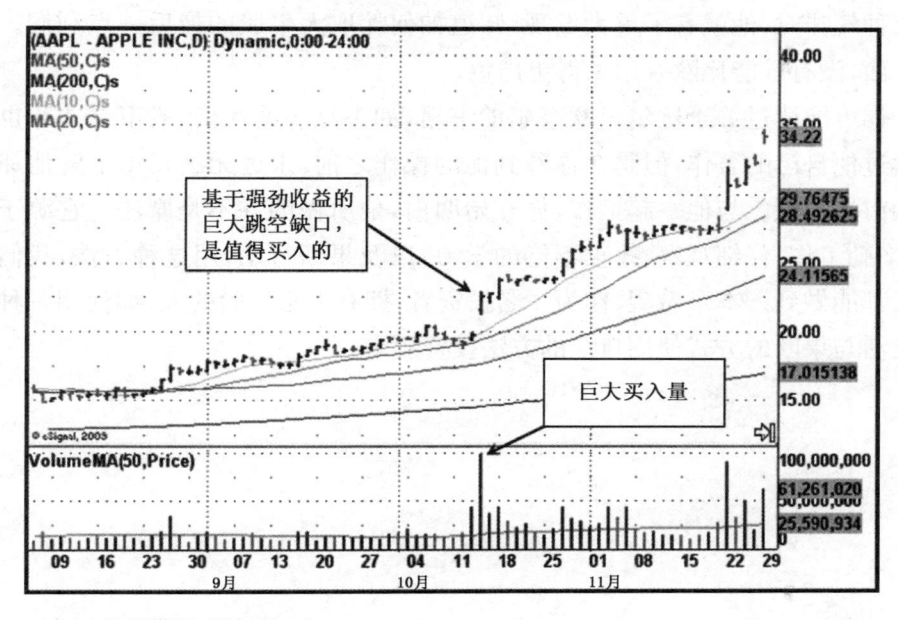

eSignal 公司供图，版权 2010。

图 9.44 2005 年苹果公司（AAPL）日线

以这种方式买回苹果股票，是欧奈尔修正错误的典型风格，这种迅速果断的方式，可以马上弥补之前被震出的错误。如图 9.44 所示，如果欧奈尔担心，必须以更高价格买回苹果股票，他就会错失随后苹果股价抛物线式上涨的机遇。还要注意，苹果公司给投资者提供了两个口袋支点。

结 论

如果你有机会与欧奈尔肩并肩一起工作，在市场上实时体验与操作，你或许会明白，历史上最伟大的股市投资者并不是在所有时间都是对的。事实上，欧奈尔经常出错，但是他从不会把自我压注在希望开始的行为是正确的这种想法上。他不断地提醒我们:"你错过了抓住上涨100%的机遇。"欧奈尔抓住了大量的市场机遇,而且把市场作为信息反馈系统,随着市场变化适时而变,不是之前,也不是之后。通过这种方式,他不断地试图搞清楚,错在哪儿了,以便及时采取纠正措施。欧奈尔经常不断地宣扬在股市上有两类投资者:活人与死人。在大量损失之前,欧奈尔出错,就会转向。他能很快地闻到血腥味,当他闻到某种气味时,他就有了重大发现,知道如何榨取大牛股的最后一点利润。在这方面,没有谁能比欧奈尔做得更出色。

你可能读过关于比尔·欧奈尔的书籍,如杰克·施瓦格《股市奇才》,也可能读过他自己的著作,但是在你看到他的操作之前,永远无法真正了解他那纯粹的市场天赋。与他一起工作,你开始明白,他所做的并不是魔法。它源于纪律、辛勤工作、仔细观察、孜孜不倦的学习,以及果断行动,用这种方法,我们所有人都能做到。本章希望,作为一名投资者,拥有丰富经验的人,如何用一种兼具灵活与果断的方式使用自己的方法投资股市。

第十章

交易和人生

目前为止,本书涵盖的内容,有助于你优化自己的交易行为,但是这种方式的学习只是其中一半。如果你的生活存在"错位",就意味着个人心理还没有充分优化。正如颇有名望的期货交易人艾德·塞柯塔在杰克·施瓦格著作《股市奇才》访谈中所提到的:"你无法充分发挥自己的潜能,或者在最糟糕的情况下,还会身陷困境。"

正如运动员在大赛之前要调整心态一样,参与交易的人也应该保证,他们已经自我调整,并做好了心理准备。过去,欧奈尔经常对我们说,千万别在恐惧和担忧时操作股票,应该保持乐观,并时刻充满勇气和力量。我们知道,精神力量是最为重要的。对成功的投资者来说,控制好自身的心理状态,无疑是最为艰巨的挑战。理查德·丹尼斯和威廉·埃克哈特,在为他们的海龟项目(Turtles Program)挑人时(2009 期时评,第七章做过简要介绍),选择具备良好心理素质的参与者,他们接受指导后,可以在交易中获得更丰厚的利润。

难怪很多交易者将股票交易过程看作"照镜子"。除此之外,我们认为,交易过程又像是你望向一个深渊,看到自己被放大了千万倍,所有的优点和缺点都显露无遗。正如我们之前所说的那样,过于强大的自我通常是导致交易由盛转衰的因素。特别是,这样的自我会让交易者对市场自身发出的声音充耳不闻,因为这个自我认为它的选择永远是正确的,既然从前正确过,那么也会一直正确下去。

艾德·塞柯塔：教你一种让全世界交易者都获益良多的技巧

艾德·塞柯塔长期研究交易者个人心理如何影响交易过程。杰克·施瓦格在《股市奇才》中对艾德·塞柯塔的访谈，被公认为是顶尖交易者所做出的、最为精彩的访谈之一。塞柯塔认为，在交易过程中，个人的行为被不断放大。对那些前来寻求他指导的学员，他问的第一个问题就是：你是否欺骗过长辈、伴侣或朋友？塞柯塔认为，交易者是否愿意放弃他们的道德标准很重要。因为在交易之外，人们日常生活中的行为和其他性格趋向，将会渗入交易过程，并产生相关影响。这两者是不可分割、相辅相成的。正因如此，交易和生活的动人之处都在于它们没有欺骗。正如自由市场经济学家米尔顿·弗里德曼（Milton Friedman）所说："世上没有免费的午餐。"人们欺骗他人的同时，也是在欺骗自己——欺骗将给他们的交易带来严重的后果。

塞柯塔作为指导者，已有超过 25 年的时间了。在此期间，他每个阶段只培养一名学员，指导他在股市中有效投资。他从心理上洞察学员是否有成功的性格潜质。塞柯塔一般不太接受缺乏良好心理状态的学员，因此他便自行开创了一种实践操作模式，即交易群技术（TTP），教授交易者通过优化自身心理，克服性格中的弱点。塞柯塔的交易群技术在世界范围内广受欢迎。交易群在世界各地如雨后春笋般涌现出来。这些交易群的建立者，定期聚会学习，实践塞柯塔的理论见解。他的见解可以被概括为"正确地生活"。这与华莱士·D. 沃特尔斯《财富的秘密》（2002）一书中提到的理论如出一辙。沃特尔斯在书中告诉了读者一些如何形成正确见解，并由此过上富足生活的准则。这里的"富足"，当然不仅仅指经济上富有，还包括你拥有的美好友谊、融洽的社会关系、和睦的家庭和值得称道的成就。

交易群技术（在 http://www.seykota.com/tribe/TT_Process/index.htm 有详细内容可供查看）可以分为以下三个阶段：

1. 一个人感到沮丧，并确定原因。即使他这个人可能知道自己沮丧的原因，也不愿意承认。他会找借口，找他人泄愤——这些都是在自我意识控制下的自我保护。这种自我意识会让人感到不舒服。久而久之，这种不适感会不断扩大，其原因是，自我意识一直在掩盖真相，问题并没有真正得到解决。

2. 潜意识(塞柯塔称之为"Fred")与显意识相互沟通。对一个正常人来说,潜意识会向显意识发送信号,使人做出正确判断。有些人拒绝接受自潜意识发送到显意识的信号,这样一来,消极和错误的判断就不断出现。这种情况导致有些人喜欢小题大做。我们知道,确实有那么一些人适合冠以"戏剧女王"①的称号。人们随时都能体会到他们的小题大做。

这一问题的根源来自对自己真实感受的压抑和掩饰。可能在我们早年上学的时候,父母、老师或同辈的朋友就告诉我们,这样的压抑和掩饰是错误的,不利于我们的身心健康。然而,一个人的显意识会将这种感受视为危险的信号,而将其掩盖起来,锁在潜意识里。我们的潜意识试图向显意识发送信号,这些信号会越积越多。人们开始一次次地小题大做。正因为这个原因,大脑中开始重复出现特定的场景,夜间经常做噩梦。

最终,由于潜意识一直通过重塑场景的方式发送信号,人的脑海中就会一遍一遍地出现相同的场景。接着,当我们重复一种行为时,大脑中就会在神经通路中加强我们对这一行为的意识。因为大脑习惯于让信息徘徊在已经构筑好的神经轨迹中,强大的神经通路导致我们不断重复自己的行为。其实,当显意识完全接受了潜意识发送的信号时,我们就会有一种茅塞顿开的感觉。有人说,这样神奇的时刻类似于灵光一闪,你身体的紧张状态得以松弛,被压抑的情绪也得到纾解。

参与了塞柯塔的交易群技术项目后,你会发现,潜意识和显意识之间的沟通更加顺畅了。最为重要的是,在这个项目中,想要获得最好的效果,所有人都不能单独完成操作,而必须借助团队的力量。很多人,特别是交易者,常常只愿意依赖自己。这种"自扫门前雪"的文化从未使我们意识到,不参与团队协作就是一种自我依赖。如果一个人想在交易群技术项目中有更多收获,他就必须参与团队合作,放弃单枪匹马闯荡的念头。毕竟,企业家拥有的商业帝国,都不是凭一己之力,而是在千万人的支持和帮助下建造起来的。

交易群技术的理念,和本章中讨论的其他方法,都是互相关联的,根本意义上并无差异。认识到这一点,是我们获得自我实现和开悟的第一步。这种开悟的状态,被塞柯塔称为"回到零点",那就是始终认识到,自己活在当下,活在此

---

① 美国俚语,指喜欢小题大做的人。——译者注

时此刻,这是哲学家埃克哈特·托利在他的畅销书《修炼当下的力量》(2004)及《新世界:灵性的觉醒》(A New Earth: Awakening to Your Life's Purpose, 2005)中详细阐释的内容。正如艾德·塞柯塔曾说过的那句话,"就如同尽情欢舞。常在河边走,哪能不湿鞋,到这里,只能凭借经验而行。参与交易,并时刻享受交易过程中的喜悦。这种喜悦应来自整个市场,你的自身,价格的上下波动,以及显示屏上出现的美丽线条"(http://www.seykota.com/tribe/TTProcess/index.htm)。

3. 如果每个人都想方设法打开自己的心结,长时间坚持,那么具有破坏性的场面就会消失。我们会注意到,紧张感在逐渐消退,取而代之的是,身体会产生对未来的合理预期。你会达到感性和理性之间的平衡,感受活在当下的力量,发现自己的创造力与日俱增,随之而来的还有更健康的体魄、更融洽的友情和更和谐的社会关系。当然,交易的成功率也会大大提高。

埃克哈特·托利:帮助人们获得内心的平和、更大的满足,是优化交易和生活的先决条件

埃克哈特·托利业已成为当今最著名的精神导师。他所著的《修炼当下的力量》一书已经被翻译成15种不同的语言,使世界各地的读者获益良多。他的理念并不复杂:活在当下,这才是我们拥有的一切。然而很多人发现,要做到这一点并非易事,他们对自己往日犯下的错误和所遭受过的打击,总是耿耿于怀。

下面列举了一些交易者参与心智游戏中的片段:

我简直不敢相信,我居然低价卖掉了那只股票。下次再出现可以买入的信号,我绝不会再买了。被它戏耍一次,那不是我的问题,心甘情愿被它戏耍第二次,那我就是智力有问题。

这位交易者的负面情绪,已经取代了理性思维。曾经的失手,使他对这只股票持有成见。其实,这只股票可能是优质股,而且现在恰好是买入的大好时机。

太长时间持有该股头寸,让我心烦意乱,我只能等待它反弹到我的买入点,至少在该交易上能够保本。

与此同时,他们的注意力被其他股票吸引。一来一回间,他们错过了赚取利润的时机。

人们不但对过去的失误念念不忘,对于未来可能出现的情况,同样感到忧心忡忡。

尽管我买入这只股票后一直没赚到钱,但还是希望它能涨得更高一些。

对这只股票,他们更多的是害怕,而并非期待。如果股价继续下跌,卖掉它就成为最合理的选择。

股票已经涨得太高了,我害怕它会下跌。我最好还是把它卖掉,这样至少能保证现有的利润。千万不能因小失大啊。

因为一只股票"涨得太高",而将它出售,反映了持股人内心的恐惧。然而卖掉这样一只走势良好、可能有上佳表现的股票,是没有任何理由的。因此,交易者应继续持有这只股票,并期待它攀升到新高。

我害怕自己买的股票没办法保本。我该怎么办?

正如欧奈尔所说的,千万不要带着畏惧之心购买股票。否则你永远无法成功。

我们不主张过多地关注过去,担心未来,因为这将使人们无法将注意力集中在现在。我们认为,每个人必须规划自己的未来,如同托利提出的"时钟时间"(Clock Time)概念。托利真正反对的是"心理时间"(Psychological Time)——陷在往事中,无法自拔,同时对前途充满担忧。这样的思想会阻碍人们关注当前的事物。如果人们用过多时间考虑他们周遭的环境,而不愿做一些简单的事,改变自己的境遇,那么他们注定会止步不前。用橄榄球运动来打个比方,运动员在比赛中发现了"小洞",但是他越过所有"小洞",最终到达了球门线。欧奈尔试图告诉我们:要不断努力,成功是一个积累的过程。"只要看到希望,就要紧追不放。"

人的一生起伏不定,然而我们可以用"活在当下"的精神,保持内心的平和与安详,从容面对生活中的种种挑战。他常常将人比作大海。我们生活中的经历只发生在海平面上。海面有时会波涛汹涌,但这一切都只是表象。真正的你隐藏在海的更深处,与其他的大海相依相偎,永远不会被惊扰。虽然挑战和挫折无所不在,但是请记住,内心深处住着真正的你。认识真正的自我,可以让你从容不迫地面对挑战,并掌控全局。就像在地球上生活了千万年的红木一样,它们永远无忧无虑、自由生长。

焦虑和困扰根植于自我意识,自我意识反过来,又作用于心灵,主宰着我们的情绪,使我们偏离当前生活。因此,摆脱自我意识无疑是治疗这种焦虑和困扰的一剂良方。托利建议我们,如果有什么糟糕的事情发生,要做的第一件事,不是过度自责,而是跳脱自我,以一个旁观者的角度思考。如果你能做到这一点,就可能会发现,脑海中出现的杂乱思绪,那些难挨的时光,都不是只属于你,它们只是生活中匆匆掠过的浮云罢了。如果市场发生了一些意想不到的情况,例如,给投资者带来了巨大的损失,一个真正的行家会平静地对自己说:"这的确很有意思。"之后平静地关注事态的变化,并立即做些什么,以弥补损失。这种内心深处的平静,能够让你保持冷静,这样就可以集中精力,做出合理的安排。实际上,内心的镇定正是你真实的自尊。不要让所谓的"自我"毁了你。当你真的放下了自我,你就会宠辱不惊,不再为虚荣所累。

内心的镇定,才是真正的你,它就像是大海的深处,你的言行都应来源于此。也正因为你顺应了内在的真实感受,你的生命才会充满能量。正如无线电波可以穿透大气层一样,来自你内心深处的能量,也可以穿透身体,辐射出来。这种能量来自内心的真实感受,而这些感受就是我们所说的"振荡态"。高振荡态对应快乐、幸福和激动的感受,低振荡态对应的则是烦躁、抑郁、气愤或自我怜悯的情绪。关于这部分的内容,将在我们讨论埃丝特·希克斯(Esther Hicks)的理论时做详细阐述。埃丝特·希克斯认为,如果你经常处于高振荡态,你所生活的环境,对你会更积极有益。因此,愿意敞开心扉,接纳你身边发生的一切,是十分重要的,这将会使你的内心更为强大,从而更好地解决问题。从某种意义上说,当不幸发生的时候,真正面对并接受它,才是伤痛愈合的开始。这就如同塞柯塔的交易群技术项目,想让交易者明白的道理一样,当他们在感情上接受来自潜意识发给显意识的信号,他们的脑海中就会出现"原来如此"。

交易群技术项目的精髓在于,它告诉人们,当不幸降临时,如何缩短由此引发的自我否定、愤怒、恶语争执及失落情绪对我们心灵的控制,或干脆摆脱这些负面情绪的影响。正如托利在《修炼当下的力量》中所说的:"不要让你的情绪利用你的痛苦,把你塑造成一个受害者形象。一直自怨自艾或不断地向别人复述你的悲惨遭遇,只会让你在痛苦中越陷越深。完全摆脱痛苦的情绪,确实非常困难,因此要改变自己,只有融入并接受这些情绪,除此之外,别无他法。"(Tolle,2001:135)埃克哈特·托利在交易群技术项目中也建议学员,"首先要融入、接纳并臣服于痛苦",这一点与托利的主张如出一辙。如果不努力做到这一点,那么我们的潜意识中可能会不断重复所遭遇的画面。真正接受发生的一切,就是显意识对潜意识的充分肯定。

我们不能将真心接受不幸的消息或悲剧性的结果,与消极的心态和态度混为一谈,后者犹如毒药一样可怕。欧奈尔曾说过,那些长时间持有消极态度的员工,将被公司解雇。消极的心态是由一些消极思想引发的,这些思想会导致悲观、忧愁及多虑,这也是任由自我意识控制我们思想的结果。当问及人们应该,如何摆脱消极心态时,托利在《修炼当下的力量》一书中做出了简单的回答:"扔掉它,就像从手中扔掉一块发烫的煤块,也像扔掉沉重多余的行李。一旦你认识到,自己不愿再为此遭受心理痛苦,背负精神负担,你就会放手,让它离你而去了。"(Tolle,2004:97)

《修炼当下的力量》一书中介绍了几种有用的练习:

1. 关注自己的想法、情绪以及对各种环境的反应。当你的注意力开始转移到过去或未来上时,要引起警惕。如同黑暗在光明中无所遁形,你若有意识地关注自己的注意力,错误的注意力转移就会得以控制。一旦你发现自己的负面情绪开始抬头,就告诉自己,摆脱这种精神状态,回到当下。养成记日记的好习惯,记录你对股市每日波动的所思所想。

2. 时刻关注你现在所做的事情。不要纠结于,你可能或已经获得多少盈利。这无异于盘点你在交易账户里已经赚得的数额,或让市场为你还未买进的奢侈品提前埋单,一切都是毫无益处的。比起你思考接下来应该做什么,将注意力集中起来,当机立断地做出决策,并对市场的真实变化做出快速反应,才是你真正该做的。

3. 通过自省,审视自己的精神状态和情绪状况。你的兴趣应该更多地来自内在,而不是外在。如果你的内心和谐,外在也会随之明朗起来。你会时不时觉得有负罪感吗?会觉得自己傲慢、充满怒气和怨恨,会后悔或自怜吗?如果有,那你就是通过在心理上累积过去,而为自己注入错误的判断,让自己加速老化。这些消极的感受,会将你的注意力拖离当前不断变化的事件,比如交易。要知道,交易需要我们对当下全情投入。

4. 放弃等待,感受临在状态。如果你身处临在状态,就不再会为任何事情等待。不要对自己说:"总有一天,我会从股市里赚到足够的钱,为自己买一座大房子。"当下的经历,才是我们的真实生活。

5. 在交易时,注意你的呼吸,这样可以帮助你重新集中注意力。这是一种对普通人有着强大力量的方法,对那些平时经常做冥想练习的人来说,更是如此。为心灵腾出空间,和内心沟通,你就会获得问题的答案。同样,你还可以将注意力转移到肉体上,减少精神上的集中。问自己:"我的身体有感知吗?我的手、臂膀、腿和脚是否都充满了生命与能量?"在呼吸的同时,注意你的下腹部是如何随着一呼一吸,轻柔地扩张和紧缩的。当你感受到内在能量时,从形相的桎梏中解脱,投入真实的感受。身心灵合一后,你和你的肉体将不再有界限,你的内在和外在也将融为一体。你将意识导入内在身体越多,它的振动频率就会越高,就像你把调光开关越转越大,灯就会越亮一样。在这个较高的能量层次,负面性不再影响你,而且你也会吸引能够反映这种较高频率的外在情境。当你安于当下,则外在世界和错误心智,就再也无法掌控你了。

6. 无论何时,如果你想探究问题的答案,或寻找更有创意的解决办法,请中止思考。将你的注意力转移到你内在身体,并试图让这种状态保持数分钟的时间。如果你试着做到这一点,答案也许就会自然出现。即使暂时没有找到答案,在重新思考这个问题时,你的思路也会变得更为清晰、更有创造力。我们自己使用过这种方法,由此在交易和研究中想出了很多点子。有时,在这方面,只要有个"梦想"就好了。

7. 不要抗拒当下的生活,努力保持轻松愉悦的状态。在市场上,如果你持有的头寸未让你获利,你还是得保持轻松,这样有助于你采取最合理的行动。同时,你要保持清醒。这看起来似乎很矛盾,但是当你的内在对外在形相的依赖消失以后,你生活中的一般状况,也就是外在形相的层面,会有大幅度的改善。你认为能够带给你幸福的人、事或情境,现在都毫不费力地手到擒来。当依赖消失时,你也没有失去的恐惧。生命因此随顺自然。

8. 如果有人冒犯了你,或说了一些刻意伤害你的话,与其让自己进入无意识的反应和负面情绪,比如攻击、防卫或退缩,倒不如让它穿透你,不做任何抗拒。当然,你还是可以告诉那个人,你不接受他的所作所为。你个人不再有控制内在状态的力量,这样,你就拥有了自主,不再受制于人,也不会被你的自我心智掌控。注意你内心中的反抗意识,它们是否源于你心智的自我保护意识?通过认同抗拒意识,你会释然。如果你有意识地关注自己的内在,抗拒意识终将消逝。破坏人际关系的争吵和心智对立,也终将消逝。除了在人际关系方面如此,在交易中,如果先前的争执影响了你的情绪,你的注意力就会暂时偏离正轨。

9. 不要刻意追逐平静。因为过度在意过去或未来而心神不宁时,试着放宽心。一旦接受了当前并不平静的事实,你就是接受了自己当前的状态。事实上,每一刻都是最美的,若你认同,便能感受到开悟的力量。"臣服"会在你身上引发很多变化。托利所说的"臣服",并不是让你放弃生活中的挑战,相反,更能使你清晰地认识到什么事是你必须做的,将注意力集中在一件事情上,一件一件地来。托利在《修炼当下的力量》中写道:"臣服是简单,却影响深远的智慧——顺随生命之流,而不是逆流而上,你唯一可以体验生命之流的时刻,就在当下,所以臣服就是无条件地、毫无保留地接纳当下时刻。"(Tolle,2001:115)因此,假设你持有的头寸,在市场中暴跌,你无须自欺欺人地认为,它会反弹,更不要企图掩盖事实——就如同有的交易者,在股票暴跌的情况下,力图掩饰自己的损失一样。完全接受当前的情形,就可以想方设法亡羊补牢。这也许意味着,你将在几个头寸上有所损失,但是损失本身,无论是多是少,都有可能变得更多,因此抓紧当前的时机,做些补救,才是正理。

我们用托利在其具有创意的畅销书《新世界:灵性的觉醒》中充满力量的篇章,为他的理念做一个总结:

很多人在生命中的某个时期,遭受巨大损失之后,才经历意识的新维度。有些人失去了所有财产,有些人失去了孩子或配偶,或是失去了社会地位、名誉或身体机能。经由灾难或战争,他们同时失去了以上所有的东西,发现自己一无所有。我们称这种情形为"极限状况"。他们以前所认同的事物,所有给他们自我感的事物,都被拿走了。然后,事发突然且不可思议的是原先他们感受到的极度痛苦和强烈恐惧,竟然消退了,随之出现的是神圣的临在感,一种深沉的平和与宁静,并从恐惧中完全解放。你认同的形相、那些给你自我感的东西,崩溃瓦解或是被剥夺了,这会导致小我的崩溃瓦解,所谓的小我就是与形相认同。当没有任何事物能让你认同的时候,你是谁呢?当你周围的形相全都瓦解或是死亡迫在眉睫的时候,你的本体感、本我感,就从形相束缚中解放出来了,灵性也从物质束缚中释放了。你领悟到,你真正的身份,是无形无相的,是无所不在的临在,是在所有形相、所有认同之前,就存在的本体。你了解到,你真正的身份,就是意识本身,而不是意识所认同的那些事物。你的最终本质,不是你是这或你是那,而是"我本是"。

当你的内在,能够顺应和臣服的时候,一个新维度的意识就开启了。如果有可能,或必须采取行动的话,你的行动将与整体一致,而且具有创造力的智性会支持你。这个具有创造力的智性,是在内在敞开的状态下,与你合一的那个不受制约的意识。周围的情势和人们,都会帮助你,与你合作。幸运自然地发生了。如果当时不采取任何行动,你会随着臣服而来的平和与内在宁静中,随遇而安(Tolle,2005:56—58)。

埃斯特·希克斯:教授你"吸引力法则"

埃斯特·希克斯对成功的定义是,你在生活中感受到的快乐。她认为,与地球引力一样,宇宙法则就是你越感觉到快乐,你自身的振动频率就会越高,随之而来的是,你更容易接近你的愿望。当你心情好时,宇宙就会自然给你带来你想要的。当你的心情变差时,你会自动关闭和宇宙的联系通道。每个人都能通过努力让自己得到高频振动。希克斯认为,高频振动来自乐观的情绪,与相应行为,而不是其他特殊方法。在她的著作《吸引力法则》(*The Law of Attraction*,2006)和《索取与所得》(*Ask and It Is Given*,2004)中,她为读者介绍了一些修炼方法,以提高振动频率。在一些非常不幸的情形下,比如失去挚爱、丢掉工作,还能保持乐观心态,从容面对,这基本上是不可能的。但是乐观的行动,能改变人们的情绪,让心灵的伤痛愈合,向现实臣服。然而,在这么做之前,我们还得敞开心扉,接受这些损失或不幸,就像我们前面介绍托利的理念时说过的,接受悲痛、沮丧和损失。否则人们很容易让自己长时间沉浸在消沉状态中,除了消极的想法,其他什么也不想。记住,你面对这些做何反应,才是最为重要的。

以一个现实中的例子佐证,赛车比赛中,悲剧时常发生。赛车手马里奥·安得雷蒂(Mario Andretti)曾说过,车祸几乎从未发生在他的身上,因为他总是专注于自己行驶的车道,而不像其他车手一样,当他们驶入车道时会将注意力转移到车道两边的墙上,这么做让自己时刻感到恐慌。这个例子用来比喻人们在面对困境或潜在危险时如何实现目标的过程,真是再恰当不过了。

将托利和希克斯教给我们的内容总结一下,可以得出下面几条策略。在我们听到不幸的消息、忍受失去的痛苦、遭遇可怕的痛苦时,这几条尤为受用。

(1)接受损失,向不幸臣服,这将会为我们带来……

(2)乐观的行动,将会为我们带来……

(3)充满乐观的情绪,将会为我们带来……

(4)积极乐观地思考。

以上四个方面会很快为我们创造一个高频振动的状态,为我们带来自己想要的生活。第(1)、(2)、(4)条可以直接引发第(3)条。真正做到第(3)条,会直接提高我们的振动频率,对我们的交易大有裨益。

杰克·坎菲尔德:关于个人优化的全新探索

根据美国航空航天局的实验结果,彻底改善人脑的内部结构需要 30 天间。为了让宇航员适应太空舱环境,在训练时,他们要佩戴一种特殊目镜,通过目镜看到的景物与现实生活中是上下颠倒的。不用太久,他们就可以适应这种上下颠倒的环境,自如地移动了。经过 30 天的训练后,他们大脑中的结构已经被改动成功,也可以回到正常环境中生活。然而此时,只要一戴上目镜,他们就可以轻松自如地应对颠倒的环境。一些宇航员戴上目镜 15 天后,摘下它们,几天后再重新戴上,却不得不重新学习如何适应颠倒的世界。他们没办法像佩戴目镜长达 30 天的同伴一样,轻松地往来穿梭。这个实验证明,永久性改变大脑的结构需要 30 天的时间。它还向我们展示了更多的信息,正如我们选择了一个新的领域时,自身会出现巨大变化。如果你想巩固它们,让其效果持续下去,就需要 30 天不间断的反复练习。30 天是必需的时间,而大多数人,虽然希望看到自己改变,却很快放弃,因为他们无法让自己持续不断地长时间努力。实际上,任何成功实现改变的人,都是坚持了 30 天时间,才达到这个目标。

杰克·坎菲尔德(Jack Canfield)是《心灵鸡汤》(*Chicken Soup for the Soul*,2001)一书的作者。在他的众多著作中,都建议读者,将 30 天后想要实现的目标形象化,写在一张 3×5 英寸的小卡片上,看着它,随着时间的不断推移,一步步迈向成功,感受你已经经历的改变,肯定自己,回望你为实践这一目标做出的一次次努力。这种方法让你在潜意识中为自己做好规划,要知道,我们的潜意识占我们脑力的 85%。大脑会像发送无线电波一样,对外发送脑电波,于是当你的想法形成时,其他人会在潜意识层面获得该想法。这就是《秘密》(The Secret)传达的信息具有强大穿透力的原因。当你使目标形象化时,你想要实现目标的心情便变成了信息,向周围发送。那么,在你实现目标的过程中,"如何实现"将不再是一个问题,我们会从各个方面获得启示。例如,其他人在潜意识层面接受了你乐观向上的思想,从你的行为举止、能量、态度中,看出了你的变化,他们自然愿意帮助你。因此,优化你所持有的观点,势在必行。用乐观的思想取代消极的思想。不再关注不利的消息,停止"你说这件事糟不糟糕"的思想。与态度消极、不停抱怨的人保持距离。多读使人上进的书籍,包括自传,以及关于如何建立新思想的书。在你实现目标的道路上,不要因恐惧而止步,接受恐惧,并奋然前行。

有趣的是,迪恩·拉丁(Dean Radin),一位广受推崇的科学家,在谈到自己的著作《我们到底知道多少?》(What the Bleep?)时说,他发现,人们的思想在很大程度上可以影响随机数字发生器的结果。在实验中,他要求一组人在同一个房间内同时将注意力集中到"0"或"1"中的任意一个数字上,同时,电脑随机显现其中的一个。结果表明,如果这组人将注意力集中在数字"0"上,那么电脑随机出现"0"的概率会大大提高。因此,如果人们的思想对外界有影响,甚至如上面的实验一样,可以影响电脑随机安排的数字,这再次验证了,保持乐观思想的重要性。时刻警惕消极的人,他们的思想会对你产生消极影响。

心理清单:该问自己的问题

我们不断前进,为了证明自己在不断进步,列出一份心理清单,时刻审视自己,不失为一个好方法。提出一些特别的问题,建立一份每日或每周的"应做"计划单,益处多多。以下罗列了一些问题和每天可以进行的训练,以帮助我们保持正确轨道,不断优化自己的状态。

富足与稀缺

那些暗笑他人不行的行为来自精神上的缺失。嫉妒也来源于这种缺失。著名的哲学家爱恩·兰德(Ayn Rand)在她的论著《嫉妒的时代》(The Age of Envy, 1971)中指出,美国文化中滋生了一种嫉妒情绪,人们喜欢把富人和名人与丑闻捆绑在一起。他人的痛苦际遇,可以给这些人一种舒适感和满足感。

人们应该扪心自问，自己究竟是精神缺失，还是精神富足。想得到问题的答案并不难，只需问问自己，当他们看到比自己成功或有钱的人陷入困境时，是否会萌生一丝满足感。这种不良精神状态和当你遇到竞争对手时产生的积极思想大相径庭。如果你精神富足，那么你应该为他人获得成功和财富感到由衷的高兴。这时，如果你设定自己的生活目标，向他们看齐，那么说明，你精神上是满足的，是一种积极健康的思想。你会发现，这个世界提供给自己无限的机会，这个世界就是你的，你可以同时追求冒险、成功、财富、回报和相互支持的人际关系。

自信与不安

社会普遍认为，头脑聪明、选择正确且控制财富的人，会获得尊重和影响力。有的人为了获得他人肯定，努力搜寻精美的衣饰，甚至不惜通过外科手术改变容貌和身材。让自己看上去漂亮，为自己获得的成就感到骄傲，并愿意与他人分享成功经历，并不为过，但是，人们必须问自己一个问题：我们这样做，是不只是为了吹嘘炫耀？如果你的确是为了炫耀，那么你的心理状态就是不健康的，你已被膨胀了的小我所控制，为自我优越情结所吞没。向他人吹嘘自己的名车、豪宅、账户、股份、业绩、华服或美貌，都是缺乏自信和安全感的表现。自卑情结的表现形式，与此相反，同样也预示着，这个人极度不自信。

真正开悟了的人，从不向外界索取尊重或爱，也从不吹嘘，因为他们知道，从根本上说，每个人既是独立存在的，但又是相互联系的。所有人都被无尽的潜能、内心的宁静度紧紧联系在一起。

生活的目的

每一天，重新梳理你的想法，确认你的目标和能力，对生命中的一切美好，心怀感恩。用冥想使自己的心灵更加通透，关注你可以做的和他们可以帮助你做的，关注你能做的善举，带着愉快的心情，做你所做的每一件事，尽管有时会令人烦闷或心焦。同时，还要养成问自己问题的习惯。经常问自己："我有什么能帮得上忙的吗？""我该如何积极地影响他人？""怎样用我从股市中赚得的钱帮助别人？是否捐给慈善机构？"即使是一句欣赏的话语，或一个鼓励的眼神，也会让他人精神振奋。这是真正的力量，别人无法从你身上夺走。财富、地位、美貌统统都会消逝。精神上的富足真正属于你，你可以永远与他人分享。这些修炼，不但能提升你的振动频率，还能在精神世界创造积极的、强大的联系。这样,你就可以在努力实现目标的同时,帮助他人提高。

当你遭遇不幸,特别是一些巨大不幸时,像托利所说的那样,臣服于现状,获得内心平静,让安静和祥和包围着你。内心的平和,远胜于短暂的快乐,它来自你内心能量的辐射,让你保持最好的状态,因为内心的力量,会使宇宙的能量,也都乐于为你效劳。

美丽的相似

艾德·塞柯塔的教导,和其他非专门从事投资研究人员的教导,有着共通之处。包括埃克哈特·托尔、埃斯特·希克斯、杰克·坎菲尔德、鲍勃·布洛克特(Bob Proctor)和华莱士·D. 沃特尔斯(Wallace D. Wattles)。他们的著作被众多读者追捧,书中的方法也已付诸实践。诸如《秘密》《我们到底知道多少?》以及《摩西的密码》(Moses Code)之类的书籍文献,贡献了很多信息和资源。这些方法并不是劝诫你皈依某种宗教或信仰。事实上,皈依是让人们放弃自己已有的信仰,改信别的信仰或理念,我们丝毫没有这种念头。这些方法本身并不是一种信念,学习这些方法,是让人们充分发挥自身的潜质,塑造自己的信念。如果人们放弃了自己的信仰,转而追逐这种思想,那么从某种程度上来说,就是背离了初衷。

我们见到过许多广告和邮件,宣称他们有各种办法使人变得富有。而真正的方法本身,应该是真实有效的。如果本书的读者还没有阅读过本章中提及的书籍,也没有浏览过相关网站,那么请你们首先阅读一下前文中提到的那些著作。关键是将理论应用于实践。不要为了读书而读书,也不要刻意参加开悟课程。有的人喜欢阅读这些书籍,仅仅是因为这些书让他们感觉不错。他们还喜欢去体验各种课程,在课上他们的情绪会相当振奋。然而,由于某些原因,他们往往在经济、情绪和精神上的境况,都没有出现好转。

这让我们想起了从 2001 年开始与纽约的比尔·欧奈尔公司合办的"威廉·欧奈尔研修班"。我们研究学员的情况时,发现在 800 人中,只有极少数人真正坚持学习,并经常使用课堂上传达的信息。为了让授课达到良好的效果,我们要求学员有自制力、勤奋地学习,实践几个月的时间,但结果不得而知。很多人半途而废。问题的关键是,他们没有坚持。我们所说的坚持,不是一段时间持续做一件事，而是从不间断地做一件事，将所学的知识充分利用。在研修班的课堂上，人人情绪激动，能量高涨，都发誓他们会坚持下去，然而真正的考验却在后面，研修班结束后的几个月甚至几年，你还在坚持吗？

总 结

作为交易者，我们不断自我提升，作为人类，我们也在不断进化。就像交易中，不可能有100%准确一样，我们每个人很难100%开悟。人生是一个不断学习和成长的过程，我们在这个过程中发展，也帮助别人发展。这样做有两点好处：一是我们帮助他人提高，能加快自身的振动频率；二是作为回报，我们离自己的目标越来越近。

我们的经历告诉我们，直接向欧奈尔这样的大师学习得来的经验，未必比得上我们教授他人时所得到的经验。我们发现，教授别人的过程就是自我巩固的过程，更何况，在这个过程中，我们还能帮助别人理解各种方法，帮助其获得利润。从广义上说，生活中的激情至关重要，找到了与内心深处的自我产生共鸣的方法，能使人们采取行动、做出改变，从而获得更充实的生活。

交易即生活，生活亦交易。市场就像生活一样，不时将各种突发状况抛向你，还试图抛弃你。保持对当下的关注，保持平和的心态，控制小我，轻松自如地应对生活中的各种状况。如果你有能力做到这些，你就很容易看清满足与空虚、成功与失败、快乐与沮丧，只有这样，你才能成长。你不仅帮助了自己，还为你遇到的每一个人带来了积极正面的影响，树立了优秀的榜样。